教育部人文社会科学重大资助项目"建立健全农村社会保障体系研究"（02JAZD790006）最终成果

自然科学基金面上项目"建立健全中国农村社会保障体系研究"（70073021）后期成果

教育部人文社会科学重点研究基地

武汉大学社会保障研究中心

邓大松　刘昌平　等著

XINNONGCUN
SHEHUI BAOZHANG
TIXI YANJIU

新农村
社会保障体系研究

人民出版社

策划编辑:陈 登

图书在版编目(CIP)数据

新农村社会保障体系研究/邓大松 刘昌平等著.
-北京:人民出版社,2007.7
(社会保障重大项目文库)
ISBN 978 - 7 - 01 - 006289 - 1

Ⅰ. 新… Ⅱ. 邓… Ⅲ. 农村-社会保障-研究-中国 Ⅳ. F323.89

中国版本图书馆 CIP 数据核字(2007)第 091584 号

新农村社会保障体系研究
XINNONGCUN SHEHUI BAOZHANG TIXI YANJIU

邓大松 刘昌平等著

人民出版社 出版发行
(100706 北京朝阳门内大街 166 号)

北京市双桥印刷厂印刷 新华书店经销

2007 年 7 月第 1 版 2007 年 7 月北京第 1 次印刷
开本:710 毫米×1000 毫米 1/16 印张:22.75
字数:346 千字 印数:0,001 - 4,000 册

ISBN 978 - 7 - 01 - 006289 - 1 定价:45.00 元

邮购地址 100706 北京朝阳门内大街 166 号
人民东方图书销售中心 电话 (010)65250042 65289539

目　录

第一篇　农村贫困与社会救助

第二篇　农村养老保障制度

第三篇　农村医疗保障制度

第四篇　农村社会福利

第五篇　农民工就业与社会保障

前　言

　　农业、农村和农民即"三农"问题，始终是我们党和政府十分关注的重大问题。早在新民主主义革命时期，毛泽东同志就指出，农民问题是中国革命的首要问题。在社会主义建设时期，农民问题同样是改革和发展的首要问题。邓小平同志在《建设有中国特色的社会主义》一文中强调："从中国的实际出发，我们首先解决农村问题。中国有百分之八十的人口住在农村，中国稳定不稳定首先要看这百分之八十稳定不稳定。城市搞得再漂亮，没有农村这一稳定的基础是不行的。"2005 年10 月，党的十六届五中全会通过的《中共中央关于制定国民经济和社会发展第十一个五年规划的建议》中指出，"建设社会主义新农村是我国现代化进程中的重大历史任务"。2006 年 1 月 25 日，胡锦涛主席在中共中央政治局集体学习时强调：全面建设小康社会，最艰巨、最繁重的任务在农村。2006 年 2 月 21 日公布的《中共中央国务院关于推进社会主义新农村建设的若干意见》（中央一号文件）明确指出："要加快建立有利于逐步改变城乡二元结构的体制，实行城乡劳动者平等就业的制度，建立健全与经济发展水平相适应的多种形式的农村社会保障制度。"因此，建立适应我国社会主义新农村建设时期需要的完善的农村社会保障制度已经成为保障农民生活、维护农村稳定和促进农业发展的重要战略任务。

　　《新农村社会保障体系研究》系邓大松教授主持的教育部人文社会科学重大资助项目"建立健全农村社会保障体系研究"（02JAZD790006）的最终成果和自然科学基金面上项目"建立健全中国农村社会保障体系研究"（70073021）的后期成果。在本课题研究的四年中，课题组成员曾前往四川眉山、简阳，山东烟台、青岛，江西宜春、鹰潭，江苏苏州、江阴，湖北当阳、长阳、丹江口、襄樊、黄石、赤壁、随州、应城、宜昌、荆州等地市，河南新乡，陕西洛川等农村进行了广泛而深入的社会调研，到国家劳动和社会保障部、民政部、卫生部、财政部等行政管理部门进行了访问与交流，并得到了上述地方与部门的大力支持和帮助，为本项目最终成果的完成奠定了基础，提供了条件。

本书分工如下：绪论由刘昌平撰写，第一篇由邓大松、吴小武撰写，第二篇由张媛媛、刘昌平撰写，第三篇由杨红燕撰写，第四篇由周志凯撰写，第五篇由赵曼、刘鑫宏撰写。由邓大松负责全书的构思、审定工作，刘昌平负责项目课题组的组织管理与全书统稿工作。

由于时间仓促，且受到作者水平所限，书中欠缺之处在所难免，恳请各位同仁与广大读者批评指正。借此机会，我代表课题组全体成员向为完成本项目研究给予大力支持和关注的所有单位和个人表示最诚挚的感谢！

邓大松

2007 年 3 月 1 日于珞珈山

绪 论

农村社会保障如果对其特定的历史含义进行抽象，仅从其社会功能上理解，它只不过是保护农村居民免受或减轻风险侵害的一种社会经济制度。保险与风险紧密相连，有风险才有保险之需，无风险则无农村社会保障。可见，农村社会保障的实质就是运用一切制度形式规避各种风险，为农村居民的生存与发展提供安定和谐的社会经济环境。

一、农村家庭风险的内涵

风险是客观存在的事物，是可以用客观尺度加以衡量的。Trieschmann，Gustavson 和 Hoyt 在著作《风险管理与保险》（Risk Management and Insurance）中将风险定义为"风险是在给定条件下一段特殊时间内所发生的可变动的结果"（Risk has been defined as the variation in the possible outcomes that exists in a given situation）。[①] 风险虽然具有不确定性，但却是可管理的和可以处置的。风险管理的实质就是人们对各种风险的认识、控制和处理的主动行为，其要求人们研究风险发生和变化规律，测算风险对社会经济生活可能造成损害的程度，并选择有效的手段，有选择有目的地处理风险，以便于用最小的成本代价获得最大的安全保障。而风险处置则是通过采取不同的措施和手段，以最小的成本获得最大的安全保障的经济过程，常用的处置方式有避免、自留、预防、抑制和转嫁。

---

① James S. Trieschmann，Sandra G. Gustavson 和 Robert E. Hoyt：《风险管理和保险》（英文第 11 版），北京大学出版社 2003 年版。

根据风险发生的类型，我们将农村家庭风险分为农业风险、养老保障风险、医疗风险和流动性风险。

（一）农业风险分析

农业风险是指在农业生产和经营过程中灾害或损失发生的可能性。在农村，家庭是基本的农业生产经营单位，而分散耕种的形式以及农业生产本身的特点决定了农业风险的特殊性。农业风险不同于一般风险的特殊性表现在：第一，脆弱性。由于自然灾害对农业生产产生的影响是普遍存在的，而农村家庭对自然条件的依赖性比较强，这决定了农业生产经营活动具有脆弱性。第二，突发性。市场经济条件下瞬息变化的市场信息与交易环境，在对信息掌握不充分的前提下，进一步助长了农业风险发生的突发性和随机性。第三，不对称性。通常情况下，高风险与高收益是对称的，而作为基础性产业，农业风险带来的后果往往难以弥补，市场机制本身难以提供相应的补偿机制。

当前我国农村居民面临的主要农业风险源于以下几个方面：

1. 资源风险

资源风险是指农业资源的稀缺性与社会对农业资源的无限渴求性之间的矛盾，给农产品的安全供给带来的危害。此处的"资源"特指农业自然资源，也即为了满足人类生产生活而从自然环境中获取的各种自然成分，主要包括土地、土壤、水、森林、草地、湿地、海域、原生动植物、微生物等。农业作为资源密集型产业，各种资源的有效供给是农业安全的前提。据估算，到 2010 年，我国将需要 56000 万~59000 万吨粮食，而我国的农业生产自然资源非常有限。人均水、耕地、森林和草地等资源的拥有量仅为世界人均的 28%、32%、14% 和 32%，并且这些资源的人均占有量正在逐年降低。到 2010 年，水将是限制我国粮食和农业发展的最大因素。另外，这些资源在分布上十分不均匀。如 90% 的水资源分布在我国东部，但其耕地面积仅占全国面积的 30%。[①]

2. 自然风险

自然风险是指恶劣的自然环境对农业生产造成的损害。农业对自然

---

① 顾明：《农业生产与自然资源的可持续利用》，载《贵州大学学报》（社会科学版）2004 年第 5 期，第 100 页。

条件有着很强依赖性，但自然因素的不可控性、不可抗拒性、差异性、高变动性等特点，使得农业生产在地区、季节、年度间存在巨大反差，给农业带来风险。中国在历史上就是农业自然灾害多发的国家，中国素有"三岁一饥、六岁一衰、十二岁一荒"之说。建国50多年来，各种自然灾害造成的直接经济损失总计约25000多亿元。仅1998年长江和东北地区遭受的特大洪涝灾害，经济损失就超过2600亿元。2004年全国各种自然灾害造成直接经济损失也达1602.3亿元。这不仅给农业生产带来巨大的损失，使国家财政背上沉重的负担，也给整个国民经济的快速、健康发展蒙上了一层阴影。[①]

　　3. 市场风险

　　市场经济条件下，自然风险与市场风险的共同压制，使得农业作为独立的产业部门难以实现与其他产业的有效抗衡，处于典型的弱势地位。农产品具有价格需求弹性低和收入需求弹性低的特征，随着国民经济条件的不断提高，居民的恩格尔系数中农产品特别是粮食等基本农产品的购买支出所占比重自然会下降。此外，农产品之间也具有一定的替代性。这表明在市场经济下，农业发展到一定时期，必然会受到需求的约束，农业的发展实际受到资源供给与产品需求的双重约束，农业对国民经济的影响也将从供给约束为主转向市场需求约束为主。随着农业科技的进步，农业部门将日益依赖于非农业部门的物质技术投入。这种趋势使得农业部门的发展可能落后于非农业部门的发展。特别地，随着加入世界贸易组织（WTO）后农产品市场的逐步开放，中国农业生产和农民生活将会面临一定程度的冲击和挑战。

　　（二）养老保障风险分析

　　谈到人口老龄化问题，人们往往关注和重视的是城镇人口的老龄化，而事实上，农村人口老龄化问题远比城市严重。从总量来说，农村老龄人口远多于城市。据第五次全国人口普查公告显示，祖国大陆31个省、自治区、直辖市（不包括福建省的金门、马祖等岛屿）和现役军人的人口共126583万人。居住在城镇的人口45594万人，占总人口的36.09%；居住在乡村的人口80739万人，占总人口的63.91%。65

---

① 王国敏：《农业自然灾害与农村贫困问题研究》，载《经济学家》2005年第3期，第56页。

岁及以上的人口为 8811 万人，占总人口的 6.96%。按照城镇和农村人口占总人口的比例推算，城镇老年人口约为 3180 万，农村则大约为 5631 万，其绝对数是城镇的 1.7 倍；从增长速度来看，农村老龄化的增长速度快于城市。特别是随着青壮年农村剩余劳动力向城市的转移，农村老年人口占农村总人口的比例将持续上升，老年扶养比（老年人口/劳动人口）也将逐渐攀升。①

1. 家庭养老仍然是我国农村居民老年供养的主要方式

老年人口经济保障的主渠道不外乎社会保障、家庭保障和劳动自保。而在农村，由于一直延续的"养儿防老"的传统观念和生育子女的低直接成本和机会成本，加之在农村建立正式养老保障制度的巨大的社会成本和经济成本，农村养老保障一直都是以子女供养为主、以老人自养为辅的传统养老保障方式。

从客观结果来看，家庭养老仍然是农村养老保障体系的主要形式。据资料显示②，从老年人居住状况来看，当前老年人中 63.5% 与子女生活在一起，30.5% 的老年人单独生活；从老年人经济来源来看，60.6% 的老年人依靠子女补贴生活，36.6% 的老年人通过自己劳动生活，而仅有 2.1% 的老年人靠养老金生活；从代际之间经济流动来看，在农村表现为净供养（赡养减抚养），即子女对老年人的赡养支出超过老年人对子女的抚养支出 299.68 元。

从主观愿望来看，家庭养老方式将在相当长的一段时期内处于主导地位。据资料显示③，从年轻人希望的养老保障方式来看，77.2% 的青年人希望将来依靠子女养老，10.4% 的青年人希望利用年轻时的积累养老，而青年人中仅有 0.8% 希望依靠社会养老保险方式养老；从年轻人希望的养老地点来看，94% 的青年人希望在家中养老，仅有 2.1% 的青

---

① 刘昌平：《城市化：解决中国农村养老问题的关键》，载《中国农村经济》2001 年第 8 期，第 61 页。

② 本节所用资料系武汉大学人口研究所于 2000 年对湖北、浙江、广东、吉林、甘肃五省农村的社会调查资料，被调查户共 5139 户，合法案例都在 90% 以上，上述结果由笔者根据该数据计算而得。

③ 本节所用资料系武汉大学人口研究所于 2000 年对湖北、浙江、广东、吉林、甘肃五省农村的社会调查资料，被调查户共 5139 户，合法案例都在 90% 以上，上述结果由笔者根据该数据计算而得。

年人希望在社会保险机构养老；从青年人所希望养老的照料者来看，51.8%的青年人希望将来由子女来照料自己，33.8%的青年人希望将来自己照料自己。

2. 传统的家庭养老保障方式正面临严峻挑战

当前，我国正处于社会转型时期，这种转型涵盖了人口、家庭、经济、社会文化、制度结构等各个方面，在此过程中，家庭养老资源的需求与供给间的缺口正在扩大，传统的农村家庭养老面临前所未有的挑战。

第一，人口预期寿命延长、老年人口高龄化导致老年人口扶养比扩大。随着生育率的下降和人均预期寿命的延长，老年人口占总人口的比例将持续上升，老年扶养比也将逐渐增大。由于人口老化趋势和计划生育在城镇和农村具有普遍意义（当然农村的计划生育率要低于城镇，但部分农村青壮年劳动力流入城市），所以可以用全国总水平来粗略说明农村老年人口扶养比增大的趋势。我国从 1992 年就已步入老年型社会，未来 30 年，城镇 60 岁以上人口将从 13.5% 升至 22.5%，劳动年龄段人口比例却由 67.3% 降至 58.1%。直接的影响就是抚养比持续攀升，养老保障的负担愈加沉重，2004 年我国的抚养比为 35.6%，2033 年将升至 47.1%。

第二，家庭规模小型化趋势。由于出生率下降使子女减少和居住方式的代际分离，使得家庭户的平均规模正在缩小，核心家庭增多，家庭规模趋向小型化。1982 年到 1990 年两次人口普查之间，家庭户规模从 4.3 人/户降到 3.97 人/户，到 1995 年，中国 1% 人口抽样调查结果显示，平均家庭户规模降到 3.7 人/户，到 2000 年第五次人口普查，平均每个家庭户的人口降至 3.44 人/户。中国家庭结构正趋向核心化和小型化已成为不争之事实。① 家庭规模趋于小型化产生的问题是子女的赡养负担加重。

第三，农村贫困和农民收入水平低下削弱家庭养老功能。迄今为止，我国的二元经济结构特征十分突出，城市化水平低下。虽然前期已经转移到乡镇企业、其他非农产业和进城打工农村剩余劳动力达 2.3 亿

---

① 穆光宗：《家庭养老面临的挑战以及社会对策问题》，载《中州学刊》1999 年第 1 期，第 66 页。

人，但目前还有约1.2亿绝对剩余劳动力仍滞留在农村。[①] 大量农村剩余劳动力的存在，一方面，使农民不能通过到城市就业而享受到工业发展的成果；另一方面，在农业收入的"蛋糕"有限，或者增长缓慢的前提下，大大地摊薄了农民收入水平。

（三）医疗风险分析

1. 农村家庭医疗风险分析

农村合作医疗制度的衰退使得90%左右的农村人口成为游离于社会医疗保障体系之外的自费医疗群体。在农村地区，"小病挨、大病拖、重病才往医院抬"的情况司空见惯，因病致困返贫的现象相当突出。

其一，农村医疗水平落后。从政府对农村卫生投入比例来看，呈逐年下降趋势。根据全国卫生总费用测算结果，1993年农村卫生费用占全国卫生总费用34.9%，1998年为24.9%，5年下降了10个百分点，平均每年以2个百分点的速度递减。1998年全国卫生总费用为3776亿元，其中政府投入为587.2亿元，用于农村卫生费用为92.5亿元，仅占政府投入的15.9%。[②] 政府对农村卫生投入的减少，直接导致了一部分农村居民尤其是贫困农村居民健康状况的恶化。

其二，社会医疗保障制度缺失。自20世纪90年代以来，中国政府一直把建立城镇职工医疗保险体系和改革公务员及事业单位工作人员的公费医疗制度作为工作的重点，取得了很大的成就。但对于是否需要建立和如何建立农村医疗保险体系，解决农村地区人口及外来人口等弱势群体的医疗保障问题，至今缺乏统一的认识和明确的思路与政策。

2. 农村公共卫生安全体系脆弱

农村家庭医疗风险直接导致了农村地区的公共卫生风险。尤其是在2003年4月"非典"病魔肆虐后，我们不得不重新审视社会公共卫生问题。按照财政理论，防治"非典"只是公共卫生的一种，而公共卫

---

① 王风云：《对目前我国农村剩余劳动力数量的估计》，2002年4月5日，www. drcnet. com. cn。

② 周雁翎：《差异悬殊：中国卫生保健事业面临严峻挑战》，载《中国改革》2002年第4期，第7页。

生是一种社会公共需要。社会公共需要是政府存在的依据，是政府服务的标的。因此，农村公共卫生问题值得社会重视，应该采取有效的措施防范风险。

（四）流动性风险——农民工与失地农民的保障问题

20 世纪 80 年代末和 90 年代初期，中国出现了波澜壮阔的民工潮。民工潮的兴起，一方面为发达地区和城市建设提供了大量的廉价劳动力，为国家的经济建设和发展做出了巨大贡献；另一方面缓解了欠发达地区富余劳动力就业的压力，成为农民增收的重要组成部分。当历史进入 21 世纪，党的十六大明确指出"农村富余劳动力向非农产业和城镇转移，是工业化和现代化的必然趋势"，这将意味着还有约 1.2 亿仍滞留在农村的绝对剩余劳动力在未来将转移出来，如果加上前期已经转移到乡镇企业、其他非农产业和进城打工的 2.3 亿人，总计为 3.5 亿农村剩余劳动力。① 而这么大一部分人却长期处在社会保障的"真空"状态。建立农民工社会保障是中国社会结构转型的需要，它兼顾了公平与效率，也是社会保障制度改革的长期目标的必然。

1. 失业风险高

农民工的受教育程度普遍较低，绝大多数都是小学和初中文化程度。这就使得他们在进入劳动力市场时处于一个非常不利的地位，只能在次级劳动力市场上寻找工作。因此他们的劳动条件一般较差，劳动报酬也较少。在下岗、失业现象日趋严重的情况下，出于保护城市就业者的考虑，一些大中城市政府劳动管理部门，一些具有相对优势的企业对农民工的进城务工有一定限制。

2. 工作环境恶劣

大多数农民工受雇于个体私营业主、包工头或"三资"企业。他们所干的大多数是苦、脏、累、险的活，劳动时间长、劳动强度大、劳动及生活条件相当恶劣，受工伤、职业病、疾病困扰的可能性非常大，而且常常冒着生命的危险。近几年来，随着安全生产工作的深入开展，不少国有企业、三资企业和具有一定规模的私营企业对安全生

---

① 王风云：《对目前我国农村剩余劳动力数量的估计》，2002 年 4 月 5 日，www.drcnet.com.cn。

产工作的重视程度有了一定的提高，企业三级安全教育和生产场所劳动安全卫生条件有了一定程度的加强和改善。但许多企业往往只重视对正式职工的安全教育与管理，而对农民工有所忽视。实际上由于农民工自身文化素质较低，安全生产素质更低，自我保护意识也很差，从事的又是脏、乱、差、险的工作，对易燃易爆化学品的危险性、对特种设备的性能等知之甚少，不安全行为大量存在，因此极易发生事故或患上职业病。

3. 收入风险大

大多数农村流动人口都处于劳动力市场的底层，女性流动人口更是如此，因为她们处于身为移民和女性的"双重困境"中。与当地居民相比，农村流动人口的收入相当低，而城市流动人口却与当地家庭的收入相当。与当地人口的贫困率相比，农村流动人口贫困率最高。

4. 农民工缺乏保障

在城市中，享受社会服务和社会保障的程度与户口状态紧密相连，而正式工作单位为职工的疾病和养老提供了主要的保障安全网。而对于流动人口来说，他们很少能够享受医疗和养老保障。一方面，大量流动人口在私营或非正式部门工作；另一方面，即使在国有部门就业，流动人口仍然没有被医疗和养老保障所覆盖，只有极少数的流动人口能够在城市中获得社会保障服务。

二、农村家庭风险的特征与产生的原因

（一）农村家庭风险的特征

1. 长期性——经济转型过程中的必然现象

总的来看，农村家庭风险的强化过程是与中国经济、社会结构转型的特殊历史背景相联系的。从宏观背景看，这种现象是社会结构转型和经济体制转轨的伴生物。进入 20 世纪 90 年代以来，中国农村正经历着一场深刻的变革，这种变革不仅涉及经济结构的转变，同时也涉及社会生活方式的转变。

其一，市场经济中的竞争机制不可避免地产生"优胜劣汰"效应。市场竞争的结果是一部分人———一般情况下是社会精英———成为胜利者

和富裕者，又使一部分人——通常情况下是社会大众——沦为竞争的失败者和贫困者。首先，中国正处在工业化发展的中期阶段和城市化加速推进的阶段上，在此阶段出现农村劳动力大规模流动，是农村发展内在矛盾运动和区域发展不平衡的结果。从今后一个时期看，由于决定劳动力大规模流动的主要因素不会有根本性变化，因此这种现象和状态在短期内是不可能消除的。其次，农业和农村经济发展到目前这一阶段，单纯依靠增加农产品供给总量和提高农产品价格，已不能支撑农民收入的继续增长，同时难以解决农业发展内在动力不足问题。而唯有加速劳动力的转移，才能有效提高农业的比较效益，解决农业发展动力问题，真正提高农业生产率，确保农民收入的持续增长。

其二，城乡收入差距拉大。改革开放以来，我国居民的平均收入水平显著提高，人民群众的物质生活水平明显改善，同时，居民收入分配的不均等状况也达到了相当高的程度。中国城市居民可支配收入基尼系数从 1978 年的 0.16 上升到 2000 年的 0.32；农村居民纯收入基尼系数从 1978 年的 0.21 上升到 2000 年的 0.35；城乡居民收入基尼系数从 1995 年的 0.389 上升到 2000 年的 0.417。目前，我国收入差距扩大的趋势已经趋缓，但在一段时间内，收入差距仍将继续扩大。在城市，分配差距问题直接表现在就业与失业、简单劳动与复杂劳动、要素收入与非要素收入、垄断和非规范收入与非垄断和规范收入之间的差别上。在农村，收入差距的背后是工业部门的就业权问题，因为缺少到工业部门就业的机会，收入就难以提高。[①] 与此同时，城乡收入差距也进一步扩大，从 1978 年的 1:2.57 曾一度下降至 1985 年的 1:1.86，此后城乡收入差距又迅速扩大，1992 年超过 1978 年的水平，达到 1:2.59，1994 年曾一度高达 1:2.86，1999 年依然是 1:2.59，城乡收入差距超过 2，已属不太正常了。[②] 地区收入差距拉大也对社会稳定构成了潜在影响和威胁。

2. 广泛性——影响经济持续发展

农业在国民经济中占举足轻重的地位，但是长期存在二元社会结构

[①] 中国社会科学院经济研究所收入分配课题组：《我国居民收入分配趋势与对策》，载《人民日报》2002 年 7 月 9 日，第 9 版。

[②] 权衡、徐琤：《收入分配差距的增长效应分析：转型期中国经验》，载《管理世界》2002 年第 5 期，第 50 页、第 51 页。

成为造成农村家庭风险的重要原因之一。建国以来，由于历史原因，农村社会保障事业发展缓慢，主要表现为覆盖面小、保障水平低和资金不足，且没有形成一个统一的体系和制度。尤其农村实行家庭联产承包责任制后，使得一些原有的社会保障项目受到削弱，而新的制度却还未建立起来，这种社会发展事业滞后于社会经济增长的状况，无疑对整个农业的发展和农村的稳定带来一定的影响。

3. 深刻性——社会分配的不公，农民基本生活缺乏保障

"三农"问题是困扰中国农村现代化和国民经济协调发展的关键因素之一。可以说，"三农"问题已经成为制约国家进一步发展的"瓶颈"。农民的切身利益是否得到保障，直接关系到整个农业的进步与发展，关系到中国实现四个现代化的进程和社会的稳定。农村发展水平决定着中国经济的总体发展水平，农村问题得不到较好的解决，国民经济发展就不可能实现大跨越式发展。

从20世纪五十年代一直到七八十年代，在中国推进工业化和城镇化的过程中，农村成为提供积累资金的一个重要方面。从利益对等原则来看，城镇居民通过上缴税费为国家积累了大量资金，国家为其提供了相应的公共服务——社会保障制度；同样，农村居民通过上缴农业税、其他各种形式的税费以及工农业产品价格"剪刀差"的形式为国家积累了大量的财政资金。因此，陈锡文同志指出，"可以这么说，中国如今有一个比较完整的工业体系，有一批比较漂亮也比较现代化的城市，它和中国广大农民作出的巨大贡献是密不可分的"。[①]

通过对四川、江西、山东、浙江等地农村的农村家庭经营、农村养老、农村医疗、农民外出务工及农村救济五个方面进行入户访谈和实地考察后，在看到东部农村改革开放取得的成果和发生巨大变化的同时，中西部地区农民生产生活质量低、缺乏保障是不争的现实。

在接受调查的农户中，当问到"你觉得生产生活有保障吗？"时，90%的农户回答"没有"。就生活方面来看，目前农民的人均年收入在1000元左右，也有的地区明显偏低。这样的收入水平，与城镇职工相比已相去甚远，即使进行历史的纵向对比，考虑到物价指数上升

---

① 《新闻办就推进社会主义新农村建设举行发布会》，www.gov.cn，2006年2月22日。

等因素，也确实较低，满足农民的基本生活需要尚有困难。当问及"遇到自然灾害和疾病事故时，有无保障"时，52.4%的农户回答"政府部门没有相应的救助"或"救助不足以解决问题"。47.6%的农户认为政府的救助和自己的努力足以渡过难关，生活基本上有保障。在农村医疗和养老问题上，农民的意见较为强烈。目前，农民的生老病死都由自己负责，政府很少进行相应照顾和扶助。曾经在农村集体经济中发挥过重要作用的农村合作医疗已基本不存在，农民生病由自己或亲属帮助到医院就医，病情恶劣且经济状况较差的一般只有"在家等死"。"五保户"的情况则更糟，每年仅能获得数量较少的粮食和衣物补助。对于特困户的救济问题，多数农村地区暂时还没有建立相应的常备制度，大多是紧急的时候经"村委会研究"后，补助特困户"一些粮食和几百块钱"。而养老则基本由家庭承担。许多家庭子女外出务工，老人则依子女收入状况，或每月收到一定的生活费，或者靠劳动养活自己。

在农业生产方面，家庭联产承包责任制实行20多年来，在推进农业生产率提高和释放农村生产能量的同时，也暴露出许多弱点和弊端，在一定程度上限制了现代农业的发展。具体体现为：（1）农业经营单位大大缩小，阻碍了农业现代化技术的运用。（2）农业基础设施的建设和维护受到削弱。（3）农业投资减少。按照接受调查的农民的普遍说法，自从20世纪50年代集体大规模新建的农田水利设施，到现在基本没有兴建或改建过，影响了农业生产的顺利进行。（4）政府及村委会对农户生产的引导和扶持力度不够。大多数接受调查的农民承认现在农业生产是"靠天收"，风险基本由家庭承担，政府较少为农业生产所遭受的损失"买单"。（5）农村社会保险和商业保险发展滞后。这一方面是由于农民思想观念落后，另一方面也与当前农村整体经济发展状况密切相关。农民收入增长缓慢且信用观念较弱，商业保险的推行存在一定的难度。到目前为止，农村几乎还没有形成为农业生产投保的意识，很多农民都认为这只是一种幻想。

以上情况表明，中国农民依然缺乏保障。农村社会保障仍然停留在最基本的土地保障功能阶段，即土地是农民生产生活的最基本也是最后的保障。农村农民面临着巨大的风险隐患。

（二）农村家庭风险产生的原因

1. 城乡二元经济结构分析

城乡二元经济结构是发展中国家从传统农业社会向工业化和现代化必经的过渡阶段，是指发展中国家广泛存在的城乡生产和组织的不对称性，也就是落后的传统农业部门和先进的现代经济部门并存、差距明显的一种社会经济状态。建国后，中国走过的是一条与众不同的工业化道路，中国在特殊的历史背景下快速推进工业化，长期实行优先发展重工业的方针，确立严格的城乡分割政策、人民公社制度和计划经济体制。这一系列政策强化了城乡二元经济结构，延缓了社会转型过程，突出的表现是城市化滞后于工业化，过多地牺牲了农民利益，削弱了农业资本积累、技术革新的实力，降低了农业发展的后劲。反过来，户籍制度和城乡壁垒又使城乡差别进一步扩大，城乡差别扩大则依赖更严格的城乡壁垒。这种恶性循环最终使中国城乡关系达到了一度"隔绝"的严重境地。

在城乡存在巨大差异的情况下，社会保障制度必然存在城乡间的二元性。对于城市职工而言，社会保障制度是由国家举办和实施的保障政策。无论对企业职工的劳动保险制度，还是对机关、事业单位职工的单位保障制度，均是由国家财政负担的。而对于不具有城镇户籍的农民，实行的是以家庭保障为主、国家与集体救济为辅的保障模式。20世纪70年代在中国农村普遍实行的村级合作医疗，就是以村集体经济为依托的，各级政府不承担经济责任。而在1978年中国实行经济体制改革之后，农村集体经济日趋衰落，农村合作医疗制度已不复存在。事实上，城乡社会保障的差异，根源在于中国的"二元经济结构"。

2. 竞争性因素分析

随着市场化进程的推进和分配制度的改革，社会成员的收入状况已由原来主要取决于计划分配转向主要依据市场选择机制。在激烈的市场竞争中，因人们的禀赋、竞争能力等存在很多差距，收入差距的形成及其扩大也是必然的，作为一种制度安排的结果无疑也是合理的。竞争性差距不仅表现在个人之间，也表现在群体之间。

3. 体制原因分析

由于现阶段很多改革尚不到位，新旧体制严重摩擦，致使很多收入差距的形成不是取决于市场竞争，而是取决于某些制度因素。这种影响基本上表现为两个方面：一是造成不平等的竞争条件与环境，如在城乡之间、不同地域的农村之间、同一地域的不同行业之间和不同所有制企业之间具有差别性的税收、信贷、价格政策以及各种具有差别性的分配体制等都造成了竞争机会与条件的不平等分割，进而使不同群体间的收入差距全面扩大；二是直接形成结果差异，这里最突出的表现是在不同群体间极具差别性的非货币（如住房、医疗、就业）福利分配方式。这一问题不仅长期有之，而且随着近几年各种形式的福利扩张，其对收入分配的影响也愈来愈大。总的来讲，非竞争性的体制因素对收入差距的影响是群体性的而非个体性的。对一个具体的劳动者来讲，其收入状况往往更多地取决于其所归属的群体、部门或具体的单位。

4. 农村社会和家庭结构的迅速变化也造成了家庭风险的增大

核心家庭的出现，人口流动的加剧，都给照料老人带来了越来越多的困难。众所周知，家庭养老应当包括物质供养、生活照料和精神慰藉三个方面的内容，尤其是物质供养有了保障后，生活照料和精神慰藉就显得特别重要，这也是儒家养老文化的核心内容。然而自20世纪80年代以来，中国大力推进计划生育政策，家庭平均人口数逐年下降。1985年平均每户为3.89人，1990年为3.5人，1995年为3.23人，1998年为3.16人，1999年平均每户为3.14人。核心家庭的出现，意味着"4—2—1"、"6—2—1"家庭结构模式开始形成，一对青年夫妇可能要同时照顾4~6位老人，今后甚至要同时照顾8位老人。从理论上讲，生活照料和精神慰藉难以保证。与传统社会相比，现在的大多数已婚妇女都有自己的工作或劳作安排，小孩均要接受教育。因此，老年人的生活照料失去了家庭人员保证。

三、新农村社会保障体系的基本框架

（一）构建新农村社会保障制度的基本思路

2006年2月21日公布的《中共中央国务院关于推进社会主义新农

村建设的若干意见》明确指出了构建中国特色农村社会保障制度的基本思路：

1. 加强扶贫开发工作

要因地制宜地实行整村推进的扶贫开发方式，加大力度改善贫困地区的生产生活条件，抓好贫困地区劳动力的转移培训，扶持龙头企业带动贫困地区调整结构，拓宽贫困农户增收渠道。对缺乏生存条件地区的贫困人口实行易地扶贫。继续增加扶贫投入，完善管理机制，提高使用效益。继续动员中央和国家机关、沿海发达地区和社会各界参与扶贫开发事业。切实做好贫困缺粮地区的粮食供应工作。

2. 积极发展农村卫生事业

积极推进新型农村合作医疗制度试点工作，从 2006 年起，中央和地方财政较大幅度提高补助标准，到 2008 年在全国农村基本普及新型农村合作医疗制度。各级政府要不断增加投入，加强以乡镇卫生院为重点的农村卫生基础设施建设，健全农村三级医疗卫生服务和医疗救助体系。有条件的地方，可对乡村医生实行补助制度。建立与农民收入水平相适应的农村药品供应和监管体系，规范农村医疗服务。加大农村地方病、传染病和人畜共患疾病的防治力度。增加农村卫生人才培养的经费预算，组织城镇医疗机构和人员对口支持农村，鼓励各种社会力量参与发展农村卫生事业。加强农村计划生育服务设施建设，继续稳定农村低生育水平。

3. 保障务工农民的合法权益

进一步清理和取消各种针对务工农民流动和进城就业的歧视性规定和不合理限制。建立健全城乡就业公共服务网络，为外出务工农民免费提供法律政策咨询、就业信息、就业指导和职业介绍。严格执行最低工资制度，建立工资保障金等制度，切实解决务工农民工资偏低和拖欠问题。完善劳动合同制度，加强务工农民的职业安全卫生保护。逐步建立务工农民社会保障制度，依法将务工农民全部纳入工伤保险范围，探索适合务工农民特点的大病医疗保障和养老保险办法。认真解决务工农民的子女上学问题。

4. 逐步建立农村社会保障制度

按照城乡统筹发展的要求，逐步加大公共财政对农村社会保障制度建设的投入。进一步完善农村"五保户"供养、特困户生活救助、灾民补助等社会救助体系。探索建立与农村经济发展水平相适应、与其他保障措施相配套的农村社会养老保险制度。落实军烈属优抚政策。积极扩大对农村部分计划生育家庭实行奖励扶助制度试点和西部地区计划生育"少生快富"扶贫工程实施范围。有条件的地方，要积极探索建立农村最低生活保障制度。

（二）新农村社会保障制度的基本框架

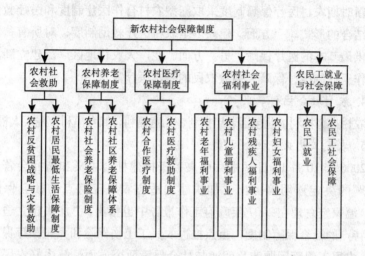

新农村社会保障制度包括：农村社会救助、农村养老保障制度、农村医疗保障制度、农村社会福利事业和农民工就业与社会保障。

1. 农村社会救助

农村社会救助属于社会救助的范畴，主要针对因自然的和社会的各种原因导致贫困的农村社会居民，向他们提供基本的社会保障和灾害救助，维持其基本生存权利，并帮助他们恢复生产。农村社会救助包括农村反贫困战略与灾害救助、农村居民最低生活保障制度两项制度。农村反贫困战略与灾害救助主要针对因各类自然的和社会的灾害导致的区域性贫困群体，这种形式对贫困群体和受灾群体的救助是一种临时性或阶段性的；农村居民最低生活保障制度类似于城镇的最低生活保障制度，主要针对个体性贫困者，向其提供生活所需的基本资料和资金。

2. 农村养老保障制度

党的十六大报告提出，"在有条件的地方，探索建立农村养老、医疗保险和最低生活保障制度"。目前，我国农村在短期内还只是小部分地区有条件，大部分地区条件不够成熟，短期内将继续发挥家庭养老的功能，完善原有的社区养老，有条件的地区可建立类似于城镇职工基本养老保险的制度；从长期发展来看，积极创造条件建立健全农村社会养老保险制度。

3. 农村医疗保障制度

新时期农村医疗保障制度采取新型农村合作医疗制度和医疗救助制度相结合的形式。一方面，建立健全农村医疗救助制度，对所有贫困农民提供最基本的医疗保障。另一方面，在广大农村地区广泛建立新型农村合作医疗制度，保障大多数农民的基本医疗需求。

4. 农村社会福利事业

农村社会福利事业包括老年福利、儿童福利、妇女福利、残疾人福利。

5. 农民工就业与社会保障

2006年10月11日《中共中央关于构建社会主义和谐社会若干重大问题的决定》明确提出"加快建立适应农民工特点的社会保障制度"。温家宝总理在2007年政府工作报告中也指出，"加快建立适合农民工特点的社会保障制度，重点推进农民工工伤保险和大病医疗保障工作。"农民工保障问题涉及就业与社会保障两个方面。解决好农民工保障问题的关键在于统筹城乡就业与社会保障，促进农民工市民化。

第一篇

农村贫困与
社会救助

1 中国农村贫困

1.1 贫困概述

1.1.1 对贫困的解释

贫困是一个历史的、动态的范畴，随着经济的发展、社会的进步和人类文明程度的提高，以及一个民族对于社会福利、平等和作为对基本人权重要组成部分的生存权的认识的不断深化而逐步发展变化。

20 世纪 80 年代以前的学者和权威机构一般都是从物质层面和经济学意义上来诠释贫困的。如 1899 年西勃海姆（Sibham）对贫困的理解是这样的："如果一个家庭的总收入不能满足维持仅仅是物质生活所必备的需要，那么该家庭就是处于贫困状态。"[①] 奥本海默（Oppenheim）认为，贫困"是指物质上、社会上和情感上的匮乏，它意味着在物质、保暖和衣着方面开支要少于平均水平。"[②] 世界银行（World Bank）在《1980 年世界发展报告》中指出："贫困是指某些人、某些家庭或某些群体没有足够的资源去获取他们在那个社会公认的、一般都能享受到的饮食、生活条件、舒适和参加某些活动的机会。"[③] 从这

[①] 王长银：《英国反贫困政策与落后地区开发》，载《经济开发论坛》1998 年第 7 期，第 45 页。

[②] 奥本海默（Oppenheim）：《贫困真相》（Poverty：the Facts），伦敦，儿童贫困关注小组（child Poverty Action Group），1993 年版，第 124 页。

[③] 世界银行：《1980 年世界发展报告》，中国财政经济出版社 1981 年版，第 56 页。

些定义可以看出，贫困涉及的主要是经济范畴，是指维持最低限度的生活标准。

随着经济社会的不断发展，人类对贫困问题的认识不断深化，国际社会开始更加注重从人文发展的角度来衡量一个国家的贫困程度。联合国开发计划署在《1997年人类发展报告》中提出"人文贫困"（human poverty）的概念，它不仅包括人均国民收入的因素，也包括人均寿命、卫生、教育和生活条件等因素，即40岁以前可能死亡的人口比例、文盲率、获得基础卫生保健服务、可饮用水和合适食物的状况等，并采用了测量人文贫困程度的新指标——人文贫困指数（Human Poverty Index）来测定人类生活中的三个基本要素：寿命、知识水平和生活体面程度的短缺情况。

世界银行《2000/2001年世界发展报告》则进一步拓宽了贫困的内涵，认为"贫困是指福利的被剥夺情况"，"穷人生活在没有最基本的行动与选择的自由的境况中，……通常他们缺少必要的食品和住房、教育和医疗，以便使他们能过上所有人都向往的那种生活。面对疾病、经济混乱和自然灾害，他们十分脆弱。同时他们经常遭受国家和社会的不公正对待，在涉及决定他们生活的重大问题上无发言权"，因而贫困就是指"没有权力、没有发言权、脆弱性和恐惧感"。[1] 应该说，这个标准基本上代表了当前文明发展程度下人类对于贫困内涵的理解水平，也更能反映人类文明的进步程度。

我国理论界和实际部门对贫困的认识也在不断深化，其中，1994年就是一个重要的分水岭。在1994年之前，即制定"八七"扶贫攻坚计划之前，大家对贫困的认识普遍停留在经济意义上的界定，如国家统计局农调队将贫困定义为"个人或家庭依靠劳动所得和其他收入不能维持其基本的生存需求"[2]。1994年以后，不论是理论界还是实际部门，对贫困内涵和标准的理解随着社会经济发展发生了巨大的变化，由经济意义上的狭义贫困拓展到社会、文化、政治意义上

---

[1]　世界银行：《2000/2001年世界发展报告：与贫困作斗争》，中国财政经济出版社2001年版，第15页。

[2]　国家统计局农村社会经济调查总队：《中国农村贫困标准》（1989）研究报告，第6页。

的广义贫困。如："贫困是指在一定环境条件下，人们在长期内无法获得足够的劳动收入来维持一种生理上要求的、社会公认的基本生活水准的状态。"① "贫困是经济、社会、文化落后的总称，是由低收入造成的基本物质、基本服务相对缺乏或绝对缺乏以及缺少发展机会和手段的一种状况。"②

由以上各种论述可以看出，贫困按其包括的范围和程度不同，可分为绝对贫困与相对贫困。绝对贫困亦称生存性贫困，是指在一定的生产方式与生活方式下，个人或一个家庭依靠劳动所得或其他收入难以满足基本生存的最低需要。其基本特征表现为：在生产方面，缺乏扩大再生产的物质基础，甚至难以维持简单再生产；在消费方面，未能获得满足衣食住行等人类最基本的生存需要，衣食不得温饱，劳动力自身简单再生产难以维持。通俗地讲，就是"食不果腹，衣不蔽体，住不避风雨"。绝对贫困大多发生在发展中国家。相对贫困是指个人或家庭温饱问题得以基本解决，但仍然低于社会平均生活水平。它是比较而言的贫困，一方面是指相对于不同时期、不同社会的生产或生活方式下贫困标准的变化而言的贫困；另一方面是指在同一时期相对于不同社会成员和地区之间差异而言的贫困。世界银行就曾把收入只有（或少于）社会平均收入三分之一的社会群体视为相对贫困，也有一部分专家学者把中等收入以下作为相对贫困的临界线。总而言之，相对贫困是一个动态的概念，随着时期或地域的变化而变化。相对贫困发生在世界各国和地区，包括发达国家和发展中国家。

1.1.2　贫困的测量

贫困的测量是制定反贫困政策和进行贫困理论研究的基础工作。从20世纪开始，国外的专家和学者就对此进行了不懈的探讨和研究。目前的研究成果已经完成了从单一经济指标体系到社会指标体系的过渡，并开始进入生态环境指标体系的研究。生态环境指标体系对于人类发展

---

① 赵冬缓、兰徐民：《我国测贫指标体系及其量化研究》，载《中国农村经济》1994年第3期，第45页。
② 林闽钢：《中国农村贫困标准的调适研究》，载《中国农村研究》1994年第2期，第56页。

来说是一个崭新的研究领域，对于贫困的成因和影响有着极其重要的研究价值。我国对贫困测量的深入研究开始于 20 世纪 80 年代中期，时间虽然不长，但发展很快，已经处在社会指标体系的研究之中并开始关注生态指标体系的研究。

（一）贫困线

贫困线，简单说就是一个国家（地区）或组织确定一个人或家庭在一定时期、一定地区、一定经济发展水平下，为了取得维持生存所必需的生活必需品（包括一揽子食品和非食品货物）或取得社会认为体面的生活所必需的全年费用，一般量化为货币形式。贫困线的划分跟贫困一样可分为绝对贫困线和相对贫困线，由于相对贫困线受多个指标影响，量化起来比较复杂，因此我们的研究重点集中在绝对贫困线。

我国现行的农村贫困线标准是国家统计局农村调查队在 1986 年根据 6.7 万个抽样户的家庭调查数据进行计算后得出的。[①] 当时是以国际上通用的生存绝对贫困的概念作为计算农村贫困标准的基础。生存绝对贫困的核心问题是穷人不能满足在当时社会生产或生活方式下维持生命正常活动所必需的基本生存需要。基本生存需要包括两部分：一部分是满足最低营养标准（2100 大卡）的基本食品需求（即食物贫困线）；另一部分是根据回归方法计算出的收入正好等于食物贫困线的人口的非食品支出，这部分非食品支出即非食物贫困线。两者之和就是贫困标准。根据这种计算方法，2004 年中国农村绝对贫困标准为人均年收入 668元，并得出当年全国农村贫困人口为 2610 万人，占当时农村人口的2.8%。[②]

由于各国对"生活必需品"的理解不尽相同，导致各国的贫困标准与贫困线存在差异，但是，在进行贫困状况的国际比较及对世界各地区的贫困状况进行加总时，需要确定统一的贫困线。世界银行为解决这一问题，在《1990 年世界发展报告》中，按 1985 年购买力平价的不变价格计算，规定年人均收入 275 美元和 370 美元分别为世界通

---

① 中国社会科学院农村发展研究所：《2000～2001 年：中国农村经济形势分析与预测》，社会科学文献出版社 2001 年版，第 198 页。

② 李小云、张雪梅、唐丽霞：《当前中国农村的贫困问题》，载《中国农业大学学报》2005 年第 10 期，第 68 页。

用贫困线的下限和上限，年人均收入大于 275 美元而不大于 370 美元的人口称为贫困人口。年人均收入 370 美元的上限标准后来又调整为国际上通用的每人每天 1 美元的消费支出贫困标准。按照此标准计算，到 2001 年底我国农村贫困人口为 1.27 亿，占农村总人口的比例约为 16.1%，而不是我们所知道的 2927 万人和占农村总人口的比例约为 3.2% 的数字。[①]

在农村贫困人口贫困程度较深的情况下，我国政府制定的较低贫困线是一个十分有效的标准，也有助于把扶贫资金用到那些最需要帮助的贫困人口。然而，在确定扶贫潜在的受益者时，这个标准也许就不那么有效了，因为只有占总人口比例很小部分的人生活在贫困线以下，而更多的贫困人口收入仅比这个标准稍高一点。为了更准确地评估我国农村的贫困状况，更好地指导 21 世纪政府的扶贫工作，我国可采取适当步骤以沿用国际贫困标准，或者将最低收入 10% 的农村人口的收入水平作为贫困线。上述两种标准测算的数据大约都在年人均收入人民币 900元左右。按照这一标准计算，2001 年我国农村贫困人口为 9000 多万，其中 50% 集中在经济欠发达的西部 12 省区。[②]

（二）贫困发生率

贫困发生率是描述贫困现象的一个最基本的指标，是从贫困现象的社会存在面和发生率的角度来认识和理解贫困。贫困人口在其人口总体中所占比例即为贫困发生率。[③]

$$贫困发生率: H = q/n$$

其中，q 为贫困人口总数，n 为总人口数，H 为贫困发生率。

贫困发生率是贫困人口群体占总人口的比例，是一个相对概念，它只有与贫困人口的数量这一绝对概念相结合，才能反映出贫困面的大小。贫困发生率表现出更强的空间性和时间性，不同的贫困发生率的时

---

① 联合国开发计划署：《2003 年人类发展报告》，中国财政经济出版社 2003 年版，第202 页。

② 国家统计局农村社会经济调查总队：《2002 中国农村贫困监测报告》，中国统计出版社 2002 年版，第 11 页。

③ 世界银行在《1990 年世界发展报告》中把贫困发生率称为贫困人口调查指数。

间性主要表现为在一定时期内贫困人口与总人口变化的不一致性，也就是说贫困发生率每时每刻都会发生变化。但通常我们都以年度作为贫困人口和总人口统计期，这样得到的贫困发生率是某一年的贫困发生率。根据贫困发生率的地区差异、行业差异和阶层差异，可以确定扶贫的重点目标，监测扶贫效果。但这一指标不能反映贫困的深化程度，即贫困人口的平均收入低于贫困线的程度，也无法反映贫困人口内部的收入不平等程度。

（三）贫困缺口与缺口率

贫困缺口侧重从经济收入差额的角度度量贫困的程度，或者说为了消除贫困，使得所有贫困者的经济收入都超过贫困线所必需的社会财力。以 A 表示贫困线（凡收入低于 A 者划入贫困人口行列），y_i 表示贫困者的经济收入（$y_i < A$，$i = 1, 2, \cdots, p$），p 表示贫困人口数，J 表示贫困缺口，H 表示贫困缺口率，则

$$贫困缺口：J = \sum_{i=1}^{p} (A - y_i)$$

$$贫困缺口率：H = \frac{J}{P \cdot A}$$

H 值越小，贫困程度越轻，当 H 接近 0 时，说明贫困人口的经济收入基本接近贫困线，已达到脱贫的临界点。反之，H 值越大，社会贫困越严重，当 H 趋向 1 时，表示贫困阶层的人民基本没有经济来源，必须靠政府救助给予生活资源，因而贫困缺口 J 达到最大值。

1.2 中国农村贫困的现状及特征

1.2.1 贫困发生率下降

自 1978 年农村开始全面经济改革后，通过 20 多年的扶贫工作，中国在消除绝对贫困方面所取得的巨大成就是举世公认的，就连原来对中

国扶贫政策抱有偏见的某些西方人士也不得不承认中国农村的贫困人口正在大幅减少，农村贫困发生率不断下降，农村贫困面貌发生历史性变化。到 2002 年底，中国农村尚未解决温饱的贫困人口已经减少到了 2820 万，贫困发生率下降为 3.0%（见图 1-1）。但是，由于政府的财力有限，制定的贫困线标准很低，扶贫的覆盖面不大，相当一部分贫困人口得不到政府的支持。特别是在某些贫困地区，由于人口工作的性质复杂、计划生育工作不得力，使得贫困地区人口相对于本地区发展经济的自然资源和生态环境相对过剩。

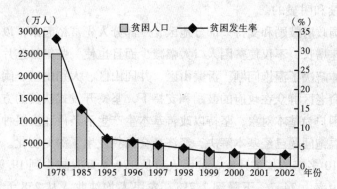

图 1-1　1978~2002 年中国农村贫困人口变化

资料来源：国家统计局农村社会经济调查队：《中国贫困监测报告 2003》，中国统计出版社 2003 年版，第 102 页。

　　不管是用中国政府制定的较低贫困线，还是按照世界银行提出的贫困标准来看，过去 20 多年的农村经济改革，使得农村经济迅速增长，加上得到国家财政支持的扶贫项目的实施，使得中国农村的绝对贫困人口大幅度减少，农村贫困发生率大幅度下降。统计资料显示，农民人均纯收入已经从 1985 年的 397.6 元提高到 2002 年的 2475.63 元，农村的贫困人口已由 1990 年的占农村总人口的约十分之一下降到 2002 年底的接近四十分之一。[①] 当然，这个估计是基于中国政府把有限的扶贫资金用到那些最需要帮助的贫困人口而制定的较低贫困线标准。

---

① 国家统计局：《2003 中国统计年鉴》，中国统计出版社 2003 年版，第 367 页。

中国是一个发展中国家，经济不发达，农村尤其不发达。根据这一基本国情，我国制定了较低的贫困线标准，这一标准是一个能够维持基本生存的最低费用标准。但为了比较国家间的贫困状况，更好地开展贫困理论问题的研究和交流，国际间需要有个统一的贫困线标准，世界银行提出的每天1美元消费支出（1985年购买力平价不变价格）的贫困标准是目前国际间通用的贫困线标准。用这个标准衡量，虽然中国的绝对贫困人口数字每年都比中国政府估计的数字大得多，但同样可以说明中国的贫困人口数量在20世纪90年代的减少是依然持续和明显的。

中国政府鼓励和支持一部分地区、一部分人先富裕起来，以实现经济的快速增长，不仅使贫困人口大幅减少而且也使一些集中连片的贫困地区整体解决了温饱问题。沂蒙山区、井冈山区、大别山区、闽西南地区等革命老区群众在政府的鼓励和支持下，坚持开发式扶贫的方针，坚持以贫困户为基本对象，坚持以改善基本生产生活条件和发展种养业的做法，温饱问题已经基本解决，经济社会面貌发生了深刻变化。沂蒙山区经过10多年的扶贫开发，贫困人口从179.4万人减少到19.9万人，贫困发生率由24.7%下降到2.7%，农民人均纯收入从258元增加到2035元，解决了村村通车、户户通电、家家通水的"三通"问题。其他重点贫困地区，包括部分偏远山区和少数民族地区的面貌也有了很大变化，历史上"苦甲于天下"的甘肃定西、河西地区和宁夏的西海固地区，经过多年的扶贫开发建设，基础设施和基本生产条件明显改善，贫困状况大为缓解。

我国20多年的扶贫开发，解决了2亿多农村贫困人口的温饱问题，实现了贫困地区广大农民群众多年来吃饱穿暖的愿望，这在中国历史上是绝无仅有的功绩，在世界范围内也是令人振奋的巨大成就。在全世界贫困人口每年以上千万人的速度增加、贫困问题日趋严重的情况下，我国取得这样的成绩，举世瞩目。

由于大量扶贫资金的投入，贫困农户的创收能力得以提高。基础设施等条件的改善则增大了贫困人口从全国经济增长中直接和间接受益的能力。贫困地区的农民人均收入增长的速度快于非贫困农村地区。1985~2002年，国定贫困县农民人均纯收入从206元增加到1305.2元，占全国农民人均纯收入的比重从 51.8% 增大到 52.7%，而农村贫困发生率从 14.8% 下降到 3.0%（见表 1 - 1）。

表 1 - 1 1985 ~ 2002 年国定贫困县与全国农民平均收入差距的变化

年 份	全国农民平均收入（元）	贫困县农民平均收入（元）	贫困县相当于全国平均（%）	贫困发生率（%）
1985	397.6	206.0	51.8	14.8
1992	784.0	416.7	53.2	8.8
1993	921.6	483.7	52.5	8.2
1994	1221.0	648.3	53.1	7.6
1995	1577.7	823.9	52.2	7.1
2001	2366.4	1277.0	53.9	3.2
2002	2475.6	1305.2	52.7	3.0

资料来源：国家统计局农村社会经济调查队，《中国贫困监测报告 2003》，中国统计出版社 2003 年版。

1.2.2 贫困人口地域分布失衡

中国是一个幅员辽阔的国家，由于地形地貌复杂多样，地区间的经济发展水平极不平衡，因此农村贫困人口具有明显的区域分布特点。从《国家"八七"扶贫攻坚计划》的制定、实施，到《中国农村扶贫开发纲要（2001 ~ 2010）》的出台，这种特点始终没有改变。

以行政区域划分，1994 年我国数千万农村贫困人口在全国 30 个省、自治区、直辖市均有分布（见表 1 - 2）。

20 世纪 90 年代中期以来，我国确定的 592 个重点贫困县主要分布在中西部 18 个集中连片贫困区，特别是中西部的深山区、石山区、沙漠化地区、高寒地区和水土流失地区。从各省扶贫重点县的贫困人口分布看，扶贫重点县贫困人口数量超过百万的省依次是云南、贵州、甘肃、四川、陕西和河南；贫困发生率超 10% 的省（自治区）有青海、山西、新疆、黑龙江、宁夏、内蒙古、云南、贵州、甘肃、广西、吉林，除山西、黑龙江、吉林外，都是西部省份。①

---

① 程瑶：《我国农村贫困人口的现状分析》，载《软科学》2005 年第 4 期，第 61 页。

表1-2 1994年中国农村贫困县和贫困人口分布

省(自治区、直辖市)		国家"八七"扶贫攻坚重点扶持贫困县			贫困发生率(%)
		贫困县数(个)	乡村总人数(万人)	贫困人口(万人)	
全国		592	19203.0	5858.9	
东部	北京				
	天津				
	上海				
	辽宁	9	353.7	62.5	17.67
	河北	39	1192.3	543.9	45.62
	山东	10	674.3	232.6	34.49
	江苏				
	浙江	3	81.7	41.1	50.3
	福建	8	207.0	23.9	11.5
	广东	3	77.6	8.8	11.34
	海南	5	63.7	10.0	15.7
中部	黑龙江	11	226.2	50.4	22.28
	吉林	5	88.0	8.8	10.00
	山西	35	572.7	214.2	37.40
	河南	28	1670.2	558.4	33.40
	安徽	17	1472.6	401.1	27.24
	江西	18	799.4	107.1	13.39
	湖北	25	1111.5	193.1	17.37
	湖南	10	607.5	121.6	20.02
西部	四川	43	1895.3	631.5	33.3
	内蒙古	31	645.8	86.0	13.32
	贵州	48	1673.3	632.1	37.78
	云南	73	1994.4	796.9	39.96
	陕西	50	1179.8	349.2	29.6
	甘肃	41	1161.5	377.7	32.52
	青海	14	137.8	41.7	30.26
	宁夏	8	196.2	89.8	45.86
	新疆	25	198.8	83.9	42.2
	广西	28	801.6	186.1	23.20
	西藏	5	20.1	3.4	16.91

资料来源:赵曦:《中国西部农村反贫困战略研究》,人民出版社2000年版,第137页。

"八七"计划前，我国扶贫开发的目标主要是解决温饱问题，解决绝对贫困问题。在基本完成《国家"八七"扶贫攻坚计划》后，按2000年农民人均纯收入625元解决温饱的标准，我国目前尚有3000万农村贫困人口没有达到温饱水平。他们主要分布在中西部的少数民族地区、革命老区、边疆地区和特困地区，并主要集中在这些地区的贫困乡村，这是目前我国贫困人口分布的基本特点。这些地区主要以点、片地形分布于高原、深山、高山、高寒和水库移民区，以及荒漠化、石灰岩山区等环境恶劣的区域。要从根本上解决这些地区的贫困问题，具有相当大的难度。

1.2.3　存在严重的返贫现象

返贫是指由于自然灾害、生态环境变化、经济格局调整、外部市场变化等因素，原有脱离贫困或者处于贫困标准线之上的人口又重新掉入贫困线之下，再次成为贫困人口。由于我国大多数贫困地区的生产、生活和生态条件尚未改变，农民刚刚满足温饱问题，经济发展水平较低，抵御风险的能力还很差，加上缺乏社会保障机制，一旦遇到天灾人祸，部分刚解决温饱的农户就会重新陷入贫困。2002年底，全国农村绝对贫困人口是2820万人，比上年减少107万人，贫困发生率是3.0%，而2003年农村贫困发生率又上升到3.1%，贫困人口达到2900万人。另据调查，近年来农村脱贫人口的返贫率一直在20%以上，脱贫成果巩固困难。[①] 这是一个极其危险的信号，很值得我们反思。它蚕食着扶贫开发的成果，扩大了农村贫困人口的数量。并且，由于返贫是一种由好变坏，由具备生存条件和能力转变为丧失生存条件和能力的过程，因而打击了返贫人口的脱贫信心。这些主观上的消极颓废，又会在客观上进一步加大农村扶贫攻坚的难度，制约着脱贫致富的步伐。可见，返贫要比单纯的贫困危害更甚。可以这么说，没有农村准绝对贫困人口的彻底脱贫，没有他们进入中等收入农民行列，从而扩大中等收入农民的比例，就不可能真正消灭贫困，全

---

① 赵卫华：《农村贫困的新特点与扶贫战略的调整》，载《吉林广播电视大学学报》2005年第1期，第8页。

面建设小康社会的目标就不可能实现，建设社会主义和谐社会也更无从谈起。

1.2.4 贫困缺口率有扩大的趋势

贫困人口内部贫困深化程度的差距只能用贫困缺口来测量。贫困缺口是指把贫困的人扶起来达到贫困线所必不可少的额外收入，即贫困人口实际收入与贫困线的差距。反映贫困缺口大小通常用贫困缺口率来表示，它是指贫困人口的纯收入与贫困线差距的总和与达到贫困线收入的总和的比率。贫困缺口率与贫困发生率相比，对贫困人口的数量不很敏感，而是侧重于收入分布。

世界银行按国际标准计算出中国的贫困缺口率，1985 年为 2.21%，1990 年为 2.5%。自 1990 年到 2002 年，不到贫困标准一半收入的人占全部贫困人口的比例从约 12.73% 上升到约 25.51%，增加了 12.78 个百分点，表 1-3 反映的便是贫困人口不同收入间的分布状况。这说明：第一，中国农村贫困人口的贫困缺口并不是很大，相当多的贫困人口集中在贫困线以下很小的收入区间内，他们离摆脱贫困只有一步之遥；第二，中国农村贫困缺口有扩大的趋势。

表 1-3 1990 年和 2002 年农村贫困人口收入分组与缺口率比较

分　组	1990 年	2002 年
农村总人口(百万人)	841	782
农村贫困线(元/人)	275	627
按人均纯收入分组(户数)		
少于 100 元	0.30%	0.40%
100 元~200 元	1.78%	0.19%
200 元~300 元	6.56%	0.28%
300 元~400 元	12.04%	0.50%
400 元~500 元	14.37%	0.79%
500 元~600 元	13.94%	1.25%
超过 600 元	51.01%	95.70%

资料来源：根据《2003 中国统计年鉴》整理，中国统计出版社 2003 年版，第 60 页。

1.3　中国农村贫困的成因分析

1.3.1　自然历史因素的积淀

1995 年江泽民同志视察甘肃定西干旱山区农村，面对"一片孤城万仞山"，对比江浙鱼米之乡，感慨地说："老天爷不公平！"[1] 贫困问题是旧中国长期存在、至今始终难以根治的问题。由于我国长期停留在农业社会，所以历史上中国贫困的典型形态基本上都体现在农村。再加之气候复杂多变，自然资源分布和地域组合天然不平衡，广大的贫困地区时时存在着遭受旱灾、虫灾和水灾的可能。据 1918 年国际救灾委员会估计，在我国东部大约有 50%、西部大约有 80% 的人生活在远低于最低生存水平的贫困之中。[2] 由于旧中国土地私有制造成土地兼并和两极分化，加上战乱频繁发生，使得农村的亿万农民饱尝贫困之苦。20 世纪 50 年代的调查发现，我国民族地区在民主改革之前，大约有 60 万人口、10 多个民族不同程度地保留着原始公社制度的残余，大约有 100 万人口保持着较为完整的奴隶制度。

新中国成立后，消灭了封建地主阶级的剥削，土地改革使三亿多无地少地的农民分得七亿多亩土地，每年免去了 700 亿斤粮食的地租，[3] 使农村的贫困现象大为减少。但由于自然和历史的原因，从 20 世纪 50 年代到 70 年代末，我国农村贫困人口并没有特别明显地减少。改革开放以来的 20 多年中，在各级政府和全国人民的共同努力下，通过解放和发展生产力，中国农村的贫困问题发生了史无前例的变化。世界银行等国际组织一致认为："中国政府为帮助最落后的农村地区摆脱贫困做

---

① 桑志达：《重新认识贫困问题》，载《毛泽东邓小平理论研究》1997 年第 5 期，第 70 页。

② 张国、林善浪：《中国发展问题报告》，中国社会科学出版社 2001 年版，第 318 页。

③ 张国、林善浪：《中国发展问题报告》，中国社会科学出版社 2001 年版，第 318 页。

出了极大努力，这种努力比其他许多发展中国家所做的努力要成功得多。"① 然而，从目前尚未摆脱绝对贫困的3000万贫困人口的情况看，贫困人口主要分布在自然条件相当恶劣、交通极为不便、自然灾害频发的偏远地区，即西南喀斯特山区、中部平原与丘陵山区接壤带、蒙新干旱地区、东部丘陵山区、青藏干旱山区、黄土高原地区。② 恶劣的自然条件、薄弱的经济基础和低度发展的生产力仍然是严重制约其经济发展的羁绊。"老、少、边、穷"是我国贫困地区的代名词，更是自然历史因素对贫困根源的集中表现。表1-4中的数据反映了这一问题。

表1-4 贫困人口分布及地理环境因素

分　布	贫困县（个）	贫困区面积(平方公里)	农业人口总数（万人）	贫困人口（万人）	特贫人口（万人）	地理环境
黄土高原丘陵 沟壑区	102	26.4	2021	617	244	水土流失严重,干旱缺水,燃料、饲料、肥料和木料短缺
平原与山区接壤地带	177	44.4	6664	1708	626	自然灾害频繁,自然资源开发不合理、破坏严重,产业结构不合理
西南喀斯特山区	126	33.6	3642	1841	713	植被破坏,水土流失严重,生态环境恶劣,交通闭塞
东部丘陵山区	162	28.8	7369	314		自然灾害频繁,土地肥力缺乏,资源破坏严重,水土流失较重
西藏高寒山区	96	130	413	140		气候高寒,生态环境严峻,自然灾害频繁,交通运输十分困难,生产水平低下
蒙新干旱区	75	91.8		601	74	干旱少雨,土地沙漠化严重,植被稀疏,环境承转力低

资料来源：武有德：《不发达地区经济成长论》，中国经济出版社2000年版，第76页。

① 程丹峰：《中国反贫困——经济分析与机制设计》，经济科学出版社2000年版，第6页。
② 张晓：《水旱灾害与中国农村贫困》，载《中国农村经济》1999年第11期，第12页。

1.3.2 人口的数量负担与低素质的恶性循环

人口学研究发现，贫困历来与人口问题密切相关。在无控制的自然状态下，贫困地区的人口出生率和自然增长率往往高于其他地区，经济贫困和社会文化落后会明显刺激人口的增长。一般来说，一个国家或地区的人口数量与贫困呈互为因果关系。无论是在无计划生育年代还是在实施计划生育政策的时期，我国农村贫困地区几乎无一例外地反映出这一规律。据统计，我国贫困地区的人口增长率一般为 2% ~ 3% 以上，比全国平均数高出 40% ~ 100%。① 一方面，人口增多使人均收入降低，给资源和环境带来更大的压力，加速自然条件恶化，从而进一步阻碍贫困地区的经济发展；另一方面，穷人早生多生，是对贫困生活的一种近于本能的反映。穷人的生活质量和保健条件低下，婴儿死亡率往往高于其他地区，多生便成为与之相抗衡的重要手段。穷人难以享受社会保障，多生子女便成了他们提高养老保障系数的唯一指望。由此发展，便形成了"越贫穷越生，越生越贫穷"的恶性循环。

由于一些贫困地区受到地域条件的限制，婚配范围十分狭窄，在同乡或同村范围内，近亲结婚、换亲、娃娃亲、买卖婚姻等现象屡见不鲜。从生理学角度来看，这种现象从基因组合层面严重影响了这些贫困人口的先天素质。加之贫困制约着教育的发展，教育经费、教学基础设施、师资力量等诸多方面严重不足，使贫困人口的子女难以接受到正常学龄儿童所应接受的教育，从而进一步影响着贫困人口文化素质的提高。陈南岳、周晓东等人对 20 世纪 90 年代中期我国贫困人口素质问题的研究表明：文化素质低下与贫困程度正相关。劳动力文化程度为文盲半文盲的农民，其贫困发生率、贫困深度指数分别是小学文化程度的 1.5 倍和 1.6 倍，是初中文化程度的 3 倍和 3.1 倍，是高中文化程度的 3.9 倍和 3.3 倍。② 也就是说，许多贫困家庭培育出的低素质的子女长大成人后，又步履于此类循环，复制出更多的贫困家庭。

---

① 周民良：《反贫困与中国的可持续发展》，载《经济与管理论丛》1999 年第 6 期，第 5 页。

② 陈南岳、周晓东：《摆脱贫困恶性循环的探讨》，载《经济问题探索》2000 年第 3 期，第 34 页。

1.3.3　二元经济结构的长期制约

美国经济学家阿瑟·刘易斯（Arthur Lewis）认为，发展中国家的经济结构是异质的二元经济结构，其发展并没有表现出整体发育和进化的特征。在增长过程中，不同的经济部门呈现出不同的演变态势，甚至某些部门和地区的增长是以另一些部门和地区的不发达为代价的。发展中国家城市的现代工业部门是以现代技术为特征的发达部门，自给的农业部门是以传统落后技术为特征的不发达的经济部门，这种结构的二元性是发展中国家普遍存在的问题，也是经济发展的出发点。

刘易斯二元经济结构理论的进一步推论是，农村劳动力收入水平过低是由农村劳动力剩余严重、农业劳动边际生产率极低和现代经济部门规模过小决定的，农村劳动力收入水平极低是增加现代经济部门积累以扩展现代经济的需要。因此，贫困是现代经济未充分发展的结果，又是实现现代经济增长的条件。以刘易斯的二元经济结构理论分析我国的贫困问题，无疑具有一定的说服力。但与此同时，除了具有发展中国家的共性特征外，我国的二元经济结构还有自身的特殊性，即国家政策的强制性特征。

新中国成立后，为了加快工业化发展，政府利用计划经济手段和国家政策，长期在财政转移体制上实行以农补工政策，过分向重工业、向城市、向发达地区作投资倾斜，阻滞了广大农村地区的资金来源，从而严重制约着农村地区经济的发展。从 20 世纪 60 年代开始实施户籍制度、统购统销政策、城市单位福利制度等以来，国家将城乡严格地隔离开来，形成了僵化的二元城乡格局。这种格局不仅是一种二元经济体系（现代经济与传统经济并存的体系），更是一种二元身份和等级体系（市民与农民、非农户口与农业户口）。从此之后，国家就实行了一系列优先发展城市而忽视农村的具体制度，如户籍制度、住宅制度、医疗制度等，通过再分配和社会福利等形式对城市劳动者进行养老、医疗、最低生活保障等基本保障和服务。但是，同样为国家创造出大量财富的农民阶层，不但未享受到宪法所赋予的帮助、救济等基本生存权利。相反，乡村公共设施和公共服务的资金均来源于村民的"三提五统"，城市发展要求农村给予强有力的支持，农村能力不足时就采取强制措施，控制农村资源分配；当城市遇到困难时，又极力想方设法将困难向农村转移，增加农民负担。处于封闭、落后状态下的农村贫困人口由此陷入了更加无助的尴尬境地。

1.4 中国农村反贫困战略与社会保障

1.4.1 农村反贫困工作的简要回顾

贫困与落后是世界范围内的经济社会现象，反贫困一直是人类面临的重大课题。从政策取向看，各国政府、国际组织、社会团体都把消除贫困作为推进社会全面进步的战略目标。新中国成立后，党和政府一直致力于发展经济、消除贫困的工作，并取得了巨大的成就。特别是1978年改革开放以来，由于农村普遍实行了富民政策，大大激发了农民的生产积极性，农业和农村经济有了较快的发展，农民收入有了较大增加，为开展反贫困工作打下了良好的基础。

1986年，国务院成立了贫困地区经济开发领导小组（1993年更名为国务院扶贫开发领导小组），负责组织、领导、协调、监督、检查贫困地区的经济开发工作。从此，我国的扶贫工作进入了一个新的历史时期，全国有计划、有组织、大规模的扶贫开发工作全面展开。首先是对救济式扶贫进行了彻底改革，确定了对贫困县的扶持标准，并核定了国定和省定贫困县，分别由中央和省（区）两级政府负责。由于政府的大力推动和社会各界的积极参与，1986～1993年，我国农村绝对贫困人口年均递减6.2%，剩下的8000万贫困人口主要分布在我国中西部的深山区、石山区、荒漠区、黄土高原区及水库库区，并且多为革命老区和边疆少数民族地区。

从1994年起，我国反贫困进入扶贫攻坚阶段。1994年初，国务院制定并颁布了《国家"八七"扶贫攻坚计划》，决定集中人力、物力、财力，动员社会各界力量，力争用 7 年左右时间，到 2000 年底基本解决全国农村 8000 万贫困人口的温饱问题。该计划根据当地贫困人口的分布状况，重新确定了 592 个国家重点扶持的贫困县，涵盖了全国 72% 以上的农村贫困人口。非重点贫困县的扶持问题由当地社会筹集资金自行解决。《国家"八七"扶贫攻坚计划》的实施，标志着中国扶贫开发工作进入了一个新的阶段。为了完成"八七"扶贫攻坚计划，国家采取了一系列扶贫措施，同时社会各界广泛兴起各种扶贫工程，如"温饱工程"、"科技扶贫"、"希望工程"等，此外，还积极与国际组织（如世界银行）在反贫困领域开展合作，广泛争取国际社会对中国反贫困工作的援助和支持。经过全党和全国人民的努力，到 2000 年底，我国农村没有解决温饱的贫困人口减少到 3000 万左右，农村贫困人口的比重下降到 3% 以下，"八七"扶贫攻坚计划的目标基本实现。

2001 年 5 月，中央召开了扶贫开发工作会议，制订了《中国农村扶贫开发纲要（2001～2010）》，明确了 2001～2010 年扶贫开发总的目标、基本方针、对象与重点、内容和途径，组织并指导新时期的反贫困工作。

总的来说，几十年来，我国农村反贫困工作取得了巨大成就，主要表现在：一是贫困人口大幅度下降，收入水平明显提高；二是贫困地区和贫困人口的生产生活条件有较大改善，发展能力有所增强；三是贫困地区的社会服务事业有较快发展，贫困人口的生活水平有较大提高。

1.4.2　当前我国农村反贫困工作面临的严峻挑战

（一）我国农村仍有相当数量的人口没有解决温饱问题

国家"八七"扶贫攻坚计划实施以来，全国的反贫困工作取得了巨大成就，贫困人口下降迅速，但仍有 3000 万左右人口生活在贫困线以下，没有解决温饱问题。这仅是官方公布的剩余贫困人口数量，而实际的贫困人口远大于这个数字。这是因为：一是上报的已脱贫的贫困人口数字中是有水分的，有的地方领导出于政绩的考虑，上报贫困人口往往统计加估计，有少报贫困人口的现象；二是被忽视的贫困人口未加以统计，有些非贫困县由于未列入国家或省的扶贫对象县的范围，得不到国家和省的扶助，而自身的财力十分有限，无法增加扶贫投入，因此就降低上报贫困人口比率；三是已脱贫又返贫人口少报或不报，目前各地返贫率居高不下，有些地方返贫率高达 20% 以上。

（二）剩余贫困人口脱贫更加艰难

我国剩余贫困人口大多分布在自然资源条件较为恶劣的山区、老少边穷地区和西部地区，所处的地方土质贫瘠，水资源匮乏，农业生产条件差，基础设施薄弱，交通不便，信息闭塞，经济发展缓慢且主要以种植业为主。据国家统计局农调队发布的数据，2002 年我国西部 12 省区的贫困人口是 1742 万人，占我国农村贫困人口的 61.8%；粮食主产区贫困人口总数为 1554 万人，占我国农村贫困人口的 55.1%。贫困户主要以种植业为主，而且越是贫困的农户，种植业所占的比例就越高。如贵州省非农贫困户纯收入中种植业的比重为 50%，贫困户中种植业收入的比重为 61%；河南省非贫困户和贫困户种植业收入的比重分别为 55% 和 70%。[1] 再加上剩余的贫困人口大多数是一些素质较低的人群，不仅文化科技水平低，而且身体素质差，劳动能力差。因此，要使剩余贫困人口摆脱贫困是一个很大的难题，的确是块难啃的"硬骨头"。

（三）反贫困工作难度加大

一方面，我国加入世界贸易组织（WTO）后，开放国内市场，逐步取消商品进口配额，取消农产品出口补贴，这将给农业带来挑战。贫困地区多以农业生产为主，据测算，国定贫困县农户收入有 80% 来自第一产业，其中 60% 来自种植业。加入 WTO 后，粮食等大宗农产品的进口肯定会大幅度增加。从我国农产品的价格走势来看，粮食、棉花的价格水平已高出国际市场水平，在国际市场上已经失去了竞争优势。因而，贫困地区农业生产将面临冲击是不可避免的，农产品难以大量增长，且农产品销售难度加大，农民就业减少，贫困农民收入状况更加恶化，势必加大贫困人口的脱贫难度。

另一方面，农业和农村经济发展环境的变化增大了反贫困工作的难度。一是国内市场对农产品需求普遍不足，农产品价格继续下降，特别是"大路货"价格下降幅度更大；而贫困农民缺乏资金、技术，生产不

---

[1] 赵卫华：《农村贫困的新特点与扶贫战略的调整》，载《吉林广播电视大学学报》2005 年第 1 期，第 5 页。

出名优特农产品，只能生产"大路货"，单纯依靠生产经营"大路货"农产品增加收入越来越不现实，这将对贫困地区农民收入增加造成严重影响，加大贫困人口的脱贫难度。二是在调整农业结构发展优质农产品方面，中东部地区或相对富裕农民有着许多先发优势，例如他们筹措资金、学习新技术的能力强，市场信息灵通，交通方便。这些农民调整农业结构要比贫困农户搞得早、来得快，从中受益也要在先。待到贫困农户醒悟随后效仿时，同类产品的市场利润率已经下降，获得的收益已比先期进入市场的农民低得多。例如，广西百色地区贫困人口在看到其他农民种芒果赚大钱后，他们也纷纷效仿，结果当他们种植的芒果成熟上市后价格开始大幅度下跌，产地收购价格由原来每千克 4~6 元下降到 0.6 元左右，农户连成本也收不回。因此，要使贫困人口在农业和农村经济发展环境变化了的背景下，得到更多收益更不容易，势必增大反贫困难度。

（四）巩固和发展反贫困成果任务繁重

进入 21 世纪以后，我国不但要对数量还相当多、反贫困难度十分大的剩余贫困人口继续进行反贫困工作，而且还要对已取得的反贫困成果进行巩固和发展。前期卓有成效的反贫困工作使得大量的贫困人口解决了温饱，摆脱了贫困。但是，有相当多的初步解决温饱问题的贫困人口，由于生产生活条件尚未得到根本改观，抗御自然灾害的能力还不强，适应千变万化市场的能力低，他们的脱贫是不稳定的，一遇到自然灾害和大的市场风险极易返贫，巩固温饱成果的任务十分艰巨。另外，已基本解决了温饱的贫困人口，由于温饱的标准还很低，要在这个基础上实现小康，进而过上比较宽裕的生活，需要一个长期的奋斗过程，还需要对他们进行扶持。事实上，要从根本上改变贫困地区社会经济的落后状况，使贫困人口真正摆脱贫困，缩小收入差距，将贯穿于社会主义初级阶段的整个历史过程。对反贫困工作的长期性、艰巨性要有充分认识，要牢固树立长期作战的思想。

1.4.3 反贫困战略的基本路径：发展生产力与建立农村社会保障制度

社会生产力水平的提高、经济增长或经济总量的增加是治理直至消除贫困的物质前提，尤其像我国这样一个有 13 亿之众的人口大国，没有先进生产力、没有经济增长作为物质基础，一切都是空谈。其实，世界各国也是如此。对 1980～1998 年近 20 年来的 150 个国家的经济发展统计分析发现，经济增长率的高低与贫困发生率具有极为显著的关系。经济年均增长率达到约 8% 的国家，贫困发生率年均减少速度在 6% 以上；相反，经济年均负增长率约 6% 的国家，贫困发生率年均增加速度超过 10%。我国改革开放以来，正是因为集中力量发展生产力，搞经济建设，使经济持续高速增长和国民可支配收入快速提高，已有 2 亿多的农村贫困人口摆脱绝对贫困，广大的城乡居民过上小康的生活。联合国开发计划署在《2003 年人类发展报告》中充分地肯定了我国在消除贫困方面取得的巨大成功，认为在过去 10 年里，我国充满活力的经济使 1.5 亿人摆脱了绝对贫困，使每天不足 1 美元生活消费支出的人口比例从 1990 年的 33% 下降到 2000 年的 16%。总之，生产力水平是减少和消除贫困的最重要单项因素。

当前，我国社会生产力的发展已经进入了一个新的时期。党的十六大提出的"新型工业化"道路对我国今后提高社会生产力水平、消除贫困具有决定性的意义。一是新型工业化是以信息化带动工业化、以工业化促进信息化。信息化不仅可以大大提升传统产业生产能力，而且将信息技术应用于传统农业部门的生产、分配、交换、消费等各个环节，将使农业生产经营方式发生跨越式的变革。二是新型工业化特别强调生态建设和环境保护，强调处理好经济发展与资源、环境之间的关系。这样就可以避免陷入那种为了获取现期的收入或急于摆脱贫困而无节制地开发自然资源导致自然资源枯竭、生态恶化甚至丧失了基本的生存环境的"贫困—掠夺式开发—更贫困"的恶性贫困循环。因为越是贫困落后的地区，对自然资源越是易发"竭泽而渔"的现象。如贵州某村民为了炼锌毁损了三百多公里的地带，使之寸草不生；四川的大小凉山地区森林覆盖率锐减正是当地居民为一时之利的结果。三是新型工业化道路强调要处理好"资本密集型与劳动密集型产业"、"高新技术产业与传统产业"和"虚拟经济与实体经济"三对关系，强调要发挥我国人力资源的优势。这样的工业化将创造更广阔的就业空间，提供更多的就业岗位，不仅有利于解决农村劳动力的转移，而且能给城镇下岗失业人员提供再就业机会，有利于消除城乡因就业不足而引发的贫困。

毋庸置疑，贫困的消除从根本上说要靠发展生产力，但生产力的发展只是消除贫困的前提条件而非充分条件，要更有成效地消除贫困，还必须通过制度的创新，建立和完善适合我国国情的社会保障体系与社会救助制度，为贫困居民提供有效的基本保障与救助。联合国开发计划署2003 年的人类消除贫困报告建议，中国政府要注重建立和完善农村社会保障网络、基础教育和公共医疗系统。因此，通过制度创新，探索新型的扶贫、助贫制度，建立一个符合国情的持续性的扶贫、脱贫的经济、法律制度体系，包括扶贫组织体系、贫困人口自身的生产、精神生产和生态生产等领域的组织体系，为城乡贫困人口提供全面、有效的制度保障，是消除城乡贫困的系统工程中不可或缺的重要组成部分。

不过，消除贫困的制度创新与制度体系的建设要有一个过程。所以，应本着先易后难、先急后缓的原则渐进式地推进。当前，最需完善的是农村最低生活保障制度和社会救助制度，必须尽快建设与完善城乡贫困指标监测管理体系，加大最低生活保障资金的投入、扩大最低生活保障覆盖范围，推进城乡基本保障制度的规范化、制度化建设；进一步完善农村社会救助制度，实施农村反贫困战略，使农村社会救助成为一个制度化、规范化、经常化的制度安排，切实使全部贫困人口脱贫，并走上小康道路。

2 改革和完善农村社会救助制度

2.1 社会救助概述

2.1.1 社会救助界定

社会救助英文为 Social Assistance，又可将其译为社会救济、社会援助、社会帮助等意。社会救助概念在表述和理解上，国内外学者各不相同。根据美国经济学家弗里德里希·海依尔克的解释，社会救助是保证"每个人都能得到维持其生存的最少量的物质条件"，即"维护其健康和工作能力的最少量的事物、住所和衣服"。① 英国著名的"贝弗里奇报告"中将传统上一直称为贫民救济的概念改称为社会救助，其含义是，因各种原因达不到国民最低生活标准的公民，有权从社会获得救助，以达到这一最低标准。按照德国《社会法典》第9条的规定，社会救助是指"对不能以自己的能力为其提供生活费用或者在特殊生活状况下不能自助，也不能从其他方面获得足够救济的人，获得与他的特殊需要相适应的人身和经济帮助的资格，以使他有能力自助，能够参与社会生活，使其合乎人道的生活得到保障。"② 在当代中国，学者们主要

---

① 史探径主编：《社会保障法研究》，法律出版社2000年版，第327页。

② 参见《德国社会法典》（德文版）第一章第9条。该法典于1975年12月11日颁布，经1995年12月15日修改。

有以下几种认识:"社会救济亦称社会救助,是国家通过国民收入的再分配,对因自然灾害或其他经济、社会原因而无法维持最低生活水平的社会成员给予救助,以保障其最低生活水平的制度。""社会救助是对社会上的老弱病残和生活困难的低收人者及遭受紧急患难或非常灾害的人或家庭,政府通过政策和法律给予多种救济和提供社会福利服务。""社会救助,是指公民因各种原因导致难以维持最低生活水平时,由国家和社会按照法定的程序给予财物接济和服务,以使其生活得到基本保障的制度。"①

以上观点已达成的共识是,社会救助是在最低生活水平之上的最后一张"安全网"。理解其含义首先应明确社会救助的对象。一般而言,社会中的个人,如果具备劳动能力,都能够借助工作取得收入以保证其基本生活。但是,也存在以下一部分人:(1)由于先天或后天的因素而失去劳动能力;(2)虽有劳动能力但因客观环境限制以致失业、无法获得收入,或收入中断、收入减少,而且又无法获得社会保险给付;(3)因受到天灾、人祸等因素的突然打击,如果不接受紧急救助就无法维持生活。那么,基于维系社会整体安全和共同发展这一现代文明的基本理念,对于生活陷入困境的社会成员,社会和国家是有义务给予救助的,帮助他们渡过难关,克服生活面临的困境。同时,每一个社会成员,作为社会的一分子,也有权利要求社会关注其所处的生活困境,并为其生活提供基本的保障和支持。其次,现代救助的目的不单纯是为被救助者提供相适应的人身和经济帮助,最终要使其有能力自助。第三,现代救助最大的特色就是国家或社会必须依据法律或者相应的政策、规定实施救助,对救助方式、救助标准等都有明确的规定,不能任意而为或不为。

基于以上认识,我们认为社会救助是国家和社会通过国民收入的分配和再分配,运用资金、实物或服务等手段,依据法律规定对无收人、无生活来源、无劳动能力、生活在最低生活标准以下的个人或家庭,以及因自然灾害、不幸事故而陷入生活困境的人,提供一定物质帮助以保障其基本生活,并有能力摆脱生活困境的一种社会保障制度。

---

① 时政新主编:《中国社会救助体系研究》,中国社会科学出版社2002年版,第2页。

2.1.2 社会救助的特征

历史上的救助济贫活动，一般只是临时性、片段性的，并未形成一种经常性的社会救助制度；现代社会中的社会救助已经发展成为了一种经常性、制度化的社会保障事业，并在实践中表现出以下特征：

（一）保障最低标准

从现代社会保障体系来看，社会保险和社会福利都是水平较高的社会保障制度，不仅保证社会成员的基本生存问题，而且还保证其一定的生活质量，防范因社会危险事件的发生而使社会成员失去生活保障。社会救助则在于对已经遭受社会危险并处于生活困境的社会成员给予帮助和支持，使他们能够战胜困难，摆脱困境，具有救治性的目的，且其救助水平是整个社会保障体系中最低的，是最后一张生活"安全网"。

（二）保障特殊群体

古今中外，总会有一些缺乏劳动能力又没有生活来源的孤、老、残、幼者和疾病患者，或者因遭遇重大灾害生活陷入困境的人。这时国家和社会不能依照自然竞争的优胜劣汰的规律来对待这些处于不利境况的人，而应对其提供一定的救助，以使其能生存下去。也就是说，社会救助的实施对象不像社会保险和社会福利那样具有广泛性。随着国家与社会经济水平日益提高，其救助对象也日益减少。

（三）保障权利单一

享受社会救助的社会成员只要符合救助的条件就有权利申请得到救助，并不要求救助对象预先缴纳任何费用，对受益者而言，其享受的是单纯的权利；社会救助作为国家和社会的一项基本义务，其所需费用完全由国家和社会承担，其强调的是国家和社会的责任。当需要社会救助而不能提供或提供救助不足时，便会出现严重的社会问题。在实施方式上，社会救助通过单向单纯的利益给付的形式对处于生活困境的社会成员提供物质帮助，体现的是一种直接的单向的利益给付关系。

（四）保障期限较短

除小部分长期救助对象外，大部分社会救助对象是突然遭遇困境，因此对他们的帮助是临时性的，如救灾、扶贫。一旦救助对象的困境解除，其基本生活有了保障，社会救助就不再对之继续。

2.1.3　社会救助的功能

一个完整的社会保障体系不仅应当具有良好的危险防范功能，而且应当具备有效的危险救治功能。在整个社会保障体系中，其基本功能就是为了帮助社会群体中已经陷入生活困境的社会成员维持生存，并使他们摆脱目前所处的生活困境，而不至于马上被"淘汰出局"。这根本区别于一般动物界遵循的残酷的优胜劣汰的生存竞争规律，而表现出人作为高级动物的一种特殊的同情和温情。社会救助的功能可以分为直接功能和间接功能。

（一）直接功能

社会救助作为社会保障的最后一张"安全网"，直接保障处于生存困境的群体的基本生活需要，将许多不稳定因素消灭在萌芽状态，从而实现社会保障的最终目的，即维护社会秩序稳定和促进社会政治、经济、文化等方面持续、全面发展。不仅如此，社会救助通过帮助陷入生活困境的人渡过难关，也保证了劳动力的再生产，为将来经济的发展提供了丰富的人力资源，从而有利于经济的发展。

中国是一个各种自然灾害频繁发生的国家，目前全国尚有 3000 万人未解决温饱问题，每年有几亿的受灾人口，加上近些年在经济结构"转轨"的过程中产生了许多下岗职工，此外，全国还有 6000 多万的残疾人口。这些特殊群体的生活景况多数比较差，生活面临严重威胁，根本无力负担社会保险费用，社会福利覆盖面又太窄，各种社会矛盾一触即发，如没有适当的社会救助措施，后果不堪设想。因此只有通过社会救助措施使他们渡过难关，才能维护社会稳定，促进社会的发展。

（二）间接功能

人人都有生存的权利，人权最基本的内容就是生存权。没有生存权，其他任何权利都形同虚设。当某些人的生存条件由于种种原因得不到保障时，就需要国家或社会为其提供保障最低生活的救助，这种救助就成为其生存权的基本保障。因此，社会救助的作用之一就在于使受救助者得到符合人的尊严的生活上的保障，保证失去自我生存能力而不可能得到其他外界救助的人或者生活状况发生不利变化的人有一个合乎人道的生活状况。

无论是在当代世界各国还是在我国，社会救助不但是使处于各种困境的人，例如各种残疾人、患有特种疾病的人和处于其他各种特殊生活状况的人，能够获得生存条件的保障，而且应为他们提供恢复和发展与整个社会发展前景相适应的救助，以最大限度的可能性实现社会机会的均等。这不但体现出对受救助者的尊严的尊重，而且保护了他们理应享有的与其他社会成员平等的发展权。因此，联合国大会 1992 年 12 月通过的《发展权利宣言》第 8 条第 1 项规定："各国应在国家一级采取一切必要措施，实现发展权利，并确保除其他事项外所有人在获得基本资源、教育、保健服务、粮食、住房、就业、收入、公平分配等方面的机会均等。"对暂时处于生活困境的人予以救助，帮助其渡过难关，是保障公民发展权的重要方面，也是社会救助所具有的作用之一。

在当代社会，尤其是在社会主义市场经济条件下，价值规律发挥着十分重要的作用。价值规律倡导竞争，讲求效率优先。但是现实生活中，由于人们的先天基础不同，后天机遇不一，天灾人祸常常不期而至，使得一部分社会成员在竞争中处于弱势或劣势地位，以至于陷入生存危机之中。这就是社会成员在发展结果上的不公平。社会救助就是要缩小这种不公平结果，为每个人的生存和发展进而为实现社会公平提供一个基本的条件。

2.2 社会救助制度的历史演进和国际经验借鉴

2.2.1 中国传统的社会救助

中国是世界四大文明古国之一，济贫思想可谓源远流长。早在公元前 2500 年，孔子在《礼记·礼运篇》中就提出"大同社会"思想。孔子曰："大道之行也，天下为公，选贤与能，讲信修睦。故人不独亲其亲，不独子其子，使老有所终，壮有所用，幼有所长，鳏寡孤独废疾者皆有所养";"是故谋闭而不兴,盗窃乱贼而不作,故外户而不闭,是谓大同"。① 此言中,"天下为公"是"大同社会"的最高境界,全体社会成员努力劳作,并共同享有社会财富,得到生活保障。

自汉朝以来近两千年的封建社会历史中,处于正统地位的儒家思想对中国济贫制度有很深的影响。从史书记载可知,我国西周时期就有社会救助事宜。《周礼》所记治国安民之策即为"一曰慈幼,二曰养老,三曰振穷,四曰恤贫,五曰宽疾,六曰安富"。② 秦汉建立统一的国家政权以后,社会救助逐渐成为地方官府的重要事务。在当时的自然经济条件下,济贫思想的实践主要是以丰补歉的储粮度荒。从汉朝开始,中国就有了由朝廷兴办、名为"常平仓"的仓储制度;到了隋朝,又有了以地方劝募为主的"义仓";到了南宋年间,出现了主要由社区管理,居民普遍加入,带有一定社会保险意义的"社仓"。③

除了仓廒制度之外,中国古代还有济贫、养老和育幼等慈善事业。最早可追溯到南北朝的六疾馆和孤独园。更为著名的则是唐宋年间的悲田养病坊,这种慈善机构最初为佛教寺院所兴办,后来逐渐完全转到官府手中,由官方委托地方名人管理,改称"福田院"或"居养院"。

中国封建社会的政府救济,思想上主要源于"仁政"论和慈善、道义观,其救助机构贯以"义"、"惠"和"济"等命名即意在表达其旨意;救济目的意在缓和阶级矛盾;救济行为表现为随意性、临时性和情绪性。皇帝一时兴致所至,为标榜仁政,赐金捐赏,下令建立济贫机构,地方政府也蜂拥而起,于是一夜之间救济设施如雨后春笋,待皇帝兴致阑珊或无暇顾及,则这些救济机构多难以为继。以清朝"康乾盛世"时期乾隆朝代的束鹿县养济院为例,在不足14年的光景里,新建的养济院已是"风雨飘零,渐就倾圮。每秋霖积潦,江为污池,污秽熏蒸,过者掩鼻"。其建立的各种仓储在丰收、平安年景还可以向贫民零星施舍点滴粮粟,而一旦遇到灾荒或战乱之年,则储粮多被挪作他用,难以为贫民揭开仓储。而每当此光景,出现饿殍遍地,四处流民的景象则是常事。中国封建社会

---

① 转引至邓大松:《社会保障重大问题研究》,海天出版社2000年版,第110页。
② 《周礼·地官司徒·大司徒》。
③ 陈良瑾主编:《中国社会工作百科全书(保险)》,中国社会出版社1994年版,第406页。

社会救助之仁政性和慈善性决定其救助效力之低微。然而，传统社会救助阶段的救助举措长期以来一直被传承，其救助思想为其后中国社会救助的发展提供了丰富的思想源泉，同时也铺设了深厚的文化底蕴。

中华民国成立以后，从北洋军阀政府到国民党政府都是以民主政体相标榜，因而在行政管理方面效仿西方国家体制，社会救助事务也向法制方向发展。国民党全国政权建立后制定了不少救灾救济方面的法规。"民国四年"据称为我国最早的社会救助法令《游民习艺所章程》颁布，"民国十八年"《监督慈善团体及各地方救济院团规则》公布，"民国三十二年"，"国民政府"公布《社会救济法》，翌年颁布《社会救济法实施细则》，此法形式上为我国近代较为完整的社会救助法令，"民国三十三年""行政院"公布《私立社会救助设施管理规则》。并相继建立了一些救助机构。据台湾学者李增录的著述，在建设救助机构方面，截至"民国三十六年"，国民党政府总计建立救济院3210所，并于"民国二十九年"成立了社会部，于"民国三十一年"成立重庆实验救济院，分安老、养幼、习艺、残疾、施医、助产六所，并设工作站实施院外救济；同年，成立总理各项救济的南京社会救济院。① 但是，尽管国民党政府时期关于救灾救济的法律法规不少，但真正认真实施的不多，这一方面是由于战争等方面的客观原因，另一方面更主要的是由其政权的反动本质决定的，国民党政权不可能真心实意地解决老百姓疾苦。相反，许许多多的贪官污吏打着赈济百姓的旗号中饱私囊，贪污救济款物，其腐败程度比历朝历代有过之而无不及。

当然，旧中国几千年的社会救助也并非一无是处，历史上也有不少清官关心百姓疾苦，具体救助办法也有值得我们借鉴的地方。纵观古今社会救助概况，历史上许多举措今天仍有现实意义，特别是诸如民间互助互济、以工代赈、恤鳏寡孤独等举措今天仍有很强的可行性。

2.2.2 世界社会救助制度的历史演进

大多数社会保障文献几乎都提到，社会救助是一种古老的社会保障

---

① 汪雁、慈幼英著：《中国传统社会救济与城市贫困人口社会救助理念建设》，载《人口学刊》2001年第5期，第40页。

制度。一般认为，它起源于原始社会末期出现的出于人类恻隐之心或宗教信仰而对贫困者施以援助的慈善事业（philanthropy）。美国的《社会工作百科全书》提到了这样一些历史事实：公元前 1750 年，巴比伦汉谟拉比国王颁布的公平法典中包括了要求人们在困难时互相帮助的条款。公元前500 年，希腊语中意为"人类博爱行为"的慈善事业在希腊城邦国家已经制度化，鼓励公民为公益事业捐款并且在供贫民使用的公用设施中备有食物、衣服和其他物资。公元前 100 年，罗马帝国确立了所有罗马公民在贫困时可得到由贵族分发的谷物的传统。

然而，开现代社会救助制度之先河的是 16 世纪才在欧洲出现的国家济贫制度（poor relief state），即由国家通过立法，直接出面接管或兴办慈善事业，救济贫民。中世纪末期，欧洲开始了伟大的文艺复兴运动，封建时期农业社会中的人身依附关系开始瓦解，资本主义的发展，加上战争、天灾和瘟疫迫使大批农民离乡背井向城镇流动，但他们在获得人身自由的同时也失去了保障，有些人沦为贫民或游民乞丐，原来由教会或私人兴办的慈善事业无法解决这些社会问题，因而国家不得不将救济贫民视为自己的社会责任。法国在当时率先进行了济贫改革，但 1601 年英国女王伊丽莎白一世制定的济贫法案在历史上更为著名，后世称《伊丽莎白济贫法》（The Elizabeth Poor Law）。济贫法的伦理基础是新教教义，而新教教义认为贫穷是一种罪恶，其落脚点是矫治，所以济贫法也以其"惩戒性"著称于世。同时虽然国家介入了济贫事业，但并没有改变富人对穷人居高临下的恩赐和施舍的根本性质。而且，济贫税实际上还常常被挪用于补贴地主、商人和工厂主等。

英国济贫法普遍实施之后，不但没有使有劳动力的贫民自力更生、自食其力，反而使他们沦为永久的贫民。当然，济贫法的问世还是有它的进步意义的。它奠定了英国乃至欧美各国现代社会救助立法的基础，开创了国家立法推动社会保障事业的先例。济贫法的弊端引起贫民的不满与反抗。1832 年，英国维多利亚女王命令组织"济贫行政与实施调查委员会"，决心改革济贫行政，此次调查结果被编制成一项新《济贫法》（The Poor Law）。该法的重要原则和思想是：保障公民的生存权利，人为救济不是消极行动，而是一项积极的福利措施，并由专门训练的社会工作人员从事此类工作。新济贫法对贫民实行的社会救助安定了社会秩序，对英国19世纪的大发展做出了贡献，也为欧洲其他工业化国家建立社会保障制度提供了制度借鉴。其他欧洲国家在土地革命后，也都实行了与英国相类似的贫民救助计划，如瑞士在1847年和1871年制定了济贫法，法国则发布了一些济贫法令。

20世纪初，以"自助助人"为旗帜的社会工作在欧美各工业化国家已形成气候，社会工作者作为一项职业已为社会所普遍认可。社会工作者在实践中创造的个案工作、团体工作和社区工作三大方法，使济贫事业发生了质的变化。因此社会工作者针对"济贫"这一类代表旧的伦理思想的旧概念，提出了"公共救助"（public aid）这一概念，后来逐渐为官方所认可。"公共救助"一词最早见于官方文件是出现在1909年英国的"济贫法和济贫事业皇家委员会"的报告中，该报告的主要政策建议是：废除以惩戒穷人为主要目的的济贫法，代之以合乎人道主义精神的公共救助。"公共救助"一词以后又衍生出"社会救助"（social assistance）一词，两者基本上是在同一意义上使用的。

19世纪末，德国俾斯麦政府创建了社会保险制度，这种以预防为主对付社会经济风险的新的社会保障制度很快在欧洲各工业国流行开来，到20世纪20年代，欧洲各工业国家都把社会保险制度作为社会保障体系的主体加以突出。随着经济发展和就业率的普遍提高，当时甚至有人预言，社会救助将会被社会保险替代。但是，这种观点很快就被证明是错误的。社会保障的发展有一条规律，就是新的社会保障形式或手段的出现并不意味着彻底否定旧的形式或手段，从社会保险与社会救助的关系看也是这样。这是因为，就人们的保障需求而言，社会保险毕竟有许多鞭长莫及的边缘区域，在这些地方它的长处恰恰成了短处。譬如，一个人如果终生无劳动能力，那么他就不可能参加社会保险；又如，在养老保险计划开始实施时，总有那么一部分人已经或者即将进入老龄阶段，已经无法达到最低的投保年限；还有，由于通货膨胀的影响，可能有部分人光靠保险津贴仍不敷家用。诸如此类问题，只有靠社会救助制度来解决。因此，即使在西方发达国家，社会救助仍然在整个社会保障体系中起着"保底"的作用。

综上所述，可以得出这样的结论：

其一，当今世界上，市场经济国家都有一个普遍的社会救助制度，它像一张张在最低生活标准线上的安全网，确保每一个社会成员在因为各种主观的或客观的原因生计断绝时，不至于陷入无助的陷阱。这对竞争激烈的市场经济社会的意义尤甚，可以说是维护社会稳定的最基本的社会保障措施之一。

其二，社会保障的方式应该是与经济发展水平相适应的，在一个国家经济起飞的初始阶段，社会救助所扮演的角色似乎比社会保险更重要。无论是老的"欧美模式"，还是新崛起的"东亚模式"的发展历程都提供了这方面的论据。

对比社会保障的国际经验，在我国向市场经济转轨并引起激烈的社会变迁的今天，为了保持社会的稳定，也应该建立一个普遍的社会救助制度。我国现有的社会救助制度正在变革之中，还有许多地方需要重新设计、重新配置，以使其能够真正对每一个社会成员的生活水平起到"保底"的作用。

2.3 我国现行农村社会救助制度分析

目前我国农村绝对贫困人口超过 2000 万人，因为各种主客观原因，农村贫困现象还将长期存在，需要依靠农村社会救助维持这些贫困人口的基本生活。另一方面，除了存在绝对贫困现象，随着市场经济体制的确立和竞争的加剧，农村人口的相对贫困问题也日益突出，高收入群体与低收入群体的收入差距不断扩大，农户与农户之间收入不平衡的问题十分严重，一部分农村居民的基本生活保障已经成为现实而严峻的问题。建立健全农村社会救助制度，对减少绝对贫困、缩小贫富差距具有重要作用。

2.3.1 新中国农村社会救助制度的形成和发展

新中国成立以前，在各解放区就建立了民政局，负责社会救助等工作。中华人民共和国成立以后，社会救助工作产生了新的内涵，逐步形成了具有特色的社会救助制度。根据新中国农村社会救助制度在不同社会时期的发展状况，可以将其发展过程大致分为四个历史阶段。

（一）农村社会救助制度的产生阶段（1949~1956年）

新中国刚刚建立，百业待兴，社会救助的任务很重。这一时期开展的社会救助工作，主要是医治战争创伤，安定人民生活，稳定社会秩序，促进国家的恢复和发展。在农村，随着土改的进行，贫困农民分得了田地，大多数人的生活困难问题逐步得到了解决。但由于自然灾害等原因，仍有部分人生活困难。据1949年底统计，全国4500万灾民中无口粮的有800余万人，另外还有数百万孤老病残人员。[①] 为了解决这些人的生活困难，各级政府采取了多种救助措施。一是发放救济款，救助贫困农民。1950年到1954年间国家共发放10亿多元农村救灾救济款，同时还发放了大量的救济物资。二是组织群众互助互济，开展捐献"一把米"、"一件衣"、"一元钱"活动，支援困难群众。三是减免农业税，减免军烈属和贫困农民的公粮。建国初期社会救助的规模在中国历史上史无前例，极大激发地了广大群众生产建设的积极性，促进了新生政权的巩固和城乡生产的恢复发展。

（二）农村社会救助制度的发展阶段（1957~1965年）

1956年完成对农业的社会主义改造以后，建立了农村人民公社体制。农民的生老病死主要由生产队负责，有生活困难的农民可以得到生产队的补助。但1958年的"大跃进""左"倾错误和严重自然灾害，造成农业连年减产，农民生活普遍困难，很多农户口粮不够吃，农村贫困户大量增加。国家在积极组织农民生产自救的同时，增拨大量救济款物救济农村贫困户。从1960年到1963年间国家共计拨发农村社会救济款和灾民生活救济款23亿元，超过了1950年到1959年10年间农村救灾救济款的总和。[②]

这个时期农村社会救助工作的一项重要创新和发展是农村"五保"供养制度的建立和发展。1956年6月一届全国人大三次会议通过的

---

① 多吉才让著：《中国最低生活保障制度研究与实践》，人民出版社2001年版，第54页。

② 多吉才让著：《中国最低生活保障制度研究与实践》，人民出版社2001年版，第56~57页。

《高级农村生产合作社示范章程》规定："农业生产合作社，对于缺乏劳动能力或者完全丧失劳动能力，生活没有依靠的老、弱、孤、寡、残疾的社员，在生产上和生活上给予适当的安排和照顾，保证他们的吃、穿和柴火的供应，保证年幼的受到教育和年老的死后安葬，使他们生养死葬都有依靠"。根据这个文件的规定，各地对无依无靠的孤老病残社员实行"五保"供养，即保吃、保穿、保烧、保教（孤儿）、保葬，把享受"五保"待遇的农户称作"五保户"。据1958年统计，全国农村享受"五保"待遇的对象有519万人。农村五保制度建立后虽然经历了曲折发展，但对农村无依无靠的孤老病残社员的基本生活长期发挥着重要作用。

（三）农村社会救助制度遇到挫折阶段（1966～1976年）

自1966年开始，中国进入了长达10年的"文化大革命"时期。在这期间，中国的政治、经济、文化遭受了极大的破坏，国家的社会救助事业也受到了严重的挫折。1969年国家内务部被撤销，民政工作成了无本之木，无源之水。社会救助事业被当做是"给社会主义抹黑"而遭受批判和削弱。当时的农村社会救助分为两个部分：一部分是无灾地区的贫困农民，由生产队给予救助；另一部分是遭受重大自然灾害的地区，虽然国家当时对一些受灾地区调拨一定数量的救灾物资和款项，但是由于国家正处于动乱时期，缺乏统一有效的规划和管理，社会救助也无法从根本上解决问题，大量的灾民与贫困户的困难没能得到很好的解决。

（四）农村社会救助制度的改革发展阶段（1978年以后）

党的十一届三中全会以后，农村社会救助工作得到了恢复并迅速发展起来。农村实行家庭联产承包责任制以后，特别是人民公社体制解体以后，农村社会救助面临着新的问题。为了适应新形式，国家对社会救助制度进行了改革和探索，逐步开始改变传统的由国家统包统揽的单一救助方式，实行国家、集体和个人相结合的救助政策，并制定了响应的救助方针即"依靠群众、依靠集体、生产自救、互助互济、辅之以国家必要的救助和扶持"。在实际发展上，由低层次向高层次发展，由简单的"输血"式救助变为"造血"式的社会救助。在保障贫困户基本生活需要的前提下，帮助有劳动能力的贫困户发展生产，脱贫致富。另一方面对没有劳动能力的五保户通过乡镇统筹的资金补助他们的生活，另外还倡导推广包户供养、包户服务等保障办法。此外还积极创办敬老院、福利院、双扶经济实体等形式。据统计，1978 年到 1994 年间国家和集体用于农村社会救济和补助的资金累计 70 多亿元，灾民生活救济费 170 多亿元，接受救济的群众累计达到十几亿人次；1999 年全国城乡各种福利院、敬老院有 41816 个，收养人员 791000 人；全国扶贫经济实体最多时有 8 万多个，就业的贫困户、残疾人逾百万人。①

2.3.2　现行农村社会救助制度的基本内容

现行农村社会救助有两种基本形式：定期救助和临时救助，其基本内容分为以下三个方面：

（一）农村非灾害救助

农村非灾害救助是指国家向无力维持其基本生活的贫民等提供无偿援助，保障其基本生活的一项经济制度。在范围上，一是对农村中完全或基本丧失劳动能力，生活没有依靠的孤、老、残、幼采取依靠集体供养，辅之以必要的国家救助的办法，推行"五保"制度，其根据是1994 年国务院颁发的《农村五保供养工作条例》。而五保对象则是指农村居民中无劳动能力的，无生活来源的，无法定抚养义务人或者有法定抚养义务人，但抚养义务人是无劳动能力的老年人、残疾人或未成年人。救助内容是为其供给粮油和燃料，供给衣服、被褥等用品和零用钱，提供基本条件的住房，即时治疗疾病，对生活不能自理者有人照料；妥善办理丧葬事宜；对于五保对象是未成年人的，还应保障其依法接受义务教育。二是对农村贫困户建立救助与扶贫相结合的制度，这主要是对贫困户的季节性临时救助。其按时间划分，分为春荒救助、夏荒救助和冬令救助。三是对麻风病人的救助，属定量定期救助。从长远来看，随着麻风病人的减少，这项工作将逐渐消失，或者至少可以说将不成为救助事业关注的重要视点。四是充分发挥救助的社会保障功能，扩大救助覆盖面，建立农村最低生活保障制度。最低生活保障制度的一个最大特点就是确定一个收入最低线，这个最低收入保障线根据本地经济发展状况进行调整，在线下面的人，用差额补贴的方法给予救助。

---

① 多吉才让：《中国最低生活保障制度研究与实践》，人民出版社 2001 年版，第 59 页。

（二）灾害救助

灾害救助是指在自然灾害发生的过程中或遭受灾害以后，采取积极措施，帮助灾民消除灾害带来的破坏性影响，发展生产，度过灾荒。在实践中，它有广义和狭义之分。广义的救灾包括发生灾害时采取紧急措施、转移安置和安排灾民生活，帮助灾民重建家园、恢复生产等；狭义的救灾仅指灾民生活方面的救助，包括解决灾民吃、穿、住、医等方面的困难。这里论及的主要为后者。

灾害救助的范围大体包括四个方面：（1）解决灾民生活上无力克服的吃、穿、住和治病困难。主要包括灾后组织灾民修缮、新建住房。添补口粮、衣被，置备修理生产生活资料，使生产和生活走上正常轨道。（2）紧急转移安置灾民。这主要是对地震、风灾、水灾等具有强大破坏性的突发自然灾害而言。紧急转移和安置灾民是这类灾害救助工作的首要任务。（3）建立救灾扶贫周转基金。周转金在灾年配合救灾用于生产自救，抗灾救荒；在非灾年用于扶持灾民贫困户发展生产，逐步建立救灾扶贫基地。（4）用于救灾合作保险的垫底资金和超赔付资金。1998年国家机构改革后，民政部救灾救济司取消了这一职能，因而救灾款这方面的用途也随之取消。

（三）农村优抚

优抚是优待和抚恤的简称。优抚工作是国家、社会和人民群众对优抚对象实行优待、抚恤和抚慰的一项行政管理措施，其主要内容是褒扬革命烈士、开展拥军优属活动、进行思想政治教育、扶持优抚对象发展生产、落实社会和群众优待、做好抚恤补助工作、兴办和管理优抚事业单位等。

农村抚恤分为死亡抚恤和伤残抚恤两类。死亡抚恤又分为一次性抚恤和定期抚恤。一次性抚恤的对象是因战、因公和因病死亡人员的家属，其范围包括：死亡人员的父母、配偶、子女、未满18周岁的弟妹，以及从死亡人员出生到18周岁期间，曾连续抚养逾期7年以上者（即抚养人）。死亡人员是指：①革命烈士；②因公牺牲和病故的现役军人、人民警察、机关工作人员、中国人民解放军（包括武装警察部队）序列内无军籍的正式职工；③参战伤亡的民兵、民工和参加军事训练的民兵（不含企事业单位的民兵）。定期抚恤是国家为保障死亡人员家属的生活，定期发给的生活费用。死亡人员的家属是指革命烈士家属、因公牺牲军人家属、病故军人家属（以下简称"三属"）。"三属"享受定期抚恤金的条件是：①父母（或抚养人）、夫、妻无劳动能力和生活来源，不足以维持当地一般群众生活水平的；②子女未满 18 周岁，或虽满 18 周岁但因读书或伤残无生活来源的；③弟妹未满 18 周岁，依靠军人生前供养的。伤残抚恤对象主要包括：①在部队负伤致残退出现役的军人（包括武警）；②伤残人民警察（不包括企事业单位享受劳保待遇伤残人民警察）；③参战伤残民兵民工；④参加军事训练的民兵；⑤因维护社会治安负伤致残无工作的人民群众。

农村优待在经济上主要是群众优待，其对象是义务兵家属和生活水平低于一般当地群众的其他优抚对象。群众优待是我军建设在特定历史条件下的产物。从土地革命开始，代耕工作成为当时农村优待烈、军属的主要办法，并一直延续到 1955 年农业合作化开始之前。此后直到农村实行家庭联产承包责任制之前都是以优待劳动日的形式代替代耕制。20 世纪 70 年代末 80 年代初，适应农村经济体制改革的需要，优待方式由优待劳动日改为发放优待金。优待金的标准由各省级人民政府根据本地实际情况来确定。

2.3.3 现行农村社会救助制度存在的问题与不足

现行农村社会救助制度在保障农村弱势群体的基本生活、维护农村社会稳定及实现最基本的社会公平等方面发挥了重要作用。但是，自农村实行家庭联产承包责任制和经济体制转轨以来，农村经济纳入了商品经济和市场经济的轨道，农民面临更多的经济风险和社会风险，传统救助制度难以适应新形势的要求，其固有的缺陷和弊端日益显现，急需制度创新。

我国现行农村社会救助制度的缺陷至少有以下三个方面：

（一）救助对象有限

长期以来，我国传统的农村社会救助对象受到条件的限制，人数极为有限，许多应该得到救助的人并未得到实际救助。就以遭受特大洪水灾害的 1998 年为例，在救灾方面，灾民有 3.5 亿人，因灾造成直接经济损失达 3007.4 亿元，得到救灾救济的灾民只有 6000 万人左右，仅占灾民总数的17.14%。在救助方面，农村社会救助对象有5021.6万人，而实际得到临时救助的贫困人口是2691.7万人，得到定期定量救助的贫困人口是65.6万人，两项相加，得到救助的贫困人口只有2757.3万人，占当年应救助对象总数的54.9%。从2000年至2002年，每年救灾救助面大约为16%；每年社会救济面大约30%。不仅如此，就是属于"三无对象"的农村五保户，实际真正得到"五保"救助的大约为70%①。

（二）救助标准过低

由于社会救助经费不足，而救助对象较多，"僧多粥少"，我国的社会救助标准一贯过低。据报道，全国城镇最低生活保障月人均救助水平最高的达到344元，最低的只有100元左右。而农村社会救助与城镇低保相比，其救助水准显得更低。就以2002年为例，农村社会救助对象总数为6000万人，得到救助的传统救济困难户为1771.4万人，五保户213.3万人，其他救助对象250.5万人，以上三类人相加得到救助的人数为2235.2万人，人均749元/年，人均62元/月，如果按照社会救助对象总数计算人均23元/月②。

（三）救助工作随意性大

计划经济条件下的社会救助工作没有形成一套规范化、科学化的制度：救助对象的认定缺乏明确的标准，谁应属于救助对象，谁是重点对象，主要凭感官直觉认定；救助标准的确定缺少科学依据，国家多拨就多发点，少拨就少发点，至于能否满足救助对象维持基本生活需要难以顾及；救助金的发放除定期、定量救助外，没有严格规范的程序，导致救助金分配不合理，优亲厚友，甚至贪污挪用救助金。

存在上述缺陷的传统农村社会救助制度是难以适应社会主义市场经济和世界经济一体化进程的要求的，更难以满足保障农村贫困人口基本生活的需要，必须对它进行制度创新。

---

① 金双秋、李少虹：《创建农村社会救助体系的新思维》，载《长沙民政职业技术学院学报》2003年第12期，第9页。

② 金双秋、李少虹：《创建农村社会救助体系的新思维》，载《长沙民政职业技术学院学报》2003年第12期，第9页。

2.4 完善我国农村社会救助
制度的政策选择

社会救助制度的完善是一项系统工程，涉及到方方面面的关系。要建构好这个制度，需要进行总体规划，稳步推开。具体而言，要做好如下工作：

2.4.1 加快农村社会救助立法

目前我国社会救助立法的层次还停留在条例、办法、决定和通知的水平，没有出台统一的社会救助法，与之相配套的单项救助法律也相对缺乏，尚未形成完备的社会救助法律体系。在农村社会救助法律建设方面，仅在1994年由国务院颁布了《农村五保户供养条例》，在规章方面也仅有《农村敬老院管理暂行办法》、《灾情统计、核定、报告暂行办法》、《救灾捐赠管理暂行办法》等，法律法规还很不健全和完善。国务院颁布了针对城市地区的《城市最低生活保障条例》，而对农村地区还没有相应的规定。这使得农村社会救助工作在很大程度上依赖于地方政府领导个人对这项工作的认知和重视程度，存在随意性、不规范性、政策不连续性等弊端，农村社会救助的制度化建设也因此大打折扣。而且，农村救助工作发展也面临着许多新情况，还需在政策法规上加以改革、调整。如税费改革后农村特困户救助和"五保"供养资金的来源问题，农村特困户的医疗、住房、教育等救助问题，这都要求我们必须把法制化问题摆在重要位置。

从国外社会保障的立法实践看，社会救助立法是给予优先考虑的，很多国家社会救助法的出台要早于社会保险法。因此，我国必须要确定依法救助的救助新理念，深刻认识法制的滞后已成为影响农村社会救助工作的"瓶颈"，加快农村社会救助地方性法规的立法进程，以地方立法推动国家立法。同时进一步完善政府和部门规章，依法救助，使整个农村社会救助有强有力的法律保障和法律支持，以确保广大贫困群众的生存和发展权益得到有效的维护和保障。

2.4.2　以农村居民最低生活保障制度为核心，完善农村社会救助制度的内容

现在我国农村社会救助只有"五保"制度、救灾制度以及近几年刚刚在一些较发达地区开始的农村最低生活保障制度，救助种类很不完善，像医疗卫生救助制度、教育扶贫、住房扶贫、能源扶贫等具体项目也应该建立完善起来。由于传统社会救助对象覆盖面太窄，保障水平仅仅处于维持生存的程度，应当在总结经验的基础上，进一步完善与规范，并与逐步实施的农村最低生活保障制度并轨。

进一步完善与规范农村社会救助制度最重要是要加快农村居民最低生活保障制度的建设步伐。最低生活保障制度是普遍化的社会救助制度，也是发挥社会保障再分配功能的重要手段。目前城镇地区已经建立起以最低生活保障为主要内容的救助制度，它基本上取代了传统的城市社会救助、城市"五保"供养、20世纪60年代精减退老职工救助以及其他特殊对象的救助。绝大多数农村地区有必要也有能力尽快建立这项与城镇接轨的社会保障制度。只有建立最低生活保障制度，才能有效地扩大农村社会救助的覆盖面，严格规范各种形式的社会救助项目，不断提高社会救助工作的整体水平，把社会救助工作引向法制化、规范化、制度化的轨道。

要继续大力实施扶贫开发，其既是积极的农村社会保障政策，也是建立中国特色的农村社会救助制度的重点与难点。如果不通过扶贫开发与发展贫困地区经济的方式去解决3000万~5000万农村贫困人口的温饱问题，单纯依靠社会救助与最低生活保障制度将给国家财政造成十分巨大的压力。新时期需要扶贫开发的人群数量虽然减少了，但是任务更加艰巨、更加繁重了，仍需要国家与社会各界继续加大投入力度，加强扶贫资金的管理与运用，提高资金使用效率。应当指出，扶贫开发作为积极的社会救助活动，应当与实施最低生活保障制度相结合，使贫困人口真正得到资金或实物方面的帮助。这有助于提高贫困人口的生活质量，也有助于提高扶贫资金的利用效果。

2.4.3 充分发挥社会救助力量，拓展农村社会救助渠道

我国农村贫困人口众多，解决贫困问题，单靠政府的力量是难以做到的，必须把社会的力量集中起来，以增强解决贫困的能力，提高治理贫困的效果。一是规范社会捐赠行为，促进社会捐助活动的有序发展。捐助工作是广大公民参与扶贫济困的好形式，也是募集社会救助资金的重要渠道。尽管中共中央办公厅、国务院办公厅曾发出《关于转发〈民政部、国务院扶贫开发领导小组关于在大中城市开展经常性捐助活动支援灾区、贫困地区的意见〉的通知》（1996年1月），但各地执行效果并不理想，许多地方的捐助活动仍是每逢重大自然灾害，针对指定的受灾区域，集中一段时间，突击性地进行募捐衣被和款物。或通过政府的行政体系，自上而下地派任务，层层下达指标，并由各级地方政府的有关部门分片包干，具体负责实施。这种捐助活动具有临时突击性和行政指令性的特点，容易引起捐助者的逆反心理，影响社会募捐的信誉，效果并不好。因此，要在发动募捐、款物发放、物资鉴定与评估、优惠政策、管理体制、运行机制、社会监督等各方面，进一步规范社会捐赠行为，真正将社会捐助活动纳入法制化、规范化轨道。二是加强社会帮扶力度。由政府统一组织，动员社会各界共同参与，扶持帮助贫困家庭发展生产，摆脱贫困。帮扶的方式可以采取结对式帮扶，由党政机关、企事业单位和党员干部、个体大户等与贫困户结成帮扶对子。也可采取基地式帮扶，借农村产业调整之机，与农村产业化和科技示范结合起来，建立扶贫帮困基地。开展社会帮扶，关键是要形成制度，抓好帮扶责任的落实。三是大力培育、发展社会救助性民间组织。积极发展社会救助性民间组织是解决农村贫困问题的重要途径，应采取有力的行政措施，推动社会力量举办多种类型和规模的慈善会、福利会、基金会，吸收社会各界人士广泛参加，承担起扶危、济困、安老、助残、扶幼、救孤等社会事务工作，使民间组织成为帮助农村社会困难群体的载体。

3 建立和完善农村居民最低生活保障制度

3.1 对农村居民最低生活保障制度的评价

3.1.1 农村居民最低生活保障制度建立的意义与作用

农村居民最低生活保障制度是我国最低生活保障制度不可缺少的有机组成部分，建立这一制度是政府义不容辞的责任，是我国社会保障制度现代化的一项重要标志。

（一）建立农村居民最低生活保障制度是健全和完善农村社会保障体系的基础工程和最低纲领

众所周知，我国的社会结构是一个城乡经济、政治和文化分野比较显著的二元社会，这种二元性的社会结构将长期存在于中国的现实中。基于这一基本国情，中国要在短期内就建立全国统一的、城乡一体化的社会保障体系是不可能的和不现实的。因此，符合中国国情的、具有中国特色的社会保障体系在很长一段时间内只能是城乡有别的二元社会保障体系。事实上，目前我国社会保障体系建设的实践也是循着这一思路进行的。我们知道，现代社会保障体系包括社会救助、社会保险和社会福利三大支柱，三者在社会保障体系中的地位和比重不是一成不变的，而是随着一个国家的社会经济发展水平不断进行调整：处于农业社会的国家，社会保障体系以社会救助机制为基础、重点和核心，社会保险和社会福利都不发达；处于工业社会和后工业社会的国家，社会保障体系以社会保险机制为核心、重点和主体，社会福利水平较高。以此规律观之，中国的城镇地区经济发展水平较高，现代社会（工业社会）的特征鲜明，总体上比较适合建立以社会保险为核心和重点的社会保障体系，制度建设可以较多地借鉴发达国家的经验和做法；中国的农村地区经济发展水平较低，传统社会（农业社会）的特点明显，社会保障体系的建设既不可能照搬外国的经验，也不可能照抄城镇的做法。关于中国农村社会保障体系的建构，学术界已做过一些探讨，一般认为农村社会保障体系应该由农村社会救助制度、农村社会养老保险制度、农村合作医疗制度、农村社会福利制度和农村社会互助制度等部分构成。从理论上说，这五项制度都重要、都需要，但在实际的操作过程中，这五项制度不可能平均用力，总有个轻重缓急和主次之分。在这些制度中，建立农村居民最低生活保障制度是尽快建立农村社会保障制度的关键。

在现阶段，中国农村社会保障制度尚处在救助型的发展阶段，以保障基本生活为宗旨的社会救助、"五保"供养和抚恤补助等制度是农村社会保障制度的基础和主干。这种低层次的、基础性的制度供给，与农村社会生产力发展水平是基本相适应的。农村养老保险是着眼于养老问题，不能解决农民眼前的困难，而且参加养老保险必须具备一定的社会经济条件，即农民只有在温饱问题基本解决后，才有可能投保参加。社会福利制度是为了提高生活质量，优抚安置制度是一种褒扬和补偿性质的特殊社会保障制度，二者都是以一部分特殊社会群体为保障对象的。在整个农村社会保障制度中，其他各项制度都不能直接、及时、最大程度地解决广大农民的生活困难问题，只有农村最低生活保障制度才能做到这一点。它是农村社会保障中涉及面最广、也是最后的一道安全网，可以把其他社会保障项目无法保障的各类对象尽收其中。缺少这张网，部分贫困农民的基本生活就无法得到保证，农村社会保障制度也难以健全。因此，尽管农村社会保障的各项制度都很重要，都需要建立起来，但相比而言，建立农村居民最低生活保障制度是重中之重，是农村社会保障制度的一项基础工程。

（二）建立农村居民最低生活保障制度是体现社会主义本质和优越性，维护农村人口基本生存权利的重要机制

我国是一个社会主义国家，邓小平同志曾讲过，社会主义的本质就是解放生产力，发展生产力，消灭剥削、消除两极分化，最终实现共同富裕。共同富裕是我们长期奋斗的目标，现在我们既要用政策鼓励一部分人先富起来，又要用政策扶持在竞争中处于劣势的那一部分人，为他们提供最基本的生活保障。我们十分重视和强调人道主义和人权。讲人权首先是人的生存权，生存得不到保障，其他一切人权都是空话。贫困尤其是绝对贫困首先危及的就是人的生存权，以保障贫困居民最低生活需求为目标的最低生活保障制度实质上就是一条"生命线"。缺少了这条"生命线"，特困居民的生存就失去了保障。

在中国，农村的贫困问题将是一个长期而比较突出的社会问题，尽管农村的"扶贫攻坚工程"取得了重大成绩，但并没有完全消除农村贫困，农村还有不少贫困人口。而且，城乡居民收入差距不断拉大，农民人均收入增长速度连续下降。改革开放20多年来，我国经济得到了持续快速发展，1979～2004年GDP年均增长率高达9.6%，2005年为9.9%。城镇居民人均可支配收入逐年以较大比例增长。相比之下，由于受农业生产资料价格上涨和农产品价格下降的影响，使得以土地经营为主的广大农民收入增长缓慢，有些农民甚至是增产不增收。自1996年以来，中国农村居民人均收入的增长速度连续四年下降，1996年为9%，1997～2000年分别为4.6%、4.3%、3.8%、2.1%。2003年、2004年农民收入增长虽超过5%，出现了回升，但同期城镇居民增长收入却超过8%，也就是说城乡居民收入差距还在进一步扩大。① 这一严峻的现实迫使我们必须对农村贫困问题保持清醒的头脑。因此，在农村建立最低生活保障制度是维护农村社会稳定和长治久安必不可少的重要机制。

---

① 《2005，中国经济喜中有忧！》，www.china189.net，2006年4月3日。

（三）建立农村居民最低生活保障制度是对传统农村社会救助制度的改革和创新

我们知道传统的农村社会救助制度存在着救助对象有限、标准太低、工作随意性大等缺陷，在社会经济形势急剧变化的今天，传统的农村社会救助已经走到尽头，非改不可了。目前我国城乡最低生活保障制度还没有完全建立，但从国务院 1999 年颁布的《城市居民最低生活保障条例》来看，已经初步建立的城市居民最低生活保障制度是对传统的城镇救助的改革和创新，它克服了传统的城镇救助制度的缺陷，使社会救助制度开始向规范化、制度化方向发展，从而实现传统农村社会救助制度的现代化。

（四）建立农村居民最低生活保障制度是避免产生两极分化现象、缓释社会风险的有效途径

改革开放 20 多年来，中国社会经济获得了高速发展，其成就为世界所瞩目和惊叹，农民的生活水平得到了极大的提高，彻底改变了过去"共同贫穷"的局面。但中国的探索性改革必然伴随着改革进程的艰巨性。其中改革与稳定的矛盾是：一方面改革需要稳定；另一方面，虽然改革在不断地孕育新的稳定，但也更直接地不断破坏原有的社会稳定，产生着不安定因素。特别是探索性改革往往具有较大的社会风险，甚至会对社会稳定造成极大的冲击和破坏。换言之，改革往往要以暂时牺牲一定的社会稳定为代价（从长远发展的角度看，改革与发展是社会稳定最根本的动力，没有改革与发展，就不会有社会长久的稳定）。在我国社会经济的高速发展中，社会矛盾和社会风险也逐步地积累。随着改革进一步深化，一些深层次的矛盾开始突现，社会矛盾的激化，有可能导致社会动荡。其中社会贫富差距不断扩大就是影响社会稳定的一大因素。我国农村居民收入分配的基尼系数持续上升，已经进入差距偏大阶段，1978 年为 0.24，1985 年为 0.26，1990 年为 0.31，1995 年已达0.39[①]；农村相对富裕人口和相对贫困人口的数量同时都在增长，高、低收入群体的收入差距越来越大。应该说，在农村社会发展过程中出现贫富分化和阶层分化现象具有一定的必然性和合理性，是坚持"效率

---

① 唐忠新：《贫富分化的社会学研究》，天津人民出版社 1998 年版，第 17 页。

优先"原则的客观结果。但是，我们不能任凭贫富分化现象自发地持续下去，那结果只能是两极分化，从而使社会矛盾激化。为了避免在农村产生两极分化现象，稳定农村社会形势，确保改革的顺利进行，一方面需要我们从政策、法律和税收的角度对农村的收入状况进行调节；另一方面需要政府建立最低生活保障制度，通过再分配或转移支付的机制为农村贫困者的基本生活提供保障，帮助他们摆脱贫困，逐步走向富裕。

3.1.2　农村居民最低生活保障制度建立的过程

（一）制度的试点及推广过程

长期以来，我国传统的农村社会救助是对农村五保户和特困户实行不定期、不定量的临时救济，虽在一定程度上缓解了他们的生活困难，维护了农村的社会稳定，但存在着缺乏严格标准、保障水平低、操作不规范、工作随意性大等问题。为了克服这些弊端，从 20 世纪 80 年代开始，一些地方开始了农村社会救助工作改革的探索。主要的做法有两点：一是实行农村定期定量救助，以保证农村救助经费的正常使用，加大对贫困对象的保障力度。这项改革到 20 世纪 80 年代有了较大发展。民政部把推行农村定期定量救济作为农村社会救助改革的重要内容，先后推广了北京市门头沟区、青海省海东地区等地方对农村贫困对象实行定期定量救助的经验。这个做法使农村救助经费得到固定使用，一定程度上减少了救助工作的随意性，提高了救助对象的生活水平。二是探索实行乡镇统筹困难补助经费。在一些贫困地区，由于集体经济发展缓慢，村集体无力负担困难补助费。为了寻找新的资金渠道来解决贫困对象的生活问题，一些地方采取了由乡镇统筹困难补助费的办法，缓解了贫困村无力筹集补助费的困难，提高了集体对贫困户的保障能力。这两项措施，是对我国农村传统社会救助工作的改革，虽然还是初步的，却也为后来探索农村居民最低生活保障制度的思路提供了启发。

1994 年国务院召开了第十次全国民政工作会议，会议提出，到 20 世纪末，"在农村初步建立起与经济发展水平相适应的层次不同、标准有别的社会保障制度"。按照这次会议确定的农村社会保障的发展目标，山西、山东、浙江、河北、湖南、河南、广东等省首先开展了农村社会保障体系建设试点运作。

1994 年，山西省在阳泉市开展了建立农村社会保障制度的试点，于当年 6 月颁布实施了《阳泉市农村社会保障试行办法》。其中规定，县、乡、村根据各自经济发展的不同状况，确定基本保障线，对生活在基本保障线以下的贫困户，以户建档，逐年核定，实行救助，使其生活水平达到基本保障线。1994 年 9 月，山西省民政厅下发了《关于加快建立和完善农村社会保障制度的通知》，并转发了阳泉市的试行办法。1995 年 3 月，山西省政府在阳泉市召开了农村社会保障制度建设现场会，向全省推广了阳泉经验。

1995 年 12 月 11 日，广西壮族自治区武鸣县颁布了《武鸣县农村最低生活保障线救济暂行办法》，规定从 1996 年 1 月 1 日起正式实施。这是我国出台的第一个县级农村最低生活保障制度的文件。该办法规定，凡该县农村户口的孤老、孤残、孤幼或因病、因灾等特殊情况造成家庭经济收入达不到最低生活保障线标准的村民，即为保障对象。保障线的标准是贫困对象每人每月 40 元，五保对象每人每月 65 元。保障资金采取县和乡镇分级负担，其中，县财政负担 65%，乡镇财政负担 35%。这个办法现在看来当然还是初步的，需要进一步完善和细化，但是就它的基本内容来看，已经包括了保障对象、保障标准、保障资金、保障办法和资金管理等农村居民最低生活保障制度的要点。办法实施后，武鸣县共有农村家庭人均收入低于保障标准的 3347 名贫困对象领取了保障金。每年县、乡镇两级财政需要列支救济经费 120 万元。

1996 年 1 月召开的全国民政厅局长会议，首次明确提出了改革农村社会救助制度，积极探索农村居民最低生活保障制度的任务。会议提出，在经济发达的农村地区要开始研究探索建立农村最低生活保障制度，有条件的地方要通过试点摸索经验，并把做好这项工作列入了当年的工作要点。会后，民政部开始在全国部分地方开展农村社会保障体系建设的试点工作，并确定了山东烟台市、河北平泉市、四川彭州市和甘肃永昌县等发达、中等发达和欠发达三种不同类型的农村社会保障体系建设的试点县市。烟台市以政府令形式出台了《农村社会保障暂行规定》，平泉市制定了《农村社会保障制度建设基本方案》，都规定了建立农村居民最低生活保障制度的内容。这两个文件先后由民政部办公厅转发全国，用于指导各地的工作。彭州市更是向全市下发了《关于建立农村最低生活保障制度的通知》，指出建立农村居民最低生活保障制度，是对农村传统救助工作的重大改革，是建立农村社会保障体系的重要措施，并确定彭州市农村最低生活保障标准为每人每年 600 元，要求各乡镇和各部门认真贯彻执行。

为交流总结试点工作的经验，1996 年 9 月，民政部在山西太原市召开了部分省区市农村社会保障制度建设经验交流会。13 个省、自治区、直辖市民政部门的负责同志和部分试点县市的负责同志参加了这次会议并交流了经验。在农村社会保障制度建设探索中，各个试点县市都形成了自己鲜明的特点：如山西阳泉是保障标准有高有低，重在制度建设；山东烟台是各项保障项目齐全，立法力度大；河北平泉是从建章立制起步，党政联手推动，工作扎实细致，做到了量力而行，尽力而为。会议认为，农村社会保障制度建设的试点工作是健康的，也是基本成功的，应积极而稳妥地推进。

在各地试点的基础上，农村居民最低生活保障制度建设在各级党委政府的领导和支持下，量力而行，稳步推进，在取得经验的基础上逐步推广开来。

1996 年底，民政部正式印发了《关于加快农村社会保障体系建设的意见》（以下简称《意见》），制定了《农村社会保障体系建设指导方案》（以下简称《方案》）。《意见》要求积极稳妥地建立农村居民最低生活保障制度，提出"各地要积极试点，稳步推进。凡开展农村社会保障体系建设的地方，都应该把建立最低生活保障制度作为重点，即使标准低一点，也要把这项制度建立起来"。并且指出，根据已有经验，只要实事求是，标准适当，在多数农村地区建立最低生活保障制度是可行的。各地要因地制宜，分类指导，扎实工作，在试点的基础上逐步推广。《方案》则就这项新的制度建设提出了几条原则性指导意见：保障标准要根据当地农村居民最基本的生活需求、经济发展水平和财政承受能力来确定和调整；保障资金由地方各级财政和村集体分担，分担比例根据各地实际确定；各级财政分担的经费列入财政预算，村集体分担的经费从公益金中列支；各地应根据实际情况，对保障对象在生产、生活、医疗、教育等方面给予适当的优惠政策等。《意见》和《方案》的下发，进一步加强了民政部对各地农村社会保障体系建设的规范和指导，全国试点范围也扩大到了 256 个县市。山西、河南、湖南、广西、河北等地以省（自治区）政府名义出台了全省（自治区）的方案或办法，对本地区开展农村社会保障体系建设，在指导思想、主要内容和组织领导等方面作出了明确规定，进行了安排和部署。广西出台的《农村社会保障制度管理办法》是全国第一个省级政府出台的农村社会保障制度管理办法，民政部以参阅文件的形式转发各地。该办法提出，社会救助是自治区农村社会保障建设的重点，它包括五保户的定期定量救济、重灾民的临时救济和贫困农民的最低生活救助，各市、县都要积极探索建立农村社会保障制度，制定最低生活保障办法。广东也在全省范围内普遍建立了农村居民最低生活保障制度。至此，全国所有的省、直辖市、自治区都开展了农村社会保障体系建设的试点工作，其中山西、山东、江苏、浙江、福建、辽宁、吉林、青海等地通过精心试点，逐步在全省推开。

然而，由于经济、社会发展水平的差异和对这项工作认识程度的不同，各地的农村居民最低生活保障制度建设也存在着发展不平衡的现象。究其原因，主要还是认识不到位，进一步统一思想，提高认识的问题亟待解决。为此，从 1997 年 5 月开始，民政部就提出了按照巩固、扩大东部试点，积极启动西部试点，抓两头、带中间，因地制宜、稳步推进的总体要求，并分别在东部、北部、西部召开了 3 个片会，作了专题研究和安排。1997 年接连召开的三个会议，更进一步推动了农村居民最低生活保障制度建设的试点工作。

（二）制度建设现状

截至 2006 年 11 月份，北京、天津、上海、浙江、江苏、广东、福建、辽宁、吉林、河北、陕西、海南、四川、内蒙古、山西、河南、黑龙江、江西、甘肃 19 省（自治区、直辖市）全面建立和实施了农村最低生活保障制度。没有建立农村低保制度的省份则实行特困户救助制度，并已开展农村低保的探索和试点。到 2006 年 9 月，全国有 1222 万农村居民得到了最低生活保障，717 万人得到了特困生活救助。① 此项工作正在全国积极稳步地推进。

1. 保障对象

建立农村居民最低生活保障制度后，对家庭成员人均收入低于当地最低生活保障标准的农村居民，由国家和乡村集体给予差额救助，将农村中家庭人均收入低于当地最低生活保障标准的贫困对象全部纳入保障范围，扩大了保障的覆盖面，除五保户、特困户全部纳入保障范围以外，一些生活困难、家庭人均收入低于当地保障标准的群众的基本生活也得到了保障。目前农村最低生活保障对象主要包括以下人员：家庭成员无劳动能力或基本丧失劳动能力的无劳力户；家庭主要成员虽在劳动年龄段，但因严重残疾而丧失劳动能力，家庭生活困难者；家庭成员在劳动年龄段，因长年有病基本或大部分丧失劳动能力，家庭生活困难者；家庭主要成员因病、灾死亡，其子女不到劳动年龄或是在校学生，生活特别困难者。

2. 保障标准

在制定保障标准时，各地主要根据当地经济发展水平、财政承受能力和农民的实际生活水平，本着"低标准起步"的原则制定。按照这一原则，一般由县（市）区政府确定一个保障标准的幅度，各乡镇再根据当地情况确定本地标准，并随当地情况的变化不断调整；有些地方由县人民政府统一制定保障标准，各乡镇按统一标准实施。农村居民最低生活保障标准一般按年计算，也有少数经济较发达的地方按月计算。在具体制定保障标准时主要参考以下几点：（1）维持农民基本生活的物质需要；（2）当地经济发展水平和财政承受能力；（3）当地物价水平；（4）农民自我保障能力。截至 2004 年 3 月，全国月保障标准较高的是广州市为 300 元/人，最低的是西宁市为 155 元/人。② 从全国总的情况来看，中西部地区的人均补助金额要低于经济发达地区。

3. 保障资金

各地在实施农村居民最低生活保障制度时，都将保障资金的筹措与

---

① 2006 年第十二次全国民政会议新闻稿：《社会救助：在完善中提升》，http：//www. shuangyong. gov. cn。

② 《民政部公布北京等 36 个城市最新低保标准》，民政部网站：http：//www. mca. gov. cn。

落实作为工作重点，加大资金的投入，采取地方财政和乡村集体共同负担。分担比例的确定主要依据当地具体情况，乡村经济条件好的地方由乡村集体负担的比重大一些，乡村经济条件较差的地方由县一级财政负担的比重大一些。此外，许多地方通过吸收一些社会捐助来补充保障资金，有的省从省财政列支农村最低生活保障资金。在保障资金的管理上，辽宁省的沈阳、鞍山、朝阳等市实行保障金专户管理，建立了县级保障金专户，财政部门将保障资金于年初一次性拨入民政专户，由民政部门按标准发放。

4. 保障方式

现阶段保障方式有两种：一种是以现金和实物救助相结合；另一种是经济条件比较好的地方全部发放现金。保障资金一般每季或每半年由乡镇通过村发放，实物由村来发放；个别地方每月或每年发放一次。各地在实施农村最低生活保障制度的同时，还相继出台了一些优惠政策，如对保障对象减免提留款、统筹款和各种集资款，减免医疗费、子女上学的学杂费等，以减轻他们的负担。此外，很多地方发动社会力量普遍开展了多种形式的社会互助活动，通过亲帮亲、邻帮邻、户帮户、富帮穷、单位和个人与保障对象"结对子"等多种形式进行帮扶，形成了社会各界都来积极扶助保障对象的良好社会风气，使保障对象的基本生活得到了较好保障。

3.1.3 建立农村最低生活保障制度取得的成就

经过几年来的努力，农村最低生活保障制度已在全国范围内推行起来，使农村居民的基本生活得到了保障，从而对维护社会稳定、促进农村经济体制改革的深入起到了积极的作用，取得了较好的社会效果。

（一）有力地促进了农村救助制度的改革

实施农村最低生活保障制度后，建立健全了各项规章制度，规范了管理，扩大了保障面，将保障范围由原来的传统民政对象覆盖到所有的贫困人口，克服了传统救助体制中救济面窄、救济标准低、管理落后粗放等弊端，提高了救助工作的管理水平，使救助工作逐步走上规范化、制度化、法制化的道路。

行。然而，在许多市、县民政局都没有设立专门的低保科，低保工作均是由救灾救济科统一负责。农村低保大量的工作如低保对象的调查审核、金额的发放都在乡、镇、村来完成，由于基层任务重，在目前人员少，组织力量薄弱，缺少工作经费的情况下，工作处于超负荷运转状态，有的采取消极应付的工作方式，造成农村最低生活保障制度的管理运行不规范，难以保证工作的客观、公正和细致，从而影响了此项工作的开展。

3.2 进一步完善农村居民最低生活保障制度

3.2.1 建立农村居民最低生活保障制度的可行性

逐步建立农村居民最低生活保障制度无论是从财力上、技术上都已初步具备了可行性，不仅经济富裕的地区可以搞，贫困落后的地区也可以搞，而且完全能搞好。

（一）经济的发展和综合国力的增强，财政收入不断增加，为建立农村居民最低生活保障制度奠定了物质基础

改革开放以来，我国经济快速发展，经济实力明显增强。特别是近年来，我国税收收入持续快速增长，财政状况也日益好转。2006 年 1 月至 11 月，全国财政收入 36084 亿元，比去年同期增加 7142 亿元，增长 24.7%。2006 年全国 28 个省份推行了乡财县管改革，18 个省份推行了省直管县改革，全国财政困难县的总数由 791 个减少到目前的 437 个。① 县（市）、乡（镇）两级财政快速发展，在整个国家财政收入中占有较大比重。今后，随着我国财政支出体制的改革和公共财政体系的建立，尤其是在 2006 年公布的中央 1 号文件，

---

① 《2006：财政收支平稳　财政改革目标如期完成》，财政部网站，http：//www. mof. gov. cn。

即《中共中央国务院关于推进社会主义新农村建设的若干意见》中也强调，要"逐步建立农村社会保障制度"，并特别提出了"要积极探索建立农村最低生活保障制度"的要求。可以预见，农村社会保障事业包括农村居民最低生活保障制度建设将得到更多的财力支持。而农村经济实力的增强，使农村公共积累大幅增加，也有能力对建立这项制度予以较大的投入。

（二）农村经济的发展和扶贫工作的开展，农村贫困面的逐步缩小，为建立农村居民最低生活保障制度减轻了压力

随着我国农村经济的发展和扶贫工作的开展，农村的贫困面逐步缩小。目前我国农村绝大多数人口已经摆脱了绝对贫困，贫困发生率下降到3%以下。沿海一些经济发达地区已进入小康，少部分人还过上了比较富裕的生活。另外，与城市居民最低生活保障制度相比，农村居民最低生活保障制度较易启动且花钱少。因为农民一般都有口粮，生活消费水平低。这样就降低了农村居民最低生活保障工作的压力，也增强了建立该项制度的经济承受能力。

（三）传统的农村社会救助工作和城市低保工作中积累的丰富经验和有效办法，为建立农村居民最低生活保障制度打下了坚实的工作基础

农村居民最低生活保障制度并不是一项新的社会保障制度，而是对传统的农村社会救助工作的改革和完善。长期以来，我国农村的社会救助工作随着经济的发展，救助面逐步扩大，救助标准不断提高，从农村实际出发，摸索出了一套行之有效的办法，积累了丰富的经验。但是，由于在实际操作上没有形成制度化，所以并不是很规范。而建立农村居民最低生活保障制度就是在借鉴传统农村社会救助工作的基础上，使其迈入制度化、规范化的轨道。城市居民最低生活保障制度的建立，也为在农村建立这项制度提供了示范，探索了办法，打下了坚实的工作基础。

3.2.2 建立农村居民最低生活保障制度的相关政策

目前，我国许多地区已开始实施农民最低生活保障制度。尤其是浙江省从2001年10月1日正式实施的《浙江省最低生活保障办法》，在全国率先将全省农民都纳入了保障范围。以法律形式对最低生活保障制度实施城乡一体化规范，这在全国尚属首例。各地在实施农村居民最低生活保障制度的过程中，都有一些成功的经验，如都充分考虑了当地的实际情况，措施比较规范，可操作性较强等。借鉴一些地区的成功经验，立足于中国目前的国情，我们认为在建立农村最低生活保障制度时还应注意以下几个方面的问题：

（一）加强调查研究，准确界定保障对象

要建立农村居民最低生活保障制度，首先要确定谁应该享受最低生活保障，即保障对象。最低生活保障制度是现代社会保障制度的重要环节，是公民生存权利得到保护的主要体现。其保障覆盖的范围是一个国家的全体公民。所以，无论是城镇居民，还是农村居民，只要认为自己具备了享受最低生活保障的条件，便可主动提出申请，每个公民都有同等的机会。

农村低保涉及人员多，且居住分散，家庭收入复杂且变动大，这就要求我们必须进行艰苦细致的调查研究，对农村贫困人口进行全面的排查和摸底，并在此基础上准确界定保障对象，这是做好农村低保工作的前提和基础。享受最低生活保障待遇的，只能是那些生活水平一时或永久地低于或等于国家公布的最低生活水平的人群，例如，在农村没有依靠、没有生活来源的老年人、残疾人等；由突发性自然灾害造成生活一时困难的农村居民；由于农产品市场的激烈竞争生产经营不善而面临困境的农村居民；由于某些乡镇企业经营困难而倒闭，在乡镇企业工作且生活暂时出现困难的农村居民；有一定的收入来源，但是生活水平低于或等于国家规定的最低生活水平标准的农村居民。

农村居民最低生活保障制度是一项针对贫困现象而设计的社会保障制度，应达到既保障农村贫困家庭的基本生活，又不养懒汉的效果。如为了防止在确定保障对象中的懒汉现象及其他问题，例如浙江省还特别规定了几种不能享受最低生活保障的情况：（1）家庭有就业能力的成员，又无正当理由拒绝就业，不自食其力的；（2）家庭拥有闲置的生产性设施或除住房等基本生活必需品外的非生产性物品，按变现后计算，人均值为当地最低生活标准6倍以上的；（3）家庭实际生活水平明显高于当地最低生活标准的。

（二）科学确定保障标准

最低生活保障制度能否发挥其应有的功能，关键在于能否正确地制定最低生活标准。最低生活标准是指在社会发展的某一时期，由政府制定的，与社会经济发展相适应的，在衣、食、住、行等方面保障维持一个人生存的最低限度的基本生活标准。从理论上讲，最低生活标准一般根据19世纪德国统计学家恩格尔提出的"恩格尔定律"制定。世界各国都以恩格尔定律为依据制定各自的最低生活标准。例如，美国在20世纪60年代制定的"贫困线"是：凡用收入的1/3或1/3以上购买食物的家庭，均列为贫困家庭，有权享受最低生活保障。除此之外，国际上确定最低生活保障线的方法还有：国际贫困标准法、生活形态法、生活需求法等。国际贫困标准法是以一个国家和地区社会中收入或平均收入的50%~60%，作为这个国家和地区的贫困线，即最低生活保障线；生活形态法从人们的生活方式、消费行为等方面入手，来确定最低生活保障线，这种方法比较抽象；生活需求法，又称"市场菜篮法"，它是根据当地维持最低生活所需的物品和服务列出一张清单，然后根据市场价格来计算拥有这些物品和服务要多少现金，以此确定的现金金额即为最低生活保障线。

我国是一个发展中国家，从总体上讲，我国的生产力水平比较低，人们的生活水平处于温饱型向小康型过渡阶段，还有相当一部分公民（特别是一部分农村居民）尚未达到温饱；同时我国地域辽阔，各地区社会经济发展极不平衡，生活水平差异较大，这种状况使得难以制定适合全国的最低保障标准，也难以提出一个人均收入为基数的相对标准。目前，我国各城市均确定了其居民最低生活保障制度的标准。其中最高的是深圳290~344元，最低的是南昌143元。[①]可见，鉴于各城市经济发展状况和生活水平的不同，各城市所制定的标准并不一样。洪大用教授曾在其著作中对城市居民最低生活保障标准进行了测算，提出了一个四层次的指标体系，参见表3-1：

---

① 余学珍：《转型期农村居民最低生活保障制度初探》，载《湖南人文科技学院学报》2004年第5期，第47页。

表 3 - 1　城市居民最低生活保障标准测算的指标体系

指标层次	指标名称		指标内容	参 考 值
第一层次	基本食物需求		中国营养学会所推荐的低等或中等能量摄入标准（每人每天1800 千卡或 2400 千卡）	依据当地食物类型和价格计算的人均月食物支出值（F）
第二层次	非食物需求		衣着、住房、水电、燃料、日杂、防寒或防暑、交通、社会交往、子女教育、基本医疗	依据"马丁法"计算的人均月非食物支出值（NF）
第三层次	家庭状况	家庭规模	1 人户、2 人户、3 人户、4 人户、5 人以上户	相应规模家庭的影响系数（1. 13、1. 01、1、0. 98 和 0. 94）（Sn）
		家庭类型	单亲家庭和有完全丧失劳动能力的残疾人、重病患者和未成年孩子的家庭	在［F + NF］× Sn 的基础上，上浮幅度为 10% ~ 20%
第四层次	经济发展状况	物价状况	当地物价的综合上涨指数	当地物价的综合上涨指数（P）
		当地居民生活状况	当地居民月人均收入	当地居民月人均收入乘以30% < LLS < 当地居民月人均收入乘以 40%

资料来源：洪大用：《如何规范城市居民最低生活保障标准的测算》，载《学海》2003 年第 2 期，第 126 页。

在具体计算各地城市居民最低生活保障标准时，以上指标体系又可以简化为以下公式：

$$LLS = ［F + NF］× Sn × (1 + 10\% ~ 20\%)$$

其中，LLS 为人均月最低生活保障标准；

F 为人均月食物支出标准；

NF 为人均月非食物支出标准；

Sn 为家庭户规模影响系数（n = 1，2，3，4，5 及以上）。

在以上公式中，当家庭类型为非单亲家庭或没有完全丧失劳动能力的残疾人、重病患者和未成年孩子的家庭时，LLS = ［F + NF］× Sn。当最低生活保障标准需要调整时，则 LLS = LLS × (1 + P)。整体上，LLS 的值应当大于当地居民月人均收入乘以 30%，但是小于当地居民月人均收入乘以40%，同时据此比例随当地居民月人均收入的变化而不断调整。

该指标体系与公式不仅考虑了居民生活必需的食物标准、非食物标准，而且还将家庭规模、家庭类型、物价状况及当地居民人均收入考虑在内，具有很强的科学性和实用性。也对我们确定农村居民最低生活保障线具有很强的借鉴性。然而作为地域辽阔、人口众多的农村来说，由于其自身的生产经营特点和生活方式与城市存在着较大的差异，其保障对象之间也有很大的差异。如他们的购入依存率（购入消费额占消费总额的比率）和自给依存率（自给自足的消费额占消费总额的比率）不同、致贫原因不同等，据我们课题组调查发现，城市贫困户主要是由于失去劳动机会，而农村贫困户主要是由于失去劳动能力、子女教育费用和疾病。故在确定农村居民最低生活保障标准时，不能完全照搬城市的。另外，同样是农村，由于其经济发展水平的不平衡，不同地区农村居民的最低生活保障标准也可能不一样。所以，在确定最低生活标准线时，一定要考虑我国的国情，按照既要保障贫困居民基本生活，又要克服其依赖思想的原则，从各地区农村居民的最基本生活需求、地区经济发展水平、物价水平、消费水平和财政承受能力出发，确定和调整最低生活保障线。最低生活标准在不同的地区之间可以存在差异。

（三）积极建立农村居民最低生活保障制度的资金筹措机制

资金问题是建立农村居民最低生活保障制度的核心问题。我国农村居民最低生活保障资金在中央财政没有设立预算科目，是由地方财政和乡镇、村民委员会及集体经济共同负担的。就我国乡镇财政体制的现状来看，许多地方财政是赤字财政，而财政赤字一般依赖于收费等一些预算外收入来弥补。随着国家对乡镇费改税政策的试行及逐步推广，乡镇财政预算外收入将越来越少，乡镇财政的负担也越来越重，一些乡镇负担的保障金实际上难以落实。而且在资金的筹集上，存在着一个矛盾的现象：在经济比较发达的地区，地方财政和村集体的财力都比较强，需要救助的人数也不是太多，救助资金和物资到位一般没有问题；但是在经济不发达地区，地方财政薄弱，有的集体经济几乎等于零，保障资金的筹集和到位十分困难，而且，越是经济不发达，财政困难的地方，贫困人口越多，救济面越大，需要使用的资金越多。因此，完全由地方财政来负责资金筹集，贫困地区的农村最低生活保障制度就很难真正落到实处。我们认为，在制度建设中，中央财政应发挥更大的作用，另外可以考虑在县级以上政府建立调剂资金，倾斜投入经济落后、集体财力不足、救济对象众多的地方。

为了确保最低生活保障对象都能享受或领取到足额的保障金，最终办法是可以通过征收统一的社会保障税，以及建立最低生活保障基金，解决最低生活保障资金筹集难的问题。征收社会保障税不应该把8亿农民排除在外。需要说明的是，征收社会保障税不会增加农民负担，因为征收社会保障税有一定的起征点，收入低于起征点的农民不在征收范围，而这些农民有很多是享受最低生活保障的。同时，征收社会保障税也是收入再分配的重要手段。未来中国社会保障的重点和难点在农村，农村经济的发展和人民生活水平的提高也为农民缴纳社会保障税提供了物质基础。农村费改税是大势所趋，为了解决农村最低生活保障经费不足的问题，应该将农民纳入社会保障税的征收范围。

（四）严格规范制度操作程序

农村居民最低生活保障制度实施程序一般应设计为：保障对象向村委会提出申请，填写申请表；村委会认真核实申请人的家庭全年收入情况，提交村民大会或村民代表会议讨论通过，并张榜公布，报乡镇政府审核；乡镇政府审定保障对象资格和补助金额，签署意见后报县（市）民政部门审批；县（市）民政部门对材料进行复核，符合保障条件的对象发给最低生活保障金领取证件，并下拨保障金，以村为单位发放保障金，并通过乡镇政府或村委会张榜公布；乡镇政府每半年或一年对保障对象的家庭收入情况进行一次审核，实行动态管理。对不符合救济条件的停发保障金。

（五）建立与农村居民最低生活保障制度相配套的改革措施

建立农村居民最低生活保障制度是一项系统工程，需要一系列的改革措施相配套。

1. 加强最低生活保障制度的法制建设，实现最低生活保障的法制化、规范化管理

目前农村居民最低生活保障制度由于立法的滞后，已经不能适应其建设的需要，造成了工作上和管理上的许多不规范现象。因此，最终需要通过制定《最低生活保障法》的方式加以确认。只有这样，才能从根本上保证最低生活保障制度的权威性和连续性，才能使最低生活保障工作步入

有法可依的法制化轨道，从而确保每一个公民的基本生活权益不受侵害。

2. 建立健全负责基层低保工作的有关工作机构和工作人员

这项制度本质上是面对千家万户的社会工作，要搞好工作，必须依靠基层政权和基层自治组织。如保障对象的审查、复核及保障金的发放、管理等，都需要乡镇一级来承担。保障对象的申请、核查、组织村民评议、造册建卡、发证到户，都需要村一级来承担。因此，建立农村居民最低生活保障制度要与农村基层政权和群众自治组织建设紧密结合，尤其是同村务公开、民主管理相结合。

3. 制定与最低生活保障制度相配套的优惠政策

列入保障范围的对象生活十分困难，即便对其实施了最低生活保障，也仅能使其维持基本生活，故此，必须要制定相应的配套政策加以保护，使保障金全部用于生活，绝不能政府发着保障金，村委会又收着提留、统筹、集资。所以，应有以下配套措施：享受农村最低生活保障的农民，可凭县级民政部门出具的证明，同时享受免交提留、统筹等费用；免去义务工；在就医、就学、居住等方面的有关费用给予减免照顾；对有劳动能力的农村经营者实行减免税金和工商管理费等优惠政策。采取多种措施保障其基本生活、改善其生活条件。如北京市对农村特困户实施危房改造计划，2002 年底，市、区县、乡镇和村共出资 712 余万元，为 534 户特困户翻修住房 1999 间，① 使他们的居住条件得以改善。

4. 救助与扶贫相结合，切实增加农民收入，从根本上消除农村居民的贫困问题

在建立农村居民最低生活保障制度时，一方面是"输血"，即对陷入贫困的保障对象给予资金和物质帮助，以保障其基本生活；另一方面是"造血"，即以市场为导向调整和优化农业结构，积极推进农业产业化经营，大力拓展农产品的国内外市场，减轻农民负担，加强农村基础设施建设等。另外通过政策、科技、服务等多种形式扶持有劳动能力的保障对象发展生产，促进其自食其力，有效地提高保障对象自助、自救的能力，使他们收入增加，实现脱贫致富。

----

① 吕海燕：《积极建立和实施农村居民最低生活保障制度》，载《首都经济》2003 年第 4 期，第 17 页。

第二篇

农村养老保障制度

4 农村非正式养老保障制度与正式制度的比较

4.1 非正式制度在我国农村养老保障体系中的作用

4.1.1 城乡老年人口状况

毫无疑问，我国正悄悄步入老龄社会。按照国际通行的标准，65岁及以上人口占总人口7%以上的社会被称为老龄社会或老年型人口国家。2003年，我国65岁及其以上人口有9692万人，占总人口比例为7.5%。同时，根据有关测算，2010年我国65岁及以上老年人口将达1.1亿，到2020年将增加到1.7亿，21世纪中叶，老年人口比重将达25%，每4个人中就有1个老年人。①

表4-1 我国城乡老年人口状况比较（2000年）

		城市	镇	农村
60岁以上人口	绝对数（万人）	2942	1499	8557
	占60岁以上老年人口总数的比重（%）	22.63	11.53	65.83
	占城市（镇、农村）总人口比例（%）	10.05	9.02	10.92

---

① 《中国人口统计年鉴》（2004），中国统计出版社2004年版，第303页。

续表

	城市	镇	农村
有65岁及以上老年人的家庭户占家庭户总数比例(%)	17.33	16.24	22.02
65岁以上老年人的一人户占一人户家庭总数的比例(%)	20.93	21.37	34.02
有两个65岁以上老年人的二人户占二人户家庭总数比例(%)	11.26	11.37	15.54
65岁以上完全老人户*占65岁及以上老年人家庭户比例(%)	26.93	26.13	20.98
65岁以上老年人与亲属居住的户占65岁以上老年家庭户的比例(%)	73.07	73.87	79.02
60岁以上老年人口的文盲、半文盲率(%)	31.08	41.63	54.24
60岁以上老年人口经济活动参与率(%)	10.10	19.72	43.15
60岁以上老年人口经济活动参与率提高程度(%)	-1.21	3.69	11.02

*指65岁以上单身老人户和只有一对老夫妇户。

资料来源：根据徐勤、原野《2000年我国老年人口现状》一文中的数据编制，转自 http://www.cnca.org.cn。

从表4-1可以看出，我国城乡老年人口状况具有以下特点：

1. 农村老年人口相对较多

农村地区60岁以上人口占60岁以上总人口的65.83%，城市和镇的比重分别为22.63%、11.53%，可以看出，农村老年人口几乎是城镇老年人口总和的2倍。

2. 农村高龄老人且高龄老人中完全老人户比重大

从表4-1中可以看到，农村地区有65岁及以上老年人的家庭户占家庭户总数比例为22.02%，分别比城市和镇同比高出4.69和5.78个百分点；65岁以上老年人家庭中一人户、二人户的比重，农村地区均高于城镇地区；只有完全老人户的比重城镇较高，这与近年来城市"空巢"家庭和核心家庭的增多以及城镇地区计划生育落实得好有关。高龄老人和完全老人户的比重大，在一定程度上加重了农村养老保障的负担。

3. 高龄老年人主要还是依靠家庭成员、亲属的照顾

在表4-1中可以看到，65岁以上老年人与亲属居住的户占65岁以上老年家庭户的比例农村、城、镇分别为79.02%、73.07%、73.87%，说明传统的家庭养老在我国仍然发挥着重要的作用。

4. 农村老年人大多数文化程度不高，经济活动参与率较高

表 4 - 1 中的数据显示，农村地区 60 岁以上老年人口的文盲、半文盲率达 54.24%，超过半数；农村地区 60 岁以上老年人口经济活动参与率为 43.15%，而城镇地区还不到 20%，城市更低，只有 10% 左右。这一方面说明农村老年人晚年文化生活单调，另一方面也证实了农村老年人自我养老还占有很大的比重。

年老往往伴随着劳动能力的丧失、疾病的增加以及社会孤独感的产生。因此，"老有所养" 是每一个社会成员的共同心愿。无论是在城市，还是在农村，一个人在年轻时为社会做出贡献，年老时应该享受包括来自家庭和社会的帮助，这是一个社会和谐发展的基础，也是全面建设小康社会的重要方面。没有老年人同步进入的小康社会，是一个不全面、不完善和水平不高的小康社会。

从历史和现实来看，城乡不同的人口结构、经济社会发展状况造成了老年保障状况的不同。农村养老保障制度的缺失，反过来又在一定程度上进一步恶化农村地区的老年保障。目前从总体上看，我国还是以"家庭养老"为主，越是在农村地区，或者越是在不发达的农村地区，人们的老年生活保障越是依靠家庭。有关学者的研究表明，在城市，养老方式顺次为社会养老、家庭养老和自我养老，三者比例是 1 : 0.7 : 0.3（以社会养老为 1）；而农村的顺次是家庭养老、自我养老和社会养老，三者比例是 14.6 : 6.6 : 1（以社会养老为 1）[①]。

4.1.2　农村非正式养老保障制度存在的原因

农村的养老保障供给不同于城市，城市养老以正式养老保障制度为主（社会保险），非正式养老为辅；而农村则恰好相反，以非正式的养老方式为主，正式的养老保障制度几乎没有。之所以造成这种状况，是与城乡不同的人口结构、生产结构和国家对农村的政策有关。非正式养老保障方式在农村之所以有如此强大的生命力，主要是由于以下几个方面的原因：

---

① 穆光宗：《中国传统养老方式的变革和展望》，载《中国人民大学学报》2000 年第 5 期，第 42 页。

（一）历史原因

1953 年颁布的《中华人民共和国劳动保险条例》和 1954 年宪法均指出，劳动者在年老、疾病或者丧失劳动能力的时候，有获得国家物质帮助的权利。但是当时占人口绝大多数的农民并没有被覆盖在内。宪法只是从法律层面上规定了每一个公民应该享有的权利，然而权利的实现还要靠法律的执行。实践中，宪法规定的公民在社会保障方面的权利只是在部分公民中得到实施，即社会保障制度只在城市居民中实施，1953 年颁布的《劳动保险条例》本质上就只是针对城市职工的企业保障制度。出现这种现象一方面是因为当时国家工业化发展战略的需要，有意对城市居民实行各方面的福利倾斜；另一方面，在集中力量进行工业化的同时，国家再也没有足够的实力对占人口80% 强的农民进行社会保障。与此同时，土地改革之后农民每家每户都分得了土地，一种观点认为，农民可以依靠土地保障，而无需再靠国家保障。所以直至今天，这种城乡二元社会保障模式始终没有被打破，土地仍然是农民的重要依靠，它不仅是生产资料，还是生存资料。

（二）经济因素

我国农村生产方式中，农业经济占主要地位。这种自给自足的自然经济形态在我国一直延续了几千年，并且至今仍在影响农村经济发展。20 世纪 80 年代以前，我国农村经济主要以集体经济为主，农民的养老保障除了依靠家庭外，集体经济的帮助是一个很重要的因素，"五保"制度的发展在这一时期达到顶峰。20 世纪 80 年代中期以后，家庭联产承包责任制的逐步推行，固化了农业生产的个体形态。农民的生产积极性得到空前释放，"活到老、干到老"成了农村老人的普遍选择。在农业生产还不发达的时候，老人一方面给年轻人传授生产经验，一方面通过自己的劳动获得收入和保障，以减轻家庭成员的负担。所以，我国不发达的农业经济形态使农民自觉或不自觉地把养老保障的责任寄托于自己或家庭成员，很少考虑社会因素。

（三）社会文化因素

赫斯科维茨（Herskovits）认为，在传统社会中，家庭或者亲属家族很重要，可以保护家庭成员抵御不确定性，当人们遇到天灾人祸时，可以依靠其亲属之间的相互帮助来克服危机①。加里·贝克尔（Gary Becker）也认为，一个家庭就好像一个相当有效的"保险公司"。② 由此可见，在一个社会的发展中，抵御风险的首选是家庭及其有血缘关系的亲属。

在中国，赡养老人一直受到社会的提倡："老吾老以及人之老"、"父母在，不远游"等养老文化几千年来延续至今，赡养父母作为中华民族的一项传统美德，在农村地区显得更为突出。同时，在传统的社会中，年纪较大的人总是受到大家的尊敬，因为他们拥有长年累月积累起来的知识，而这些知识对于那些处于静态环境中的年轻人来说具有特殊的价值。③ 我国广大的农村地区，生产力还不发达，机械化种田并没有普及，老年人拥有的耕作经验对于农业生产的延续是至关重要的。贝克尔认为，家庭是一所小型的专门学校，它为特殊职业、耕作和手工作坊培训学生，并且在这些毕业生的资格得到社会正式认可之前，家庭负责担保他们的这一资格。④ 所以，这种传统的"家本位"的文化，决定了农村老年人的养老保障的首选就是家庭养老。

（四）国家政策因素

农村地区正式的养老保障制度安排，或者作为一个特定经济时期的产物昙花一现，或者作为一种不太成熟的事物而频频流产。计划经济时代，"五保"制度作为集体经济时代国家在农村救济的成功典范，是一种正式的制度安排。作为一种救助形式的养老，时至今日，无论是它赖以存在的经济基础，还是它保障的内容和形式，都发生了深刻的变化。它的辉煌只属于集体经济繁盛的时代。农村地区另一个典型的正式养老保障制度安排始于 20 世纪 80 年代中期，民政部在我国部分农村地区开始实行农村社会养老保险试点，1992 年正式颁布《县级农村社会养老保险基本方案（试行）》（以下简称《基本方案》），从此在全国广泛推广开来。《基本方案》的颁布实施，标志着我国农民第一次有了自己的养老社会保障制度，

---

① M. J. 赫斯科维茨：《经济人类学》，1965 年版；转引自加里·S. 贝克尔：《家庭经济分析》，华夏出版社 1987 年版，第 277 页。

② 加里·S. 贝克尔：《家庭经济分析》，华夏出版社 1987 年版，第 277 页。

③ R. 布伦纳：《人力资本和变化着的环境》，1979 年；转引自加里·S. 贝克尔：《家庭经济分析》，华夏出版社 1987 年版，第 278 页。

④ 加里·S. 贝克尔：《家庭经济分析》，华夏出版社 1987 年版，第 278 页。

意义自然是深远而重大的。然而，由于种种原因，国家在此项政策上的态度始终不明朗。管理部门的易主、政策的不确定、责任的推诿最终导致困难重重，使得这项制度频频流产，最终未能在全国统一开展起来。正式制度的缺失，使得非正式养老保障方式在农村地区有很大的生存空间。

4.1.3　农村非正式养老保障制度的形式与作用

（一）农村非正式养老保障制度的形式

一般来说，养老的内容可以分为经济供养、生活服务和精神慰藉三大部分。由此，养老的资源涉及到物质和劳务两大块。按照养老资源的供给来源划分，农村地区的非正式养老制度安排主要有三种：家庭养老、社区养老和自我养老。

家庭养老是指人们在年老丧失劳动能力、生活不能自理时，依靠子女、配偶或其他家庭成员提供经济支持和服务照料的一种养老方式。家庭养老的必要条件有：一是有子女、配偶或其他家庭成员；二是子女、配偶或其他家庭成员有一定的经济收入；三是他们有养老的意愿。三者缺一不可，相互促进发挥作用。当某一条件缺乏时，就需要借助于其他的力量来完善了。存在这样的情况，有的家庭由于自身条件的限制，只能提供功能不全的养老保障。比如有的家庭虽然有子女或配偶等家庭成员，但是经济状况并不是很好，无法承担养老的费用，这时，家庭养老还必须与国家和集体养老相结合，国家给予一定的物质帮助，集体发挥互助精神，对特殊家庭以援助。再比如说，即使前两个条件具备，但是家庭成员没有养老的意愿，那家庭养老还是一句空话，遇到这种情况，还需要国家和集体组织通过道德教育说服子女等家庭成员赡养老人。不管怎样，家庭养老始终是我国最基本的养老形式。全国目前由家庭供养者约占 3/4，由社会供养者约占 1/4。并且农村老人比城市老人更为依赖家庭。2000 年人口普查结果表明，我国 65 岁以上老年人口中靠领离退休金生活的只有 18.4%，靠其他方式生活的高达 81.6%，这些人主要是居住在农村的老年人和居住在城镇中的从未工作过的老年人，他们的养老基本靠土地和家庭[①]。

---

① 《中国人口统计年鉴》（2004），中国统计出版社 2004 年版，第 317 页。

当家庭养老的条件很不完善时，即上面所述的三个条件不具备时，就需要借助社区养老等其他的养老方式。社区养老是指在中国农村基层社区主要依靠集体经济力量来满足社区老人基本生活需求的社会保障方式，也可以称作集体养老保障。社区养老的存在和运行也必须具备三个重要前提：一是集体经济力量雄厚而且持续存在；二是国家或政府给予政策扶持；三是具备科学、规范和有效的管理机制以及严格的监督机制。社区养老一般以村为单位举办，保障本社区内老年农民的基本物质和文化生活。这种模式的经济来源主要是依靠集体经济组织，农民个人及其子女承担一部分。在当前农村经济不发达的情况下，可以实行"三三制"：老年农民自己的经济收入出一部分，子女依据法规民约承担一部分，社区集体组织给予一部分补助。当农村集体经济力量逐步强大时，相应地提高集体补助的比重，减小农民个人及其子女承担的费用。社区养老是为解决农村社会转型过程中由于社会结构和生活方式变革而出现的老龄人口养老保障问题而提出的。

自我养老是指农民依靠自己的经济收入来维持自己年老时的基本生活需求。这种经济收入可以是自己年轻时的积蓄，也可以是年老时的土地经营收入。自我养老存在以下可能性条件：（1）无法定的退休年龄。现行的农村土地承包政策并没有规定土地耕种的年龄限制，为农民"活到老、干到老"提供了前提；（2）农民自身素质的提高。随着生活条件的逐渐改善，农民的生活水平得以提高，人口平均寿命延长，低龄老人所占的比重较大。据国家第五次人口普查数据测算，2000年，我国60岁以上人口中，60～69岁占58.85%，70～79岁占31.93%，80岁以上占9.22%。[①] 低龄化为老人从事农业生产劳动提供了身体条件。（3）农业生产方式的改进。随着生产力的发展和农业机械化的逐步引进，农业生产经营变得相对简单易行，对于身体好的老年人来讲，是可以实现土地的自我经营的。

（二）农村非正式养老保障制度的作用

由于农村正式养老制度的缺失，家庭养老、农村基层社区养老以及老

---

① 国务院人口普查办公室、国家统计局人口和社会科技统计司编：《中国2000年人口普查资料》，中国统计出版社2002年版，第800～811页。

年农民的自我养老等非正式养老保障方式在农村地区发挥着重要的作用。

　　首先，家庭养老将在很长一段时期内在我国农村地区继续发挥着主要作用。我国现阶段的经济发展一方面是东、中、西部地区发展差异大，另一方面在农村地区内部，也存在很大的差距。多数农村地区尚处于温饱型阶段，只有少数农民走上了小康之路，还有相当一部分农民处于贫困线以下。经济发展的不平衡导致了国家不可能在短时期内建立起全国统一的社会养老保障制度，只能根据各地实情，因地制宜采取与之相适应的保障方式。所以，在农村地区普遍不发达的现实下，家庭养老保障仍是一个主要的方式。1996 年颁布的《中华人民共和国老年人权益保障法》第十条明确指出："我国老年人养老主要依靠家庭。"同时，家庭养老作为东方社会一种特有的文化模式也将长期存在。姚远认为，家庭养老可以看做"由家庭承担养老责任的文化模式和运行方式的总称"，因此，家庭养老不仅是养老的方式之一，还"体现了一种文化模式"，具有"稳定性"，这种文化模式是"政治制度、经济形态、思想文化、代际关系等诸因素合力的结果"。①

　　其次，农村社区养老作为一种新型的集体养老方式，也具有很强的生命力。农村社区养老组织一般离农村老年人生活的地方很近，社区里的人文环境几乎没什么变化，与他们平时的生活方式、习惯等大体相同。由于离原来的家比较近，老人还可以与亲朋好友保持频繁的联系，使他们不至于感到寂寞孤单。老人可根据身体、经济及子女们关系状况灵活选择养老方式，比如全托、日托与阶段性入托等。这样，对于养老组织来说，可以减轻工作量；对于子女来说，减轻其经济和精神负担。同时，这种养老的社会化有利于农民的监督管理，便于老人子女监督社区养老组织的工作。社区群众的积极参与和监督是办好社区养老保障事业，促进农村社会化养老保障事业发展的关键。

　　再次，农村老年人自我养老与家庭养老联系紧密，但又不同于家庭养老。按照前面所划分的标准。当养老资源完全由农村老年人自己提供时，就是纯粹意义上的自养。当然，还存在自养和家养相结合的情况，二者在一定的条件下还会相互转化。自养，并不是农村养老的理想状

---

① 姚远：《对家庭养老概念的再认识》，载《人口研究》2000 年第 5 期，第 7 页。

态，而是生活的无奈和正式养老制度的缺失所导致的一种自我适应性选择，从某种意义上也可以说是传统家庭养老模式在现实中延续和发展的一种结果。

自养使得农村老人老有所为、老有所养，在物质和精神上都能得到自我满足，而且适量的劳动还有利于他们的身体健康，特别是对于低龄老人。在传统的家庭养老功能越来越受到挑战的今天，自养还有利于减轻子女的负担，维持或改善家庭关系，保持老年人自我的尊严和在子代面前的权威地位。贝克尔认为，现代社会市场、贸易和科技等先进生产方式的出现使得老年人所具有的传统的农耕经验和手工技能显得不再重要，家庭的功能随之下降，老年人的地位和权威也受到威胁。[①] 所以经济和精神上的独立对于老年人来说是至关重要的。经验表明，"以为促养"总比"无为而养"要更好地保证老年人晚年的生活质量。一些调查证明，有一定经济保障能力的老年人大多拥有较高的家庭地位，与子代的关系比较融洽，精神状态也较好。[②]

同时，自养还可以降低养老的社会成本，减少由于人口快速老龄化所造成的潜在的养老代际转嫁风险。相对于正式的养老制度，农村家庭、社区以及老年人自我养老在农村养老保障中发挥着重要的作用，在现阶段农村地区正式养老保障不发达的情况下，它们无疑是不可或缺的。

总之，就目前来看，正式制度对农村养老的作用还十分有限，以家庭养老为基础、社区养老和老年人自我养老相结合的非正式制度在农村地区发挥着相当大的作用。但是，非正式制度固有的不规范性、非强制统一性和有限性决定了不能将其作为农村养老的长久之计。我国农村短期内尚不具备建立社会养老保险的条件，只能以非正式养老为主。但是随着农村经济的进一步发展，为农民建立包括养老、医疗等在内的社会保险是必不可少的。长期的发展思路是城乡统一，在农村也建立正式制度为主，正式制度与非正式制度相结合的养老保障模式。

---

① 加里·S. 贝克尔：《家庭经济分析》，华夏出版社 1987 年版，第 283 页。
② 穆光宗：《我国农村家庭养老问题的理论分析》，载《社会科学》1999 年第 12 期，第 51 页；转引自薛兴利、靳相木等：《农村老年人口养老问题的实证分析与基本对策——对山东农村的问卷调查》，载《科学、经济、社会》1998 年第 1 期，第 49 页。

4.2 非正式制度与正式
制度的比较分析

4.2.1 非正式制度与正式制度的关系

制度是规范人们行为的一种准则。制度是确定的，它给人类行为划定边界，规定人们应该干什么、不应该干什么；制度又是普遍的，它对于规定范围内的所有人、所有同样的行为均适用。诺斯将制度分为正式制度与非正式制度。

正式制度是指人们有意识建立起来并以正式方式加以确定的各种制度安排，包括政治规则、经济规则和契约，以及由这一系列的规则构成的一种等级结构，从宪法到成文法和不成文法，到特殊的细则，最后到个别契约等，它们共同约束着人们的行为。① 按照正式制度的形成途径不同，可以将正式制度分成两类："诱致性变迁型"的正式制度和"强制性制度变迁型"的正式制度。前者是适应非正式制度的要求出现，后来经过制度制定者予以确认的正式制度；后者是一种有意识的对社会行为确定的规范，具有强制性，一旦确定就会形成制度刚性，对人类活动产生深刻影响。正式制度具有几个特征：（1）具体、有形，一般表现为正式、规范的成文文本；（2）具有强制性，依靠外在的约束机制予以实现；（3）正式制度的制定和执行是专门的组织机构，按照一定的工作程序，来进行公共选择的一个过程，运行成本较高；（4）稳定性差，建立的时间可以很短。

非正式制度是指人们在长期的社会生活中逐步形成的习惯习俗、伦理道德、文化传统、价值观念及意识形态等对人们行为产生非正式约束的规则，是那些对人的行为的不成文的限制，是与法律等正式制度相对

---

① 卢现祥主编：《新制度经济学》，武汉大学出版社2004年版，第118页。

的概念。① 诺斯认为，在人类行为的约束体系中，非正式制度具有十分重要的地位，即使是在最发达的经济体系中，正式规则也只是决定行为选择的总体约束的一小部分，人们行为选择的大部分行为空间是由非正式制度来约束的。诺斯将非正式制度分为三类：对正式制度的扩展、丰富和修改；社会所认可的行为准则；自我实施的行为标准。相对于正式制度，非正式制度的特点有：（1）表现为无形、非成文，存在于社会的风俗习惯及人们的内心信念之中，社会作用广泛；（2）其实现依靠内在的心理约束，如有违反，只是受到道义上的谴责；（3）非正式制度在组织管理上所花的社会成本不多；（4）建立形成、变化演进均需要较长的时间，一般不受正式制度变化的影响。

非正式制度与正式制度只有量的差异，而无本质的不同。从历史上看，先有道德、风俗、习惯等非正式制度，而后才有法律、规范、合同契约等正式制度。例如法律，它是一个社会内默默地起作用的习俗力量的产物。它深深的植根于一个民族的历史之中，无论其外在的形式怎么变化，都脱离不了周围社会中人们的普遍信念、风俗习惯等民族共有的东西。所以，非正式制度是正式制度产生的前提和基础。同时，正式制度的产生和发展，进一步推动非正式制度的演进。人们在新的约束下活动，逐步形成一种新的行为习惯和伦理观念，长期的重复性思维如果被人们予以坚持，就会固化成为一种新的非正式制度。正式制度与非正式制度除了相互产生之外，在功能上也相互促进。正式制度作用的有效发挥，离不开非正式制度的辅助作用。例如人人都形成遵纪守法的观念，法律的实施成本就会大大降低。此外，任何正式制度都不是完备的，不可能对于违约的条款在执行过程中的确定性毫无遗漏地完全规定，只有依靠各种不同形式的非正式制度的必要补充，才能形成有效的社会约束体系。

非正式制度与正式制度作为制度的两个方面，由于各自的特点不同也存在较大的差异：其一，从制度产生过程来看，非正式制度的建立和形成需要较长的时间，是长时间的历史积淀与文化演进的结果。正式制度的产生则需要各方面明确认可。其二，从制度的形式来看，非正式制度是看不见、摸不着的。作为一种无形的力量，非正式制度存在于社会生活的方方

① 卢现祥主编：《新制度经济学》，武汉大学出版社 2004 年版，第 115 页。

面面。而正式制度有具体的表现形式，并且有相关的正式组织机构来保障实施。其三，从制度的运行机制和约束力来看，非正式制度的变迁不需要群体行动来完成，没有一种强制的约束机制。而正式制度的变迁，具有一致性，即受到某一组织机构内的被该制度安排约束的一群当事人的一致同意，它的运行依赖于强制的实施机构。其四，从制度的实施成本来看，非正式制度的实施成本要远低于正式制度的实施成本。正式制度从建立到实施，再到制度具体实施情况的监督，无一不涉及一套专门的组织机构和一套专门的工作程序，由于政府失灵还会诱发"寻租"等活动的产生，与非正式制度相比，正式制度的运行显然耗费的社会资源多。其五，从制度变迁的进程来看，两者不同步。非正式制度的变迁是一个长期的过程，具有滞后性。正式制度变迁则可以在短时间内完成，博弈中双方利益集体为了降低交易费用和成本，获得最大效用与效益会尽可能快地进行制度安排。

4.2.2　非正式制度在我国农村养老保障事业发展中的意义

直到 20 世纪 80 年代中期以前，我国农村居民几乎被排除在正式的社会养老保险制度之外。农民的土地世代相承，而且养儿防老观念也在农村根深蒂固，所以非正式的家庭养老、集体社区养老以及老年人自我养老在农村得以兴盛。但是非正式制度毕竟有其局限性，缺乏强制性有时候使其显得软弱无力，特别是随着经济的发展，农村计划生育政策的实施，农村外出务工人员的增加，核心家庭的增多，使得家庭结构日益小型化；同时随着农业生产方式的变化，老年人在生产中的地位不如以前，年轻人的养老观念也在逐渐淡化，家庭养老功能正在逐步弱化。农村养老正面临着严峻的现实挑战。

同时，与正式制度相比，非正式制度实施的成本较低，易于传播，稳定性强，社会作用广泛。农村社会的相对封闭、落后、同质等特性适宜非正式制度的生存。家庭养老、社区养老等更适合于目前农村老年人的保障。首先，"养儿防老"是农村千百年来的传统，子女有赡养老人的义务，同时农村一家一户的个体经济加强了家庭成员之间的相互依赖，虽然近几年来由于农村剩余劳动力的大量转移，待在老人身边的子女越来越少，但是他们会给家里寄钱并且大部分最终还是要回到家乡，所以家庭依然是老年人保障的一个基础。其次，社区养老可以充分利用农村资源。在农村，非正式制度对资源配置作用更为重要。农村的市场化程度相对较低。交易者之间彼此熟悉，大量的交易属于重复交易，加之血缘关系、地缘关系非常盛行，交易者通过非正式制度就可以在一定程度上维持正常的交易秩序。社区成员之间可以很容易彼此信任，群策群力，有钱出钱、有力出力，共同搞好老年的晚年生活，这也是为了自己以后的生活得到更好的保障。

第一，非正式制度是减少提供其他正式制度安排的服务费用的最重要的制度安排。非正式制度的节约简化作用，主要通过两个方面体现出来：其一，非正式制度是个人与其周围的环境进行交往过程中存在的一种无形的契约，表现为被交易双方或游戏规则范围的个人或组织所遵守的一定的世界观、道德准则等。通过互相遵守潜在的交易规则，可以简化决策过程，从而降低社会经济运行的费用。其二，对于处于相互对立理性的人们来说，或者人们的经验与意识形态不一致时，人们往往会依靠非正式制度所内在的与公平、公正相关的道德伦理评价以及与经验相符的新的合理解释，这样有助于人们减少人们的选择成本。我国农民以家庭为基础，依靠土地经营进行养老保障，是我国传统的养老保障方式，几千年来在我国养老保障中发挥了重要作用。现阶段我们仍要以家庭养老为基础，就是因为家庭天然的亲情关系，人在老年时期的物质消费是很低的，老年人最需要的是精神关怀。重视亲情关系、邻里关系，加强老年人居住地的社区保障，在我国绝大部分农村经济还不发达的现实下，非正式制度可以为农村养老发挥重要的作用。

第二，非正式制度在引致制度变迁中发挥重要的功能。康芒斯（Commons）认为，任何重大的制度变迁，任何民族兴盛发展，其背后必然隐藏着一种巨大的心理驱动力，即精神力量①。从古到今，在人类形形色色的实践活动中，非正式制度总是以其独特的形式，包括世界观、价值观、道德伦理等，影响着人们的行为方式。

同时，在制度"破"、"立"交替之际，人们的行为规则往往要靠非正式制度来维护。对于制度创新来讲，由于经济人理性假设的存在，人们会按照利润最大化去配置各种资源，如果得以成功，则在此非正式

---

① 康芒斯著，于树生译：《制度经济学》，商务印书馆1981年版，第81页。

制度空间继续交易，经过多次反复，这些非正式行为规范被政府后来加以确认，就实现了诱致性制度变迁。农村正式养老保障制度的建立，可以说是政府行为利益最大化的结果。政府的某项制度安排归根到底是"取之于民"。当某种行为成为政府目标实现的最佳途径，当政府目标与个人目标取得一致时，政府就会固化这种行为方式，从而诱发新的制度的产生。

第三，非正式制度促进了正式制度作用的发挥。首先，作为正式制度的补充，在正式制度条件缺乏难以实施时，可以发挥非正式养老的功能。如党和政府的文件多次强调，农村社会养老保险制度只能是在有条件的地区和人群，分阶段、有步骤的实施；强调家庭养老为主，重视发挥社区养老的功能。其次，为正式制度的实施作铺垫。正式制度不能离开非正式制度完全孤立地发挥作用，相反它只有在社会认可，即与非正式制度相融的情况下，才能发挥作用。如通过对人们的宣传教育，培养其自主缴费意识，是发达地区开展农村社会养老保险工作的重要环节。

4.2.3 建立健全正式的养老制度安排是我国农村养老保障发展的趋势和最终目标

（一）在今后相当长一段时间内继续发挥非正式养老制度的基础性作用

我国经济发展不平衡，广大农村地区经济不够发达，绝大部分农民还不够富裕。我国农村经济发展的一个显著特点就是地区经济发展不平衡，从地域上讲，一方面表现在东、中、西部的农村居民家庭人均纯收入差距逐年加大，三者比值 1978 年为 1.28：0.99：1，1990 年 1.75：1.18：1，2003 年 2.13：1.28：1（以西部农村居民家庭年人均纯收入为 1）[①]。另一方面，农民内部也分为不同的群体。由于劳动力流动的存在，农村劳动力发展的一个显著特征就是不同于计划经济时代大多数农民只待在农村干农活，随着改革开放、城市化的推进，以及户籍制度的松动，农村劳动力不再是单一的概念，出现了明显的分层：一部分进城打工，成为"农民工"——离土又离乡；一部分进入乡镇企业——离土不离乡；一部分留

---

① 《中国统计年鉴》（2004），中国统计出版社 2004 年版，第 382 页。

在农村成为纯粹的农民。不同的经济发展水平、不同的收入状况以及不同的就业途径决定了农村养老保障需求的多样性，也决定了不同的养老方式在不同的地区，对不同的人群，保障的效果不同。

非正式养老制度在广大的农村地区还具有强大的生命力，它重视亲情，强调乡亲邻里互帮互助，体现了对老年人的人本关怀。即使未来正式的养老制度发展得极为完善，家庭成员、社区成员等相互扶助的精神也是应该永远发扬光大的。

（二）建立健全正式的养老制度安排，是我国农村养老保障发展的趋势和最终目标

1. 人口老龄化的挑战

中国人口老龄化的迅速大规模的到来，尤其是高龄人口迅速增长，是前所未有的。20世纪40年代末至60年代末，我国人口的出生率非常高，除了1960年和1961年以外，出生率都在30‰以上，生育率最高的1963年竟高达43‰；20世纪70年代末，我国开始实行计划生育政策，出生率大幅度降低。1975年至1990年间，人口出生率锐减至23‰。不断下降的出生率使少年儿童在总人口中所占的比重减少，而在上一个生育高峰期出生的人已开始步入中老年，准老龄人口和老龄人口在总人口中所占比重越来越大。老龄人口和准老龄人口比重的上升会改变人口的抚养比，从而给现时的劳动者增加负担。然而我国的工业化和城市化缩小了家庭的规模，传统的家庭养老功能不断退化，这就需要一个有效的制度安排来填补家庭养老推出后的空白。

随着我国农村人口向城市的大规模转移，我国农村人口老龄化将呈现比城市更严峻的形势。第五次人口普查结果显示，我国城镇外来人口中农村人口所占比重为82.4%。从全国分年龄人口迁移状况表明，全国15~29岁人口的迁移比例为53.24%[①]。低龄人口由农村向城市的单向流动，使城市年龄结构年轻化，但这加剧了农村人口的老龄化。

然而，我国农村经济增长缓慢，面对养老负担的不断加重，传统以家庭养老为主的农村养老保障已经举步维艰。

---

① 刘庚常：《我国农村新"空巢"家庭》，载《人口研究》2004年1月第28卷第1期，第49页。

2. 家庭养老功能弱化

在工业化之前，传统的家庭养老是主要的养老模式，在我国几千年的历史上发挥着巨大的作用。家庭养老的必要条件有：一是有子女、配偶或其他家庭成员；二是子女、配偶或其他家庭成员有一定的经济收入；三是他们有养老的意愿。在这三个条件都具备的情况下，家庭养老就会自动发挥作用。在传统社会，没有计划生育政策的影响、社会孝道观念的强化、长者对家庭资源有控制权和土地经营相对收益较高使上面三个条件得到满足。

首先，我国计划生育政策和人们生育观念的改变减少了家庭未来的劳动力，也就是减少了老人赡养者。在以男性为主线的婚姻制度下，计划生育政策减少了赡养个体数，加重了家庭劳动者的负担；在多女无子家庭中，则完全失去了未来的养老保障。

其次，我国工业化和城市化改变了我国家庭的结构，使孝道观念弱化。社会化大生产对分工协作的要求和社会竞争的加剧，使传统家庭型生产经营组织瓦解，家庭规模缩小；中低龄人口进城务工、从商和求学，使父母子女异地居住，在地域上对家庭的分解，使家庭养老更加艰难；传统孝道观念的弱化，使人们的养老意识越来越淡薄。2005年11月至12月一项关于中国农村养老现状的调查结果显示[①]：在10401名调查对象中，与儿女分居的比例是45.3%；种养业农活85%自己干，家务活97%自己做。对父母如同对儿女的视为孝，占18%，对父母视同路人不管不问的为不孝，占30%；三餐不保的占5%，年节饮食与平日无别的达16%，93%的老人一年添不上一件新衣，69%无替换衣服，8%的老人有一台老旧电视机，小病吃不起药的占67%，大病住不起医院的高达86%。传统孝道观念的弱化使众多老年人生活状况恶化。

最后，家庭组织内部经济资源的控制权发生转移。在我国传统的家庭中，受儒家思想影响，人们尊孝道、重礼节，这样对长者的尊让促成了老人在家庭中的权威。土地、房屋等主要财富被老人控制。在这样的家庭中，家庭拥有很强的凝聚力，男女分工明显，女性主要从事家庭劳

---

① 《中国农村养老现状：半数儿女对父母很"麻木"》，载《生活报》2006年2月8日，http：//news. tom. com。

动，较少参与社会化劳动，使得本来需要社会化的许多家庭需求可以在家庭内得到满足，而养老保障是家庭的一项重要需求。[1]

3. 土地养老保障的局限

土地保障在农村的养老保障中占据重要的位置。但在今天，千百年来被视为根基所在的"土地保障"，正日益严重地遭受冲击。伴随着工业化和城市化，土地保障已不能适应这些日新月异的变化。对于一直在土地上劳作的农民，土地带给他们的保障水平始终低下。土地资源禀赋的下降，农业生产经营风险的加大使这种保障越来越不稳定。同时，由于土地流转机制不畅，农民外出务工顾虑重重，因为在绝大多数城市，农民工尚未纳入社保体系。而失地农民的出现及其日渐增长的势头，给我国的社会保障提出了新的挑战。

首先，土地的经济功能与其社会保障功能始终是一对矛盾的组合。家庭联产承包责任制固化了土地的社会保障功能。长期从事农村问题研究的经济学家俞敬忠指出："农民拥有一块属于自己管理的土地，生老病死有所依赖，这就保证了中国在经济社会急剧变革中的基本稳定。"[2]但是，一家一户的小本经营，根本不能使土地的利用效率达到最大化，阻碍了土地的规模经营。随着农业产业化、规模化的发展，依附于家庭联产承包责任制上的土地养老保障势必遭到破坏。

其次，土地资源禀赋的不断减少、土地经营的困难以及征地补偿低等原因，导致土地养老保障功能下降。我国的耕地面积一直在不断减少，过去50年，我国耕地累计减少4.2万平方公里[3]。同时，农产品市场价格很不景气。有关专家的研究表明[4]，从1997年以来，农产品收购价格指数一直出现负增长。以1996年价格水平为基数，到2000年农产品收购价格指数下降了25.6个百分点。1997～2000年期间，全国农民因价格下跌出售农产品的损失达3000亿元。此外，政府征地补偿标准

---

① 丁士军：《经济发展与转型对农村家庭养老保障的影响》，载《中南财经大学学报》2000年第4期，第83页。

② 《中国农民从"土地保障"走向"社会保障"》，新华网，2004年12月21日，www.xinhuanet.com。

③ 《面对数字 地球哭了——写在第30个"世界环境日"》，www.cctv.com，2002年6月4日。

④ 胡鞍钢：《通货紧缩是我国宏观经济顽敌》，载《经济参考报》2002年7月24日。

偏低。我国每年建设用地所占用的耕地大约在 260 万 ~ 280 万公顷①，如果按照人均一亩地计算（1 公顷 = 15 亩），那么每年大约有 3900 ~ 4200 万失地农民产生。由于缺乏有效的谈判机制以及农民固有的弱势性，使得大部分农民只能获得低补偿或无补偿。土地保障着实不是农民的最终选择。

所以，建立健全正式的农村养老保障制度，是迎接农村人口老龄化、促进农村经济发展、推动城市化进程以及支持农村计划生育政策实施的一项重要制度安排。从长远来看，是我国农村养老保障发展的趋势和最终目标。

---

① 2004 年 2 月 9 日上午，国务院新闻办公室记者招待会中央财经领导小组办公室副主任陈锡文答记者问。

5 我国农村养老保障的
现状与未来

我国农村目前的养老方式主要有以下几种：家庭养老、社区养老和自我养老以及少数地区的社会养老保险。家庭养老是我国农村主要的养老方式，农村获子女经济支持的老年人占64.3%，在一项调查中，许多老年人都很担忧自己的生活来源问题，老年人认为自己没有经济保障的，农村达45.3%，几乎占农村老年人口的一半。① 另一方面，我国农村的社会养老保险制度从20世纪80年代中期开始试点，20世纪90年代初在全国广泛推行，但是制度很不稳定，最终由于多方原因而被停止，现在只是在一些经济较发达的农村地区局部的实行，而且始终没有一个统一的制度安排，各地都只是在摸索中前进。截至2003年底，全国有1870个县（市、区）不同程度地开展了农村社会养老保险工作，5428万人参保，198万农民领取养老金。②

5.1 我国农村社会养老保险制度的演变

5.1.1 农村社会养老保险制度的发展历程

经济体制改革首先在农村掀起，家庭联产承包责任制的建立瓦解了

---

① 《"中国城乡老年人口状况一次性抽样调查"总报告》，中国老龄科学研究中心，主要执笔人：台恩普、徐勤等，载《沈阳日报》2003年9月1日。
② 国务院：《中国的社会保障状况与政策白皮书》，2004年。

传统计划经济体制下的集体经济组织形式。无论是"大包干"、"小包干"还是"包产到户"和"包干到户",农民所面临的风险已经从集体经济组织下的共同风险变成个人的、分散的风险。尽管这种"交足国家的、留够集体的、剩下的归自己"的分配方式大大地解放了农村生产力,调动了农民的生产积极性,但同时农民所面临的风险程度也大为加深。这一时期,国家对农民的养老保障依然是以救济为主,不过随着农村经济的逐年发展,救济的范围也在逐步缩小。

党和国家在经济体制改革中逐渐意识到农村社会养老保险的重要性。国家在"七五"计划中指出:"……抓紧研究建立农村社会保险制度,并根据各地的经济发展情况,进行试点,逐步实行。"随后,"八五"计划又进一步指出:"建立健全养老保险和待业保险制度,逐步完善社会保障体系。这是现代化社会的重要标志,也是推动企业改革、适应人口老龄化和促进计划生育的一项重要措施。……在农村采取积极引导的方针,逐步建立不同形式的老年保障制度。"

1986 年 10 月,民政部和国务院有关部委在江苏沙洲县召开了"全国农村基层社会保障工作座谈会"。会议根据我国农村实际情况,对农村养老保障划分了几个层次:在农村贫困地区,基层社会保障的主要任务是搞好社会救济和扶贫;在农村经济发展中等地区,由于多数人的温饱问题已经解决,基层社会保障的主要任务是兴办福利工厂、完善"五保"制度、建立敬老院等,以解决残疾和孤寡老人的生活困难;在农村经济发达地区,发展以社区(乡、镇、村)为单位的农村养老保险。后来一些社区养老就是从这时候开始的。但是社区养老进行得并不成功,在总结经验的基础上,国务院决定指定民政部开展农村社会养老保险试点工作。

1990 年 7 月,国务院总理办公会议专题研究了社会保险制度改革问题,会议明确了农村社会养老保险由民政部负责的精神。1991 年 1 月,国务院决定选择一批有条件的地区开展建立县级农村社会养老保险制度的试点。1991 年 6 月,国务院发布《关于城镇职工养老保险制度改革的决定》(国发〔1991〕33 号文件),进一步明确了农村养老保险(含乡镇企业)由民政部负责。同时,民政部农村养老保险办公室制定了《县级农村社会养老保险基本方案(试行)》(以下简称《基本方案》),确定了以县为单位开展社会养老保险的原则。这个基本方案后来成为大部分农村开展社会养老保险试点工作的指导方针和规范。农村社会养老保险的试点工作主要经历了三个阶段①：

第一阶段：开始试点。主要是在山东组织了大规模的试点。

第二阶段：扩大试点。1991 年 10 月，民政部在山东省牟平县召开"全国农村社会养老保险试点工作会议"，总结推广牟平经验。

第三阶段：加大力度、加快发展。1992 年 7 月，召开"全国农村社会养老保险工作经验交流会"，重点推广武汉经验。到 1992 年底，全国已有 170 个县基本建立起了面向全体农民的农村社会养老保险制度，有 3500 多万农民参加了社会养老保险，共积累保费 10 亿多元。

随后，民政部在江苏省张家港市召开的"全国农村社会养老保险工作会议"，标志着农村社会养老保险在全国范围内进入全面推广阶段。

1995 年 10 月，国务院办公厅转发了民政部《关于进一步做好农村社会养老保险工作的意见》，并指出："……逐步建立农村社会养老保险制度，是建立健全农村社会保障体系的重要措施，对于深化农村改革、保障农民利益、解除农民后顾之忧和落实计划生育基本国策、促进农村经济发展和社会稳定，都具有深远意义。各级政府要切实加强领导，高度重视对农村养老保险基金的管理和监督，积极稳妥地推进这项工作。"到 1998 年底，全国有 31 个省、自治区、直辖市的 2123 个县（市）和 65% 的乡镇开展了农村社会养老保险工作，参加社会养老保险的农村人口有 8025 万人，积累基金 166.2 亿元。②

1998 年政府机构改革，农村社会养老保险工作由民政部门移交给劳动和社会保障部。1999 年 7 月，《国务院批转整顿保险业工作小组整顿与改革方案的通知》提出，对已经开展的"农村社会养老保险"要进行整顿规范、区别情况、妥善处理。随后，劳动和社会保障部先后提出两个整顿规范的方案。第一个方案是继续在有条件的地区进行农村养老保险的探索，不具备条件的地区暂不开展。第二个方案是政府定政策、市场化运营，政府转变职能，业务经办商业化。至此，农村社会养

---

① 刘贵平：《现行农村养老保险方案的优势与不足》，载《人口与经济》1998 年第 2 期，第 26 页。

② 《中国劳动和社会保障年鉴》（1999），中国劳动社会保障出版社 2000 年版，第 5 页。

老保险作为一项统一的制度安排已不复存在，只是在个别经济发达地区有所开展，如北京、上海等大城市的郊区农村。

5.1.2 《县级农村社会养老保险基本方案（试行）》的主要内容

（一）制度模式

《基本方案》指出："农村社会养老保险是国家保障全体农民老年基本生活的制度，是政府的一项重要社会政策。"要"坚持社会养老保险与家庭养老相结合"，明确了农村社会养老保险在政府行为中的定位，是区别于商业保险的、由集体和国家共同参与的、以保障农民老年基本生活为目的的政府行为。根据《基本方案》规定，我国农村社会养老保险采取基金完全积累制的个人账户模式。"个人的缴费和集体的补助（含国家让利），分别记账在个人名下"，个人账户属于个人所有，基金实行积累制，并根据一定的记账利率进行记息。

（二）实施范围及受益人

第一，保险对象。《基本方案》指出保险对象为非城镇户口、不由国家供应商品粮的农村人口。这是按户籍制度和国家商品粮管理制度进行的划分。一般包括以种地为生的农民和农村中非农产业人员，如乡镇企业职工、民办教师等。此外，该方案还坚持农村务农、务工、经商等各类人员社会养老保险制度一体化的方向。

第二，参保年龄与受益年龄。《基本方案》规定："交纳保险年龄不分性别、职业，为20周岁至60周岁。"可以看出，还存在超过60岁的农村老年人这一"制度真空"人群。该方案还规定，"领取养老保险金的年龄一般在60周岁以后。"即一般以60岁为领取待遇的起始年龄。

（三）基金筹集

制度坚持以"个人交纳为主，集体补助为辅，国家给予政策扶持"三方相结合的原则。在三者关系中，以个人为主，个人缴纳部分要占一定比例，一般不得低于保险费的50%。集体补助的数额和比例一般由参保人所在的乡镇或村企业根据自身的情况和经济条件确定。主要体现在从乡镇企业利润和集体积累中拿出一部分来用于农村养老，国家的政策扶持则主要是通过对乡镇企业支付集体补助予以税前列支体现。

（四）缴费与给付

第一，缴费标准与方式。根据《基本方案》，农村社会养老保险月缴费标准设 2 元、4 元、6 元、8 元、10 元、12 元、14 元、16 元、18 元、20 元十个档次，保险对象可据自身经济承受能力灵活选择；在缴费方式上可按全年、半年、季或月缴纳，遇到具体情况还可以预缴和补缴。同时，方案还规定，保险关系可随保险对象的迁移而迁移。若迁入地尚未建立该制度的，由原所在地的社保机构将个人所缴的保费按有关规定如数退还。属于"农转非"的，可将其保险关系及保险资金一并转入相应的养老保险轨道。

第二，保费收取。根据《基本方案》，在乡镇一级设代办站或招聘代办员，负责收取；村由会计、出纳代办，负责收取保费、发放养老金等工作。

第三，领取标准与计发办法。根据《农村社会养老保险养老金计发办法（试行）》的规定，保险基金按一定的增值率增值，保险对象开始领取养老金，须先计算出个人积累总额，再由积累总额确定其领取标准。因此，《基本方案》采取了以预定利率的方式确定领取标准。此外，一般农民在达到 60 周岁即可领取养老金，养老金数额可根据个人积累的资金总额和一定的预期领取年限确定，可按月或季领取。领取养老金的保证期为 10 年。对于不到 60 岁就死亡的，按有关规定将其保险费退还法定继承人或指定受益人；对于领取年限不到 10 年就死亡的，其法定继承人或指定受益人可继续领取 10 年期满为止，或一次性继承；对于领取年限超过 10 年的长寿者，可以继续领取，直至死亡。

（五）基金管理

第一，管理层次。《基本方案》规定，基金以县为单位统一管理，实行县（市）、乡（镇）、村三级管理相结合。各县市可根据自己的实情灵活制定具体管理办法。机构设置上主要分为基金保管和基金监管两个机构。监管机构由县级以上人民政府设立，主要对养老保险基金实行指导和监督。县（市）成立非营利性的基金保管机构，负责经办农村社会养老保险的具体业务。另外，在乡（镇）和村一级分别设立专人负责养老金的收取和发放工作及其他日常工作等。

第二，基金运用。为了基金能保值增值，方案规定采取比较谨慎的态度，基金主要是购买国家财政发行的高利率债券和存入银行，不能直接用于投资。

5.2 我国农村社会养老保险制度评析

5.2.1 对《基本方案》的评价

民政部于 1995 年对《基本方案》进行过论证。论证报告认为该方案"符合中国国情和农村实际；技术先进，符合保险精算原则；充分体现了经济学上的效率原则；在组织管理上具有一定的优越性等。方案的实施对于农村家庭关系的改善、农村基层组织建设和农村经济的发展都有积极的影响"。

由亚洲开发银行组织的对中国"十五"规划有关社会保障改革的政策辅助分析表明，"很少有确凿的证据能够支持对民政部方案的批评意见"，认为"尽管现行养老金试点项目是一个有局限的设计，类似于一种组织化的储蓄，但是它是一个可行的方案"。[①]

学术界一直也有不少人持赞同意见。

刘翠霄认为，《基本方案》虽然不是完全意义上的法律规范，但它的颁布和实施在中国社会生活中具有非常重要的意义。该方案从中国农村人口多、底子薄、各地发展不平衡的国情出发，是一个适合中国农村经济发展水平、能够促进农村经济发展和社会稳定、极具中国特色的社会主义初级阶段的农村社会养老保险制度。[②]

史伯年认为，《基本方案》的颁发及其推行，使我国农村从无到有，初步形成了具有中国特色的社会养老保险制度。尽管这一制度的许

---

① 亚洲开发银行小型技术援助项目（PRC-3607），2001 年，第 25 页。

② 刘翠霄：《中国农民的社会保障问题》，载《法学研究》2001 年第 6 期，第 68、69 页。

多方面还有待于完善，但它在一定范围内为农业劳动者提供了基本养老保障，这一实践的意义是十分显著的。[1]

刘贵平认为，《基本方案》采用个人自我平衡式养老保险模式，考虑到农村现实情况，这种模式有明显优点。提出农村养老保险模式的一些欠缺，并不是要否定它，而是探索完善这种体制的途径。[2]

由于受《基本方案》的影响，对于部分地区开始出台类似的农村社会养老保险制度，农民很受欢迎。如在青岛，农村养老保险在城阳试点后，市郊其他区市也已经或即将出台相关办法，这一举措被农民称为"民心工程"。农民"拿到养老金，生活有了保障，就像多了一个孝顺儿子"。[3]

对于《基本方案》的评价，有的是基于政府制度供给即"该不该有这么一种制度"，有的是针对制度本身——该方案的具体设计以及具体的制度政策执行。我们认为，政府对农村社会养老保险的制度供给是必需的，从这一点看，《基本方案》的出台是受欢迎的；另一方面，由于制度设计欠妥，在实施过程中政府行为扭曲，《基本方案》更多的是遭到批判，以至于最终被停办。

5.2.2 《基本方案》存在的问题

（一）制度设计本身的缺陷

1. 未体现社会保障的性质

社会养老保险是指国家和社会根据一定的法律法规，对劳动者到达法定年龄或退休，由社会保险机构或指定的其他单位按规定给付养老金的保险。那么对于农村居民来说，"劳动者到达法定年龄或退休"应该指农业劳动者在年老达到一定的年龄退出劳动领域，广义上的农民还包括农村中的非农产业者。社会保险一般具有互济性和公平性。《基本方案》规定的保险对象的参保年龄不分性别和职业，为 20～60 岁，对于目前超过 60 岁的农村老年人并没有像城镇职工养老保险那

---

① 史伯年：《中国社会养老保险制度研究》，经济管理出版社 1999 年版，第 75～76 页。
② 刘贵平：《现行农村养老保险方案的优势与不足》，载《人口与经济》1998 年第 2 期，第 27、28 页。
③ 新华网：《像城里人一样拿养老金　新农保是"民心工程"》，2004 年 3 月 29 日。

样予以补偿，他们成了制度的"真空"人群，缺乏公平性。同时，《基本方案》采取个人交费为主、集体补助为辅、国家给予政策扶持相结合的个人账户积累制模式。由于规定个人缴费比例不低于50%，这种模式实行的是个人的自我平衡，养老金既不能实现代际调剂，也不能实现同代人之间不同收入者之间的调剂，缺乏社会保障应有的互济性。如果运用集体补助的方式加以调节，对高收入者少补贴对低收入者多补贴，则又会挫伤农民的积极性，造成了一个两难选择的境地。

2. 基金保值增值难

《基本方案》规定农村社会养老保险基金主要是购买国家财政发行的高利率债券和存入银行，不能直接用于投资。由于实行的是以县级为统筹管理单位，缺乏专门的人才和技术，有关部门一般选择的是存银行。当时，由于通货紧缩的影响，我国的银行利率持续下降，1996年5月1日起中国人民银行连续八次降低人民币存、贷款利率，2002年2月21日起第八次降息后，以一年期存款利率为例，利率由2.25%下调为1.98%，是建国以来的最低点。但与制度承诺的8.8%的记账利率相比，养老金大幅度缩水。因为制度采取以预定利率来确定领取标准，养老金缩水的直接后果是农民的实际保障水平下降。对于政府来说，要么信守承诺，以财政资金来补偿；要么是违背诺言，与银行利率同步下调养老金的记账利率，现实中政府迫于财政的压力，往往是选择后者，这样一来本来就积极性不高的农民越发对制度丧失了信心。

3. 保障水平低

《基本方案》设立了月交费标准从2元~20元十个不同的档次。实践中农民一般选择最低的一档，也就是每月交2元。假设一人从20岁开始以此标准缴费，根据民政部制定的《农村社会养老保险交费、领取标准》来算，到60岁时他每月能领取70元；如果他以最高档次——每月交20元，则60岁时能领取700元。70元是肯定不够的，根据国家统计局对全国31个省（区、市）6.8万户农户的抽样调查显示①，2001

---

① 新华网：《2001年农民人均生活消费支出实际增长3.4%》，2002年3月12日。

年农村居民人均生活消费支出 1741 元，比上年同期增加 71 元，扣除价格上涨因素影响，实际增长 3.4%，平均每月每人支出 145 元左右；2003 年我国农村居民生活消费人均支出 1943 元，比上年同期增加 109 元，扣除价格因素的影响，实际增长 4.3%，平均每月每人支出 162 元左右。这样看来，700 元对于现在来说还可以，但是考虑到通货膨胀的因素，以 40 年后通货膨胀率为 5% 计算，它将变成不足 100 元的现值，养老金的价值到底有多大值得怀疑。制度设计上并没有将未来的养老金支付与通货膨胀、物价等因素挂钩，导致农民实际的保障水平过低。

4. 制度的软化与不稳定

到目前为止，我国没有一部专门的社会保障法律。《基本方案》在性质上只能算是一个部门文件或法规，所以在实际执行中没有多大的法律效力。由于制度的非强制性，导致制度的覆盖面非常小，到 1997 年底，全国参加农村社会养老保险的农民仅占其适龄人口的 15%。另外，该方案只是对一些重大的内容作了统一规定，具体的地方有关这一政策的建立、撤销、保险金的筹集、运用以及养老金的发放由地方政府部门来制定，在具体执行中多数带有某些行政长官的意愿，不是农民与政府的一种持久性契约，具有很大的不稳定性。再者，我国中央政府对农村社会养老保险的态度也时常发生动摇，导致了本来就心存疑虑的农民更加不愿投保。这也是缺乏法律保障的结果。

（二）制度在执行过程中出现的问题

1. 管理体制未完全理顺，基金管理上不够规范

1998 年以前，农村社会养老保险由民政部负责。从保费的收取到基金的保管、运营和发放，由该部一家管理，没有形成良好的制衡机制，造成了基金管理上的漏洞。同时，地方民政部门受制于地方政府，更使得管理带有官僚色彩。1998 年九届全国人大一次会议通过国务院机构改革方案以后，农村社会养老保险工作由民政部转到新成立的劳动和社会保障部管理。但是由于该项工作的复杂性，其管理体制并没有完全理顺。目前农村社会养老保险的主要业务工作由县及县以下的机构承担，县级机构也是从收到支一条龙服务，不利于对其工作的监管。此外，县级机构还普遍存在管理经费不足、人员编制落实不好的突出问题，经费的挤占、挪用以及非法占用等经常发生，基金安全得不到很好

的保障。

2. 制度执行成本较高

第一，管理成本。基层农保机构属于经济独立核算、自负盈亏的事业单位，根据民政部的有关规定，农保机构可以从其管理的基金中提取3%的管理费。由于是从基金中提取，如果过高，势必影响到养老金的给付水平；过低则不能保证农保工作的正常运转。同时，由于近几年来银行利率的持续下调，参保人数呈下降趋势，基层农保机构按3%提取的管理费越来越少，常常是入不敷出。第二，宣传成本。由于少数领导和相当一部分群众对农村养老保险的性质、意义及作用缺乏足够正确的认识，导致其在行动上不积极，工作中不支持。第三，由基金贬值所带来的财政补贴成本。如上所述，基金运用一般都采取存银行的方式。由于银行利率的持续下调，基金面临贬值的风险。

3. 保障水平不平等

不平等之一来源于制度设计，表现为地区水平的不平衡和农民个体的差异。制度采取的个人交费为主、集体补助为辅和国家政策扶持三方相结合的原则。劳动者由于个人能力不同，收入有高有低；集体补助主要依靠当地乡镇企业的发展。由于各地经济发展水平不平衡，乡镇企业经营状况有好有坏；同时，制度也未对乡镇企业补助多少做出明确的规定，而对于不补助的集体也没有任何惩罚的措施。所以，在集体补助方面存在很大的弹性。另外，《基本方案》规定："同一投保单位，投保对象平等享受集体补助。"但是制度在具体的执行过程中产生了变异。各地方政府制定的具体工作办法缺乏统一性和规范性，基层干部在实际操作中往往以权谋私，干部和群众的给付差距很大。"同一个行政村的干部和群众却不平等享受集体补助。参加投保的绝大多数村和乡镇是补干部，不补群众；少数村都补的，也是干部补得多，群众补得少。群众一般一年仅补助3~5元，而干部补助少则几百元，多则数千元，上万元"。[①]

---

① 彭希哲、宋韬：《农村社会养老保险研究综述》，载《人口学刊》2002年第5期，第45页。

5.3 我国农村养老保障制度的 未来发展方向

5.3.1 短期发展思路：主要发挥家庭养老功能，辅之以社会养老保障

鉴于十六大提出的在"有条件的地方，探索建立农村养老、医疗保险和最低生活保障制度"，我国农村在短期内还只是小部分地区有条件，大部分地区条件不够成熟，短期内将继续发挥家庭养老的功能，完善原有的社区养老。有条件的地区可建立类似城镇职工基本养老保险的制度。

家庭养老模式在我国有着深厚的历史传统。尽管现阶段家庭规模的缩小、城市农民工人数的增多等因素使得家庭养老在一定程度上受到冲击，但家庭养老方式在我国还是有很强的生命力的。

传统家庭养老的运行环境有：第一，物质基础。传统的家庭保障主要以土地为前提，以子女为依托。老人及其子女的土地经营收入是农民老年保障的物质来源，也是家庭养老的基础。农民土地经营收入的高低决定了老人晚年生活的保障水平。在无子女的情况下，主要是依靠自己年轻时的劳动积蓄。第二，文化意识。孝敬父母是中华民族的传统美德，农村自古以来就有"养儿防老"的文化认同。第三，社会环境。主要是指传统的小农经济社会造就了家庭养老模式，并使之延续。经济基础决定上层建筑，国家的有关制度和政策的制定都是围于小农经济这个经济基础。社会保险是与社会化大生产相适应的，显然与小农经济极不相称。

但是，随着我国社会经济的不断发展和计划生育政策的实施，家庭养老方式在一定程度上受到挑战。首先是家庭规模越来越小，核心家庭、"空巢家庭"等有不断增加的趋势。其次是土地经营收入的下降。随着耕地的减少和农民外出打工的增多以及农产品毫无价格优势等，土地不能再像以前那样吸引农民，农民从土地获得的收入逐渐减少。虽然农民外出打工能赚些钱，但是这种收入是不稳定的，而且子女外出打工使得老人在家

无人照料。再次是子女思想意识的变化。现阶段的年轻人生活节奏越来越快，生产、生活方式也大大发生变化。传统生产方式的变化使得老年人丧失先前的"家长"地位，一些子女的尊老养老意识有所淡漠。

尽管传统的家庭养老方式受到挑战，但是在近一段时期内我们还是得继续发挥家庭养老的功能。这里有几点需要指出：其一，只是在近一段时期之内还需要继续发挥家庭养老的功能，并不是说以后也是，随着农村经济的发展，实行社会化的养老保险制度是必然趋势；其二，并不是说在所有地方都以家庭养老方式为主，有条件的地方可以建立类似城镇职工的社会养老保险制度。

现阶段要继续发挥家庭养老功能是因为：（1）符合我国国情。现阶段我国生产力发展水平低且不平衡，很多地区刚刚解决温饱问题，相当一部分地区还未脱贫，据统计，2003年底，中国农业绝对贫困人口为2900万，贫困发生率为3.1%。[①] 如果实行全国范围内的社会养老保险，国家必将对这些群体实施补助，如此大的金额是财政能力难以负担的。所以目前不适合举办全国范围内的农村社会养老保险，只能是针对农村少数经济发达地区实行此项制度。这是最根本的原因。（2）农民收入水平的提高可以维持赡养老人之需。尽管农民的土地经营收入逐年下降，但是其第二、三产业收入近几年来有所提高。在农民的生产性收入构成中，第二、三产业所占的比重越来越大，由1990年的22.3%上升到2001年的47.8%。[②] 可以弥补家庭结构的变化所带来的赡养成本增加。（3）子女养老意识的淡化是可以通过说服教育来改变的，况且赡养父母是子女的法定义务，这也使得子女并不敢轻易放弃赡养老人。（4）现行农村社会保险制度存在多种弊端，在保险资金的筹集、管理、运营等方面不是很成熟，也不规范，从一个侧面说明了实行全国范围内的农村社会养老保险的时机尚未成熟。

5.3.2　长期发展路径：积极创造条件建立健全农村社会养老保险制度

长期来看，农村养老保障的最终目标是要建立城乡统一的社会养老

---

①　三农数据网：《2003年底全国农村绝对贫困人口2900万》，国家统计局农调总队，2004年2月19日。

②　《中国统计年鉴》（2003），中国统计出版社2003年版，第367页。

保险制度。鉴于我国农村人口多、人均收入不高的现实，需要在增收、就业和保障三方面予以努力，尽可能的创造有利条件。

（一）建立完善的土地流转机制

土地是最重要的生产资料，传统的家庭养老模式下，土地也是农民安全保障的物质载体。随着经济发展和城市化推进，农村中有不少人正在不同程度地失去土地。一方面，由于没有农村社会养老保险，农民把土地作为最后的保障，导致土地流转难，阻碍农村经济的发展；另一方面，大量的土地被征用，而农民得到的只是少得可怜的补偿费，他们失地后的基本生活保障需要社会保障制度来提供。所以，完善的土地流转机制与社会保障制度紧密相连。建立完善的土地流转机制，有利于解除进城务工农民的后顾之忧，促进农村经济的发展；有利于保障失地农民的基本生活，使其老有所养。

建立完善的土地流转机制的关键是保护农民的土地产权，对被征地农民给予适当的补偿，包括给他们建立社会保障制度。

我国《宪法》第十条规定：城市的土地属于国家所有。农村和城市郊区的土地，除法律规定属于国家所有的以外，其他都属于集体所有；宅基地和自留地、自留山也属于集体所有。另外我国法律还规定，农村集体成员拥有对集体土地的承包经营权。也就是说农村土地的所有权属于集体，经营权属于农民个人。农民拥有对土地的承包经营权，也是一份财产，是受到法律保护的。

1. 实际工作中，国家对农民的土地承包经营权保护得不够

主要表现为征地补偿低，土地市场秩序混乱。国家对被征地农民进行补偿时，普遍采取法定补偿标准的低限，个别地方还依靠行政手段压低标准，达不到低限。按《土地管理法》的补偿低限标准计算，补偿费相当于该耕地年均产值的10倍。据有关测算①，在经济发达的长江三角洲地区，农地征用价格为 37.5 万 ~ 45 万元/公顷，农地出让价格为 210 万 ~ 525 万元/公顷，农地市场价格为 1125 万 ~ 2250 万元/公顷，农村集体及农民所得到的农地征用价格大概为出让价格的 1/10，而农地出让价格又大概是农地市场价格的 1/5。那么粗略估计，农民的实际征地所得仅仅为其应该得到价值的 2%。由此可见，农民的土地承包经营

---

① 杨晓坪：《被征地农民应得多少补偿？》，载《经济观察报》2004 年 3 月 15 日。

权没有得到有效保护。另据国土资源部、发改委、监察部、建设部、审计署赴各地进行土地市场秩序治理整顿的结果显示①，目前初步查出拖欠农民征地补偿安置费 98.8 亿元，已清还 59.9 亿元。查出因违规出让土地应补缴出让金 207.7 亿元，已追缴 128.1 亿元。查处应招标拍卖挂牌而协议出让行为 2800 多起，涉及金额 56.3 亿元。

正是因为征地补偿费用少，农民不愿意放弃经营权；也正是因为征地费用少，农民才需要社会保障制度的保护。

2. 现行有关法律对土地征用补偿的规定对农民不利

如宪法修正案中将《宪法》第十条第三款修改为："国家为了公共利益的需要，可以依照法律规定对土地实行征收或者征用并给予补偿。"首先是"公共利益"如何界定问题。现实中不仅国家的公益性建设性项目，一些非国家建设的经营性征地（如房地产开发）也是通过国家征地取得的。造成了国家征地权的滥用，损害了农民利益。其次是"给予补偿"没有任何可依据的标准，有些地方政府依照有关法律只是象征性地给予农民补偿，事实上造成对农民利益的剥夺，无法判断这些政府行为和法律规定是否违背了宪法。同时在补偿标准上，一般按最低限进行补偿。在国外，征地的补偿一般都按现用途进行补偿，而在我国一律按土地原用途进行补偿。

3. 建立完善的土地流转机制

从国外的经验来看，要想发展农村经济，就必须减少农民，一条重要的制度就是如何把农民从土地上吸引出来。农民参与工业化的主要资源，一种是劳动力，一种是土地。针对以上所指出的农地征用补偿费用少、失地农民无保障即农民产权得不到有效保护等问题，必须加快土地征用制度改革，建立新的土地流转机制。

首先，要明确农民集体土地产权体系。切实落实最严格的耕地保护制度，按照保障农民权益、控制征地规模的原则，严格遵守对非农占地的审批权限和审批程序，严格执行土地利用总体规划；严格区分公益性用地和经营性用地，明确界定政府土地征用权和征用范围。

其次，明确政府角色定位，要在市场公平交易的原则上实现土地产

① 经济日报农村版网站：《全国初步查出拖欠农民征地补偿安置费 98.8 亿元 征地补偿：已经还给农民 60 亿元》，2005 年 6 月 26 日。

权的转移，在保障国家建设、各项经济建设对土地合理和正常需求的同时，切实保护农民土地产权利益，合理依法分配土地增值收益。

最后，要建立农民进城再就业和社会保障的新机制，保障合理的建设用地的需求，加快城市化进程。除了完善土地征用程序和补偿机制，目前急需要做的是明确政府征地范围，提高对农民的征地补偿标准以及建立失地农民社会保障，积极探索集体非农建设用地进入市场的途径和办法。

（二）发展小城镇

影响农民参加社会养老保险心理和行为的一个关键因素就是农民的收入不高、增长缓慢。农民收入增长缓慢、城乡收入差距拉大的核心在于农民的就业不充分，而实现就业的关键就在于农村剩余劳动力的转移。我国现有近 4 亿农村劳动力，其中剩余劳动力约占一半。

农村剩余劳动力的转移无论对整个国民经济的发展，还是对农村农民自身的发展，都具有十分重要的意义。根据世界银行《2020 年的中国》（1997）估计，在 1978 ~ 1995 年期间，仅农业劳动力向非农产业的转移所产生的资源配置的效应，约贡献中国经济增长率 1 个百分点[①]。同时，全国总工会一项调查显示[②]：1997 年农民人均为家庭寄钱 2000 元，北京、上海等大城市的邮寄汇款约有 60% ~ 70% 来自农民工。这几年来，随着就业政策和户籍政策的进一步放宽，农民工外寄回家的钱还有上升的趋势。有专家估计，全国农民家庭从中增加收入约在 1300 亿到 1600 亿元之间。因此，只有减少农民，才能富裕农民。另外，农村剩余劳动力的有效转移，农民市民化，有利于缩小城乡差距。农民不仅在经济收入上有所提高，更重要的是其身份、地位和社会保障上可以享受同城市居民同等的待遇。

农村剩余劳动力的转移不只是人口结构在空间上的改变，而是劳动力、资金、土地等生产要素的流动，变得更加集中，产生聚集效应和规模效应，使产业结构和人口结构在全国范围内合理配置。所以，这也与建立全国统一的社会保障制度不谋而合。

---

① 董辅礽：《当前我国经济与社会发展形势分析和若干建议》，http：//www. cei. gov. cn，2002 年 9 月 17 日。

② 《入世加速农村剩余劳动力转移 2010 年五成人口在城镇——访中科院国情研究中心主任胡鞍钢》，中国网，2002 年 12 月 18 日。

我国现有农村剩余劳动力近2亿，而且农村劳动力还在以每年超过1000万的速度递增。如何安置这些剩余劳动力，促进农村经济发展和社会稳定，已成为国家和政府的头等大事。我国百万以上的大城市已接近饱和状态，如果再扩容也是有限的，只有农民工中的能工巧匠才能跻身其中。而现实的情况是农民工中大多数受教育程度低、未经过正式的职业培训、劳动素质差。如果再把他们分流到大城市，只会增加城市负担，产生所谓的"城市病"。

另外，小城镇在产业布局、企业发展和管理体制上与大城市相比有一定优势：（1）产业布局。主要发展劳动密集型的产业，既有利于大量农村劳动力就近转移就业，又有利于产业经济凭借劳动力优势加快发展，适合我国劳动力丰富、资金短缺的国情。劳动密集产业主要在小城镇，使我国的劳动力资源优势在很大程度上变成了小城镇的优势。（2）企业发展。主要是民间投资创业经营小企业，经营自主、利益直接、产业较新、产权明晰，企业成长迅速，是依市场机制向城镇聚集，甚至在一些地方形成区域性的专业化分工的企业群体，成为农民以创业、打工多种形式大量转移就业的载体。（3）管理体制。处于"城尾乡首"的小城镇由于具有"小"的特点，在经济、社会管理体制改革上较大中城市一般较为容易，在市场调节、户籍开放、统筹就业等方面走在前面，阻碍农村劳动力转移和人口城镇化的体制性障碍较少。

城镇化的最终目标是农村剩余劳动力的彻底转化，居住地由农村迁到城镇，身份由农民变为市民，职业由兼业式的两栖人口转为专门的从事非农产业、离土又离乡的非农产业劳动者。当前我国小城镇数量增长的阶段已基本过去，在城镇化的过程中，还有以下问题值得注意：

（1）城镇化道路必须与产业发展相结合。城镇化道路是城镇化战略的重要一环。世界各国的城市化进程是伴随着工业化进程而展开的。工业的发展伴随着生产要素的聚集、规模的扩大，从而引起人口的聚集。人口聚集同时带来第三产业的迅速发展、进而伴随人口更大规模聚集。我国在20世纪90年代末开始出现的许多城市农民工返回农村的现象，其本质就是城市经济社会发展不够带来的农民就业不充分。农村剩余劳动力转移的流动障碍从供求关系来看，即是低素质的劳动力的城市有限需求与农村的无限供给之间的矛盾。如果城市流动人口增长率大于城市就业机会增长率，流入劳动力将超过并继续超过城市工业和服务部门对劳动力的吸纳能力，就会产生城市劳动力过剩，并不能促进整个社会经济发展。据测算，城市安排一个劳动力，仅生产性投资就需要 1 万元左右，如果要吸纳约 2 亿剩余劳动力保守估计也需要投入 2 万多亿，如果都靠政府财政来化解，恐怕是心有余而力不足。所以城镇化必须与产业发展结合起来。利用小城镇的优势，发展劳动密集型产业，将依托中小城镇发展劳动密集产业提到发展战略上来。在重视发展信息产业的同时，注重劳动密集产业发展，抓住机遇，以中小城镇为基地，发展劳动密集产业，使工业化、城镇化与农村劳动力流动转移相互为用，共同推进。有利于创造更多的有效需求，调整经济结构，缩小城乡差别。

（2）统筹城乡建设，合理规划，形成完善的城镇体系，使大中小城市和小城镇协调发展。在就业上打破城乡分割，开放大中城市，是推进结构调整、农业剩余劳动力转移和城镇化的客观要求和必然趋势。应充分发挥大城市对小城镇、小企业的带动和服务功能。小城镇在发展经济、特别是发展劳动密集产业、农民就业转移上大有作为，是与大城市的辐射、支持、服务分不开的。今后在竞争更加激烈的情况下，小城镇的发展、小企业的发展，重要的外部条件，就是大城市的服务。

（3）充分发挥政府的宏观调控职能。政府观念的更新是解决农村剩余劳动力转移的关键。要认识到"民工潮"是市场经济发展的必然结果，只要加以正确的引导，会促进经济的发展而不会成为社会经济发展的负担。政府应该加快宏观调控体系建设，在引导农民有序流动、建设统一的劳动力市场体系、户籍制度创新、农村金融体制改革、鼓励农村多元化投资等方面更好地为农民服务。

（4）以人为本、走可持续发展之路。小城镇发展要以人为本，从最广大人民的根本利益出发，加强基础设施建设，改善人居环境，方便群众生活。明确劳动者、企业在就业和经济活动中的主体地位，清理限制歧视农业人口流动就业、向小城镇迁移的规定，把政府职能转变到服务、培训和合法权益保护上来。在农民流动就业工作上，由管制流动转向提供就业服务、培训和权益保护上来。维护劳动力市场秩序，保护劳动者就业权益和公民的其他权益。同时，在经济发展过程中，节约使用自然资源、保护人文资源，实现经济发展与人口、资源、环境相协调。

6 农村社区养老保障制度

6.1 社区养老保障的特征

6.1.1 社区养老保障的概念与性质

美国著名的社会学家罗伯特·帕克（Robert E. Park）认为社区的基本特征是这样的：（1）一定地域有组织的人口；（2）多少完全植根于它所占领的土地；（3）个人生活在相互依赖的关系里……。① 社区主要是由一定的地域、人口、社会机构和社会文化四大基本要素相互作用而形成，包括社区成员的一系列互动行为，是他们共同拥有的地理空间和社会空间的集合体。在行政划分上，社区是指初级地方单位，介于邻里和区域之间，是初级地方单位最小的功能载体。在城市，社区一般指一个辖区或街道办事处；而在农村，社区主要是指村级所辖。

社区对生活在其中的人们发生深刻的影响，社区的一切活动都是以人为发展核心，其着眼点是为满足人的物质和精神生活的需要创造良好的条件，社区更是老人居住和生活的主要空间。社区是最贴近老年人生活和活动的场所，社区的优势在于他们熟悉老年人的需求，了解老年人的心理。社区为老年人提供服务，使老年人感到亲切、方便、放心。

传统的养老院养老保障只针对"三无"和"五保"老人，养老资

---

① 徐琦、莱瑞·赖、邓福贞编著：《社区社会学》，中国社会出版社 2004 年版，第 3 页。

源仅靠国家和集体提供，供养方式只是简单的经济供养。这种保障方式已经不能适应老年人口发展的需要。对于大多数老年人来讲，即便是"空巢"丧偶老人，也愿住老年社区形式的老年公寓，而不愿去养老院。有儿女在身边的老人，更希望能开发一种适合代际居住的老年住宅，再辅以来自社区的全程照料。

社区养老保障是社会化养老保障的主要途径，不同于一般的养老院养老保障。社区养老保障就是以社区为载体，以社区基层组织为主导，发挥政府、社区、家庭和个人多方面的力量，充分动员社区中财力、物力和人力资源，为老年人的安老、养老提供全方位的支持，使老年人能够按照自己的意愿，继续留在家中，留在熟悉的环境中，和亲人们、熟悉的邻居、朋友们一起安度晚年。

社区养老保障的发展方向就是社会化养老。针对不同（主要是健康状况）的老年人设计不同的居住方式或护理方式。在新形势下，重点发展社区服务养老保障。改变过去主要靠国家和集体投入这种单一的投资渠道，形成国家、集体、企业、个人多渠道投资，多种所有制养老机构共同发展的局面。面对全社会的老年人，提供多种形式的服务，特别是通过上门、包护、日托等各种社区服务的方式为家庭提供支持。做到投资主体多元化、服务对象公众化、服务形式多样化、服务队伍专业化。

6.1.2　社区养老保障的法律支持

1982 年联合国《老龄问题国际行动计划》指出：社会福利服务应该以社区为基础，并为老年人提供范围广泛的预防性、补救性和发展方面的服务，以便使老年人能够在自己家里和他们的社区里尽可能独立生活，继续成为参加经济活动的有用公民。

1987 年民政部向全国提倡的社区服务事业，其中为老年人服务系列是它的重要内容。

1991 年《联合国老年人原则》提出：老年人应该从家庭和社区得到依据他们每个人社会的、文化的价值体系而予以照顾和保护。

1992 年召开的联合国第 47 次大会提出：把社区作为改善养老环境的目标，要求支持以社区为单位，为老年人提供必要的照顾，并组织由老年人参加的活动。

1992 年《联合国老龄问题宣言》支持各国根据本国文化和条件在老龄问题上采取的行动。在制定和执行有老年人参与的各种方案和项目时，鼓励社区参加；使地方当局与老年人、工商界、市民协会及其他方面合作，探讨在家庭和社区维持不同年龄相融合的新途径。

1996 年《中华人民共和国老年人权益保障法》第三十五条规定：发展社区服务，逐步建立适应老年人需要的生活服务、文化体育活动、疾病护理与康复等服务设施和网点，发扬邻里互助的传统，提倡邻里间关心，帮助有困难的老人。这些都为发展社区养老服务提供了政策依据和努力方向。

2002 年《老龄问题国际行动战略》（主席提议的草稿）第 35 条提议：改善农村社区的生活条件和基础设施以及促进城乡地区的联系。第 36 条提议：缓解农村地区老年人所处的孤立和被忽略境况。

6.1.3 社区养老保障关系

社区养老保障关系主要包括政府、社区养老服务机构和社区成员三者的关系以及社区养老保障和其他养老保障的关系。

在社区养老保障中，政府是主导者，因为历史上形成的我国社区的地域组织较为分散，成员交往较为随意，活动内容较为单调，社区资源也较为分散。鉴于此，需要各级政府强有力的组织，政府在政策制定、组织规划、资源协调等方面还应发挥主导作用。

社区养老服务机构是社区养老保障的载体，是连接社区成员和上级政府的纽带，具有半官方性质，一方面由社区成员自发组成，同时又受上一级政府的指导和监督。既是群众需要的代言人，又是政府有关政策的有力实施者。

社区成员是社区养老保障的主体，社区养老保障以社区成员的主动介入为基础，需要全体社区成员的共同参与，使每一个社区成员最大可能地发挥自己助人的积极性，有钱出钱，有力出力，可以解决保障资源上的不足，重要的是营造一个"人人为我，我为人人"的良好氛围。

社区养老保障在不同的地方具有不同的行为性质，总的来说社区养老保障应该是作为社会福利的一个重要组成部分。目前看来，城市的社区养老保障作为一种社会福利，而农村的集体养老更多是作为一种社会救助。换句话说，对于经济发达地区而言，社区养老保障作为一种社会福利；而对于落后地区或贫困地区来说，社区集体养老保障只是作为个人和家庭没有养老功能无法维持的情况下的一种政府救助措施。同时，在有的地方，社区内部还分了不同的层次，诸如最低层次的生活保障、老年人医疗服务、社区再就业托底保障等。

表6－1　几种养老保障方式的比较

	保障对象	资金来源	保障项目	保障水平	机构性质	政府作用
社区养老保障	社区范围	财政＋民间捐赠＋个人付费	经济、医疗、精神	较高	半官方	引导和扶持
商业养老保险	所有	个人	经济	较高	营利性商业机构	较小
基本养老保险	所有	个人＋国家	经济	基本	政府部门	主导
社会救助	贫困对象	财政	物质	最低	政府部门	主导

6.1.4　社区养老保障的管理

社区养老保障的管理主要依托社区养老服务组织，属于半官方性质的基层行政组织，是以服务社区老年人为目的非营利机构。在城市，设专门机构归属居委会或街道办；农村则设专门机构归属村委会。

社区养老服务组织的成员主要包括三个层次：在编性质的组织管理人员、在编的第一线的服务人员及志愿者。组织管理人员中除政府有关机构的人员外，另外还从社区成员当中推选合适的人员共同组成社区养老保障的管理队伍。对于社区养老服务人员来说，应尽量吸收有经验的专业人员，特别是从专门学校毕业的护工。对于志愿者而言，其不受年龄限制，实施注册志愿者制度，主要是推广志愿服务时间储蓄制度。

社区养老保障的资金原则上是以社区自筹为主，但是鉴于目前社区的力量有限，政府还要通过拨款的形式给予一定的财力支持，或者给予社区在有关方面的税收优惠政策。同时，大力倡导民间资助、有爱心的社会捐献、积极吸引国外资金和通过其他渠道广泛筹集资金。

社区养老保障资金的管理包括资金的筹集、运营和监管，资金的筹集可以由社区行政管理机构的一个分支如财务部门去负责征缴；然后将筹集的资金上交给社会保障基金管理委员会；基金的运营、增值由各种金融投资理财专家组成的专门机构承担。同时，还应该设立社保基金管理监督机构，其成员应该包括投保人代表、受益人代表、政府有关部门人员、有关社会团体代表以及专家学者等人。各机构之间既相互独立，又相互联系和相互制约。

在老年服务设施的供给上，要坚持以人为本的原则。针对老年人的问题，要多用创新性的解决办法。

社区养老服务不仅包括机构养老保障，还包括居家养老保障。目前，在欧洲和美国的老年病学家之间流传的一个时髦语句就是"在适当的地方安享晚年"。[①] 与搬到收入不菲的机构去住相比，多数老年人更愿意选择继续留在自己家里。这就需要一些新技术来支撑。例如，在电梯里和楼梯平台上专设凳子等等，复杂的工具诸如家庭报警装置，这种装置可以监督老年人的基本情况，如血压和心跳次数等等，如遇紧急情况，只需按一下按钮，便可迅速得到帮助。

对于无法独立生活的老人，国外也有很多可行的方案值得借鉴。在英国和美国，老人日间医院把日常护理、家庭护理和医疗保健结合起来，让老年人能够得到在白天需要的帮助和照料，晚上可以回到自己的家里。在德国，一些老人住在一起，共同出钱雇用兼职护理人员，共同支付日用品上门服务费用，或者一起预约医生或者护士。在美国、欧洲、日本和澳大利亚，有需要的老人可以在家里得到一天 24 小时的护理，训练有素的护士随时待命，而护工们把老人的家里打理得舒适安逸。[②]

总之，社区养老保障的手法可以多种多样。由于服务范围的区域性，各地方社区可以依据自己的实际，开发出适合本社区老年人生活的各种服务业务，注重服务功能的互补性、服务内容的规范性、服务运作的协调性、服务素质的专业性等。

---

① 《未来属于银发一族？》，新华网，2004 年 12 月 15 号。
② 《未来属于银发一族？》，新华网，2004 年 12 月 15 号。

6.2　敬老院养老形式

6.2.1　传统的敬老院养老形式

敬老院养老形式是传统的"五保"集中养老方式。20 世纪 50 年代中期，新中国建立后不久的农业合作化时期，我国农村地区建立了"五保"供养制度。"五保"制度高度依赖于集体经济，集体经济占主导的时期，"五保"制度落实得比较好；20 世纪 70 年代末期以来，农村地区广泛实行改革，集体经济受到冲击，在一定程度上影响了"五保"制度的落实。

随着农村社会经济形势的变化，为了避免后集体经济时代给"五保"制度带来的影响，保障"五保"对象的基本生活，1994 年初国务院颁布了《农村五保供养工作条例》，1997 年，为了规范和发展农村敬老院，推动"五保"对象的集中供养，民政部还颁布了《农村敬老院管理暂行办法》。

（一）有关"五保"供养工作法规的基本内容

1994 年《农村五保供养工作条例》规定了农村"五保"供养的内容、标准和形式。条例规定"五保"供养的性质是农村的集体福利事业；敬老院所需经费和实物由乡（镇）村集体经济组织负责提供，"应当从村提留或者乡统筹费中列支"，也"可以从集体经营的收入、集体企业上交的利润中列支"。

敬老院的供养对象为农村中符合"三无"条件的老年人。"三无"是指无法定抚养义务人（指依照婚姻法规定负有扶养、抚养和赡养义务的人）或者虽有法定扶养义务人，但是扶养义务人无扶养能力；无劳动能力；无生活来源。为了规范管理，民政部还严格规定了"五保"对象的确定方式和程序。"五保"对象由村民本人申请或者由村民小组提名，经村民委员会审核，报乡、镇人民政府批准，发给其由国务院民政部门制定式样，省、自治区、直辖市人民政府民政部门统一印制的《五保供养证书》。由此可以看出敬老院养老虽然是农村的一项福利事业，但是是有选择性的、有条件的养老保障。

"五保"养老的供养内容包括给院内老人供给粮油、燃料、服装、被褥等用品和零用钱；提供符合基本条件的住房、医疗、生活照料，以及妥善办理丧葬事宜。与1956年的"保吃、保穿、保烧、保葬"相比又多了"保住、保医、保护、保用"等新的保障内容。

为了保证"五保"老人的基本生活，"五保"供养的实际标准不应低于当地村民的一般生活水平。具体标准可由地方政府按本地实际规定。按照官方的口径和统计，这一规定就是要求供养标准不得低于农村居民家庭平均生活消费支出。

"五保"供养的方式，可根据本地实际，实行集中供养和分散供养相结合，规定条件具备的乡镇应该兴办敬老院。

（二）有关敬老院管理的规定

1997年民政部颁布的《农村敬老院管理暂行办法》对敬老院的性质、经费来源、供养对象、院务管理、财产和经营管理，以及工作人员的安排上做出了详细的规定。

敬老院是农村集体福利事业单位，以供养"五保"对象为主。多为乡镇办，"五保"对象较多的村也可以兴办。提倡企业、事业单位、社会团体、个人兴办和资助敬老院。敬老院的经费来源同样依靠"乡统筹、村提留"。

敬老院坚持依靠集体，依靠群众，民主管理，文明办院，敬老养老的办院方针。由乡镇人民政府领导，列入当地经济和社会发展规划。民政部门是主管部门，负责对敬老院工作的业务指导。

在院务管理上，敬老院实行院长负责制，院长负责全面工作。院长的主要职责是：贯彻国家有关方针、政策；制定敬老院的各项规章制度及发展规划；组织创办院办经济；督促工作人员履行职责。同时，敬老院设立院务管理委员会，成员经敬老院全体人员民主选举产生，管理委员会成员中供养人员所占比例不得少于二分之一。管理委员会的职责主要是贯彻落实办院方针、原则，审议院内重要事宜，检查、监督院长和工作人员的工作。此外，《农村敬老院管理暂行办法》对敬老院的环境建设、供养人员的饮食、医疗、文化娱乐、档案管理也作了详细规定。

在敬老院的财产管理方面，敬老院作为一个集体福利单位，其土地、房屋、设备和其他财产任何单位和个人不得侵占；在财务制度上，接受各方监督，做到透明化；五保对象的财产以及死后的遗产，按入院前签订的协议管理。

一些有条件的地方，鼓励创办院办经济。地方人民政府和有关部门对敬老院的生产经营活动，应当按有关规定给予优先和优惠。

敬老院的工作人员规定：院长由乡镇人民政府（村办敬老院由村民委员会）选派，其他工作人员采取合同制，实行公开招聘。院长和其他工作人员的工资福利待遇，比照乡、镇、村集体企事业单位干部和职工的待遇确定，敬老院工作人员的基本条件是热爱敬老养老工作，有一定文化水平，身体健康，责任心强，吃苦耐劳。从事财会、医疗等专业工作的人员应当具备一定的专业技能。

6.2.2 变革中的敬老院养老形式

传统的敬老院养老形式是计划经济的产物，在体制上不具有社会化养老保障的性质，属于传统社会救助式社会保障制度的一部分。敬老院作为一种社会福利机构而存在，带有救助性和慈善性。在社会主义市场经济日益发展的今天，传统的敬老院已越来越不适应当今养老需求的发展，在很多方面处境艰难，问题颇多。第一，在保障对象上，面对的仅仅是农村中"三无"老人，还有很多"三无"之外的需要保障的老年人没有纳入其中。第二，高度依赖集体经济，资金严重缺乏，致使院内老人生活条件差、生活水平低。如房屋破旧简陋有很大的安全隐患，文化娱乐设施少，离康复型标准相差甚远等，难以吸引更多的老人入院。第三，大多数敬老院的管理存在问题，从管理人员的选拔、服务人员的素质，到各个敬老院的设置、院务管理、对院内老人的一系列管理等，都没有一个统一的制度，致使收养人数少，规模小，床位利用率低，社会效益不高。第四，传统的养老观念影响人们对敬老院养老方式的认同。为此，需要对传统的敬老院进行改革。

（一）转变观念，从思想上充分认识到社会化养老发展的大趋势，变敬老院的集体福利机构为社会化的养老机构

在保障对象上，突破"三无"人员的限制，面向全社会的老年人，做到敬老院收养与老年人自养相结合，以弥补家庭养老带来的"虚位"。在保障资金的供给上，利用国家、集体、个人、民间团体等各种社会力量多元化筹资。在机构的设置和管理服务人员的安排上，认真贯彻"社会养老社会办"的思想，鼓励和发展各种形式的养老机构。在管理人员的任命上，打破原先的上级任命制，借鉴企业改革经验，引入竞争机制、责任机制和激励机制，让人们自己推选有爱心、有责任心、有能力、有文化的人来做管理工作，在提高工作待遇的同时，把工作业绩和待遇挂钩，同时严格筛选服务人员，提高他们的素质，建立一支有能力、有爱心、有文化、有责任心的服务管理人员队伍。

（二）在向社会各界多渠道筹资的同时，注重敬老院自身的发展

大力创办院办经济提供发展后劲，如利用院址所在地的土地资源，发展农业生产；兴办福利企业；利用场地优势发展养殖业等。在资金来源上形成"乡镇政府统筹＋上级民政部门拨款＋社会捐赠＋院办经济补贴"的良性运行。院办经济既可以为敬老院的发展带来可靠的支持，又可以部分解决院内老人的活动问题，使他们能够做一些力所能及的事而不至于感到空虚。贫困地区资金来源不足，主要是"创办实体、以院养院"。在创办实体的过程中，政府扶持尤为重要。不仅要在贷款上进行优惠，而且在办理各种证照、提供水电等配套设施、安排科学技术人员等方面都要优先考虑。

（三）搞好敬老院的硬软件建设

尽量减少村村有的小敬老院，以乡镇为单位集中力量建设大的敬老院。变反面向"三无"老人为面向所有的社会老人，变单一的"五保"供养为集中养老和康复为一体的多功能服务；变局限于乡村的封闭式为辐射城乡、面向社会的全方位开放式。以敬老院为载体，将其建成综合性的多功能社会福利服务中心。

院内硬件设施包括老年人生活居住房屋、文化娱乐设施、院办经济实体所属的土地、厂房等各种生产资料。软件主要泛指院务管理工作，包括制度建设、院内整洁、服务质量、服务网络、档案管理和评优创先活动等。在硬件建设方面，主要是有充足的资金保证，做到乡镇集体筹一点，地方财政给一点，院办经济补一点，发动社会捐一点，民政部门扶一点，优惠政策免一点，施工单位少赚点。软件建设方面则需要有一

个良好的管理体制和管理队伍。加强指导，成立由乡镇领导、有关部门负责人、村主任组成的社会化领导小组。改革机制，成立福利中心董事会，成立由乡镇政府代表（主要是民政助理）、各村、片代表（多半是村主要干部）和主要投资者组成的中心董事会，实行董事会领导下的主任负责制。董事会定期召开会议，研究重大问题，主任对董事会负责。另外，注重基础工程建设，改革用人制度，完善服务管理机制和抓好员工队伍的培训；抓好服务质量的提高，使员工树立正确的人生观、价值观和以院为家、老人至上的服务理念。

6.3 农村养老保障的新创举——"五保"村

6.3.1 何谓"五保"村

2001 年，广西壮族自治区在遭受特大洪涝灾害后的恢复重建过程中，钦州市民政部门首创了"五保"村，当地群众又叫"村中村"。随后广西大规模创办了这种以自然村为单位集中供养"五保"老人的新模式，山西的黎城等地也有类似的创举。

"五保"村并非真正意义上的村庄，而是一个集中供养"五保"老人的院落。因其选址在比较大的自然村或者是村委会所在地，就近对分散供养的"五保"户实行"有家不离村，有家不离土"的就村集中供养，而统一称为"五保"村。

"五保"村虽然类似传统的敬老院，但与后者存在很大的差异。二者在建设、管理和运作方式上有着本质的不同。"五保"村的出现探索出了农村养老的新模式：国家扶持、政府指导、村委负责、就村而建、集中供养、自我服务、自我管理。

"五保"村的建设属于利国利民的农村社会福利事业，其供养对象以传统的"五保"老人为主，如有的县在全县凡有 10 个以上"五保"

对象的村委会所在地或大的自然村兴建"五保"村，对分散供养的"五保"户实行就近、就地、就村集中供养。

"五保"村供养所需资金主要以政府拨款补助为主，多方筹资。切实可行的方式大致可以概括为五点五结合。即"上级拨一点、乡镇投一点、村集体出一点、社会捐一点、群众投工投劳助一点"五个"一点"以及"上级福利金投入与地方财政投入相结合、涉农部门支持与挂钩联系点单位扶持相结合、企业赞助与个体老板资助相结合、社会各界募捐与施工方垫支相结合、村集体投入与村民义务投工献料相结合"五个"结合"。

政府对"五保"村建设统一领导，实行领导责任制，市（县、区）领导负责到乡镇，乡镇领导负责到村点，相关部门密切配合。民政、财政、国土资源、水利电力、扶贫、林业、交通、卫生等各部门按照各自职责分工负责，形成了全社会关注"五保"村建设的良好氛围。

为了健全完善"五保"村建设管理服务机制，制定《"五保"村管理办法》、《"五保"村村民生活保障制度》等规章制度，统一规范各地"五保"村的管理，逐步建立和完善村委会、入住"五保"对象、"五保"对象亲属三方协管机制，做到建好一个，入住一个，发挥效益一个。

实行"一户一房一厨"的家庭生活方式。"五保"村实行"入村自愿、出村自由、个人申请、村委会审核、乡镇政府审批"的管理制度。入住以后的管理事宜，则针对民政部门、乡镇政府、村委会、"五保"户等各个环节，制定有一套详细的规章制度。每个"五保"村都建有"五保"村管理小组，并由老人们集体推选出一位"五保"村长，负责管理日常事务。

"五保"村的建筑规模、标准等，因不同区域的经济发展等具体情况而有差异，在一些偏远山区，条件可能会更简陋些；但一个基本原则是，"五保"村的居住和生活水准一定要明显高于"五保"户入村之前。

"五保"村在村一级兴建，其资产归村委会所有，由村委会管理。

"五保"村这种农村"五保"供养的全新方式的主要特点是：首先，充分体现了"以人为本"的思想，使老年人"居有其屋、食有其源、乐有其所、颐养天年"。其次，体现了社会福利社会化，充分调动各方的力量，出钱的出钱，出地的出地，出力的出力。此外，政府的高度重视。从2004年起，广西民政厅将加大福利彩票的发行力度，每年从福利资金中拨出 8000 万到 1 亿元用于五保村的建设，镇干部和小学生定期到"五保"村看望老人。桂林市政府把"五保"村建设列为"为民办实事"十项工程之一。

6.3.2 "五保"村的成功之处

"五保"村是农村福利改革的新创举，民政部在广西调研后认为，"五保"村"解决了建国 50 多年来政府致力解决而未能根本解决的农村'五保'户有效供养问题，是'五保'供养管理模式的重大突破和创新"，"在全国很有推广价值"。"五保"村的成功之处在于：

第一，以人为本，就地、就近、就村集中供养，不离乡土、根在故乡，满足了老年人的需求。既彻底解决了"五保"老人住房破旧简陋的问题，又延续了老年人原有的习惯和风俗，而且有利于各方面对老人的照顾，满足老人对亲情、乡情的渴望，从物质和精神两方面提高了"五保"老人的生活质量，使他们养有其人，情有所系，心有所归。

第二，广泛调动全社会的力量，有效整合社会资源，同时提高了民政资金的使用效率。"五保"村建设通过政府拨款、村集体出地、群众献工献料的方式，节约了建设资金。根据有关人士比较得出①：建成一个"五保"村的投资，平均到每个"五保"老人只需 5000 元左右，而乡镇敬老院则至少需要 2 万以上。"五保"村规模小、村委会与村民积极参与建设速度非常快。另外，"五保"村的资产归村委会所有，由村委会管理，"五保"老人去世后，仍可接纳其他"五保"老人进住，从而提高了民政资金的使用效率，实现了公有资产的良性循环和可持续发展。

第三，有利于老人的服务管理。一方面就近、就村而建和集中居住可以方便乡村干部管理；另一方面"五保"村实行自我管理和自我服务为主，兼顾集中居住和独立生活的特点，更具乡土化和人性化，"五保"老人一切依赖国家的心理有所淡化，国家不需要派专门管理人员，大大降低了管理成本，减轻了政府在管理上的负担。

① 张登廷：《广西农村五保供养方式的创新之举》，载《中国民政》2004 年第 3 期，第 22 页。

同时，"五保"村的配套设施完善，供水设施、厨房、宿舍等一应俱全，老年人在入住时接受体检，建立个人健康档案，"五保"户医疗在保持原有亲属照顾的同时优先纳入农村医疗救助。广西壮族自治区还出台了"五保"供养标准新政策，明确规定"五保"对象每人每月不少于30斤大米、30元补助金和1斤食油。老年人在"五保"村能享受吃、住、医等多方面的优质服务。

第四，有利于农村计划生育工作更好的开展。孤寡老人的生活由村委会提供日常保障并实行村民互助，弘扬了中华尊老爱幼的传统美德。党和政府对"五保"老人的这种看得见、摸得着的关爱，改变了人们传统的生育观念和养老观念，从根本上解决了农户的后顾之忧，引导农民少生快富奔小康，促进农村人口与经济社会的协调发展。

第五，体现了社会福利社会化，丰富了村民自治的内涵，促进了农村社会保障制度的建立。"五保"村依村而建，分布广泛，形成了村级社会福利网络。乡镇政府、村委会、村民、学校等社会各界以及"五保"户老人，共同参与五保村的管理，是社会福利社会化领域在农村地区的一个创新，丰富了村民自治的内涵。同时，"五保"村的出现，方便政府管理，可以更好地实施农村社会救助政策，为建立健全农村社会保障制度启发了思路。

6.3.3 "五保"村制度的可持续发展

"五保"村的建设虽然取得了很大的成绩，得到了有关部门的赞扬和肯定，但是毕竟只是地方行为，仅仅在广西开展得很红火，并没有在全国推广开来，没有形成国家的一项长期制度规划。另外，"五保"村主要是靠上级拨款资助兴建，在我国财政体制不很健全的情况下，缺乏很好的资金供给机制。同时，"五保"村与农村低保制度、整个农村社会保障体系的关系缺乏整体的制度安排和整体规划。

"五保"村的出现为农村养老保障工作提供了可资借鉴之处，长期来看，符合我国养老保障的国情。为了迎接"银发浪潮"的来临，切实保障好农村老年人的基本生活，"五保"村的模式需要发扬光大，做到可持续发展，如何确保"五保"村制度的长期有效运转？主要可从以下几个方面予以考虑：

（一）投入社会化

目前"五保"村的主要经费来源依然是靠各级财政的补助拨款。但是据了解，由于财力有限，"五保"村建设做得比较好的广西壮族自治区的市、区两级民政部门和镇政府的干部都承认，现有的供养标准都不是很高，但也几乎是地方财政所能承担的极限了。而且"五保"村建设的财政专项资金并不是每个县市都硬性规定的，虽然各级政府都有很大的决心解决老年人的供养问题，但在具体的财政安排上，"五保"供养拨款仍然具有很大的随意性。总体来说，财政拨款作为"五保"供养资金的一个主渠道是今后的发展趋势，在努力完善我国地方财政体制的同时，要尽量争取中央财政的专项资金。同时，在目前社会帮扶体系还不完善的情况下，社会捐助毕竟只能作为一种补充，不可能成为老人们主要、固定的生活来源。要广泛筹集社会资金，大力发行福利彩票、兴办院办经济，注重资金保障，探索长效、稳定的资金投入机制。

可以更充分地发挥"五保"户原有房产和田地的作用，拓宽"五保"户供养渠道。如在"五保"户入住"五保"村后，将其房产、田地与村民签订供养协议，每年负责提供一定数量的生活来源；待"五保"户去世后，这些房产、田地则归协议签订者所有。

大力兴办院办实体，为"五保"村配套一定规模的茶场、果园、鱼塘作为村办集体经济的做法，开辟了"五保"户供养的另一途径。这些村办经济有些由"五保"村自我经营，有些则转承包给村民，每年收取一定的租金弥补供养经费，"五保"户还可帮助承包者劳动获取一定报酬。

（二）供养家庭化

供养家庭化的实质就是以人为本，"五保"村的供养模式是乡镇敬老院集中供养模式与中国农村一家一户居住习惯、"五保"老人乡土情怀相结合的产物。一方面集中居住方便了政府管理；另一方面，老人在"五保"村的生活亦不乏家庭氛围，老人在其中深感愉悦。其原因是：首先，供养家庭化能够满足老人的情感需要。"五保"村的老人一般都是几十年的街坊邻里，在一起共度晚年，既易相处沟通，还能互相关照，使老人觉得虽无子女相伴，但是有这些与自己差不多的老伙伴在一起也是高兴的。其次，"五保"村采用"一户一房一厨"的家庭生活方式，摒弃了一般敬老院和福利院的"大锅饭"做法，可以照顾到老人们各自不同的生活习惯，体现人性化。另外，在供养水平上，确实保障"五保"老人的基本生活需要。一个基本原则是，"五保"村的居住和生活水准一定要明显高于"五保"户人村之前。无论在经济条件较好的地区，还是在一些偏远山区，都是如此。所以，"五保"村供养要充分体现供养家庭化这个基本原则。供养家庭化，体现人性化的关怀，这是"五保"村服务管理的出发点和归宿点，在政策、制度、机制的设计上都要充分体现这个理念。

（三）服务多元化

老年人服务需求是多方面的，尤其对于农村老年人来说。与城市老年人相比，农村老人保障形式的缺乏突出表现在医疗服务和文化服务两方面。"五保"村的可持续发展不能是仅仅在日常生活上保障农村老年人，还包括医疗卫生、文化娱乐等为老年人提供服务。

广西已经建立了《五保村卫生制度》，有些地方正在探索建立《农村特困户医疗救助实施办法》[①]，规定给每个"五保"户每年解决门诊费用 50 元，大病住院补助费用最高 1000 元，探讨医疗费用补助与农村医疗保险相结合的路子。这部分资金来源主要以上级补助和市、县（区）财政负担为主。

在服务模式上，"五保"村的发展趋势应该是：除保证老年人的日常生活需求外，医疗上，政府出钱为"三无"人员建立合作医疗，与村卫生室、乡镇卫生院建立合作关系；村卫生室定期给"五保"老人体检，乡镇卫生院负责提供一个流动服务车，遇到紧急情况，随叫随到；文化上，"五保"村里可以自建活动之家，老人可以在里面看书、下棋、打牌等；同时作为中小学生德育教育基地，孩子们每逢节假日来看望老人；有条件的地方，开发老年公寓，适应老年人更高层次的需求。

（四）管理制度化

只有加强管理，"五保"村才能保持旺盛的生命力。管理是关键，失去管理或者管理混乱都将使"五保"工作陷入无序状态；制度是灵魂，制度能使管理有章可循，保证管理的有效进行。管理制度化，是

---

① 车海刚、李银雁：《"民心工程"：贺州的和谐社会路线图》，载《中国经济时报》2005 年 4 月 8 日。

"五保"村保持长效运转的重要因素，它是指"五保"村的各项管理工作都要制定规章制度，必要时要以国家法律强制保障。

"五保"村的管理分为入村前的管理和入村后的管理，涉及的关系包括"五保"老人及其亲属、其他村民、帮扶团体和单位以及村委会、乡镇政府、县级民政部门等政府机构。

目前，在入村管理方面，"五保"村实行"入村自愿、出村自由、个人申请、村委会审核、乡镇政府审批"的管理制度。入住以后的管理事宜，则针对民政部门、乡镇政府、村委会、"五保"户等各个环节，制定有一套详细的规章制度。每个"五保"村都建有"五保"村管理小组，并由老人们集体推选出一位"五保"村长，负责管理日常事务。

此外，政府同"五保"户的亲属签订入住协议书，倡导他们为入村后的老人继续提供生活供养、医疗、丧葬等方面的适当援助；建立团体和单位帮扶联系制度，要求市、县区、乡镇直属单位和人民团体至少帮扶一个"五保"村，为其解决日常生活的一些实际问题；并发挥"五保"户原有责任田地的供养作用，主要是让亲属或其他村民代耕，每年为"五保"户解决一定口粮，有条件的则通过调整，实现连片开发，提高承包田地的地租收益。

鉴于此，需要制定与之相关的《"五保"村管理办法》、《"五保"村村民生活保障制度》、《"五保"村卫生制度》、《"五保"村村民守则》、《"五保"村管理小组职责》、《村民委员会的职责》、《县级民政部门在"五保"村管理中的职责》、《乡（镇）人民政府在"五保"村管理中的职责》等制度，统一规范各地"五保"村的管理，逐步建立和完善村委会、入住"五保"对象、"五保"对象亲属三方协管机制。

（五）与农村各项事业的发展统筹规划

"五保"村的可持续发展应该以党中央提出的科学发展观和建立和谐社会的要求为指导，在有关"五保"村建设和服务管理的政策制定、制度安排上，使"五保"村与农村社会保障、村民自治、计划生育以及农村精神文明建设的发展统筹规划，协调发展。

首先，以"五保"村建设为出发点，建立健全农村社会保障制度。"五保"村在性质上应该算作农村社会保障的组成部分。"五保"供养对象里面包括贫困户，对其的供养带有社会救助的性质；同时，"五保"村的供养不仅仅包括解决基本的温饱问题，还有医疗、文化、娱乐保障的提供，所以又有社会福利的特点。"五保"村建设可以作为农村社会保障体系建立的一个突破口，可以作为农村养老保障方面的一个有益的尝试。

其次，发动群众力量，注重官民结合，共同建设农村新型社区养老。"五保"村自我管理、自我服务的服务管理模式，丰富了农村村民自治的内涵。"五保"村的服务管理、农村的村民自治以及社区建设，三者相辅相成，共同作用。"五保"村的发展壮大依赖于社区经济力量的强大及社区功能的完善。"五保"村的管理体现了村民自治，而村民自治机制的健全则是"五保"村服务管理的有效保障。同时，"五保"村养老是农村社区养老保障的新形式，社区养老保障作为社会化养老保障的主要途径，需要发挥全社会力量，特别需要加强村委会建设和村民自治，以及民政部门的领导，形成一个政府领导、民政主管、部门协作、社会参与的工作机制和运行机制。

再次，发挥"五保"村对农村精神文明的作用。"五保"村作为新时代养老机制的创举，具有丰富的思想文化内涵，有利于形成和强化农村尊老助老的良好风气，促进和推动农村精神文明建设。同时，"五保"村除了有效的保障"五保"老人的生活、医疗、文化等方面的需求外，还能产生一系列的社会效应。如它可以更新农村"养儿防老"的陈旧观念，有利于计划生育工作的开展；"五保"村建设可以有效地整合社会资源，实现公有资产的良性循环和可持续发展。应该把"五保"村建设纳入当地的经济和发展规划，探索"五保"村与社会经济和谐发展的机制。

7 农村社会养老保险制度

7.1 建立农村社会养老保险制度的基础性条件具备

7.1.1 社会经济条件

我国建立农村社会养老保险制度的社会经济条件已经基本成熟，可以从以下三个方面来看：

第一，从国外城乡社会保险制度建立的时差来看，发达国家农村社会养老保险制度建立的时间与城市社会养老保险制度均有一定的时间差，二者平均间隔时间约为半个多世纪。我国的城镇社会养老保险制度在 20 世纪 50 年代初就已经建立起来，到现在已经有 50 多年了。

第二，从工农业在不同时期的发展关系来看，工业和农业的发展是互为补充、相互促进。在工业化发展早期，农业剩余为工业提供大量的积累；当工业化发展到一定阶段，则需要工业对农业进行反哺。这是一个国家经济发展的必然规律。因为当工业化发展到一定阶段时，意味着农业发展已经遭遇很大的困境。资源的有限性使得农业在国民经济中的比重越来越小，农业经济极不稳定；农业生产率下降，大量的农村剩余劳动力产生并流向城市，产生一系列的社会问题，最终会阻碍工业的发展。所以，工业的进一步发展也是建立在工业反哺农业的基础上的。在国外，农村社会养老保险制度的建立成了一些国家普遍实行"工业反哺农业"政策的重要标志。

2004 年，我国农业占 GDP 的比重已经下降到 15.2%[①]，比欧盟多数国家在建立农村社会养老保险时农业占 GDP 的比重 17.2%[②]要低。所以，我国进入了可以初步实行"工业反哺农业"的阶段。

7.1.2 法律渊源

《中华人民共和国宪法》第四十五条规定："中华人民共和国公民在年老、疾病或者丧失劳动能力的情况下，有从国家和社会获得物质帮助的权利。国家发展为公民享受这些权利所需要的社会保险、社会救济和医疗卫生事业。"

《中华人民共和国老年人权益保障法》第三条规定："国家和社会应当采取措施，健全对老年人的社会保障制度，逐步改善保障老年人生活、健康以及参与社会发展的条件，实现老有所养、老有所医、老有所为、老有所学、老有所乐"；第四条规定："国家保护老年人依法享有的权益。老年人有从国家和社会获得物质帮助的权利，有享受社会发展成果的权利"；第二十条规定："国家建立养老保险制度，保障老年人的基本生活"；第二十二条规定："农村除根据情况建立养老保险制度外，有条件的还可以将未承包的集体所有的部分土地、山林、水面、滩涂等作为养老基地，收益供老年人养老。"

《中华人民共和国乡镇企业法》第十五条规定："国家鼓励有条件的地区建立、健全乡镇企业职工社会保险制度。"

《中华人民共和国人口与计划生育法》第二条规定："国家依靠宣传教育、科学技术进步、综合服务、建立健全奖励和社会保障制度，开展人口与计划生育工作"；第二十四条规定："国家建立、健全基本养老保险、基本医疗保险、生育保险和社会福利等社会保障制度，促进计划生育。国家鼓励保险公司举办有利于计划生育的保险项目。有条件的地方可以根据政府引导、农民自愿的原则，在农村实行多种形式的养老保障办法。"

---

① 《中国统计年鉴》(2005)，中国统计出版社 2005 年版，第 52 页。
② 福建省农村社保模式及方案研究课题组著：《农村社会养老保险制度创新》，经济管理出版社 2004 年版，第 29 页。

7.1.3　相关政策规定

国家在"七五"计划中指出："……抓紧研究建立农村社会保险制度，并根据各地的经济发展情况，进行试点，逐步实行。"

"八五"计划又进一步指出："建立健全养老保险和待业保险制度，逐步完善社会保障体系。这是现代化社会的重要标志，也是推动企业改革、适应人口老龄化和促进计划生育的一项重要措施。……在农村采取积极引导的方针，逐步建立不同形式的老年保障制度。"

《中共中央、国务院关于促进小城镇健康发展的若干意见》在谈到"改革小城镇户籍管理制度"时提出："要积极探索适合小城镇特点的社会保障制度。"

党的十六大报告中指出："建立健全同经济发展水平相适应的社会保障体系，是社会稳定和国家长治久安的重要保证。……有条件的地方，探索建立农村养老、医疗保险和最低生活保障制度"。

党的十六届三中全会明确提出，"农村养老保障以家庭为主，同社区保障、国家救济相结合。有条件的地方探索建立农村最低生活保障制度"。

7.1.4　实践基础

我国农村社会养老保险从 20 世纪 80 年代中期开始试点和实践，经过十多年的发展，已经初步确立了一套基本的框架，逐步探索出了一条适合我国国情的农村社会养老保险之路，建立了从中央到地方的具有一定规模和实践经验的工作队伍，各地因地制宜，形成了颇具特色的农村社会养老保险制度模式。

我国农村社会养老保险制度从实际出发，具有一定的特点和优势：采用完全积累和缴费确定型的制度模式。以个人缴费为主、集体补助为辅、国家给予政策扶持，有利于强化农民的自我保障意识；个人账户将农民缴费和集体补助全部计入其中，使农民具有完全的产权，有利于劳动力流动；个人账户基金积累根据银行存款和国债利率确定的标准分段计息，给付标准按照个人账户基金积累总额和养老金精算原则确定，可以最大限度地避免支付风险，而且农村社会养老保险制度高度灵活，可以覆盖农村各种不同的从业人员。

这些特点和优势为大规模开展农村养老保险工作奠定了良好的实践基础。

同时，许多地区利用各自的优势，在资金筹集，缴费基数等问题上有许多创新之处，为建立统一的农村社会养老保险制度提供了良好的经验。

7.2 社会养老保险制度的基本模式[①]

7.2.1 基本概念

不同的养老保险制度安排可以产生不同的经济效应，这些不同的制度安排都可以看做由筹资、受益给付和管理制度三个基本方面组成。

（一）按筹资方式划分

从筹资方面来看，假定任何一个养老保险制度下的任何一个成员在其开始享受养老金受益的同时是没有任何劳动收入的。那么他所能享受到的养老金受益就只可能有两种来源：在职职工供养和自己供养。

在职职工供养，是以现在正在工作一代人缴纳的养老保险税（费）支付已经退休的一代人的养老金待遇，这就是现收现付制（pay-as-you-go）。现收现付制养老保险制度实际上很少是由职工的直接缴费进行融资的，多数情况下是以税收的方式。

自己供养，是一个养老保险制度参与者将工作期内的部分劳动收入交给一个集中的、可用于投资的基金，待其退休后，该基金以其积累和投资收益向该参与者兑现当初的养老金承诺，这种制度安排就是基金完全积累制（fully funded）。

---

① 刘昌平：《养老金制度变迁的经济学分析》，武汉大学 2005 年博士学位论文，第 15 页。

（二）按受益给付方式划分

从养老金受益给付方面来看，可以按照一个统一的标准向计划参与者提供一笔事实上与他的其他收入或者是与以前的收入没有任何关联的养老金受益，这叫做统一受益养老保险制度。也可以以某种与计划参与者的其他收入或与以前的收入具有相当程度的关联的方式计发养老金受益，采取这种养老金受益计发方式的制度叫做收入关联养老保险制度。在这种收入关联养老保险制度下，通常是制度参与者的其他收入或以前收入越高，他可能得到的养老金受益就越低。由于这种制度往往需要事先知道每一参与者的养老金受益之外的收入是多少，因此又需要附带一个财富审查（means-test）机制。

（三）按管理制度划分

从养老保险制度管理来看，在产权结构和给付刚性方面又分别存在两种不同的制度安排。

从产权结构看，可以分为公共养老保险制度和私人养老保险制度。公共养老保险制度一般是在统筹层次内设立一个公共账户（public account），养老金的征缴和发放都是通过这个公共账户，账户的平衡与个人养老金缴费和给付无关。这种账户的最大优点是能够实现代内收入再分配（intragenerational redistribution）。私人养老保险制度则是由计划实施者为每个参与者设立一个账户，个人账户（individual account）实现个人养老金收支平衡，即以缴费积累和投资收益支付养老金受益，其最大优点是能够实现个人收入的跨时转移（intertemporal transfer）。

从养老金受益的给付刚性的角度来看，可以分为受益基准制（defined benefit，DB）养老保险制度和供款基准制（defined contribution，DC）养老保险制度。在养老保险制度的实施中，由经办机构依据特定计算公式，预先确定每名参与者的养老金受益额，向参与者提供养老金给付承诺，这就是受益基准制。在受益基准制养老保险制度中，退休人员的福利水平取决于他们工作的年限长短和退休前工资水平。供款基准制养老保险制度的实施方式是按照一定的公式确定每名参与者的缴费水平（通常是统一的供款率），并为每位参与者设立个人账户，其缴费积累于个人账户之中，待其退休后，按照个人账户上缴费积累和基金投资回报额向退休人员计发养老金待遇。在供款基准制养老保险制度中，退休人员得到的养老金受益取决于他们个人账户上的积累水平。

受益基准制养老保险制度与供款基准制养老保险制度的精算以相反的方向操作，从图7-1来看，受益基准制养老保险制度的精算公式是从右向左计算，即先确定目标替代率（养老金/退休前工资），然后再计算满足承诺的目标替代率所需要的供款率水平；而供款基准制养老保险制度的精算公式的计算顺序是相反的。[①]

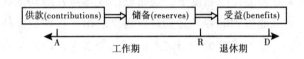

图7-1　养老保险制度的资金流

7.2.2　养老保险制度的基本框架

（一）养老保险制度的基本功能

一个特定的养老保险制度可以由上述几方面的要素结合在一起而产生一个基本的制度框架。然而不同养老保险制度的再分配功能是不同的。代际再分配是从代际交换中产生的，在代际的货币或物质交换过程中，受经济、人口或社会因素的影响，代际交换可能是"不平等"的，即某一代人的"贡献"（contributions）大于"受益"（benefits），成为"净贡献者"；而另一代人则"受益"大于"贡献"，成为"净受益者"。不同养老金制度中所隐含的代际再分配关系是不同的，包括代际之间的转移（intergenerational transfer）、代内转移（intragenerational transfer）和跨时转移。这三种转移形式体现在养老金制度中，便产生了三种代际再分配形式，即代际再分配（intergenerational redistribution）、代内再分配和跨时再分配（intertemporal redistribution）。

代际再分配是指通过养老保险制度的调节，收入在不同代人之间进行又一次分配；一般是有利于社会经济地位较弱的一代人，即从年轻一代向老年一代的财富再分配。因此人口年龄结构的变化对代际再分配会产生影响。

---

① 邓大松、刘昌平著：《中国企业年金制度研究》，人民出版社2004年版，第38页。

代内再分配是指同一代人之中收入再分配过程。同一代人虽然出生在相同或相邻时期，但经过一段社会化过程之后，人与人之间的社会、经济地位截然不同。单从经济地位角度来说可以分为高收入阶层和低收入阶层。养老保险制度的功能之一就是可以使不同收入"均等化"，即财富由高收入者向低收入者适当地转移，以促进社会公平。

跨时再分配是指通过养老保险制度安排使个人收入在不同时期内尽量均匀化。对同一代人而言，他们在年轻时期年富力强，收入呈不断增加的趋势，而一旦达到退休年龄，其竞争力明显下降，收入锐减。因而人的一生或一代人在生命周期的不同阶段的收入水平不是均匀分布的。养老保险制度的功能之一便是相对抑制收入高峰期的"多余"消费量，形成"强制性储蓄"，将其转移到年老退休时来消费。

（二）养老保险制度的基本框架

从养老金给付刚性的角度来说，现收现付制养老保险制度往往是通过受益基准制方式实施的。之所以不通过供款基准制方式实施是因为它通常是通过税收进行融资的，实行以支定收。即根据当期养老金给付需求确定筹资规模，根据一个预先确定的工资替代率（养老金/社会平均工资）来厘定统一的供款率（养老保险税（费）/工资水平）。但是基金积累制养老保险制度也可以通过受益基准制方式实施，即由基金管理人事先向参与者作出受益承诺，无论基金投资收益如何，都必须按事先约定的受益标准支付养老金，然后基金委托人将养老基金交给基金管理人投资经营，投资风险由参与者转移给基金委托人，基金委托人承担基金投资的全部风险。这与基金积累制的供款基准制养老保险制度的不同之处在于供款基准制的风险是由参与者个人承担。

表 7-1 现收现付制养老保险制度

按产权结构划分	公共账户	现收现付制的公共账户养老保险制度实现收入的代际转移和代内转移
按养老金受益的发放方式划分	统一受益	维持最低生活标准
	收入关联	养老金收入与受益者其他收入成正比
按给付刚性划分	受益基准制	受益基准制的现收现付制养老保险制度以个人退休前收入最高的一段时期的平均工资收入为标准计发养老金

表7－2 基金积累制养老保险制度

按给付刚性划分	供款基准制	按照精算确定的供款率缴费,以其基金积累和投资收益给付养老金,参与者个人承担全部风险
	受益基准制	受益基准制的基金积累制制度由基金委托人提供给定的受益标准,基金委托人承担全部风险
按产权结构划分	公共账户	基金积累制的公共账户养老保险制度实现收入的代内转移和跨时转移
	个人账户	基金积累制的个人账户养老保险制度实现收入的跨时转移

同时,从养老金产权结构的角度来说,公共账户养老保险制度既可以与现收现付制结合,也可以与基金积累制搭配,其区别在于制度是否形成基金积累。采取现收现付制形式的公共账户养老保险制度实行以支定收,实现社会收入的代际再分配和代内再分配。采取基金积累制形式的公共账户养老保险制度则实行以收定支,实现社会收入的代内再分配和跨时再分配。一般来说,个人账户养老保险制度往往与基金积累制相结合。因为个人账户养老保险制度强调个人账户上养老金缴费的产权归职工个人所有,所以其不具有代内再分配和代际再分配功能,只具有跨时再分配功能,因而具有很强的激励效应。

虽然受益基准制与收入关联都是从养老金给付对受益者影响的角度来进行的制度安排,但受益基准制和收入关联存在着很大的差异。首先,受益基准制和收入关联二者虽然都是把养老金受益与个人的其他收入联系起来,但联系的方向却恰恰相反。收入关联是一种负向的关联,参与者的其他收入越高,那么他所能得到的养老金受益就会越少。收入关联的现收现付制制度以这种方式来缩小实际收入差别比较大的不同受益者之间的实际生活水平的差距。但是,受益基准制却是一种正向的关联,往往是以参与者工作期间平均劳动收入最高的一段时期的平均收入为标准,确定其应得的养老金受益。因此,通常情况下,参与者在工作期间的所谓"最好时期"的平均劳动收入越高,那么其所得养老金受益也就越多。其次,两者与参与者本人收入的关系程度不同。收入关联是针对不同的参与者之间的实际收入的差别而设计的一种调节机制,而受益基准制则是按照参与者本人的年龄或贡献来决定计发多少养老金受益，与他人是没有关系的。①

7.3　国内外农村社会养老保险制度实践

7.3.1　国外农村社会养老保险的特点与经验

虽然国外农村的状况与我国农村的实际大有不同，诸如土地私有、农业劳动力比重较小等，但他们在对农民社会养老保险上的一些成功经验还是值得我们借鉴的，尤其是欧盟、日本等一些发达国家以及东南亚的一些发展中国家都有一套成熟的做法值得学习。

（一）农村社会养老保险制度类型多样化，一般由国家法律保障

在农村社会养老保险制度建立的过程中，各个国家均有不同的做法。有专门针对农村人口的特殊保障体制，如德国、法国、波兰；有把全体农民纳入一般社会保障制度之中，使之与城镇职工享受同等保障待遇的，如丹麦、英国、澳大利亚等国家；还有一种混合体制，被日本等国家采用，具体做法是既把农民纳入一般的社会保障制度之中，又为其建立独立的社会保障制度。有学者对此进行了分类②：专门制度型、统分结合型、统一型。在所统计的 22 个经合组织（OECD）成员国中，实行专门制度的有 7 国，统一制度型的国家有 10 个，统分结合型的国家有 5 个。实行统一制度的大多为北欧的福利国家和澳大利亚、新西兰。

由于各国所遵循的社会保障理念不同，决定了他们选择的社会保障方式也不同。在普遍保障型国家，遵循的是普遍性和统一性，全体公民包括农民都应该享受均等的保障待遇，所以其社会保障制度一般都是针

---

① 李绍光：《养老金制度与资本市场》，中国发展出版社 1998 年版，第 84 页。
② 崔红志：《转型时期我国农民养老问题探析》，全国优秀硕博论文库，第 71 页。

对全体国民的。而有些国家把农民的养老保障同解决农业问题相结合，所以选择了专门针对农民的农村社会养老保险制度。

此外，各国农村社会养老保险制度均有国家立法作为保障。例如：1957 年，德国颁布了《农民老年援助法》，1995 年又出台了《农业社会改革法》；日本于 1947 年制定了《农业合作组织法》（《农协法》），1959 年和 1970 年，日本政府分别颁布《国民养老金法》和《农民养老保险基金法》；20 世纪 30 年代波兰议会正式通过《社会保险法》，1977 年 7 月 1 日波兰议会通过了关于农民退休的法令，20 世纪 80 年代末 90 年代初，颁布了《农场主社会保险法》，1997 年，波兰议会通过了改革养老保险制度的 3 个法令；二战结束后不久，法国政府就颁布了《社会保障法》。

（二）保障对象一般为纯农户

西方发达国家农村社会养老保险制度的保障对象一般为纯农户及其家属。对于农村中的非农产业者或兼业者，或鼓励他们参与城镇职工的社会养老保险制度，或是参与与自己行业相关的职业养老保险计划。

德国规定农村社会养老保险制度的保障对象包括农业企业主、农业企业主的配偶以及和他们共同劳动的家庭成员。农业企业主所经营的农业企业必须达到一个最低规模，必须是自雇模式。而大型农业企业中的雇员不在农村社会养老保险制度考虑的范围之内，鼓励其投保于普通工人或职员的法定养老保险制度。[①]

在波兰，强制保险的覆盖对象包括农场主及其配偶和子女。农场主是指波兰境内农场的独立或非独立所有人，亲身从事农业劳动，并且依税收法规的解释拥有一公顷以上的可耕地或农用生产的某一特定区域。那些既从事农业劳动或在农场工作，同时又从事非农业经济活动或者协助此类活动的人，不在此列。他们可以根据法律规定的条件选择所要投保的相应类型的保险制度。[②]

法国的农业社会互助金的被保险对象也被划分为工薪人员和非工薪人员两类，他们分别享受不同的保险待遇。非农产业者或兼业者之所以

---

① 郑春荣：《德国农村养老保险体制分析》，载《德国研究》2002 年第 4 期，第 38 页。
② 崔红志：《转型时期我国农民养老问题探析》，全国优秀硕博论文库，第 64 页。

不被农村社会养老保险体系所覆盖，是因为他们和纯农户所面临的经营风险不同，职业差异导致了他们的收入来源不同，相应的退休后的保障也应该有所差别。①

（三）资金来源多元化，以国家补助为主

1. 国家补助方式多种多样，占全部基金来源的绝大多数

在德国，联邦政府的补贴主要有以支定补、差额补贴和保费津贴三种方式。日本的厚生年金基金来源中国家财政负担占 1/3，当参保对象收入低下、需要生活保护时，可由本人提出申请，经审查后可以免缴保险费；国民养老保险基金享受国家税收的优惠；农民养老保险基金中一部分是可享受国家财政补助的特别保费。在法国，农业社会互助金来自制度外的资金支持约占基金的 3/4，其中国家支持部分接近 1/2。②

这些国家之所以对农村社会养老保险制度补助这么多，一是为实现农业政策目标，提高农民收入水平。农业的规模经营和城市化发展的需要，要求从土地上分离出部分农民，作为一项激励措施，国家必然要拿出一定的财力作为支持；另外，由于农产品属于生活必需品，价格弹性较小，按照国际贸易规则不好对农民直接进行补贴，只好从另一侧面来提高农民收入，从而保障其生活需要。

2. 农民缴费以土地收益为基数，具有灵活性

大部分国家的农村社会养老保险制度是以农民的土地经营收入为缴费基数的。在德国，无论农场主的经营规模如何，收益多少，都统一缴费和享受同等的待遇。波兰则实行的是现金加农产品缴费，具有灵活性，可以减轻农民的负担。与城市工人相比，农民的产品收益需要自己去实现，不同于城市由企业统一组织销售产品，所以农民比城市工人多了一道风险，他们需要把农产品卖出去才能得到现金收入，不像城市工人直接拿工资。所以，如果农民以向国家农村社会养老保险制度上缴农产品来尽自己的保险义务，农民负担则会大大降低。实行这种方式的还

---

① 揭新华：《国内外农村社会保险的比较研究》，载《上饶师专学报》1997 年第 4 期，第 17 页。

② 揭新华：《国内外农村社会保险的比较研究》，载《上饶师专学报》1997 年第 4 期，第 17 页。

有亚洲的越南和东帝汶①。越南农民在退休前每年缴纳 4 担大米，退休后每年领取 6 担大米。东帝汶的做法是，达到退休年龄以前的农户先将粮食就地交给社保机构，待他们年老时则按时领取养老粮。其优点是简单、直观，符合农民的实际情况。但是相关处理费用高，保障层次低。

同时值得注意的是，这些国家的农业人口在国内总人口中的比重并不是很大，相对于我国来说，国家的补助占全部保险资金来源的一半以上，也不算很多。

（四）农村社会养老保险制度一般采取现收现付制模式，领取养老金一般以"离地"为前提

发达国家农村社会养老保险基金财务机制一般采取现收现付制。因为在养老基金构成中，国家补助一般占 1/2 以上，不以个人责任为主，所以个人账户的意义不大。现收现付制在操作上比较适合，管理成本较低。

在养老金的领取上，各国都以"离地"（移交土地或放弃土地经营）作为前提条件。如德国农村养老保险制度规定，农民达到了退休年龄之后，只有把农业企业移交给了继承人之后，才有权利申请获取养老金，后来演变成将转让、出卖或者出租农业企业作为领取的条件。所以离开农业企业成了农民养老金给付的先决条件。日本《农民养老保险基金法》中针对离农全部转让土地经营权，包括出租（10 年以上）和出卖，规定了离农补偿金和权益转让金，对不同年龄的农民制定了不同的保障标准。② 法国对农民老年时放弃耕地给予补助。据统计，1962～1979 年，57 万农民因领取退休离农补助而交出的土地约 1100 万公顷，占法国农用土地的 1/3。③

"离地"的规定体现了养老金政策与农业政策的结合，或者说养老金政策正是作为国家实施农业政策的一个手段。

（五）农民老年保障项目丰富，层次多样

实施农村社会养老保险制度的国家对农民的老年保障一般是从社会救助形式开始的，慢慢地演变为社会保险形式，这同整个社会保障的演

---

① 卢海元：《中国农村社会养老保险制度建立条件分析》，载《经济学家》2003 年第 5 期，第 37 页。

② 杨燕绥、赵建国、韩军平：《建立农村养老保障的战略意义》，载《战略与管理》2004 年第 2 期，第 35 页。

③ 唐忠：《农村土地制度比较研究》，中国农业科技出版社 1999 年版，第 125 页。

变路径是一致的。此外，政府在举办农村社会养老保险制度的同时，还开展了老年医疗、儿童教育、伤残救助、妇女生育等多方面的保险项目。一方面保障低收入农民在年老时能够维持基本的生活水平；另一方面，从更高的层次满足中等收入、高收入农民的保障需求。所以，这些国家一般对农民的保障项目比较丰富，层次多样。

7.3.2 我国典型地区的农村社会养老保险制度创新

（一）大兴模式①

北京市大兴区农民倾向于建立农村社会养老保险，有近 3/4 的当地居民认为农村养老方式应由家庭养老逐步向农村社会养老保险过渡。大兴模式主要有以下特点：

1. 参保对象及年龄

大兴区农村社会养老保险由政府组织引导、农民自愿参加。凡属于大兴区行政区域范围内农业户口的各类人员和具有小城镇户口但仍从事农业生产劳动的人员均可参加农村社会养老保险。参保对象的年龄以参加生产劳动为起点，一般为 16 周岁至 60 周岁。

2. 筹资模式

大兴区农村社会养老保险实行"个人缴费为主、社会统筹为辅"的筹资模式。根据《大兴区农村社会养老保险试行办法》，个人缴费采取按季、按年或趸缴方式缴纳。除用村集体土地等资产变现收益一次性给村民缴纳养老保险费的入保年龄不限外，参加农村社会养老保险的年龄以参加生产劳动为起点，一般为 16 周岁至 60 周岁。缴费标准按领取标准测算，原则上最低缴费标准以预期领取的养老金不低于本区当年农村最低生活保障标准的 120% 确定。

政府为符合参保条件的所有人员建立农村社会养老保险政府补贴账户，使参保人员人人受益。从 2004 年 4 月 1 日起，大兴区的 24.6 万名农民将率先拥有农村社会养老保险政府补贴账户。区政府每年出资 1500 万元予以补贴，有条件的村还可予以补助。

---

① 赵升：《北京大兴区给农民上养老保险　开全国农村社保先例》，载《京华时报》2004 年 4 月 1 日，第 A07 版。

《大兴区农村社会养老保险试行办法》还规定，按照年龄大的多补、年龄小的少补的原则，由区政府分年龄段给予每名参保农民每年20元至60元不等的补贴。有条件的村镇还可对参保农民另行补贴。在《试行办法》实施当年、次年和第三年，对参加农村社会养老保险并达到规定最低缴费标准的，按应享受补贴标准一次性给予政府补贴数额100%、60%和30%的奖励，并全部计入个人账户。

补贴资金主要用于三部分：一是直接补助给现在达到最低缴费标准的参保人员；二是为现在没参加而5年内参保的人员建立政府补贴个人账户；三是建立养老保险调整储备金，使参保农民不会因物价的上涨而影响其生活水平。此外，对残疾人、农村义务兵、独生子女、享受农村低保的人员还将给予特殊照顾。

3. 领取标准

养老金领取一般从年满60周岁的次月开始，直至身故，对因病或因残丧失劳动能力的被保险人，领取养老金的年龄可提前到50周岁。

4. 基金管理

农村社会养老保险基金实行专户存储，专款专用。为保障基金安全运行，大兴区还专门设立了基金监督委员会，由审计、监察、劳动、财政等9个部门负责对基金的监督和审计。

与民政部的《县级农村社会养老保险基本方案（试行）》相比，大兴模式的特色在于：（1）政府财政的大力支持，开创了全国农村社会养老保险"普惠制"的先例，这与国外农民社会养老保险类似；（2）以支定收，缴费标准按领取标准测算；（3）建立养老保险调整储备金，以应付物价上涨，保障农民的实际生活水平；（4）设立了基金监督委员会，由审计、监察、劳动、财政等9个部门负责对基金的监督和审计。

（二）青岛模式①

青岛市从2004年6月开始实行创新的农村社会养老保险制度，采取个人账户和社会统筹相结合的方式，其特点主要体现在以下几个方面：

---

① 《青岛市人民政府关于建立农村社会基本养老保险制度的意见》（青政发〔2004〕41号），青岛劳动保障网。

1. 集体补助落实到位，农民养老保险缴费在集体资产收益支付中具有优先权

首先，集体补助一般规定有下限标准，村集体的补助来源包括其各种资产收入和集体土地征用费。村集体资产经营收益、集体资产处置收入、场地（厂房）租赁费及村集体其他收入必须首先用于缴纳农村社会养老保险费。另外，村集体土地被征用的，安置补助费、土地补偿费首先用于缴纳农村养老保险。

其次，以上两项收入来源中如有结余，可以采取养老保险费预缴的方式，由村集体将资金一次性预缴到农村养老保险经办机构，由农村养老保险经办机构按规定逐年划入参保人员个人账户。村集体在留足养老保险费后方可将上述各项资金用于其他支出。

2. 制度考虑覆盖"制度真空"人群

在对待超过 60 周岁（女 55 周岁）这一"制度真空"人群上，青岛市的政策规定，个人可通过一次性补缴规定年限的养老保险费后，和"制度内"的人群享受同等的养老待遇。其中，区（市）、街道（镇）两级财政也对个人进行缴费补助。补缴年限视参保人员的年龄而定。规定的个人累计缴费和区（市）、街道（镇）补助的年限是 180 个月。

（三）　苏南模式①

张家港市于 2003 年 1 月 1 日起开始实施的新的农村社会养老保险办法，也是采用个人账户和社会统筹相结合的模式，具有以下创新之处：

1. 集体补助缴费是对特定人群有选择性的补助

首先在年龄上有所限制，必须是男年满 45 周岁至 60 周岁、女年满 40 周岁至 55 周岁。在此条件下，对以种植个人承包田为主要经济来源的以及被列为农村最低生活保障对象的农民进行补助。

2. 个人缴费可浮动，个人账户财产受到明确保护

参保人员可以根据自身的经济状况，适当提高缴费基数，以上年度农村人均收入的 300% 为限。在账户缴费比例的分配上，集体和个人缴

---

①　《张家港市农民养老保险办法》（张政发〔2002〕147 号），张家港市劳动保障网；昆山劳动保障网。

纳的养老保险费按缴纳总额的 90% 记入个人养老保险账户,其余部分划入农民养老保险统筹基金;由集体进行缴费补助的农民,其缴费总额中个人缴纳的部分全部记入个人账户中的个人缴费部分;全部由个人缴费的,按其缴费总额的 100% 记入个人账户中的个人缴费部分。

3. 受益人领取养老金有一定的缴费年限限制,无保证期规定,可以领至死亡

同时对养老人员的养老金实行正常调整机制。

4. 建立老年农(居)民社会养老补贴制度

凡至 2003 年 12 月 31 日前男年满 60 周岁、女年满 55 周岁的具有张家港市户籍(外市迁入 10 年以上)无固定收入的人员,每人每月可享受 80 元的老年农(居)民社会养老补贴。

在昆山市,除了总的规定外,还对企业大龄职工、私营企业主及其雇员、个体户以及持有昆山市户籍的农民制定了相应的办法。总的来说,农村基本养老保险的月缴费基数原则上按照昆山市城镇企业职工养老保险上一年平均月缴费基数的 50% 确定,缴费比例为 25%。

对于企业大龄职工来说,其养老保险费由个人和企业共同承担。缴费比例同城镇企业职工养老保险规定的比例:企业 15%、职工 10%。

对于雇用从业人员的农村个体工商户来说,其本人及其配偶全额缴纳保险费(1050 元/年),雇员的养老保险费则由雇主和雇员按规定的比例承担,其中业主承担缴费基数的 15%,从业人员承担缴费基数的 10%。

对于没有雇用从业人员的个体经营户来说,其年缴纳农村基本养老保险费为缴费总额的 60%,市、镇两级各补贴 20%(如 2003 年个人农村基本养老保险费缴费总额为 1050 元,个体经营户本人须缴纳 630 元,市、镇两级各补贴 210 元)。

对于持有昆山市户籍但又未进入机关事业、社会团体、各类企业单位工作的农民(包括征土后农转非、小城镇户口)实行市、镇二级补助的办法,农民个人承担缴费基数的 10%,市、镇两级补贴 15%。

昆山模式体现了"农保"和"城保"的很好衔接,促进了城乡劳动力的合理流动,较好地解决了处于城、乡之间的中间人群的养老保障问题,为日后城乡一体化的融合提供了范例。

（四）东莞模式①

东莞市的农村社会养老保险制度采取自助为主、互济为辅，个人、村、镇、市四级负担以及隔代扶持的原则，逐步提高农民的社会保障意识，努力实现所有适龄人口的全面保障。

按照规定，农民养老保险制度实行社会统筹和个人账户相结合的模式，农民养老保险基金及农民养老保险待遇按国家规定免征税费。在缴费模式、个人账户以及养老金计发等方面，东莞模式均有很多特色：

1. 缴费基数固定

农民养老保险费的缴费基数按每人每月 400 元核定，从 2002 年 1 月起，每年递增 2.5%（计算到元为单位）。农民按月缴纳，2000 年 11 月至 2005 年 12 月，所供的保险费为当年缴费基数的 11%，其中集体承担 6%，个人承担 5%，并将 8% 记入个人账户。所供保险费占当年缴费基数的比例，每 5 年增加一个百分点，2016 年以后保险费比例调整到 14%。期间三次调整增加的 3 个百分点均由个人承担，并全部记入个人账户。

集体承担的农民养老保险费，由市和镇（区）财政各分担 20%，村（居）民委员会和村民小组共承担 60%。符合参保条件的，原则上都要参保。应参保而不参保的，本人及其父母等直系亲属不能享受基础养老金待遇。

2. 个人账户

参保农民养老保险金个人账户统一按缴费基数的一定比例建立，其中，个人缴费全部计入个人账户，集体缴费划入个人账户的比例统一为当年集体缴费基数的 3%，即集体缴费的 50% 划入个人账户。

集体缴费划入个人账户后的剩余部分全部计入农民养老保险基金，属于参加农民养老保险的全体参保人共同所有。农民养老保险基金纳入财政专户，实行收支两条线管理，按国家规定的城乡居民储蓄存款同期利率计算，利息全部转入农民养老保险基金。

政府对每个被保险人建立农民养老保险档案。被保险人在市内迁移户口时，只转移养老保险关系，不转移基金；户口迁移市外的，一次性退回个人账户储存额，终止农民养老保险关系；被保险人在农民养老保

---

① 《东莞市农民基本养老保险暂行办法》，东莞市社会保障网。

险与企业职工养老保险之间发生养老保险关系转换时，只转移个人账户储存额。

3. 计发标准

农民养老金＝基础养老金＋个人账户养老金。其中，基础养老金＝150元/人月（从2006年1月起，调整为200元/人月），从农民养老保险基金中支付；个人账户养老金＝个人账户储存额（含利息）/120，从个人账户中支付，个人账户储存额不够的，从农民养老保险基金中支付。

《东莞市农民基本养老保险办法》实施前，具有东莞市户籍的男性年满60周岁、女性年满55周岁而又没有在单位领取退休金的农（居）民，其应参保的直系亲属参保后，可领取基础养老金150元/人，直至终老，体现了保险和福利相结合的原则。

7.4 我国农村社会养老保险制度改革的基本思路与模式构建

7.4.1 基本思路

首先，改革的定性定位。农村社会养老保险制度属于基本养老保险范畴，是我国农村社会保障体系的重要组成部分。在现阶段，农村土地保障依然是农民养老保障的基础，农村社会养老保险的个人账户是对农民收入的补充；农保与家庭养老保障、土地保障相结合，共同达到保障农民老年基本生活的目标。农村社会养老保险制度改革应在分析养老保险制度一般原理和借鉴国外农村养老保险实践经验的基础上，结合我国的政治体制、经济实力、文化背景和传统习俗构建适合中国国情的农村社会养老保险制度。

其次，根据不同地区的经济发展情况，分阶段、有步骤地实施。如果说把农村地区划分为"发达地区农村、较发达地区农村、欠发达地区农村"的话，在时间阶段上，与国务院研究中心的报告提出的未来5至

15 年的基本任务同步①，可拟定分两步走的农村社会养老保险发展规划：第一步，到 2010 年，在经济发达地区农村的所有县和较发达地区农村大部分县以及欠发达地区具备条件的县建立农村社会养老保险制度，农民参保率达到 30%；第二步，到 2020 年，较发达地区绝大多数县和欠发达地区具备条件的部分县建立农村社会养老保险制度，农民参保率争取达到 80%。

最后，当前要做的工作主要有两点：一是制定符合当前国情的、有生命力的、为农民所接受的农村社会养老保险制度安排；二是要明确界定"条件"的具体内容，并以此为标准，在切实具备条件的地区和群体中建立农村社会养老保险制度。

7.4.2　模式构建

从国外农村社会养老保险的特点来看，一个很重要的特点就是政府补助在资金来源上占很大比重。国外典型的做法是政府在农村社会养老保险上，一般把对农民的补贴作为一项专门的财政预算，而且保费缴纳上以政府补贴为主。而总体上看，我国现阶段对农民的补助主要是救济性质的，带有很大的随意性，不可能像国外的做法那样，对农民进行大规模补贴。所以，在确定农村养老模式的时候，有必要将其划分为几个部分，分阶段、分步骤地实施。

我们认为，我国现阶段农村养老保障应该是多层次的，一个完整的养老保障制度应该包括以下部分：（1）最低生活保障制度。指国家或政府对处于贫困线以下的特困户进行生活补助的制度，包括由于各种原因一直没有参加社会保险的农民、享受了社会保险之后仍然生活在贫困线以下的农民，但不包括因意外灾害导致的贫困。这是最低层次的保障，针对的仅仅是困难群体，保障的水平也仅仅是基本生活的维持。目前，我国已经决定在全国农村建立这一制度。（2）农村社会养老保险制度。基本特征是：供款基准制、完全积累制、公共养老金＋个人账户养老金。该制度应将每一个符合条件的农村居民强制纳入，为其提供基

---

① 国务院研究中心研究报告：《"十一五"规划基本思路和 2020 年远景目标研究》，国研网，2005 年 5 月 9 日。

本的经济生活保障。（3）鼓励有余力的以及有更高保障需求的农村居民进行个人储蓄养老，属于一种补充性的商业养老保险行为。

上述多层次制度符合党和政府"在有条件的地区探索建立农村社会养老保险制度"的指导方针。按照经济发展水平，对于一些不发达的地区，目前关键是要建立健全农村最低生活保障制度，在这些地区国家救助养老应该占主要地位，另外通过家庭和社区的相互扶助，来解决老年人的保障问题；对一些经济比较发达的农村地区，坚持"强制投保为主、自愿投保为辅"的原则，凡达到全国农村平均收入水平以上的农民必须投保，体现强制性原则；同时，考虑到全国各地经济发展水平的差异，对收入在全国平均水平以下、贫困线以上者采取自愿的态度，鼓励其投保。

可以设定一个明确的收入标准 N，N 为全国农村居民家庭人均纯收入，假设最低生活保障线为 m。根据某一地区相应的具体指标值 x 来划分：当 $x > N$ 时，对这部分地区和人群强制实行农村社会养老保险；当 $x < m$ 时，则对这部分贫困人口普遍实施最低生活保障制度；当 $m < x < N$ 时，对于这部分人群采取自愿原则，可以参加政府举办的农村社会养老保险，也可以采取自己购买商业保险等其他方式养老。

随着农村经济的发展，当我国人均 GDP 跨入中等收入国家的门槛，低水平、不全面、发展很不平衡的小康状况得到显著改变时，可以考虑建立城乡统一的社会保障体系，要把全部农村人口纳入养老制度体系当中。应推动现阶段的强制性农村社会养老保险制度经过慢慢摸索，逐步成熟，最终和城市养老保险制度相衔接，形成城乡统一的养老保障制度。

农村社会养老保险制度属于基本养老保险。我们所选择的是"供款基准制（DC）、完全积累，公共养老金＋个人账户养老金"模式。供款基准制是指在缴费期内，参保对象每个月所缴纳的保险费率不变；完全积累制是指缴费总额和基金运营收益进入个人账户后，由相关社保经办机构进行管理，在缴纳保费和领取养老金的这段时期内，个人账户下的基金资产只能用于运营，不能用于支付；公共养老金是一种基础性的养老金，指在领取期内，由参保人所领取的用于保障其基本生活水平的养老金，它以固定的金额发放，不同职业、年龄、性别的参保人领取相同的公共养老金。个人账户养老金是指参保人所拥有的以年金形式发放的，由个人账户积累总额计算领取金额的养老金。

7.4.3　我国农村社会养老保险方案设计

（一）建立农村社会养老保险制度的指导思想和原则

农村社会养老保险应以统筹城乡经济社会发展、全面建设小康社会为方向，以保障农民年老后的基本生活为主要目标，坚持保障水平与经济社会发展水平相适应，确保经济发展和社会稳定，促进农村的文明和进步。

农村社会养老保险宜采用"供款基准制、完全积累，公共养老金＋个人账户养老金"的多层次模式。坚持自保为主，低保障、广覆盖，逐步提高农民的社会保障意识，并不断依靠社会经济的发展，提高农村社会的社会保障水平。

（二）农村社会养老保险的参保范围

凡年满 20 周岁的未参加城镇企业职工基本养老保险制度的农民，按规定须参加农民基本养老保险。包括在农村工作或居住的未参加城镇企业职工基本养老保险制度的非农产业者，"三资"企业、私营企业里工作的农民以及个体工商户农民都属于参保范围之列。

（三）农村社会养老保险费的征缴

1. 缴费基数

缴费基数可以为定额和浮动两种形式。定额形式是指，以一个相对固定的值作为基数，比如以统计部门公布的上年度当地人均纯收入为基数。还有的地方规定以每月多少元固定为缴费基数，每年有一个递增比例（如东莞）。浮动形式是指在一个给定的范围内缴费，比如可以在统计部门公布的上年度当地人均纯收入 100%～300% 之间选择缴费基数。缴费基数一旦确定就必须统一，保持稳定。

2. 缴费费率

这里做了一个测算：以本人 60 岁时的工资作为基数计算替代率，假定所有的参保对象都能从 20 岁活到 60 岁。保费缴纳方式为年缴，以年金的形式发放。如果参保对象在 20～60 岁期间死亡，其个人账户上的基金要么一次性的退还其继承人或指定受益人；要么将资金转入其继承人或指定受益人的个人账户。

根据公式①

$$C = \left[\sum_{t=\beta}^{\theta} {}_{t-\beta}P_{\beta}b(1+g)^{\beta-\alpha-1}\left(\frac{1}{1+i}\right)^{t-\beta} \right] \Big/ \left[\sum_{t=\alpha}^{\beta-1}(1+g)^{t-\alpha}(1+r)^{\beta-1-t} \right]$$

【参数值说明：按照有关规定，我国基本养老保险中，职工缴费满 15 年的个人账户养老金的目标工资替代率为 20%，由于农村社会养老保险完全采取个人账户形式，与城镇基本养老保险一致，所以我们选取了 20% 作为参数值。α 为开始工作年龄，规定农村居民从 20 岁时开始缴费。β 为退休年龄，模式中规定农民居民 60 岁时退休，即农民领取养老金的年龄为 60 岁。θ 为生命表中最高死亡年龄②。g 为货币工资增长率，假定与近几年来的 GDP 平均增长率同步约为 8%。i 为年利率（贴现率），模式中设计了两种：2.25% 是目前中国的短期银行存款利率，6% 为成熟的市场经济国家利率上限的平均值，适合中国未来的经济发展状况。r 为基金预期投资收益率，按照 2004 年中国社保基金收益率 3.32% 计算。】

可以计算出 20 岁的缴费率约为 17%（利率为 2.25%）、12%（利率为 6%）。结合城镇基本养老保险费率 18% 的改革目标，在当前情况下，我国选择 17% 的缴费率比较合适。

3. 缴费比例

从 2006 年 1 月 1 日起，我国基本养老保险个人账户的规模统一由本人缴费工资的 11% 调整为 8%，全部由个人缴费形成，单位缴费不再划入个人账户，为了便于今后与城镇企业职工基本养老保险接轨，规定个人缴费比例为 8%，同时集体为其缴纳 9% 的养老保险费。

企业内农民（包括农村辖区内各类乡镇企业、私营企业及其从业人员、农民非农灵活就业的雇主及其雇员等），业主按照 17% 缴纳，雇员按照 8% 缴纳，企业或业主同时为雇员缴纳剩余的 9%。

---

① 本公式参照邓大松、刘昌平：《中国企业年金制度研究》（修订版），人民出版社 2005 年版，第 108 页。

② 本模型中采用《中国人寿保险业经验生命表（男女混合表）（1990～1993 年）》中给出的生存概率。

对于低收入农民来说，由集体予以补助缴纳保费。低收入农民可以在 1% ~8% 之间选择缴费比例，其余的部分由集体补足。

4. 企业缴纳的基本养老保险费在税前列支，个人缴纳的养老保险费不计征个人所得税。基本养老保险基金发生困难时，由同级财政予以支持。

（四）建立农村社会养老保险个人账户

1. 由社会保险经办机构按照国家技术监督局发布的社会保障号码或居民身份证号码，为参加农村社会养老保险的人员每人建立一个终身不变的养老保险个人账户。

2. 个人账户记账比例。参保对象个人账户统一按缴费基数的一定比例建立，个人缴费全部记入个人账户，集体缴费的一半划入个人账户，另一半进入公共养老金账户。对于集体补助的参保农民来说，集体缴费在补足个人账户的 8% 后，其余部分进入公共养老金账户。公共养老金账户属于全体参保人共同所有，基金纳入财政专户，实行收支两条线管理，按国家规定的城乡居民储蓄存款同期利率计算，利息全部转入公共养老基金。

3. 个人账户的转移。政府对每个参保人建立农民养老保险档案。被保险人在省内迁移户口时，只转移养老保险关系，不转移基金；户口迁移省外的，一次性退回个人账户储存额，终止农民养老保险关系；被保险人在"农保"与"城保"之间发生养老保险关系转换时，只转移个人账户储存额。

4. 农村社会养老保险个人账户的储存额只能用于本人达到一定年龄后按月支付养老金，不能挪作他用。被保险人在领取年龄前死亡的，其个人账户的储存额尚未领取或未领取完，其余额中的个人缴费部分，按照规定发给指定的受益人或法定继承人；从集体补助缴纳的养老保险费中记入的部分，归入公共账户养老基金。农民个人账户的储存额领取完毕时，由公共养老基金按规定标准继续支付，直至死亡。

（五）农村社会养老金计发办法

男性年满 60 周岁，女性年满 55 周岁，按月领取农民养老金，直至终老。农民养老金由公共养老金和个人账户养老金组成。公共养老金由当地政府按一定的标准制定，如规定为每人每月 150 元，从公共账户支出，以后可以视基金收支及财政状况调整；个人账户养老金月标准为个人账户储存额（含利息）除以180。

（六）农村社会养老保险基金管理

农村社会养老保险基金实行省级统筹，基金管理包括四个阶段：征缴、保管、运营、发放。此外，还包括基金监管。

1. 基金征缴

农村社会养老保险费由县级社保经办机构负责按月征收，根据各地的实际情况可以分派代办员到各乡镇督促征缴，并且对养老保险的办理工作予以指导。首先由符合条件的参保人到村民委员会办理农民养老保险登记，再由村民委员会送所在乡镇的管理部门备案，经核实汇总后，统一上报县社会保障局办理。

2. 基金保管

县级社保经办机构征收上来的农村社会养老保险基金，必须列入财政专户，实行"收支两条线"管理。县级收入户基金应及时全额上汇设区市基金专户，不得留存本级；设区市的基金专户将归集起来的基金再及时全额上汇省基金专户集中运营管理，不得留存于该设区市。省级经办机构应及时将集中的基金存入托管银行进行保管。托管银行一般为大型商业银行，由省级经办机构通过竞争选定。

3. 基金运营

一般来说，政府拥有对个人账户基金管理和投资的决策权，社会保险经办机构作为政府的特定职能部门，往往由其具体负责基金管理各项职能。从基金的运营效果来看，运营的层次越高，效果越好。因为越高层次的运营，拥有的基金规模越大，可以有更多的投资选择，同时高层级意味着较高的管理能力，可以保持基金管理的相对独立。劳动和社会保障部关于《个人账户基金监督管理办法》草拟稿中明确表示："……个人账户基金由省级社会保险经办机构统一管理，制定投资运营策略，选择托管机构和投资机构，进行委托投资管理。"所以，由省级社会保险经办机构来具体负责基金投资运营是比较合适的。

在基金投资运营方式的选择上，宜采用信托型的管理模式，即将基金托管人职能向外委托，对外委托基金托管人是保证资产独立性的最重要的制度安排①。在这种运作方式下，社会保险经办机构负责选择投资管理人和基金托管人。基金托管人主要负责基金资产的保管，监督投资管理人的投资运营行为；投资管理人主要负责基金投资管理，具有基金运营职责，投资管理人可以是基金公司、大型证券公司等。社会保险经办机构作为账户管理人，主要负责记录缴费情况和个人账户资产变化情况，并监督养老金的征收与给付。

在信托型的基金管理过程中，三者存在严格的制约关系。首先由投资管理人负责制定投资策略，提交给账户管理人，经账户管理人确认后，再由账户管理人按投资管理人的要求授权托管人使用基金资产。投资管理人将交割后的基金资产交给托管人保管，再由托管人向账户管理人汇报资产的损益情况，最后由账户管理人向投资管理人反馈资金使用的详细报告。自始至终，投资管理人和账户管理人是不直接和基金接触的，托管人也没有自动使用基金的权利。

4. 养老金发放

由省级社会保险经办机构对托管银行下达资金使用指令，被保险人可以到所属的县级托管单位凭身份证和社会保障卡领取。

5. 基金监管

基金监管包括政府监督、社会监督以及内部审计稽核等。政府监督主要是指财政部门依照《社会保险基金财务制度》进行监督管理，审计部门依法对社会保险基金的收支情况进行监督等。同时，社会团体、参保群众还可以组成社会保险基金监督委员会，通过定期听取汇报和实地检查实施监督。此外，还可以通过加强经办机构内部的审计稽核来加强基金监管。

个人账户基金和社会统筹基金分设账户，专户储存，专款专用，不得挤占、挪用。对挤占、挪用养老保险基金的，参照《社会保险费征缴暂行条例》第二十八条规定处理；构成犯罪的，依法追究刑事责任。

---

① 邓大松、刘昌平著：《中国企业年金制度研究》，2004年版，第199页。

第三篇

农村医疗保障制度

8 中国城乡健康公平性比较分析

8.1 城乡医疗保险制度比较分析

8.1.1 健康公平的一般理论

公平是一个内涵丰富并难以准确界定的概念。公平既包括一定的基于各种物质关系的客观公正度，也包括着人类对这种客观公正度的主观理解，是客观公正性和主观认同性的内在统一。公平在不同领域、不同环境下有不同的含义。从社会学角度讲，公平指社会成员之间社会地位、经济收入等比较接近，相差不大；从道德意义上讲，公平指每个人都拥有同等的生存、发展的权利和空间；从政治和法律意义上说，公平指权利与义务、行为与结果之间的对应；从经济学角度讲，公平表现为起点公平、过程公平、结果公平三种形式。公平常与平等相联系，但二者是有一定差别的。"平等"只是指简单的平均分布，但"公平"是以某种假设和社会理念进行的一种分配方式、状态、结果。达到公平状态时，社会资源分布和财富分配等可能不是平等的，而平等的资源分布或财富分配可能并不意味着公平，反而可能是不公平的表现。例如，卫生服务中，由于人群卫生服务需要的差异，要达到所有人群的健康公平，恰恰要求每个人获得的卫生服务是不平等的。

世界卫生组织（WHO）认为，卫生健康领域中的公平意味着生存机会的分配应该以需要为导向，而不是取决于社会特权或收入差异；应该是共享社会进步的成果，而不是分摊不可避免的不幸和健康权利的损失。需要明确的是，由于个人生理特点、经济地位、文化水平、生活习惯等方面的差异，公平只是一种相对的状况，而不公平才是绝对的。由此决定了追求健康公平就是要努力降低社会各类人群之间在健康和卫生服务利用上的不公正和不合理的社会差距，从而接近相对公平，使每个社会成员均能够达到基本生存标准。

具体而言，卫生健康公平涉及四个方面：一是健康公平，可以理解为一种结果公平。即公平最终应表现为人群健康状况的基本相似。健康是人类生存和发展最基本的条件和要求，是最基本的人权。因此，保障不同收入水平、不同社会地位社会成员的健康具有重要的意义，是实现其他经济和社会公平的必然要求。二是卫生服务可及性公平。即保障所有人都能够得到最基本的医疗服务。它要求在卫生资源的配置中要充分考虑所有人口的需求，在所有人口中均等分配卫生资源。三是实际服务利用公平。即公平表现为具有相同医疗服务需求的人可以得到相同的医疗服务。隐含之义就是具有不同医疗服务需求的人应该得到不同的医疗服务。很明显，富裕人群享受昂贵的医疗服务而贫困人群因支付能力有限"小病拖、大病抗"的现象就是严重的不公平，而因享受医疗保险而过度利用医疗资源的浪费行为同样是不公平的。四是筹资公平，指按照支付能力的大小支付医疗费用。这一定义的依据是医疗服务是一种特殊的物品，其外部性特征决定了一般商品的等价交换原则不适用于医疗费用支付。从更广泛意义上讲，这也是道德和人权的要求。筹资公平又可分为横向公平和纵向公平两种。横向公平是指具有同等支付能力的人应该对卫生服务提供同等的支付。纵向公平指实际支付额度应该与支付能力成正相关，即支付能力高的人应该多支付。世界卫生组织提出，卫生健康筹资公平性是以每个家庭为单位，依据每个家庭都应该公平地负担卫生费用的概念提出来的，基本上是收入水平越高，拥有社会财富和经济资源越多的家庭，应该缴纳相应多的费用，体现了卫生筹资的纵向公平。① 简言之，

---

① WHO, *World Health Report* 2000, http://www. who. org.

健康公平的衡量可以主要从卫生服务的提供、筹资和人群健康三个方面进行。看卫生服务是否遵循按需分配的原则进行了配置，卫生费用是否根据支付能力的大小进行相应支付，最重要的是，人群健康水平是否基本相同，差距是否在合理的范围内。以下分别从筹资公平、服务提供公平和健康公平三个方面对我国城乡居民健康公平问题进行分析。

8.1.2 筹资公平：城乡医疗保障制度分析

医疗卫生的筹资方式主要有税收筹资、社会保险筹资、商业保险筹资和个人自费四种形式。四种筹资方式中，税收筹资最为公平，因为税收多少与个人支付能力大小相联系，而税收的使用主要根据需要来确定，并不与贡献大小挂钩。总体而言，社会保险筹资的公平性次于税收筹资，但不可一概而论。采用累进税率和比例税率形式的社会保险体现了支付能力原则，公平性较强，采用定额税率或规定一定的缴费收入上限的社会保险形式具有一定的累退性，公平性较差。同样，缴费与给付挂钩的社会保险形式公平性差。商业保险强调"缴费与给付的相关性"，"多缴多得、少缴少得、不缴不得"，公平性更差。但无论如何，商业保险与税收和社会保险筹资方式一样，都运用了"风险分摊"机制，缴费与给付并非完全的一一对应关系，仍具有一定的公平性。而自费方式是最不公平的，因为付费多少与支付能力无关，却取决于需要大小。这样，人群所能得到的医疗服务和最终健康水平在很大程度上取决于个人收入和财产的多寡，由此导致财产和收入的不平等必然转化为健康的不平等。20 世纪 80 年代以来，中国城乡由于医疗保障制度的不完善、自费医疗和失去保险保护人群增加，健康公平性下降。

（一）20 世纪 80 年代以前中国城乡医疗卫生服务筹资

新中国成立后，中央非常重视城乡医疗保障制度的建设。在城镇建立了公费医疗、劳保医疗形式的医疗保险制度，在乡村建立了合作医疗制度。公费医疗覆盖范围包括各级政府、党派、人民团体及文化、教育、科研、卫生等事业单位的工作人员、二等以上革命残废军人、高等院校在校学生等。上述人员个人不需缴纳保险费，其就医的医疗费用支出，除挂号费、出诊费、营养滋补药品等少数项目之外，其余全部由财政拨付的公费医疗经费开支。这种筹资方式类似于税收，个人筹资贡献大小与支付能力相关，而医疗服务享受则根据病人需要给付，制度内部公平性很强。但它又不完全是税收筹资方式。因为财政收入来源于机关事业单位以外的企业、城镇个人甚至农村人口，而公费医疗的享受者仅仅只是机关事业单位的工作人员。因此，从整个国家或城镇整体来看，这一制度也是不公平的。劳保医疗实施范围包括全民所有制企业和城镇集体所有制企业的职工及离退休人员。参加劳保医疗的个人也不需缴费，其待遇标准与公费医疗相同。劳保医疗经费由企业在职工福利费中列支。由于企业之间医疗费用不能相互调剂，职工能够得到的医疗服务的质量和水平在一定程度上取决于企业经营状况，制度公平性比公费医疗差一些。但无论如何，20世纪80年代以前公费和劳保医疗制度覆盖了城镇90%以上的就业人员，还有数量巨大的职工家属享受半费医疗待遇。不被医疗保险制度覆盖的城镇人口还是比较有限的。因此，可以说就城镇全体人口而言，医疗保障的公平性还是很高的。

中央同样推动农村地区建立了互助合作性质的合作医疗制度。合作医疗以社、队等乡村基层组织为依托，举办形式多种多样。一般而言，合作医疗基金主要由乡村集体经济组织负担，个人也缴纳少量费用。加入制度的农民就医时可以免费或支付少量药费。由于当时医疗费用低廉，农民的医疗费用负担很小。合作医疗制度内部的公平性比较高。因为合作医疗经费的主体来自于集体经济组织的资助，而集体经济的资源是农民共同劳动的成果。医疗卫生服务的享用则主要根据农民个人需要而定，农民个人负担的少量医疗费用并未构成限制其享受医疗服务的因素。就农村人口整体的医疗卫生服务筹资而言，20世纪80年代以前也是比较公平的。虽然合作医疗的覆盖率不太稳定，但一度还是非常高的，20世纪60年代初达到了50%，70年代更是得到迅猛发展，1978年达到了90%。在当时整个国家处于"一穷二白"的情况下，将绝大部分农村人口纳入医疗保障的范围，这无疑是一个伟大的成就，被世界银行和世界卫生组织誉为以最小投入获得最大健康收益的"中国模式"。

从城乡比较的角度看，20世纪80年代以前，中国卫生服务筹资的公平性也很好。大部分城镇人口可以享受公费和劳保医疗制度，而农村人口中的大部分也能够得到合作医疗制度的庇护，自费医疗的人口仅占少数。这对于一个收入低下的发展中国家而言，是非常难得的。公平的改善也促进了效率的提高，使二者步入了相互促进的良性循环，推动了中国城乡居民健康状况的改善和提高。

（二）20世纪80年代以后中国城乡医疗卫生服务筹资

20世纪80年代以后，我国推行了改革开放的政策，整个国家发生了一系列翻天覆地的变化。伴随经济体制改革的进行，我国涌现了个体、私营、外资等多种所有制形式的企业，且数量日益增多。而这些单位的职工并不在公费和劳保医疗制度的覆盖范围内，这就导致城镇自费医疗群体增加，卫生健康公平性下降。此外，医疗费用的快速上涨也给国家和企业造成了沉重的负担。为解决这些问题，为国家的经济体制改革保驾护航，城镇医疗卫生筹资方式也发生了很大的变化。1984年开始，城镇公费和劳保医疗制度开始进行自发的改革。改革措施多种多样，如职工负担部分医疗费、职工医疗费定额包干、行业或地区大病统筹等。1988年以后，国家开始对公费和劳保医疗制度进行有组织的改革，并提出了公费医疗费用由财政与个人共同负担、劳保医疗费用由企业与个人共同负担的改革原则。1994年以后国家进一步开始医疗保险"统账结合"模式的试点，并最终于1998年11月颁布《国务院关于建立城镇职工基本医疗保险制度的决定》，开始了建立新制度的进程。

新制度建立的基本原则是"低水平、广覆盖、双方负担、统账结合"，即覆盖城镇所有用人单位和职工,[①] 根据各方的负担能力确定制度保障水平，制度保险费由用人单位和职工共同负担，用人单位缴费率为职工工资总额的6%左右，职工个人缴费率为本人工资的2%左右。个人缴费全部划入个人账户，单位缴费的30%左右划入个人账户，其余划入社会统筹。制度规定了社会统筹的起付线为社会平均工资的

---

① 包括国有、集体、外资、私营等各类企业和机关、事业单位，社会团体，民办非企业单位及职工。对于乡镇企业、城镇个体户和自由职业者以及职工家属不包括在内。

10%左右，最高支付限额为社会平均工资的 4 倍左右。个人医疗费用先用个人账户资金支付，不足部分用现金支付，达到社会统筹起付线后由社会统筹资金和个人账户资金共同支付，超过最高支付限额部分由个人自费或投保商业保险等方式解决。从这一支付结构可以看出，新的支付结构更强调个人责任，强调个人缴费与医疗费用支付之间的对应关系，更多体现了按照个人支付能力而非医疗服务需要支付医疗费用，可以说新制度在公平与效率的天平上更远离了公平。在新制度建立之初的 1998 年，调查发现城市中自费医疗比重达到了 44.13%，表明城市医疗卫生服务筹资体系整体的公平性降低。作为对比的是，新制度建立之前的 1995 年，全国享受公费和劳保医疗的人数已经接近 1.5 亿人，其中还不包括享受部分医疗保障待遇的职工家属。究其原因，一方面可能在于改革产生的震荡。改革涉及利益的重新分配，一部分既得利益者可能不太情愿接受新规定，导致新制度推行缓慢。但更主要的原因在于制度设计规则问题。数量巨大的乡镇企业职工和城镇自由职业者没有被覆盖在内，而传统劳保医疗制度下能够得到部分医疗保障的职工家属也被排除在外。这一制度设计决定了城镇基本医疗保险覆盖面的狭小，和由此必然带来的筹资不公平性。

不过，换一个角度审视的话，会发现问题的严重性远不止于此。城镇地区虽然健康筹资公平性比以前降低，但无论如何还有 50% 以上的人口享有国家和社会提供的医疗保障。而农村健康筹资状况要糟糕得多。

20 世纪 80 年代以来，农村实行了家庭联产承包责任制改革，它极大地调动了农民的积极性，促进了农村生产率的提高。但与此同时，乡村集体经济组织也开始走向衰落，合作医疗赖以存在的经济基础走向了瓦解。另一方面，政府对合作医疗的指导思想也发生了改变。有的地方曾经把合作医疗作为"左"的产物批判，至今有些基层干部还错误地认为合作医疗是搞平均主义、大锅饭，是计划经济的产物，不符合市场经济体制。有的干部认为合作医疗不是社会保障，政府不应管；更有甚者，把合作医疗筹资认定为增加农民负担而勒令停办。由于认识上的误区和不统一，政府对合作医疗采取了放任自流的态度。这些因素的共同作用导致了合作医疗的大面积滑坡。根据卫生部门的调查，1985年全国实行合作医疗的行政村由20世纪70年代的90%猛降到了5%，1989年又进一步下降到4.8%。到20世纪90年代初全国仅存的合作医疗主要分布在集体经济组织发展势头较好的上海和苏南地区①。这些地方的合作医疗之所以还能够继续存在，是因为他们的经济发展水平较好，乡村组织还拥有和控制着一定规模的集体经济，能对合作医疗给予部分投入，因而对农民还有一些吸引力。然而，20世纪90年代以来，随着这些地区乡镇集体企业的改制，基层组织控制的集体企业越来越少，对合作医疗等集体福利事业的支持力度下降，这些地区的合作医疗也出现了下降趋势。20世纪90年代后政府重新认识到了合作医疗的重要性，并作出了重建合作医疗的努力，但合作医疗并没有如期建立。重建合作医疗高潮的1997年，合作医疗的覆盖率仅占全国行政村的17%，农村居民参加合作医疗的比例仅为9.6%。而1998年的调查则显示，农村居民中享有某种程度医疗保障的人口有12.56%，其中合作医疗的比重仅6.5%。这与20世纪70年代合作医疗90%的覆盖率相比，差距仍然相当大。而农民中自费医疗的比例接近90%。由此导致中国农村医疗卫生服务筹资的公平性一泻千里，从非常公平变为极不公平。

而中国城乡医疗卫生服务筹资总体的公平性也就可想而知了。有限的医疗保障制度对少数有工作、有工资、有收入的城镇人口给予了庇护，而众多收入低下的农民却享受不到任何医疗保障，完全靠自费医疗。而恰恰后一类人更需要医疗保障制度的庇护。医疗保障制度缺乏的结果是医疗卫生服务的提供不是根据实际医疗需要和需求，更多是取决于收入水平。由于中国长期实行城乡"二元"的经济政策，中国城乡居民收入差距逐步拉大。城乡收入的不平等不可避免地导致了城乡居民医疗卫生服务筹资的不平等。国家统计局调查表明②，2001年城市居民人均医疗保健支出是农村居民的2.46倍。表8-1进一步表明，占总人

---

① 鼎鸣：《关注农民健康》，载《人民日报》2001年10月30日。
② 胡琳琳、胡鞍钢：《从不公平到更加公平的卫生发展：中国城乡疾病模式差距分析与建议》，载《管理世界》2003年第1期，第87页。

口60%的农村人口仅花费了约1/3的卫生总费用。而且，这有限的卫生总费用的90%还是由农民个人支付的！政府和社会对农民支出的卫生费用加起来还不到10%！40%的城镇人口享有2/3的卫生总费用支出，其中个人支付的比例远远小于农村居民，政府和社会支付的比例却远远大于农村居民。结果是中国卫生总费用中，城乡平均个人卫生支出所占比重变为60%，国家和社会支付的比例增加到了40%。于是就出现了这样一个"悖论"，收入较高的城镇居民从政府和社会那里得到了较多的医疗卫生补助，而收入较低的农村居民却从政府和社会那里得到了更少的医疗卫生补助。城乡之间在卫生服务筹资分配方面呈现了"马太效应"。2000年，世界卫生组织对其191个成员国的医疗保障制度进行了综合排名，中国在医疗筹资分配公平性方面在所有国家中位列倒数第四位，许多经济发展水平与中国相当，甚至不如中国的国家，都排在中国的前面。事实表明，中国城乡医疗卫生服务筹资已经到了极度不公平的地步。

表 8 – 1　中国卫生总费用

年　份	1991	1995	1999	2000
全国卫生总费用(亿元)	888.6	2257.8	4178.62	4764
全国卫生总费用构成(%)	100	100	—	100
政府卫生支出(%)	22.8	17		14.9
社会卫生支出(%)	38.4	32.7	—	24.5
个人卫生支出(%)	38.8	50.3	—	60.6
农村卫生总费用(亿元)	299.69	804.42	1474.80	1527.80
占全国卫生总费用比重(%)	33.73	35.63	35.29	32.07
农村卫生总费用构成(%)	100	100	100	100
政府卫生支出(%)	12.54	8.30	6.39	6.59
社会卫生支出(%)	6.73	5.45	3.53	3.26
个人卫生支出(%)	80.73	86.25	90.08	90.15

资料来源：李卫平、石光等，我国农村卫生保健的历史、现状与问题，载《管理世界》2003年第4期。

表 8 – 2 1997 年部分国家医疗保障制度指标排名

国家	达到目标情况						成绩	
	健康水平		社会对医疗系统的满意度		医疗筹资分配公平性	总体目标实现	人均医疗支出	总体健康水平	综合排名
	水平	分布	水平	各阶层分布					
中国	81	101	88 ~ 89	105 ~ 106	188	132	139	61	144
法国	3	12	16 ~ 17	3 ~ 38	26 ~ 29	6	4	4	1
新加坡	30	29	20 ~ 21	3 ~ 38	101 ~ 102	27	38	14	6
日本	1	3	6	3 ~ 38	8 ~ 11	1	13	9	10
英国	14	2	26 ~ 27	3 ~ 38	8 ~ 11	9	26	24	18
德国	22	20	5	3 ~ 38	6 ~ 7	14	3	41	25
加拿大	12	18	7 ~ 8	3 ~ 38	17 ~ 19	7	10	35	30
美国	24	32	1	3 ~ 38	54 ~ 55	15	1	72	37

资料来源：WHO, *World Health Report* 2000, http://www.who.org.

8.1.3 供给公平：城乡卫生服务公平性分析

新中国成立后，国家非常重视医疗卫生事业的发展，制定了以预防为主的工作方针，大力开展爱国卫生运动，实施控制传染病、地方病等公共卫生计划。国家还增大了对卫生事业的投入，建立了各种不同层次的医疗卫生保健机构，大大提高了中国的卫生服务能力，中国"缺医少药"的情况得到改善。1950 ~ 1952 年，中国卫生事业经费为 5.59 亿元，占国家财政支出的 1.52%；到了 1981 ~ 1985 年，卫生事业费增加到 215.35 亿元，占国家财政支出的 3.1%；1998 年，卫生事业费进一步增加到 406.23 亿元，占财政支出的 4.11%。同时卫生基本建设投资也不断增加，由 1953 ~ 1957 年的 6.48 亿元增加到 1981 ~ 1985 年的 52.62 亿元，1998 年更是达到 141.67 亿元。① 大量的投资增加了医疗卫生资源，提高了卫生服务供给数量和能力。如图 8 – 1、图 8 – 2 所示，

---

① 陈佳贵等，《中国社会保障发展报告（1997 ~ 2001）》，社会科学文献出版社 2001 年版，第 271 页。

建国以后我国医疗设施和人力资源均得到了很大增长。1952 年，我国
医院床位数仅为 16 万张，到 1980 年迅速增长为 198.2 万张，是 1952
年的 12 倍多；2001 年更是达到了 297.6 万张，比 1980 年增长了 50%。
卫生技术人员数也从 1952 年的 69 万人增长到 1980 年的 279.8 万人，
是 1952 年的 4 倍多，到 2001 年进一步达到了 450.8 万人，比 1980 年增
长了 61%。

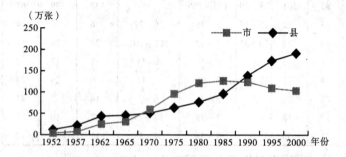

图 8-1　建国以来我国市县卫生机构床位数

资料来源：《中国统计年鉴 2003》，中国统计出版社 2003 年
版，第 806 页。

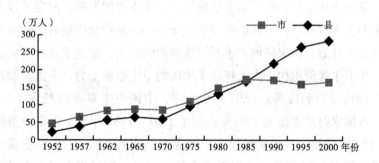

图 8-2　建国以来我国市县卫生技术人员数

资料来源：《中国统计年鉴 2003》，中国统计出版社 2003 年版，第
806 页。

　　城乡分开来看，农村作为医疗卫生工作的重点，卫生服务能力更是
得到了很大改善。早在 20 世纪 50 年代初，国家就开始设置县、区医疗
卫生机构，并组织医务人员上山下乡，开展巡回医疗工作，对农村的医

生进行培训。在此基础上，1965 年毛主席发布了著名的"六·二六"指示，提出把医疗卫生工作重点放到农村去。在中央的重视下，农村卫生事业得到了极大发展。到 20 世纪 70 年代，中国农村已经基本建成县、乡、村三级医疗预防保健网，医疗事业重城市轻乡村的局面得到扭转。例如，1965 年我国农村卫生机构病床数占全国总数的 40% 左右，到 1978 年这一比例就提高到了 61%。这一重视农村卫生事业的发展策略符合农村人口众多、医疗卫生条件落后的国情。卫生服务供给能力的提高使得无论城乡居民都基本可以根据自己的需求得到相应的医疗卫生服务，卫生资源在所有人口中得到了相对均等的分配。医疗卫生服务供给的公平性得到提高。

改革开放以后，中国实施了一系列促进经济发展的改革措施，其中之一就是实行分权制的财政体制改革。按照这一体制，财政经费逐级下放给省、市、县基层政府，卫生系统的资金由地方财政拨付。1984 年后各地下放设立乡财政，农村乡镇卫生院的管理权限也逐步被下放到乡镇政府。但是，医疗卫生分权制改革带来的效果并不明显。对于地方官员而言，没有明显的经济激励去投资医疗卫生事业。尤其在基层政府财政收入有限，又面临很大的预算支出压力时，很容易出现短期行为，压缩卫生预算，甚至挤占、挪用卫生资金。

城乡比较而言，医疗卫生事业投资和发展方面的差距表现得更为明显。自建国初，农村卫生技术人员数都是多于城市的。但是，1985 年以后，在全国卫生人员总量增加的条件下，农村卫生技术人员数量持续减少。20 世纪 80 年代后期开始，城镇卫生技术人员数量超过了农村。在 2001 年，占总人口 60% 的农村人口拥有全国 1/3 左右的病床，不到 40% 的医务人员。城乡之间医疗卫生资源数量差距进一步加大，卫生资源配置的公平性降低。

在公平性降低的同时，中国医疗卫生服务供给的效率并没有提高。1985 年以来，我国各类医疗卫生机构的病床使用率都呈现下降趋势，其中医院的病床使用率由 1985 年的 87.9% 下降到了 2002 年的 68.6%，下降近 20 个百分点。就农村而言，1985 年以来，我国乡镇卫生院诊疗人次逐年下降，由 1985 年的 11 亿次下降到 2002 年的 7.1 亿次，下降近 4 亿次；病床使用率也几乎是直线下降，从 1985 年的

46%降到了2001年的31%，2002年有所回升，但也仅仅达到了34%（见表8-3）。大量的医疗卫生资源没有得到充分利用，造成了巨大的浪费。

表8-3　乡镇卫生院医疗服务及病床使用情况

年　份	诊疗人次（亿次）	入院人数（万人）	病床周转次数（次）	病床使用率（%）	平均住院日（日）
1985	11.00	1771	26.4	46.0	5.9
1990	10.65	1958	28.6	43.4	5.2
1995	9.38	1960	29.9	40.3	4.6
1996	9.44	1916	28.6	37.0	4.4
1997	9.16	1918	25.8	34.5	4.6
1998	8.74	1751	24.2	33.2	4.6
1999	8.38	1688	24.2	32.8	4.6
2000	8.24	1708	24.8	33.2	4.6
2001	8.24	1700	23.7	31.3	4.5
2002	7.10	1625	28.0	34.7	4.0

资料来源：《乡镇卫生院医疗服务及病床使用情况》，国研网，2003-09-03。

这种状况与政府在卫生服务领域职能定位的偏差不无关系，我国政府卫生支出占卫生总支出的比重从1980年的36.4%下降到2001年的15.5%，而个人卫生支出占卫生总费用的比重则从1980年的23.2%提高到了60.5%。政府卫生支出和社会卫生支出两个项目之和还不到卫生总费用支出的40%。这在世界上是相当低的。1998年在世界各国的医疗保健支出中，市场化倾向最明显的美国公共支出占卫生总支出的比重还达到了44%！如果再除去社会医疗保险费用支出（由个人和企事业单位承担），中国政府卫生支出占卫生总支出的比重仅占15.5%！这在世界上属于最低档国家的行列！在撒哈拉沙漠以南的非洲各国，这一比例平均也达到了58%！政府公共卫生投入的减少意味着贫困人口不能获得足够的医疗服务，卫生服务的可及性降低，公平性恶化。同时，公共投入的减少也导致一些具有准公共物品性质的卫生产品的供应缺乏，SARS引发的卫生领域的危机就是典型事例。

表8-4　1998年OECD部分国家医疗保健支出

国　别	公共支出占GDP 比重(%)	总支出占GDP 比重(%)	公共支出占总支出的 比重(%)	人均支出 (美元)
瑞　典	6.7	8.0	84	1707
英　国	5.9	7.0	84	1532
法　国	7.3	9.6	76	2102
加拿大	6.3	9.1	69	2391
日　本	5.9	7.5	79	1844
原联邦德国	7.9	10.5	75	2488
美　国	5.8	13.1	44	4180

资料来源：联合国开发计划署，《2001年人类发展报告》，中国财政经济出版社2001年版，第156页。

表8-5　中国农村卫生资金投入

农村卫生事业费占财政支出(%)	1991	1995	1999	2000
农村卫生事业费占全国卫生事业费(%)	36.94	35.75	33.64	32.73
农村人均卫生事业费(元)	4.06	7.36	10.42	12.00
城市人均卫生事业费(元)	19.35	32.31	45.99	43.44
城市/农村	4.77	4.39	4.41	3.62

资料来源：李卫平、石光、赵琨：《我国农村卫生保健的历史、现状与问题》，载《管理世界》2003年第4期，第36页。

8.1.4　结果公平：城乡健康公平性分析

医疗卫生服务筹资和供给分别从单个侧面对健康公平性进行了衡量。而健康状况的公平性则是二者公平性的综合反映，是衡量一国健康公平最重要、最关键、最有说服力的指标。健康公平性状况可以通过疾病模式加以反映。所谓疾病模式，是指从死亡率、疾病谱及危险因素等方面衡量人群健康水平的一个指标。20世纪以前，由于人类经济发展水平和医疗技术水平的落后，人类处于受瘟疫和饥荒奴役的地位，传染性疾病比重高，对人类健康和生存状况危害很大。20世纪以来，由于工业化、城市化进程的推进，人类的生活水平和教育水平得到提高，医疗技术突飞猛进，卫生服务质量显著提高。结果是传染性疾病发病率和死亡率下降，人类死亡率大大降低。同时，为了控制人口的迅猛增长，一些国家采取了计划生育政策，导致了生育率的下降。这两个因素综合作用的结果是世界上广泛出现了人口老龄化现象，慢性非传染性疾病的发病率和死亡率增加，疾病模式发生重要转变。目前，发达国家已经完成了疾病模式的转变，非传染性疾病取代传染病成为人类生病和致残的主要原因，非传染性疾病导致的疾病负担在整个疾病负担中占 80% 左右的比例。发展中国家则处于疾病模式转变的过程中，一方面非传染性疾病比重上升，占整个疾病负担的 40% 左右，另一方面由于经济衰退或者分配不公平的存在导致传染病持续或死灰复燃，形成"不完全的疾病模式转变"。目前，降低各国在疾病模式转变上的不平等已经成为国际卫生发展的首要任务。[①]

20 世纪 80 年代以前，由于城镇公费医疗、劳保医疗和农村合作医疗制度的广泛开展，以及政府采取的城乡公平的卫生事业发展策略，我国城乡居民健康水平都得到了很大改善，疾病模式也都有所转变，彼此之间的差距不大。由于资料的缺乏，难以对我国城乡疾病模式各方面进行系统分析，仅以城乡人口预期寿命和城乡人口死亡率数据作说明。1982 年第三次全国人口普查显示，中国人口的预期寿命由建国前的 35 岁提高到了 1981 年的 67.9 岁。这一增长速度从世界范围来看是非常突出的。毫无疑问，在农村人口占据总人口 80% 比例的情况下，倘若没有农村人口健康状况的巨大改善，这一成就是不可能取得的。从人口死亡率来看，1957 年中国人口死亡率为 10.80‰，城乡死亡率都较高，二者差距为 2.6 个千分点。此后，城镇人口死亡率迅速下降，农村人口死亡率也稳步下降，二者的差距在短暂扩大后逐步缩小，到 1980 年为将近一个千分点。（表 8-6）这无疑是对 20 世纪 80 年代以前城乡疾病模式转变的一致性和健康公平性的良好例证。

20 世纪 80 年代以来，城乡医疗卫生服务筹资和供给不公平累积的结果导致了城乡健康水平的不公平和疾病模式转变的差异。城市地区人口的疾病模式已经接近发达国家的水平。而大部分农村地区，尤其经济落后的地区，还处于发展中国家的水平。

---

① WHO，*World Health Report：Make a Difference*，1999.

表8-6 中国城乡历年人口死亡率

	20世纪30年代	1952	1957	1965	1975	1980	1990	1998
全国(‰)	25.00	17.00	10.80	9.50	7.32	6.34	6.67	6.50
市镇(‰)			8.47	5.69	5.39	5.48	5.71	5.31
县(‰)			11.07	10.06	7.59	6.47	7.01	7.01

资料来源:陈佳贵等:《中国社会保障发展报告(1997~2001)》,社会科学文献出版社2001年版,第275页。

首先,关于人口死亡率。如表8-6,20世纪80年代后,城乡人口死亡率差距又呈现增大趋势,20世纪90年为1.3个千分点,1998年继续扩大到1.7个千分点。差距扩大的原因在于20世纪90年代以来县级人口死亡率下降的停滞。5岁以下儿童死亡率数据更能说明问题。表8-7表明,无论是婴儿死亡率还是5岁以下儿童死亡率数据,中国城市均接近于OECD国家的水平,而农村仍然停留在发展中国家的行列,与东亚和太平洋地区的水平相当,城乡差距显著。

表8-7 2000年中国城乡与世界各国(地区)5岁以下儿童死亡率比较

	发展中国家	欠发达国家	东亚和太平洋地区	中东欧、独联体国家	OECD国家	OECD高收入国家	中国城市	中国农村
婴儿死亡率(‰)	61	98	33	20	12	6	11.8	37
5岁以下儿童死亡率(‰)	89	155	43	25	14	6	13.8	45.7

资料来源:联合国开发计划署:《2002年人类发展报告》,中国财政经济出版社2002年版,第240页;《2003中国农村贫困监测报告》,中国统计出版社2003年版,第89页。

我国城乡之间在孕产妇死亡率方面差距也非常大。如图8-3所示,1990年农村地区孕产妇死亡率为城市地区的2.45倍,整个20世纪90年代,这一差距下降缓慢,1997年和1999年差距甚至出现了上升的趋势,分别达到2.1倍和3.04倍!到2001年,我国农村孕产妇死亡率依然达到城市地区的1.87倍。

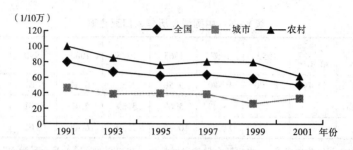

图8-3　城乡历年孕产妇死亡率

资料来源：《2003 中国农村贫困监测报告》，中国统计出版社
2003 年版，第89页；卫生部：《1998 中国卫生统计提要》，1999年，
第100～101页。

其次，疾病谱与死因谱方面。如表8-8所示，2001年我国城乡前
5位死亡原因是相同的，城市地区恶性肿瘤、脑血管等慢性病已经占据
了前三位死亡原因，接下来是呼吸系统疾病、损伤和中毒。恶性肿瘤、
脑血管、损伤和中毒等非传染性疾病也已经成为农村地区的第2～5位
死亡原因。然而，农村地区死亡原因中高居首位的依然是呼吸系统疾
病。城乡第6～10位死亡原因中，有两项不同。城市中精神病和神经病
等与现代社会生活方式、生活压力有关的疾病榜上有名，而新生儿病、
肺结核等由于医疗卫生条件落后和营养不良导致的疾病则赫然列在农村
死因谱上。由此表明，我国城市人口的疾病谱与死因谱已经以慢性非传
染性疾病为主，农村人口在慢性非传染性疾病上升的同时，传染性疾病
和营养不良症仍然占据重要的位置。我国城乡之间的疾病谱仍然存在不
小的差距。

最后，关于危险因素。城乡之间，威胁居民生存状况和健康的因素
存在一定的差异。城市地区，环境污染、职业伤害、不良生活方式和行
为成为主要的致病因素。中国由于工业化、城镇化和生态破坏而引起的
环境污染有逐年加重的趋势，工业"三废"严重威胁城市和少数乡镇
企业发达的农村居民的生命安全与健康。同时，安全防护措施不过关导
致的职业伤害也是重要的健康杀手。同时，对于烟草、酒精的长期过量
消费，以及高糖分、高脂肪的不良饮食结构，还有不良性行为等不良生
活方式和行为是目前我国城市面临的主要危险因素。这些问题是发达国

家同样面临的问题。而农民健康的主要危险因素则仍然是恶劣的生存环境、较差的卫生条件和不良的营养状况等，这些问题在很大程度上与经济收入状况和自然环境相关。当然，工业化、城镇化同样导致农村人口面临更多的职业伤害、损伤和中毒等疾病的威胁。但总的来说，我国农村人口所面临的健康问题，依然与不发达国家相似。

表8-8 2001年中国部分市、县前十位主要疾病死亡专率及死亡原因构成

顺位	城　市			农　村		
	死亡原因	死亡专率（1/10万）	占死亡总人数的比重(%)	死亡原因	死亡专率（1/10万）	占死亡总人数的比重(%)
1	恶性肿瘤	135.59	24.93	呼吸系病	133.42	22.46
2	脑血管病	111.01	20.41	脑血管病	112.60	18.95
3	心脏病	95.77	17.61	恶性肿瘤	105.36	17.73
4	呼吸系病	72.64	13.36	心脏病	77.72	13.08
5	损伤和中毒	31.92	5.87	损伤和中毒	63.69	10.72
6	内分泌、营养、代谢及免疫疾病	17.18	3.16	消化系病	24.14	4.06
7	消化系病	17.06	3.14	泌尿、生殖系病	9.09	1.53
8	泌尿、生殖系病	8.55	1.57	新生儿病*	791.21	1.26
9	精神病	5.37	0.99	肺结核	7.38	1.24
10	神经病	5.20	0.96	内分泌、营养、代谢及免疫疾病	6.59	1.11
	十种死因合计		92.00	十种死因合计		92.14

注：统计范围包括北京等36个市全市或部分市区及北京等90个县的资料。
资料来源：《2001年部分市前十位主要疾病死亡专率及死亡原因构成》；《2001年部分县前十位主要疾病死亡专率及死亡原因构成》；国研网，2003-09-03。

总之，城乡在医疗卫生筹资和供给上的不公平不可避免地导致了二者在健康和疾病模式上的不公平。城市居民已经基本完成了疾病模式的转变，其面临的卫生健康问题，更多是"后医学时代"所要解决的问题。而农村人口仍旧处于疾病模式转变的过程中，他们依然处于"医学时代"，需要通过实施传染病预防、基础保健、改善基本卫生条件等提高其健康状况，加速疾病模式的转变。为了改善城乡之间严重的健康不公平，必须采取措施完善农村医疗保障制度、改善农村医疗卫生服务供给状况。这提供了建立农村新型合作医疗制度的必要性。

8.2 SARS对我国农村医疗保障体制的挑战

8.2.1 引言：SARS的挑战

突如其来的一场"非典"（SARS），给中国社会各方面带来了巨大冲击。而薄弱的农村卫生与医疗保障事业更是遭受了严峻的挑战。SARS的挑战主要来自于两方面：挑战之一是农民预防疾病意识的淡薄和相关知识的缺乏致使SARS的预防与控制非常困难。而目前乡村医院的医疗设备和医护人员的技术水平与城市医院存在很大的差距，一旦出现SARS病人，很难保证疾病不会在农村医疗机构内部传染，更不用说SARS的预防与治疗了。挑战之二，即使医疗机构具备良好的医疗设备和技术条件，收入低下的农民也无法利用，因为他们根本没有能力承受SARS的高治疗成本。对于他们而言，患上SARS等于被宣判了死刑。挑战之一由于政府预见到了SARS入侵农村的可怕后果，在农村采取了步步为营的预防、隔离措施；并且上苍"眷顾"农民，没有让SARS在农村大面积爆发才得到了缓解。挑战之二由于政府承诺承担农民治疗SARS的费用也暂时得到了缓解。然而，仓促的应急措施暴露了农村卫生与医疗保障事业的极度脆弱，让人们看到了市场失灵和政府失灵综合作用的结果。

8.2.2　农村医疗服务市场：市场失灵与政府失灵的产物

由于医疗产品的异质性、供给的垄断性、产品的外部性和广泛存在的信息不对称，导致医疗服务市场存在严重的信息不对称现象，需要政府进行适当干预，保证市场的顺利运行。遗憾的是，政府并没有采取措施弥补市场作用的空缺，导致农村医疗市场出现了"市场失灵"与"政府失灵"并存的后果。

（一）增加的医疗需要与严重不足的医疗需求

经合组织国家的研究表明，医疗卫生服务需要有三个影响因素：人口老龄化、技术进步和医疗服务质量的提高。其中人口老龄化的影响主要是因为人均医疗费用和年龄密切相关。一般情况下，60 岁以上年龄组的医疗费用是 60 岁以下年龄组医疗费用的 3 ~ 5 倍。如 1993 ~ 1994 年，澳大利亚 65 岁以上人口人均医疗费用为 4919 澳元，大约是 65 岁以下人群人均卫生费用的 3.78 倍[①]。OECD 国家用于测算卫生总费用的计量经济学模型（The Models of National Economic Research Associates）表明，65 岁以上人口的医疗卫生费用大约是 65 岁以下人口的 2 ~ 8 倍。20 世纪 80 年代以来，我国出现了快速的老龄化。由于剩余劳动力的转移，农村老龄化进程进一步加快。农村老年人总量和比重的提高导致了农民医疗服务需要的增加。另外，医疗技术的进步和医疗质量的提高使得人类对疾病的认知和治疗能力提高，许多以前无法治疗的疾病变得可以治疗。由此也推动了人们医疗需求的增加。再加上农村生活环境差、卫生条件差、劳动保护不足等因素的作用，农民医疗需要呈增加态势。1993 年与 1985 年相比，我国农民的两周患病率由 69.0‰提高到了 128.2‰，慢性病患病率从 86.0‰提高到 130.7‰，因病休工天数从 5.4 天提高到 6.8 天，因病卧床天数从 2.4 天提高到 3.2 天[②]。1998 年第二次国家卫生服务调查结果显示，农村居民的两周患病率进一步提高到了 137.11‰，比 1993 年第一次国家卫生

---

① 王龙兴、于广军等：《建立老年保健评估制度　合理利用卫生资源》，载《中国卫生资源》1999 年第 3 期，第 45 页。

② 骆勤：《我国医疗保险制度改革的政策选择》，载《财经论丛》1999 年第 6 期。

服务调查时增加了 6.94%。农民两周患病率的增加，反映了其医疗服务需要量的增加。

表 8 - 9　1993 年和 1998 年两次卫生服务调查城乡居民两周患病率比较

调查项目		城乡合计	城市合计	农村合计	大城市	中城市	小城市	一类农村	二类农村	三类农村	四类农村
1993 年两周患病率 (‰)	合计	140.1	175.2	128.2	200.9	187.3	138.8	124.4	138.1	122.0	127.1
	男性	128.4	158.0	118.7	181.0	165.2	129.9	112.5	131.0	113.3	114.1
	女性	151.9	191.8	138.1	220.0	208.5	147.7	136.7	145.3	131.0	140.4
1998 年两周患病率 (‰)	合计	149.76	187.23	137.11	223.73	158.98	169.74	132.50	133.03	153.75	114.71
	男性	136.19	170.74	125.05	204.34	145.97	154.66	123.66	122.84	138.48	101.24
	女性	164.07	203.54	150.12	242.74	171.79	184.82	142.11	144.07	170.03	129.56

资料来源：《1998 年国家卫生服务调查分析报告》，www. moh. gov. cn，2002/07/03。

　　然而，在既定的收入分配格局下，农民的医疗需要受经济条件的限制，难以顺利转化为医疗有效需求。目前我国城乡居民人均收入差距达到了 4 倍多，而与此同时，农村居民与城市居民却处于一个统一的医疗市场上。农民要以相当于城镇居民 1/4 的收入水平支付与城镇居民相同的医疗费，负担之重可想而知。统计数据表明[①]，1990 年到 1999 年，我国农民平均纯收入由 686.31 元增加到 2210.34 元，增长了 2.2 倍；同期卫生部门统计的每人次平均门诊费用和住院费用，分别由 10.9 元和 473.3 元增加到 79 元和 2891 元，增长了 6.2 倍和 5.1 倍。政府既没有改变不合理的收入分配格局，又没能采取有效措施减轻农民的医疗费用负担，结果导致农民医疗服务需要难以顺利转化为有效医疗需求。调查结果显示，农民生病无钱就诊的比例由 1985 年的 4% 上升到 1993 年的 7%，需要住院而未能住院的原因中，经济困难所占比重由 1993 年的 60.63% 上升到 1998 年的 63.69%（见表 8 - 10）。15 年内全国农村的医疗有效需求相对萎缩了 50% ~ 70%，

---

　　① 王延中：《论新世纪中国农民医疗保障问题》，国研网，2002 年 4 月 21 日。

20%的人明确表示已经看不起病。

表8-10 1993年和1998年农村居民应该住院而未能住院原因构成

调查地区	自认病轻		无时间		经济困难		服务差		无床位		其他	
	1998	1993	1998	1993	1998	1993	1998	1993	1998	1993	1998	1993
农村合计	19.93	15.86	5.61	11.29	63.69	60.63	0.44	0.77	0.13	2.09	10.21	9.36
一类农村	18.10	19.52	6.33	10.27	63.80	47.95	0.68	0.00	0.00	2.74	11.09	19.52
二类农村	28.02	15.36	6.73	12.09	54.12	63.15	0.41	0.19	0.27	2.88	10.44	6.33
三类农村	15.48	17.27	4.86	11.70	70.26	61.14	0.30	1.11	0.15	0.84	8.95	7.94
四类农村	15.20	9.47	4.19	9.82	69.38	67.72	0.44	1.75	0.00	3.16	10.79	8.07

资料来源：根据《1993年国家卫生服务调查分析报告》和《1998年国家卫生服务调查分析报告》整理所得。这两个调查报告可以在卫生部网站查阅：www.moh.gov.cn, 2002/07/03。

（二）总量不足与效率低下的医疗供给

SARS让我们看到了一个极端脆弱、残缺不全的农村医疗供给体系。农村医疗供给体系包括农村三级医疗预防保健网和农村医生队伍。农村三级医疗预防保健网，是指以村卫生室为基础、乡卫生院为中坚、县级医疗卫生机构为中心，为广大农民提供医疗预防保健服务的完整的医疗卫生体系。其中，乡镇卫生院是三级医疗预防保健网的枢纽，发挥着承上启下的作用，承担着预防保健、基本医疗、卫生监督、健康教育等基本医疗和卫生服务功能。村卫生室作为这一体系的基础，主要承担一些基本的预防保健任务和常见病的治疗工作。农村医生在改革前主要指半农半医、既能治疗农村常见病又不脱离生产的"赤脚医生"。到1980年，全国农村约有90%的生产大队（行政村）实行了合作医疗，形成了集预防、医疗、保健功能于一身的三级医疗预防保健网络。这个网络，除了51万正规医生外，还拥有146万不脱产的生产大队"赤脚医生"、236万生产队卫生员以及63万多农村接生员。中国农村这次卫生革命基本上实现了"小病不出村、大病不出乡"的目标，基本满足了农民的医疗需求，促进了农民健康状况的改善和提高。

20世纪80年代以来，伴随整个经济体制改革的进行，医疗卫生体制也逐步走向了市场化。政府的指导思想是希望通过市场竞争提高医疗机构的效率，解决医疗卫生服务筹资和医疗成本控制问题。这种政策固然在短期内部分地解决了卫生机构资金不足的困难，促进了卫生服务供给的扩大，长期却留下了巨大的隐患。

1. 问题之一是虚高的药价。在商品流通体制改革的大环境下，国家为了解决因统一定价而导致医疗机构普遍亏损的问题，规定医疗机构销售药品可以提取一定的供销差价作为补偿。在追逐利润目标的驱动下，这一权利逐步被医疗机构滥用，销售高价药品成为许多医疗机构创收的有效手段，药品销售收入也逐步成为医疗机构收入的主要甚至是最大组成部分。而药品价格也从此开始扶摇直上，涨幅远远超过城乡居民收入的增长速度。1989～2001 年间，城镇居民人均收入增长了 544%，农村居民人均收入增长了 393%，而同一时期，诊疗费和住院费分别增长 965% 和 998%[①]。可以说政府职能定位的不适当导致了医疗费用的不合理上涨，间接导致了农民医疗需求受抑制。

2. 问题之二是政府卫生投入的减少导致农村公共卫生体系残缺不全。如表 8 – 11 所示，1991～2000 年，我国农村卫生投入占财政支出的比重一直呈下降趋势。中国农村人口占全国的近 70%，农村卫生事业费只占全国卫生事业费的 1/3 左右，且一直呈下降趋势。全国新增卫生经费投入中只有 14% 投入到农村，而 14% 中的 89% 又成了"人头费"，真正专项的农村卫生经费只有 1.3%。虽然政策也曾经规定地方政府要对卫生机构的公共卫生服务给予补贴，但由于地方财政状况的恶化，这一规定在不发达地区很难实现。由于农村公共卫生事业的建设缺乏相应的资金支持，导致其基础设施、技术设备的更新和相应的技术人员的技能培训不能顺利进行。农村地区公共卫生机构只能勉强维持现状，或者靠不规范的收费维持其最起码的运转。由此导致在全国大部分农村地区尤其是贫困地区，公共卫生服务要么供给不足，要么几乎都变成付费项目，由此大大降低了公共卫生服务的可及性。

---

① 王绍光：《中国公共卫生的危机与转机》，国研网，2003 年 10 月 21 日。

表 8-11 中国农村卫生投入状况

	1991	1992	1993	1994	1995	1996	1997	1998	1999	2000
农村卫生投入/财政支出(%)	1.44	1.49	1.26	1.29	1.24	1.18	1.13	1.02	0.90	0.78
农村卫生事业费/全国卫生事业费(%)	36.94	37.80	36.48	35.69	35.75	35.02	34.29	33.89	33.64	32.73
城市/农村人均卫生事业费	4.77	4.31	4.45	4.49	4.39	4.46	4.49	4.47	4.41	3.62

资料来源：李卫平、石光等：《我国农村卫生保健的历史、现状与问题》，载《管理世界》2003 年第 4 期，第 36 页。

3. 问题之三是政府农村卫生资金投入减少的同时，市场并没有为农村卫生机构提供相应多的收益。我国中、西部地区许多县、乡医疗机构由于地区经济实力有限得不到足够的财政补偿，而农民支付能力的有限使得医疗机构通过医疗服务和药品创收的能力不足。结果导致中国农村医疗卫生体系被市场化大潮冲垮，许多医疗机构面临严峻的"吃饭"压力、生存危机。目前，全国 44952 所农村乡镇卫生院中，1/3 勉强维持，1/3 处于崩溃边缘。不少地区的乡镇卫生院已经被租赁甚至拍卖转让给个人。而村级卫生机构更是由于集体力量不足而大量转为个体经营。在总量缺乏的同时，农村医疗供给体系还存在结构失衡和质量低下的问题。县、乡两级医疗和计划生育服务机构各成系统，造成了资源的重复配置与浪费。医疗机构内部冗员和非卫生技术人员充斥，卫生技术人员学历水平不高，服务质量难以保证。

总之，在市场失灵的农村医疗卫生服务领域，政府并未能采取有效措施解决农民医疗有效需求不足和农村医疗服务供给总量不足、质量低下问题。这不仅造成了农民看病难的现状，而且埋下了巨大隐患。这些隐患在 SARS 袭击下整体爆发，也以惨痛事实证明：加强政府干预，提高农民医疗有效需求和推进农村医疗卫生服务体系建设刻不容缓。

8.2.3 农村医疗保障：市场失灵与政府失灵的结果

医疗保险市场严重的信息不对称导致的"道德风险"、"逆选择"现象的存在，以及医疗保险产品的异质性与供给的规模经济、风险选择决定了政府干预的必要性。中国政府也曾经以强有力的干预促进了农村医疗保障在"一穷二白"情况下的全面覆盖。

合作医疗是中国农村最主要的医疗保障形式。它兴起于农业合作化时期，是农民群众自发成立的医疗互助组织。政府对合作医疗给予了全面肯定和积极支持，并在全国范围内大力推广。各级基层政权直接承担了合作医疗的组织管理职能，集体经济组织对合作医疗给予了强大的资金资助。政府还建立了完善的农村三级医疗预防保健网和赤脚医生队伍，为合作医疗提供了医疗供方基础。到 20 世纪 70 年代中期，全国农村合作医疗的覆盖率达到了 90%。从而有效地保障了农民的基本医疗服务需求，促进了农村卫生条件的改善和居民健康状况的提高。统计数据表明①，中国的婴儿死亡率由建国前的 200‰ 下降到了 1980 年 34.7‰，人口预期寿命由建国前的 35 岁增长到了 1982 年的 67.9 岁，成为该时期世界上人均寿命增长最快的国家之一。这些成就的取得与占中国总人口 80% 的农村人口健康状况的改善不无关系。

然而，20 世纪 80 年代以来，在经济条件大大好转的情况下，政府消极支持的政策导致了我国农村医疗保障的衰落、解体。有的地方曾经把合作医疗作为"左"的产物批判，至今有些基层干部还错误地认为合作医疗是搞平均主义、大锅饭，是计划经济的产物，不符合市场经济体制。这一指导思想的改变导致了合作医疗的大面积滑坡。根据卫生部门的调查，1985 年全国实行合作医疗的行政村由 20 世纪 70 年代的 90% 猛降到了 5%，1989 年又进一步下降到4.8%。到 20 世纪 90 年代初全国仅存的合作医疗主要分布在上海和苏南地区②。虽然 20 世纪 90 年代后政府重新认识到了合作医疗的重要性并做了重建合作医疗的努力，合作医疗并没有如期建立。究其原因，仍然与政府部门认识不统一、政策不一致有关。有的基层干部认为看病是农民个人的事，政府不该管；有的人认为合作医疗不是社会保障，政府不应管；有的人认为农民对国家的税收贡献小，政府不必管；更有甚者，把合作医疗筹资认定为增加农民负担而勒令停办。

---

① 陈佳贵等：《中国社会保障发展报告（1997～2001）》，社会科学文献出版社 2001 年版，第 275 页。

② 鼎鸣：《关注农民健康》，载《人民日报》2001 年 10 月 30 日。

表 8-12　1998 年中国农村医疗保障制度构成

单位：%

合作医疗	公费医疗	劳保医疗	半劳保医疗	医疗保险	统筹医疗	自费医疗	其他形式
6.50	1.16	0.51	0.20	1.41	0.05	87.44	2.73

资料来源：《1998 年第二次国家卫生服务调查分析报告》，www. moh. gov. cn，2002/07/03。

　　合作医疗制度衰落的结果是全国接近 90% 的农民沦为自费医疗群体。在医疗费用飞速上涨的形势下，疾病成了农民生活的一项沉重负担。有关部门对湖北、江苏、广东三省农户调查表明，"因病致贫"占贫困户的比例达 30%；在河南、陕西、四川甚至北京郊县，因病致贫的农户占贫困户总数的 40%～50%；在青海，这个比例达 56%①。农民看不起病的现象不可避免地影响了农民健康状况。近几年我国农民健康状况的改善出现了趋缓甚至下降的现象，某些已经得到控制的地方病、传染病的发病率出现了反弹甚至死灰复燃。

　　总之，SARS 事件的发生是一个契机，它让我们看到了在经济转轨过程中，政府在公共管理职能上的明显缺位。即传统的政府直接干预经济的职能仍处于一个全面退出的过程中，新的与市场机制配套的政府弥补市场失灵的缺陷、处理公共事务的职能还没有建立。政府在农村卫生与医疗保障方面公共政策职能的不明晰乃至缺位导致相应的公共卫生资源配置不到位，责权利无法得到具体落实。由此不可避免地导致了农村卫生与医疗保障事业的困境和随之而来的农民健康问题。

8.2.4　结论：必须建立农村医疗保障制度

　　当前，在为 SARS 没有大面积冲击农村地区感到万幸的同时，我们必须要清醒地认识到，农民对疾病的经济承受能力仍然很弱，农村卫生的薄弱现状仍然没有根本的改善，农民的医疗并没有得到很好的保障。农民在各种各样的疾病风险面前仍然十分脆弱，看不起病、因病致贫、因病返贫问题仍然很严重。农民是发展、繁荣农村经济的最

---

① 王绍光：《中国公共卫生的危机与转机》，国研网，2003 年 10 月 21 日。

大财富，而农民的最大财富就是劳动能力。倘若农民医疗保障薄弱的现状不能尽快改善，农民健康得不到保证，农村经济也就失去了发展的引擎。据亚洲开发银行（ADB）统计，SARS 导致中国内地经济的总损失额为 179 亿美元，占中国 GDP 的 1.3%，2003 年 2 季度中国农民纯收入损失达到 600 亿人民币，平均每人损失 76 元[①]。中央多项对农民增收减负政策的成效可能因此付诸东流。如果说 SARS 对农民收入和国民经济的影响是确定的话，长期缺乏医疗保障对农民健康、农村经济乃至整个国民经济的不利影响则是不可估量的。国外研究已经表明，健康水平的降低、卫生部门的低生产力最终将使经济增长消失[②]。过去，各级政府均以提高当地经济增长率为首要目标，而短期内对 GDP 贡献不明显的卫生和医疗保障事业没有受到足够的重视。SARS 向我们敲响了警钟。它表明，要想实现农村经济、社会的顺利发展，政府必须转变职能，从单一的优先发展经济的目标转向社会经济协调发展的目标上。为此，政府要在农村卫生和医疗保障等市场失灵的领域，合理界定新的职能，提供公共产品，发展农村公共卫生和医疗保障事业，为经济的持续增长提供良好的社会环境，为经济可持续发展提供坚实的基础和动力。

---

① 孙宇挺：《内地经济因"非典"损失 179 亿美元》，载《中国青年报》2003 年 11 月 11 日。

② Adriaan ban Zona, Joan Muysken, "Health and endogenous growth", *Journal of Health Economics*, vol. 20, 2001, pp. 169~185.

9 农村合作医疗制度变迁的
若干问题分析

合作医疗制度是我国农村健康保健制度的有效形式。在我国农村经济状况十分困难的 20 世纪 60～70 年代，它对于保障农民的基本医疗需求，提高农民的健康水平发挥了至关重要的作用。合作医疗与农村三级医疗预防保健网和"赤脚医生"一起，并称为解决我国广大农村缺医少药的三件"法宝"，被世界银行和世界卫生组织誉为"发展中国家解决卫生经费的唯一范例"。

然而，进入 20 世纪 80 年代后，随着家庭联产承包责任制的实行和农村集体经济组织的衰落，农村合作医疗制度也大面积解体。虽经中央和地方各级政府屡次努力，重建合作医疗制度的目标却始终难以实现。失去"法宝"保护的结果是大多数农民成为自费医疗群体，农民看不起病、因病致贫、因病返贫问题突出。这一问题也日益成为妨碍农村劳动力素质提高和农村社会稳定的隐患。对此，中央非常重视，决定从 2003 年起开始在全国范围内开展新型农村合作医疗制度的试点，到 2010 年在全国农村基本建立起适应社会主义市场经济体制要求和农村经济社会发展水平的农村卫生服务体系和合作医疗制度。然而，在以往重建合作医疗的努力屡次受挫之后，人们不禁要问：合作医疗制度为何在曾经辉煌之后一蹶不振？新型合作医疗制度如何能够吸取前车之鉴，使其再现辉煌？

9.1 经济体制改革前的传统农村
合作医疗制度回顾

9.1.1 传统农村合作医疗制度

改革前的合作医疗制度是"人民公社社员依靠集体力量，在自愿互助基础上建立起来的一种社会主义性质的医疗制度，是社员群众的集体福利事业"。[①]

我国农村正式出现具有保险性质的合作医疗制度是在 1955 年农业合作化高潮时期。那时，随着农业合作化的发展，山西高平县米山乡和河南正阳县王团乡等地分别依靠集体力量首先办起了合作医疗制度。在农业合作化高潮的短短 3 年间，全国合作医疗覆盖率达到 10%。1959 年 11 月，卫生部在山西稷山召开的全国农村卫生工作会议上正式肯定了农村合作医疗制度。加上大力兴办人民公社热潮的推动，全国掀起了合作医疗的第一次高潮，到 1962 年覆盖率达到将近 50%。

1965 年 9 月，中共中央批转卫生部《关于把卫生工作重点放到农村去的报告》，强调了农村基层医疗保健工作的重要性。1968 年，毛主席亲笔批示湖北长阳合作医疗"是医疗战线的一场大革命"，"解决了农民群众看不起病、吃不起药的困难"。同年 12 月 5 日，《人民日报》头版头条详细介绍了长阳合作医疗的成功经验，号召全国人民学习这一做法。在领袖号召和舆论宣传的强力作用下，全国范围内兴起了轰轰烈烈地举办合作医疗的热潮。到 20 世纪 70 年代中期，全国农村合作医疗的覆盖率达到了 90%。1978 年合作医疗被载入宪法。1979 年卫生部颁布了《农村合作医疗章程（试行草案）》，对合作医疗制度进行了规范。

总之，改革前的中国通过在农村建立三级医疗预防保健网和积极推

---

① 卫生部：《农村合作医疗章程（试行草案）》，1979/12/15，www.drcnet.com.cn。

行合作医疗制度，有效地保障了农民的基本医疗服务需求，促进了农村卫生条件的改善和居民健康状况的提高。统计数据表明，中国的婴儿死亡率由建国前的200‰下降到了1980年34.7‰，人口预期寿命由建国前的35岁增长到了1982年的67.9岁，成为该时期世界上人均寿命增长最快的国家之一。这些成就与占总人口中80%的农村人口健康状况的改善不无关系。①

综观这一时期的农村合作医疗制度，可以看出其成功与以下几个条件的具备不无关系：

第一，农民愿望与政府支持的有力结合使合作医疗的产生具备了广泛的群众基础和建立的政治、组织基础。

与家庭联产承包责任制相同，这一时期合作医疗制度的建立主要是一种由自下而上到自上而下的政策形成过程，它充分反映了农民群众的意愿，使合作医疗制度具有广泛的需求。同时，合作医疗制度还得到了中央及地方各级政府的大力支持。社队基层组织直接承担了合作医疗制度的管理、监督职能，如生产队一般在每年年终个人收入分配前，从社员应得收入中扣除合作医疗制度应该上缴费用额，从而有效地解决了个人筹资问题。中央领导人高度重视合作医疗制度，并且在全社会范围内产生了强大的舆论宣传效果，这无异于向合作医疗制度打了一剂强心针，对于合作医疗制度迅速推广开来起到了关键作用。

第二，集体经济组织的有力支持为合作医疗制度提供了可靠的经济基础。

《农村合作医疗章程（试行草案）》第六条规定，"合作医疗基金由参加合作医疗的个人和集体（公益金）筹集"，"随着集体经济的不断发展逐步扩大集体负担部分"。实践中，集体经济一般承担了直接向合作医疗制度提供资金补助和资助合作医疗供方的职责。公社卫生院的运行在很大程度上依赖于社队财务的支持，大队卫生室则几乎完全靠集体经济维持。卫生室的房屋和器械由大队投资，流动资金和人员经费主要由生产队拨付。"赤脚医生的报酬要体现按劳分配多劳多得的原则，可

---

① 陈佳贵等：《中国社会保障发展报告（1997~2001）》，社会科学文献出版社2001年版，第275页。

以采取工分或工分加现金补贴等方式，一般应相当于同等劳动力"。1968 年安徽凤阳县规定半农半医的卫生员由生产队计工分，工分水平不低于同等劳动力；脱产赤脚医生按大队干部的报酬水平获得工分和现金补贴。药金从各生产队的公益金中抽取，作为药品周转金。① 总之，农村合作医疗制度的建立和维持，是以当时农村的产权制度为基础的，制度中医疗需方和供方筹资的主要来源都是集体。毫无疑问，计划经济体制下集体经济组织的支持对于合作医疗制度的发展起到了至关重要的作用。

第三，农村三级医疗预防保健网的发展和赤脚医生的培养有力地保证了医疗供给，向合作医疗提供了医疗供方基础。

到 1965 年，农村绝大多数地区的县、公社和生产大队都已建立起医疗卫生机构，形成了较为完善的三级预防保健网。赤脚医生也像"春苗"一样栽遍了祖国的大江南北。赤脚医生的医术并不高明，但较好地适应了合作医疗实行"三土"（土医、土药、土洋结合）、"四自"（自采、自种、自制、自用中草药）的医疗办法，保证了合作医疗"预防为主，群防群治"目标的实现。

9.1.2 传统农村合作医疗制度难以持续的原因剖析

针对合作医疗自 20 世纪 80 年代后大量解体并难以恢复重建的现实，学术界做了大量研究，并从经济学、管理学、社会学等不同角度出发对于这一问题做出了解释。总体来说，合作医疗制度难以持续是多种因素共同作用的结果。有制度自身原因，也有外部环境的原因；有主观因素，也有客观因素。

（一）经济因素

经济因素对合作医疗制度不可持续的影响主要表现在以下方面：

1. 集体经济组织力量的弱化使合作医疗失去了稳定而可靠的筹资来源

集体经济组织力量的弱化是学者们关于合作医疗失败的原因中探讨

---

① 朱玲：《政府与农村基本医疗保健保障制度选择》，载《中国社会科学》2000 年第 4 期，第 92 页。

得最多的。如王延中①指出，在人民公社体制下"党政不分、政企合一"，人民公社及其下属的生产大队、生产队作为凌驾于农民之上的集体组织，直接掌握和控制农村的各项资源，直接组织生产和收益分配。经济体制改革之后，农民拥有了经营自主权和收益分配权，而乡村组织在农业生产与收益分配上的权力大大弱化，无力继续支持包括合作医疗在内的乡村公共服务事业。结果全国只剩下沿海部分乡镇集体企业比较发达的地区，由于集体经济对合作医疗还有部分投入，使合作医疗得以保存。李和森②指出，产权制度变迁决定经济体制的变迁，进而共同影响或决定医疗保障体制的变迁；我国传统合作医疗难以恢复重建的原因在于理论上忽视了医疗保障制度与产权制度和经济体制之间的内在关系。联产承包制实施后，集体组织与个人在分配关系中的地位发生了变动，集体组织由原来的主动变为了被动，个人由原来的被动变为了主动。这种地位的转换严重破坏了集体组织公共分配制度下筹资机制的稳定性与可靠性。原来那些依赖社区集体组织直接扣除劳动剩余而提供资金支持的合作医疗制度，陷入"断炊"状态。

2. 经济资源配置不均衡导致合作医疗制度筹资困境

王红漫等人认为，经济因素决定了农民对医疗保健的态度，使部分医疗需要不能转化为医疗需求。对于农民来说，医疗保健需求显得不那么重要的深层次原因在于农民的经济收入还没有上升到足够高的水平。相对于普通的生活消费而言，医疗保健还属于经济学上的奢侈品。在实际收入增长水平低、对未来收入的预期又普遍缺乏信心，而对未来的风险预期又较大的情况下，农民对奢侈品的需求大大减少③。

我们认为，如果仅仅从经济和收入的角度考虑，集体经济组织解体和农民收入水平低似乎并不足以对农村合作医疗解体提供充分解释。诚然，我国农民总体人均收入水平很低，且地区之间很不平衡，中、西部

---

① 王延中：《试论国家在农村医疗卫生保障中的作用》，载《战略与管理》2001 年第 3 期，第 21 页。

② 李和森：《建立与农村经济体制相适应的医疗保障体制》，载《新华文摘》2005 年 17 期，第 22～24 页。

③ 王红漫、高红、周海沙等：《中国农村医疗保障制度政策研究》，国研网，2003 年 2 月 28 日。

地区一些农民的收入仅仅处于温饱线附近，仅仅靠农民自己筹资建立合作医疗确实有一定难度。但是，家庭联产承包责任制改革后我国农村整体经济实力、政府的财政实力、农民人均收入水平比计划经济时代有很大提高却是不争的事实。传统合作医疗制度在更为艰苦的条件下都能够得到蓬勃发展，我们没有理由以经济条件限制作为合作医疗解体的原因。许多调查结果都显示，农民是否参加合作医疗制度与收入水平高低并不存在明显关系。收入高的农民未必比收入低的农民更愿意参加合作医疗。而现阶段农村合作医疗制度的实践更是表明，经济落后地区照样有发展合作医疗制度的典范，而经济条件较好的农村地区未必合作医疗制度开展得更好。"理论和事实都不能证明农村合作医疗'入保率低'主要是由农民收入低引起的。"[①]

事实上，经济资源配置不均衡是导致目前合作医疗制度筹资困境的重要原因。原国家计委 2001 年的研究表明，国家把主要财力用于解决大中型国有企业问题，在教育、卫生、电力和其他基础设施建设等方面，城乡基本上是"一国两制"，决策的城市化倾向较为明显。[②] 1998年以来，城镇仅仅养老保险制度一项，国家几乎每年都要投入几百亿元。而合作医疗制度中，政府资金支持非常少。1991~2000 年的 10 年间，中央政府每年拨付的合作医疗经费是 500 万元，各级地方政府拨付的合作医疗经费也是 500 万元，全国合计每年各级政府投入的合作医疗费是 1000 万元，平均每个农民每年仅约为 1 分钱。[③] 2000 年，世界卫生组织对 191 个成员国医疗保险制度进行了评价。中国在总体健康水平排 61 位的情况下，总体综合排名落到了 144 位。原因就在于医疗筹资分配公平性一项中国排在了 188 位。[④] 这一结果表明，将经济发展水平低作为合作医疗制度不可持续的理由是没有说服力的，以此来推迟新型

① 刘庆和：《西部贫困地区农村合作医疗资金供给为何不足》，载《贵州社会科学》2001 年第 2 期，第 31 页。

② 国家计委产业发展研究课题组：《发展农业和农村经济 提高农民收入的对策建议》，载《经济研究参考》2001 年第 64 期。

③ 李卫平、石光、赵琨：《我国农村卫生保健的历史、现状与问题》，载《管理世界》2003 年第 4 期，第 41 页。

④ WHO, *World Health Report* 2000, http://www.who.org.

农村合作医疗制度的建立更是不可取的。

（二）卫生环境因素

传统合作医疗制度的发展有健全的农村三级医疗预防保健网和广大的赤脚医生队伍作为支撑。经济体制改革后，一方面，大批城镇支农医务人员回到了城市；另一方面，农村自己培养的赤脚医生已经不能继续从集体经济处继续获得收入补偿，部分人利用开放、搞活的政策开始从事其他行业。1981年国务院批转《关于合理解决赤脚医生补助问题的报告》，对125万名赤脚医生进行了考核，其中64万人通过考核并被授予"乡村医生"证书。这样，农村医务人员减少了一半，又无法及时补充，当然会影响合作医疗事业①。另一方面，中国20世纪80年代开始实施的财政分权制改革对于农村卫生事业也带来了很大影响。按照这一体制，财政经费逐级下放给省、市、县基层政府，卫生系统的资金由地方财政拨付。1984年后各地下放设立乡财政，农村乡镇卫生院的管理权限也逐步被下放到乡镇政府。县乡地方政府将主要精力放在发展经济上，对卫生事业尤其农村卫生事业投入有限。尤其中、西部部分贫困地区，基层财政本身都是"吃饭财政、倒挂财政"，没有能力对卫生事业正常投入，导致农村三级医疗保健网面临巨大生存压力，呈现残缺不全之势。作为农村三级医疗预防保健网中枢的乡镇卫生院更是陷入生存困境。目前，全国44952所农村乡镇卫生院中，1/3勉强维持，1/3处于崩溃边缘。在总量缺乏的同时，农村医疗供给体系还存在结构失衡和质量低下的问题。县、乡两级医疗和计划生育服务机构各成系统，医疗机构内部冗员和非卫生技术人员充斥，卫生技术人员知识和技能水平普遍不高，服务质量不高，效率低下。还有一些农村医疗卫生机构由社会公益性服务机构转变为逐利的经济主体，公共卫生和预防保健职能荒废。由此导致合作医疗的实施缺乏合适的供方载体，筹资成本高昂；而且，即使筹集到足够的资金也无法保证参保农民享受必要的医疗服务，制度发展进一步受挫。

从根本上讲，目前农村三级医疗保健网的问题在于资源配置不合

---

① 夏杏珍：《农村合作医疗制度的历史考察》，载《当代中国史研究》2003年第5期，第113页。

理。即政府投入与医疗收费补偿的不合理结合；中央、省、市政府与县、乡基层政府卫生投入的不合理分配；以及农村内部卫生资源配置的不合理，资源过剩与效率低下并存。这在很大程度上与政府投入不足有关。

（三）制度设计与运行机制因素

1. 技术问题

朱玲认为，合作医疗制度的衰落是自身缺少制度可持续性的结果。第一是财务制度不可持续，资金来源有限但支出却没有控制。如当时安徽凤阳县规定合作医疗资金筹集"根据大队不同情况，最多每人一元，少则每人一个鸡蛋"。关于医药支出则规定"社员除交纳 5 分钱挂号费外，其他费用由合作医疗承担"。在以公社为单位举办合作医疗的情况下，"本公社治不了的病人转到外地的一切费用由公社医院负担"[①]。这种制度设计显然对患者可能具有的道德损害，即过度消费医疗服务的倾向未加约束，迟早终将破产。

道德风险对合作医疗制度的破坏性作用确实很严重。卫生经济学理论表明，消费者消费医疗服务行为追求效用最大化规律。消费者只有在消费医疗服务的边际成本等于其获得的边际收益的情况下才会停止对医疗服务的消费。在享受保险补偿的情况下，由于实行"第三方付费"，消费者自身承担的成本往往小于医疗服务的实际成本（即社会承担的成本）。在消费者达到均衡停止对医疗服务进行消费的时候，整个社会承担的成本往往大于社会由此获得的收益（消费者健康状况的改善和提高），整个社会的效用水平由此受到损失。即是我们通常所说的，有保险时会出现"小病大养"等情况，导致医疗费用浪费。而部分合作医疗采用免费的制度设计，使道德风险的发生可能扩大到极致。在实行免费医疗的情况下，消费者消费医疗服务的边际成本近似于零，而获得的边际效用则大于零，若不考虑时间成本等问题，这种设计将导致消费者消费无限多的医疗服务，而整个社会效用水平则遭受很大损失。

---

① 朱玲：《政府与农村基本医疗保健保障制度选择》，载《中国社会科学》2000 年第 4 期，第 91 页。

更为严重的是，在自愿参加原则下，合作医疗存在逆向选择的可能性。与其他保险形式一样，合作医疗制度中存在信息不对称情况。农民对自身身体状况的了解要超过合作医疗组织管理机构。农民可能会利用自己的信息优势做出对合作医疗不利的"逆向选择"行为：往往是身体有病的农民积极拥护合作医疗制度，而身体健康的农民则不愿意参加合作医疗。而保险是利用"大数法则"原理，将面临同类风险的大多数人集合起来，通过每个人负担少量保险费积累起巨大的保险金，对少数人面临的大额损失风险给予补偿，从而使所有人都得到保障。"逆向选择"行为导致"大数法则"的作用条件得不到满足，制度参保率低，许多健康农民不愿参加。而参保人群的患病率高，制度赔偿支出大。由于制度的保费收入是按照包括健康农民在内的所有农民平均的患病率进行测算后收取的，由此导致合作医疗实践必然出现收不抵支现象。恢复重建合作医疗的实践验证了这一理论，在完全实行自愿参加原则下，农民的"机会主义"行为没有受到任何限制，制度陷入了参保率低——收不抵支——提高保费——参保率更低的恶性循环。因此，这种缺乏科学测算，不考虑筹资能力与支出大小盲目实行高福利免费医疗及不考虑农民"机会主义"倾向盲目实行无条件自愿参加的做法直接导致合作医疗制度缺乏财务可持续性，出现"一紧二松三垮台四重来"的后果。这可能是农村合作医疗制度在短期内迅速普及又大起大落的重要原因之一。

2. 组织、管理问题

传统合作医疗制度以人民公社基层政权为依托，社队基层组织直接承担了制度的组织管理工作。在人民公社强大的经济基础和政治权威保证下，农村合作医疗制度得以顺利管理和运行。然而，20 世纪 80 年代以来，乡村集体经济组织在农村生产和收益分配中的地位明显下降，与之对应的村级政权组织功能弱化问题在我国表现得比较普遍。导致包括合作医疗在内许多公共事业的发展缺乏有力的组织基础。

不过，这仅仅是表面现象。基层政权力量的弱化并非目前合作医疗实践中出现组织、管理问题的根本原因。无论如何，乡村基层政权仍然存在，村委会的组织功能也并未丧失，农村基层干部数甚至达到了传统合作医疗时期的两倍多。而且，农村金融机构等各种社会组织比过去有了很大发展。只要能够采取适当的政策措施，基层政权完全有力量承担起合作医疗的管理职责。

（四）制度主体主观因素

1. 中央政府政策因素

合作医疗的每一次大的波动起伏都直接根源于中央政府政策的波动。全国合作医疗的第一次高潮产生于20世纪60年代初，1962年覆盖率达到将近50%。这次高潮的直接推动力就是1959年11月，卫生部在全国农村卫生工作会议上对农村合作医疗制度的肯定和大力兴办人民公社热潮的推动。而1965年中共中央《关于把卫生工作重点放到农村去的报告》和1968年毛主席对湖北长阳合作医疗的大力称赞则直接促使全国范围内兴起了轰轰烈烈的举办合作医疗的热潮。到20世纪70年代中期，合作医疗制度达到了最高潮，全国农村合作医疗的覆盖率达到了90%。

而改革开放后合作医疗的衰落、重建乏力与政策的巨大波动有很大关系。从1968年开始，合作医疗一直因为国家领导人的提倡而成为国家最高决策。1978年合作医疗还被载入了宪法。可是，改革开放后，国家对合作医疗采取了放任自流的态度。合作医疗从被中央和各级政府积极提倡、大力支持转向了自生自灭，甚至在部分地方被当作计划经济的产物而被严重排斥。制度内、外部的各种矛盾失去了国家强制力的掩盖而逐一爆发出来，导致了20世纪80年代合作医疗大面积解体的发生。1993年中共中央《关于建立社会主义市场经济体制若干问题的决定》和1997年中共中央、国务院《关于卫生改革与发展的决定》中发展和完善合作医疗制度的政策，使全国重新掀起了恢复和重建合作医疗制度的高潮。1997年合作医疗的覆盖率恢复到了全国行政村的17%。之所以此次重建合作医疗的效果大不如前，同样是因为各地恢复与重建合作医疗的努力时常被一些相互矛盾的政策打断。例如2000年农业部等五部委关于减轻农民负担的通知中明确将合作医疗列为不合理负担，禁止征收相关费用。结果导致一些努力恢复合作医疗的地方再次放弃合作医疗制度。由此可见，如果说个别地区合作医疗试点的兴衰可以归结为筹资、技术、组织、管理、卫生环境等不同原因的话，全国范围内合作医疗制度的发展繁荣与衰落解体则一定与政策因素有关。政府大力支持的政策推动了传统合作医疗制度的发展繁荣，政府放任自流及相互矛盾的政策成为恢复性重建合作医疗时期制度频繁起伏和最终陷入困境的重要原因。

2. 基层政府态度

从基层政府来看，改革开放后缺乏推行合作医疗的动力。传统合作医疗时期基层政府是合作医疗的组织者、管理者。当时中央和上级政府重视合作医疗，推行合作医疗既为群众办了好事，又可以成为自己的一项政绩。况且，在人民公社和集体经济强大的政治权威、经济基础下，对农民的宣传发动不算困难；由集体经济对合作医疗筹资进行扣缴，不存在一家一户上门收缴保险费的难题，合作医疗组织管理成本并不大。因此，对于基层干部来说，推行合作医疗是他们在当时条件下的理性选择。可是，家庭联产承包责任制改革后，推行合作医疗不但失去了上级政府的支持，还可能被指责为推行计划经济的制度，"保守"、"落后"，甚至还有加重农民负担的嫌疑。同时，推行制度还需要一家一户对农民做思想工作，进行宣传教育，收缴保险费，组织管理成本高昂。在此情况下，基层干部缺乏推行合作医疗的激励，理性的选择当然是不去做这"吃力不讨好的活"。

3. 农民的态度

农民自身的观念和对合作医疗的态度都影响合作医疗的持续性。中国农民有"讳医"的传统和隐忍的特点，投资健康的观念意识并不强。还有不少农民存在"短视"的观念，健康时不愿意白白花钱交保险费。这些因素在传统合作医疗时期也存在。但当时人民公社的政治权威与公有的产权性质使得农民加入合作医疗的成本很低，一般几毛钱，而看病报销这一收益却不错。因此，加入合作医疗制度是农民的理性选择。改革开放后，农民成为独立的经济主体，加入制度的自主权增大，完全取决于加入制度的成本与相关收益的对比。恢复重建时期合作医疗筹资成本主要来自于农民，农民加入制度的成本比传统合作医疗时期增加。另一方面，由于农民作为单一筹资主体筹集的资金有限，合作医疗保障水平低，与农民随收入增长对医疗服务产生的多种需求不相适应。大部分农民认为合作医疗大病解决不了，小病没有合作医疗自己也能解决，看病自由度更大。因此，合作医疗的吸引力大大下降。进一步地，农民加入制度与否取决于对制度的信任程度。对合作医疗组织、管理主体，如医务人员、村干部等的不信任；以往就医的不良体验或者基层政府给农民留下的不良印象都将直接导致农民对合作医疗产生不信任而拒绝参加。以往合作医疗制度中"群众交钱，干部吃药"，"群众吃草药、干部吃好药"等不良记忆也将直接导致农民对合作医疗资金能否被有效管理产生质疑，而不愿意再次加入制度。更严重的是，合作医疗的失败存在路径依赖的特点。失败过的制度会因为不断弱化的信任而更难以成功。也就是说，一旦合作医疗曾因不利因素而垮台，人们会对这一制度产生同样的预期。结果，制度很可能在这种预期下步入恶性循环，再次走向垮台。这似乎可以解释恢复重建时期合作医疗屡扶屡倒、不可持续的现象。

（五）制度性质不清、定位偏差

我们认为，制度性质不清、定位偏差是合作医疗不可持续的根本原因。自从合作医疗产生以来，人们对它的定位一直是一种互助合作性质的保障制度。如1979年《农村合作医疗章程（试行草案）》中规定，农村合作医疗是人民公社社员依靠集体力量，在自愿互助的基础上建立起来的一种社会主义的医疗制度，是社员群众的集体福利事业；1997年《中共中央、国务院关于卫生改革与发展的决定》中指出，"举办合作医疗，要在政府的组织领导下，坚持民办公助和自愿参加的原则。筹资以个人为主，集体扶持，政府适当支持"。2003年开始的新型合作医疗制度试点依然是如此定位的。总体上而言，传统合作医疗是准强制性的，属于医疗社会保险的初级阶段。传统合作医疗时期，我们虽然没有明确这一性质，但人民公社的政治权威与集体经济的经济基础加上国家领导人的支持使合作医疗实际上具备了社会保险准强制性、政府主体、三方筹资等基本特征。正是与合作医疗社会保险性质相联系的一系列措施成就了合作医疗的繁荣和全面覆盖。可惜，改革开放后我们没有认识到合作医疗的准社会保险性质，更没有认识到政府对建立合作医疗负有的责任。合作医疗真正变为合作性质，却依然承载着我们的美好愿望：保障全体农民一定程度的医疗需求。我们没有意识到，这时纯粹医疗合作的基础根本就不具备。就组织基础而言，在基层政权不再承担组织功能的情况下，缺乏一种替代性权威力量承担起这种职责。农民大都热衷于个体、单干以发家、致富，客观上缺乏组织合作的人力资源。就经济基础而言，集体经济力量的衰弱使制度失去了一大可靠的经济来源。虽然农民收入比计划经济时期有很大增长，但农民缺乏为合作医疗筹资的意愿。因为医疗风险的不确定性导致参加合作医疗的净收益为正的只能是少数人，多数人是为他人做了贡献。合作医疗这种"抽肥补瘦"性质与小农意识是严重不相容的。况且，对单个农民一一进行宣传、发动、组织、协调以达成一致目标的组织成本非常高，而制度的收益是共享的，这就存在"搭便车"的动机，使得没有人愿意承担制度的组织成本。因此，制度出现合作困境，不可持续就是必然的了。

从国际经验来看，除了中国外，没有任何一个国家的合作医疗制度能够担当起国家主体性医疗保障制度的功能。美国 HMO 因降低了医疗费用的作用而受到政府的推崇，覆盖范围增加。但是，HMO 并不能解决无力缴纳保险费和已经患病人群的医疗保障问题。而且，HMO 仍然称不上是美国医疗保险的主体制度。国际上合作医疗最为繁荣的典型就是中国的传统合作医疗。可是，中国传统合作医疗的繁荣主要归功于其"强制"性，而合作医疗的历次大落则与强制色彩减退、自愿色彩增强有关，可以看做是恢复合作性质后的本色表现。它表明了纯粹自愿、互助性质合作医疗的局限性，无力持续地稳定地对人们的基本医疗需求提供保障。换句话说，合作这种组织形式本来就是一种不太稳定的保障形式，制度运行容易受外界政治、经济因素和内部合作成员的观念、意识等因素影响。即使暂时具备合作的基础，也不能保证其持续性。过去，我们一直没有认识到这个现实，所以才会出现改革前后中央政府对合作医疗政策的"天壤之别"，基层政府对合作医疗态度的巨大差异，并由此影响到全国范围内合作医疗的持续性。可见，性质不明、定位偏差是全国范围内合作医疗不可持续的根本原因。要想让合作医疗承担起社会保险的任务，就必须明确合作医疗一定程度上的强制性与社会保险性质。要坚持合作医疗的自愿、互助、合作性质，就必须接受合作医疗只是在一定地域范围、一定时间内合作条件具备时才得以存在的现实。

9.2 经济体制改革后农村合作医疗制度探索

9.2.1 经济体制改革后重建农村合作医疗制度

20世纪80年代以来，随着家庭联产承包责任制的推行，农村集体经济组织力量的弱化，合作医疗制度失去了赖以存在的经济基础。合作医疗制度中集体补贴越来越少，且难以到位。由于投入不足，公社卫生院、村卫生室等医疗机构难以为继，以往靠挣工分为生的赤脚医生也失去了这一收入来源。而且，政府对于合作医疗的态度由大力支持转向放任自流，加上舆论宣传导向的失误，使得合作医疗在很大程度上失去了继续存在的政治和组织基础。在这些因素的作用下，合作医疗制度出现了大面积的滑坡。根据卫生部门的调查，1985年全国实行合作医疗的行政村由20世纪70年代的90%猛降到了5%，1989年又进一步下降到4.8%。到20世纪90年代初全国仅存的合作医疗主要分布在上海和苏南地区。① 全国绝大部分农民沦为自费医疗群体。

进入20世纪90年代以来，政府开始认识到了农民健康与农村医疗保健制度的重要性，提出了要恢复与重建合作医疗。1993年中共中央在《关于建立社会主义市场经济体制若干问题的决定》中提出，要发展和完善农村合作医疗制度。1997年1月，中共中央、国务院在《关于卫生改革与发展的决定》中提出要积极稳妥地发展和完善合作医疗制度，力争到2000年在农村多数地区建立起各种形式的合作医疗制度。至此，恢复和重建合作医疗制度的努力达到了高潮。但政府的目标并没有实现：1997年合作医疗的覆盖率仅占全国行政村的17%，农村居民参加合作医疗的比例仅为9.6%。而1998年的调查则显示，农村居民中

---

① 鼎鸣：《关注农民健康》，载《人民日报》2001年10月30日。

享有某种程度医疗保障的人口有 12.56%，其中合作医疗的比重仅 6.5%。这与 20 世纪 70 年代合作医疗 90% 的覆盖率相比，差距仍然相当大。

合作医疗制度衰落的直接后果是约 90% 的农民沦为自费医疗群体。在医疗费用飞速上涨的形势下，农村出现了医疗有效需求萎缩，农民看不起病、因病致贫、因病返贫的现象。这一现象的直接后果就是农民健康水平改善缓慢甚至出现下降的趋势。另一方面，医疗有效需求的萎缩间接加剧了农村医疗服务供给的不足与低效率，使农村三级预防保健网变得越发脆弱和缺乏抵抗力。总之，农村合作医疗的衰落影响了我国扶贫战略的效果，妨碍了农村劳动力素质的提高，并日益成为农村经济发展和社会稳定的巨大隐患。

虽然合作医疗陷入了低谷，但人们建立合作医疗制度的探索却始终未停止。规模和影响较大的项目有 1985 年卫生部与美国兰德公司在四川简阳、眉山两县进行的"中国农村健康保险实验项目"（世行卫Ⅱ项目）；1987 年安徽医科大学与卫生部医政司联合进行的两省一市"农村合作医疗保健制度系列研究"；1994 年卫生部医政司与北京医科大学等联合进行的"中国农村合作医疗改革研究"；1993～2000 年卫生部卫生经济培训与研究网络与美国哈佛大学公共卫生学院承担的"中国农村贫困地区卫生保健筹资与组织"（联合国儿童基金会项目）以及世界银行贷款，卫生部实施的"中国基本卫生服务项目"（世行卫Ⅷ项目）等。

这一时期的合作医疗探索主要取得了以下成功经验：

第一，中央部委和国际组织提供支持和援助，制度自上而下建立。与改革前不同，这一时期的合作医疗主要是由中央推动地方，采取中央支持、发动，地方贯彻、执行模式。由于有中央部委的支持和推动，合作医疗很容易得到了地方政府（资金、组织、管理等方面）和新闻媒体的配套支持，因而制度的建立很顺利。

第二，采用先进技术，注重科学管理。与改革前合作医疗制度缺乏科学管理不同，这一时期的探索注重借助国外技术和管理经验推动合作医疗事业的发展。1985 年美国兰德公司和卫生部联合进行的"中国农村健康保险实验项目"在国内首次应用保险精算原理解决合作医疗业务问题。该项目对合作医疗制度运行中涉及的保险费率、医药费补偿比、管理费、储备金、不同补偿模式对参加者住院和门诊服务的影响等技术问题进行了研究，项目运行结果与预期结果基本一致，实验获得了成功。它为推动我国农村合作医疗制度的发展提供了宝贵的理论基础和实践操作框架，也为合作医疗制度精算研究提供了良好的范例。此后又有大量的合作医疗研究项目对合作医疗制度的技术问题和组织管理问题进行了深入探讨，使合作医疗制度的理论基础更加完善，财务制度也更加具有可持续性。

然而，这一时期的合作医疗制度也暴露出了一些缺陷。突出问题就是合作医疗的实验性、短期性。尽管合作医疗的技术与管理水平比以前有了很大提高，但制度仍然呈现难以持续的特点，往往随项目的结束而解体。造成这种结果有很多原因，但政府政策不统一是关键所在。

第一，政府政策不统一。20 世纪 90 年代以来，各地恢复与重建合作医疗的努力时常被一些相互矛盾的政策打断。如 2000 年农业部等五部委关于减轻农民负担的通知中明确将合作医疗列为不合理负担，禁止征收。这就导致农村基层合作医疗工作陷入进退两难的境地。本课题组 2003 年暑期对 1985 年兰德公司健康保险项目试点地区四川简阳、眉山两县进行了实地调查。发现简阳县贾家镇的合作医疗曾经"三起三落"，"三起"源于兰德公司试点和上级政府的指示，"三落"则主要源于上级政府对合作医疗加重农民负担的质疑。频繁起落的后果是非常严重的。贾家镇合作医疗管理委员会某委员在 1994 年"二起"时的工作报告中写到，"农民对这种缺乏连续性的工作反映十分强烈，特别是停办期间医药费得不到报销的农民"，"镇党委镇政府一致认为，既然市府文件点名要贾家镇继续开展农村健康保险工作，贾家镇就一定要……把它当作一项政治任务来完成"。但出于合作医疗加重农民负担的顾虑，这一制度刚满一年就再次停下来。1998 年在市政府文件的要求下，贾家镇合作医疗"三起"，但 8 个月后再度因受增收减负清理工作的影响而停止。当年镇合作医疗管理委员会做了如下的工作总结："由于政策的不稳定性，造成了此次合作医疗恢复工作的流产，此次停下来在干部、村民中均造成了极大的影响，要想再次恢复势必难上加难"。总之，政府各部门政策的不统一导致基层干部无所适从，合作医疗频繁起伏。这一结果大大打击了干部群众的积极性，影响了广大农民对合作医疗制度的信心，使合作医疗重建之路充满坎坷。

第二，缺乏群众基础。自上而下制定合作医疗制度的模式具有一定的优点，但也容易产生不一定真正反映农民需求，制度设计不合理等问题。结果往往导致基层组织和农民对建立合作医疗制度不支持，从而使制度从根本上失去存在基础。前述四川简阴县贾家镇合作医疗三次持续的时间分别为四年半、一年和八个月，时间越来越短。合作医疗越来越难以持续的原因就在于，兴办合作医疗不是源于保障农民群众医疗需求的目的，不是源于农民群众对合作医疗的巨大需求，而是为了完成"政治任务"。缺乏群众信任和支持的合作医疗制度可以在政府命令下建立起来，但这样的制度注定是难以持续的。另外，有些地方合作医疗制度中还出现了干部不正之风的问题。如"群众交钱、干部吃药"，"干部吃好药、群众吃草药"等，大大影响了群众对合作医疗制度的信心。在进行农户调查时，本课题组不止一次遇到这样的情况：当被告知中央和地方政府将对参加新型合作医疗制度的农民每人给予20元补助时，农民不屑一顾，"哪有这样的好事，要钱时说得都好听"。

第三，缺乏经济和组织基础。20世纪80年代以来，乡村集体经济组织力量的弱化使合作医疗在很大程度上丧失了集体资助，资金变为个人缴纳为主。而中西部地区农民收入水平的低下导致合作医疗筹资难以保证。而且，筹资形式由集体拨付变为挨家挨户收取后，基层干部筹资的难度和管理成本是巨大的。由于干部政绩考核、升迁等因素与合作医疗相关性不大，干部办好了合作医疗制度不仅没奖反而可能被指责为加重农民负担。面对繁重的工作量，基层干部的理性选择自然是不支持合作医疗制度。这就解释了中西部地区合作医疗为什么在国际国内试点或上级政府重视时迅速兴起，项目结束或政府指示一过就迅速瓦解的局面。在经济发展水平较好的东部地区，乡村组织还拥有和控制着一定规模的集体经济，能对合作医疗给予部分投入，因而对农民还有一些吸引力。这也是20世纪90年代全国保存下来的合作医疗主要分布在上海和苏南等地的原因。然而，20世纪90年代以来，随着这些地区乡镇集体企业的改制，基层组织控制的集体企业越来越少，对合作医疗等集体福利事业的支持力度下降，这些地区的合作医疗制度也出现了下降趋势。

第四，完全自愿参加导致了"逆向选择"。"逆向选择"是保险领域的一大难题，在这一时期的合作医疗制度中表现突出。一般说来，作为理性的经济人，消费者是否参加一项保险制度取决于参加制度的成本与收益的对比。对健康人来说，生病支出医疗费的概率小，金额少，而参加保险后即使不生病也要支付一定的保险费，而且数额很可能大于假如生病后支出的医疗费。两相比较，不参加保险当然是最佳决策。而老弱病残等疾病敏感人群，生病概率高，医疗费支出金额大。他们参保的成本是保险费，获得的收益是免于支付数额比保险费大得多的医疗费。毫无疑问，他们肯定会选择参加保险制度。结果导致保险制度覆盖人群的疾病风险概率高，保险偿付支出大。而保险机构的保险费是以全体人群平均的疾病风险概率为基础测算的，由此筹集的资金必然少于制度的实际支出。收不抵支的结果是保险机构被迫提高费率，结果又有更多相对健康的人因为保险费成本高而退出，制度发生疾病风险的概率进一步提高。如此恶性循环的结果是制度难以持续。而合作医疗制度自愿参加的原则为"逆向选择"行为打开了方便之门。既然是"自愿"，健康农民的不参保和生病农民的参保行为就都是堂堂正正、无可厚非。违背保险规律的行为必然受到规律的惩罚。"自愿"的结果是制度收不抵支，难以为继。

第五，农村医疗卫生外部环境的变化也影响了合作医疗的顺利进行。一方面，合作医疗制度是在缺医少药的背景下发展起来的。人们最初对合作医疗的定位仅仅是小伤小病的防治。当时药品价格较低，加上合作医疗提倡使用自制中草药，因此制度筹资标准比较低。20 世纪 80 年代以来，我国实行卫生体制改革，医疗机构收入中政府拨款比重下降，由此导致医疗机构以药养医现象的出现和药品费用的大幅上涨。对合作医疗的财务平衡带来巨大挑战。而且，由于政府投入不足和监管乏力，农村三级医疗预防保健网呈现残缺不全之势。全国约 1/3 的乡镇卫生院收不抵支，部分乡镇卫生院和村卫生所已走向私营化。而这些机构原来承担的农村公共卫生、妇幼保健等职能处于缺位状态。从而使合作医疗制度的实施缺乏合适的供方载体，发展进一步受挫。另一方面，农民收入的增加和医疗卫生技术的进步使农民的医疗需求逐步由低层次、单一化向高层次、多元化发展。而农民收入的低水平和不平衡决定了合作医疗只能是低水平筹资、低偿付比例、保障基本医疗需求。结果使得合作医疗大问题解决不了，小问题没有它也能解决，制度的吸引力下降。

9.2.2 农村合作医疗制度探索的经验与启示

为改变农村卫生工作薄弱的现状，提高农民健康水平，国家决定从 2003 年起在全国农村建立新型合作医疗制度，各省、自治区、直辖市至少要选择 2～3 个县（市）进行试点，取得经验后逐步推广。从而在全国范围内掀起了建立合作医疗制度的又一轮高潮。与过去的合作医疗制度不同，新型合作医疗制度是由政府组织、引导、支持，农民自愿参加，个人、集体和政府多方筹资，以大病统筹为主的农村医疗互助共济制度。抛开保障具体内容和具体目标的差异，新旧合作医疗是有许多相通之处的。因此，我们可以从旧制度的经验教训中找到建立新制度的相关条件。

（一）党中央始终如一的政策支持和资金帮助

纵观合作医疗制度的历史，制度的兴衰与政府重视与否密切相关。连一贯主张市场自由调节的世界银行都认为，"合作医疗制度解体后出现的一些问题，与中国政府未能调整卫生筹资以及重新确定其卫生职责相关。卫生并不是一个可以简单地放给市场的领域"。[①] 为结束合作医疗制度衰落的历史，使其再现辉煌，首先必须保证中央和地方各级政府持久的重视与支持，明确各级地方政府各自的资金和组织管理职责，并实行一把手负责制，将合作医疗同领导干部的政绩考核相挂钩，以重建合作医疗的政治、组织与经济基础。鉴于农民筹资能力低下的现实，必须强化政府的资金支持，将政府的资金补助予以制度化，规范化，使合作医疗真正体现出社会保险制度社会化的筹资特性。其次，要强化舆论宣传工作，利用报纸、广播、电视等新闻媒介，向农民介绍医疗保健和合作医疗知识，提高农民健康意识和保险意识，改善农民风险态度，引导农民形成加入合作医疗、为健康投资的消费习惯。同时，倡导良好的医德、医风及为农民健康服务精神，力争在全社会营造出关注农民健康、支持农村合作医疗的良好氛围。正如国务院发展研究中心农村经济

---

① World Bank, *Financing Health Care*, 1997, Washington D. C..

研究部部长韩俊所说，"改进农村公共卫生和医疗保障，决不仅仅是卫生部门的事，也不仅仅是地方政府的事，如果不把它变成国家的最高决策，就有可能放任自流"①。传统合作医疗正是在领袖号召和舆论攻势营造的全国人民积极支持的环境下取得了辉煌的成就。当然，传统合作医疗在一定程度上是通过政治运动被当作政治任务来完成的。政治运动本身并没有错，家庭联产承包责任制改革最初也是以政治运动形式向全国推广的，然而谁都不能否认这是一场伟大的革命。问题的关键在于政治运动是否反映了人民群众的根本要求，体现了人民群众的根本利益。对于反映广大人民群众意愿和要求的合作医疗制度，采取政治运动形式并没有错。而且，正是政治运动形式客观上保证了农民的广泛参与，从根本上杜绝了"逆向选择"现象的发生，促进了合作医疗制度的顺利运行。因此，当前只有在中央重视下在全社会重新形成包罗各级政府、社会民众、新闻媒体在内的强大的支持网络，合作医疗和农村的公共卫生状况才有可能从根本上得到改善。

（二）因地制宜，适度强制原则

自愿参加的合作医疗制度容易诱发"逆向选择"行为的产生，使制度的持续顺利运行难以保证。因此，新型合作医疗制度建设必须改变"自愿参加"原则，代之以"适度强制"原则。只有如此才能从根本上杜绝"逆向选择"行为，才能满足"大数法则"的要求，使制度有足够多的参保人和足够大的风险池（risk pool），从而在风险发生概率小而损失金额大的情况下，只需每个人负担很少的保险费就可以使制度积累起足够多的资金，对少数人遭遇的风险损失给予补偿，并因此使所有的人都得到保障，达到市场均衡和合作医疗的全面覆盖。事实上，新型合作医疗从本质上来讲是一种社会保险制度，本来就应该遵循社会保险的强制性基本原则。当然，过去我们已经尝够了片面"一刀切"带来的苦果，今天中国农村经济发展水平的巨大差异和各地实际情况的不同，也决定了合作医疗制度的建立不能采用"一刀切"和"一步到位"的方法。政府可以以经济发展水平等客观因素为依据，制定合作医疗的强

---

① 邹建峰：《构建农村医疗安全网——访国务院发展研究中心农村经济研究部部长韩俊》，www. drcnet. com. cn，2003/06/20。

制参加标准，如规定人均收入一定金额以上的地区必须参加，从而兼顾制度的强制性与灵活性。此外，即使强制参加合作医疗的地区，也应该根据农民收入水平和农民对合作医疗需求等条件的不同，灵活确定不同的发展模式、方向和时间表。以往各地合作医疗实践的不同模式为今后新型合作医疗制度的发展提供了有益的思路。经济发展水平较高的东部地区可以建立"风险＋福利型"制度，在保大病的基础上将基本医疗服务纳入保障范围内。经济发展水平居中的广大中西部地区可以在各级政府支持的基础上建立"风险型"制度，保障农民的大病医疗需求。对于少数经济发展水平非常低、不强求建立合作医疗制度的地区，应该以完善大病医疗救助制度为主。在建立进程上，应该挑选那些有经济实力、基层干部素质高且对合作医疗制度热心，群众对合作医疗需求大的地区首先进行试点，再扩大到周围有条件的地区，达到自下而上与自上而下形成合作医疗制度的良好结合，最终实现全面覆盖。

（三）创造健康良好的医疗卫生外部环境

要建立与合作医疗制度配套的完善的医疗供方体系，首先必须增加政府对农村基层医疗机构的资金投入，以政府投入适当解决农村医疗机构生存、发展和乡村医生劳务报酬问题，解除其后顾之忧。针对村级卫生机构大量私有化问题，应当对合作医疗购买私营医疗机构的医疗服务问题做出规范，并加强对医疗机构的监管。同时要强化农村医务人员的培养和培训，从业务知识和医德、医风两方面对其进行教育，以建立一支合格的医务人员队伍，提高其服务质量，增强合作医疗的吸引力。其次，要对农村现有医疗、卫生资源进行整合，改变资源不足与过剩并存的现状，完善医疗机构的空间布局。同时，要在农村医疗机构内部积极推进改革进程，引入市场竞争机制，实行全员竞争上岗，控制数量，提高资源配置效率。再次，要控制药价不合理上涨，合理利用中医药财富。合作医疗顺利运行的一个重要前提是保险费率的科学测算，而药价不合理上涨是导致测算结果偏离实际的重要原因。而且，过高的药价将直接导致合作医疗支出上涨，给有限的筹资水平带来压力。因此，国家要推动药品生产流通体制改革，加强对药品生产与流通领域的管理与监督，控制药价不合理上涨。此外，为克服有限筹资与保障需求的矛盾，可以借鉴传统合作医疗"自采、自种、自制、自用"中草药的经验，在农村基层卫生机构推广传统中医药技术，降低合作医疗成本。最后，可以把合作医疗与计划免疫、血防、妇幼卫生保健等工作结合起来，以扩大人群受益面，调动农民参加合作医疗的积极性。

（四）加强合作医疗技术测算、科学管理与民主监督，增加农民对合作医疗的"期望值"

只有让农民得到实惠的制度才能真正得到农民的信任和支持。为此，首先要积极利用国内外经验，加强合作医疗精算工作，提高制度设计的科学性和财务上的可持续性，保证制度长期的"收支平衡"，保证农民的医疗费用得到及时、足额的报销。其次，要建立由县乡领导牵头，财政、农业、卫生等部门人员组成的合作医疗管理机构，制定规范的资金运行和审计监督制度，加大资金运行的透明度，保证合作医疗资金全部"用之于民"。同时，由卫生部门负责合作医疗日常管理工作，对医疗供方和农民的行为进行管理，消除医疗供方双重角色现象，控制"道德风险"的发生。最后，必须建立包括政府、医疗机构和农民代表参加的民主监督机构，对包括合作医疗管理者在内的多方主体的行为实施监督，确保制度按照规定顺利运行。

9.3 新型农村合作医疗制度
框架及重建可行性

党的十六大将全面建设小康社会确定为党和人民在新时期的奋斗目标。全面小康内涵丰富，它是经济、政治、文化、科技、教育以及人的全面发展的小康，是惠及包括农民在内的十几亿人的、全国范围内发展比较均衡的小康。全面建设小康社会关键在农村，因为农村经济、文化、教育、卫生等各项事业发展都比较落后，如果不能提高农民收入，完善农村科教文卫等各项事业，缩小城乡差距，实现农民的小康，就不可能有全面的小康。2000 年我国有三项指标未达到"三步走"战略中预定的小康社会标准，这三项指标都与农村有关，这三项指标就是：农村初级卫生保健基本合格县比例低、农民人均收入低和农民人均蛋白质日摄入量低。难怪邓小平同志和江泽民同志都强调指出，没有农民的小康就没有全国的小康。

进一步地说，全面建设小康社会要达到"全民族的思想道德素质、科学文化素质和健康素质明显提高"和"促进人的全面发展"的目标，使人民的政治、经济和文化等各项权利得到切实尊重和保障。这实际上是对我国的人权建设提出了新的要求，因而客观上要求建立农村社会保障制度，包括医疗保障。因为当今社会的社会保障已经不仅仅是社会的"安全网"、"减震器"，更是实现人权保障的重要手段。当前，在城镇居民普遍享有医疗保障的同时，绝大多数农村居民却享受不到政府提供的任何形式医疗保障的庇护，这违背了人权的普遍性这一基本原则，不利于全面建设小康社会目标的实现。因此，政府为占中国人口绝大多数的农民提供基本医疗保障已成为全面建设小康社会的必然要求。而合作医疗制度是被实践证明适合中国国情的行之有效的医疗保障形式。因此，新时期利用这一形式，并结合时代特色，创造出适应社会主义市场经济要求和全面建设小康社会需要的新型合作医疗制度就成为我们的必然选择。

9.3.1 新型农村合作医疗制度框架

2002 年 10 月，《中共中央、国务院关于进一步加强农村卫生工作的决定》以下简称《决定》中明确提出，要在全国农村建立新型合作医疗制度。根据文件精神，卫生部、财政部、农业部三部委于 2003 年 1 月发布了《关于建立新型农村合作医疗制度的意见》（以下简称《意见》），对新型农村合作医疗制度做出了如下规定：

1. 性质

将新型农村合作医疗制度定位于政府组织、引导、支持、农民自愿参加，个人、集体和政府多方筹资，以大病统筹为主的农民医疗互助共济制度。

2. 目标

到 2010 年全国建立基本覆盖农村居民的新型农村合作医疗制度，减轻农民因疾病带来的经济负担，提高农民健康水平。

3. 原则

新型合作医疗制度的建立要遵循以下原则:

第一,自愿参加,多方筹资。新型合作医疗制度筹资主要来自于三个方面:农民以家庭为单位自愿参加新型农村合作医疗,缴纳合作医疗费;乡镇、村集体经济提供的资金扶持;中央和地方各级财政给予专项资金支持。

第二,以收定支,保障适度。综合考虑农村经济发展水平和各方承受能力的现实,《意见》确定了"以收定支"的筹资原则,明确筹集的资金要能够保证新型合作医疗制度得以持续有效运行,且农民能够享有最基本的医疗服务。

第三,先行试点,逐步推广。针对我国各地农村经济发展水平和建立合作医疗制度的基础条件差异巨大,以及影响合作医疗制度发展的因素复杂的现实,《意见》没有"一刀切",硬性要求全国各地"一哄而上"建立新型农村合作医疗制度。而是规定各地要从实际出发,通过试点总结经验教训,不断完善,稳步发展。随着农村社会经济的发展和农民收入的增加,逐步提高新型农村合作医疗制度的社会化程度和抗风险能力。

4. 组织管理

新型合作医疗制度一般以县、市为单位进行统筹。在管理方面,《意见》要求按照精简、效能的原则制定管理体制。省、地级政府成立由卫生、财政、农业、民政、审计、扶贫等部门组成的农村合作医疗协调小组。各级卫生行政部门内部设立专门的农村合作医疗管理机构。县级人民政府成立由有关部门和参加合作医疗的农民代表组成的农村合作医疗管理委员会,负责有关组织、协调、管理和指导工作。委员会下设经办机构,负责具体业务工作。《意见》还明确指出,经办机构的人员和工作经费列入同级财政预算,不得从农村合作医疗基金中提取。

5. 资金筹集及管理

《意见》规定新型合作医疗实行个人缴费、集体扶持和政府资助相结合的三方筹资机制。其中农民个人每年的缴费标准不低于10元;有条件的乡村集体经济组织应对本地新型农村合作医疗制度给予适当扶持;地方财政每年对参加新型农村合作医疗的农民的资助不低于人均

10 元。新型合作医疗筹资还利用了财政转移支付机制。从 2003 年起，中央财政每年通过专项转移支付，对中西部地区除市区以外的参加新型农村合作医疗的农民按人均 10 元的标准提供补助。

在资金管理方面，《意见》明确规定农村合作医疗基金要按照以收定支、收支平衡和公开、公平、公正原则进行管理，必须专款专用，专户储存。具体而言，农村合作医疗基金由农村合作医疗管理委员会及其经办机构进行管理。经办机构要定期向农村合作医疗管理委员会汇报农村合作医疗基金的收支、使用情况，并采取张榜公布等措施向社会公示。农村合作医疗基金主要补助参加新型农村合作医疗制度的农民的大额医疗费用或住院医疗费用。农村合作医疗基金的使用和管理要接受由相关政府部门和参加农村合作医疗的农民代表共同组成的农村合作医疗监督委员会的监督，并要接受审计部门的监督。

9.3.2　重建农村合作医疗制度的可行性

（一）新型农村合作医疗制度的"新"特点

提起农村合作医疗制度，我们并不陌生。在很多农村地区，年龄稍大一点的农民一般都知道。那么，此次实施的农村合作医疗为何称为"新型合作医疗"，它究竟"新"在何处？

"新"是与旧比较而言的。为了有别于新型农村合作医疗制度，我们把 20 世纪 80 年代以前的农村合作医疗称为传统农村合作医疗制度，20 世纪 80 年代后至新型农村合作医疗制度建立之前的农村合作医疗制度称为农村合作医疗制度探索，二者统称旧农村合作医疗制度。相比旧农村合作医疗制度而言，新型农村合作医疗制度有一些"新"特点：

1. 政府经济责任新

与旧农村合作医疗制度相比，新型农村合作医疗制度最大的特点在于它明确规定了各级政府的资金补助职责。而这在传统农村合作医疗制度或者是农村合作医疗制度探索中是从未有过的。例如，1979 年卫生部发布的《农村合作医疗章程（试行草案）》中规定，农村合作医疗基金"由参加合作医疗的个人和集体（公益金）共同负担"，国家仅仅是"对于经济困难的社队，给予必要的扶植"。农村合作医疗制度探索时期同样是主张资金由农民与集体共同负担，没有承认国家对于合作医疗制度的经济责任。政府担任"出资人"角色的行为是新型农村合作医疗制度的重大突破，具有重大意义。它充分体现了国家对农民健康的高度重视和办好农村合作医疗的决心，必将推动制度的顺利发展。

2. 管理与监督机制新

新型农村合作医疗制度在管理与监督机制上也有重大突破。按照1979年卫生部颁布的《农村合作医疗章程（试行草案）》，传统农村合作医疗制度一般以大队创办为主，确有条件的地区也可以实行社、队联办或社办。农村合作医疗制度探索时期则主要有乡办乡管、村办乡管、乡村联办、村办村管四种形式，统筹层次较低。而新型农村合作医疗制度主要实行县级统筹，统筹形式高于过去的农村合作医疗制度。统筹层次的提高扩大了合作医疗制度的风险池，提高了制度的抗风险能力。在管理机构设置方面，新型农村合作医疗制度也优于旧制度。旧农村合作医疗制度的管理机构一般是乡卫生院或者是乡村基层政府，前者作为医疗供方难免会利用管理之便为自己谋利益，后者则缺乏管理经验，管理效果难免欠佳。而新型农村合作医疗制度具有多部门协调和公众参与的严密规范的管理体系，它符合制度涉及面广的特点，有利于减少部门间摩擦成本，聚合各部门力量，共同推进制度的发展；有利于公众对合作医疗制度的了解、支持和监督，提供制度需要的组织基础和群众基础。而且，旧农村合作医疗制度缺乏健全的监督制度，而新型农村合作医疗制度具有完善的监督体系，农村合作医疗监督委员会、同级人大、政协、社会各界和审计部门的多层次监督有利于制度的规范发展。

3. 农民筹资政策新

农村合作医疗制度探索时期，部分中央部委曾将农村合作医疗经费视为增加农民负担而不许征收。由此导致部分地区重建农村合作医疗的试点再次中止。这一政策也成为阻碍农村合作医疗制度重建工作的重要原因之一。新型农村合作医疗制度中，《决定》明确指出，"农民为参加合作医疗、抵御疾病风险而履行缴费义务不能视为增加农民负担。"这一新政策解决了旧农村合作医疗制度发展中长期困扰人们的这一棘手问题，对农村合作医疗事业的发展必将起到重大推动作用。

4. 保障机制新

旧农村合作医疗制度主要有福利型、风险性、福利风险型等几种形式，他们分别对农民面临的小病风险、大病风险、小病与大病风险给予保障。几种形式各有利弊，而关于"保小不保大"，还是"保大不保小"，或"保大又保小"也成为旧农村合作医疗制度长期争论的一个问题。而新型农村合作医疗制度明确医疗保障的重点是"大病"，即由于患重大疾病而发生的大额医疗费用，而不是指寻常小病导致的小额医疗费用，这符合保险学原理。在保险学中，可保风险有一个重要特征即是有发生重大损失的可能性。对于那些频繁发生，损失金额小的事件不宜采用保险的形式。因为较小的损失金额一般人都能够轻松承受，参加保险反而会因为索赔程序复杂、保费高而不划算。从当前农村的现实来看，治疗小病的医疗费用农民一般都能够承受，然而一旦患上大病却很可能因此导致看不起病、因病致贫、因病返贫。因大病导致的贫困已经成为农村人口致贫的一个重要因素，重大疾病也日益成为威胁农村劳动力素质提高、农村经济发展和社会稳定的重要因素。在农村收入水平和筹资能力有限的情况下，无疑更应该将有限的资金用于大病而不是小病保障。因此，无论从理论还是实践上看，新型农村合作医疗制度的规定都更具科学性和可行性。需要说明的是，《意见》进一步指出："有条件的地方，可实行大额医疗费用补助与小额医疗费用补助结合的办法"。这一规定考虑了经济发展水平和缴费能力高的地区的不同情况，从而使制度更具灵活性和适应性。

5. 保障层次新

旧农村合作医疗制度都是独立运行，并未与农村医疗救助、商业保险等保障形式相衔接。《决定》则对合作医疗、医疗救助、商业医疗保险三种保障形式的保障范围等问题进行了适当的规范。《决定》指出，"对农村贫困家庭实行医疗救助"，"对象主要是农村五保户和贫困农民家庭"，"医疗救助形式可以对救助对象患大病给予一定的医疗费用补助，也可以是资助其参加当地合作医疗"；"经济发达的农村可以鼓励农民参加商业医疗保险"。这一规定使农村合作医疗制度在多层次的医疗保障框架下运行，从而使制度更具针对性和可行性。

6. 资金管理使用新

旧农村合作医疗制度一般管理机构层次低，专业管理人才缺乏，没有规范的资金管理制度，资金管理随意性大，效果难以保证。吸取这一教训，新型农村合作医疗制度对资金管理做了严格规定，确定了农村合作医疗基金管理的原则、机构，以及支付范围、标准和额度等，使资金的收缴、储存、使用都按部就班，有章可循。例如，农村合作医疗经办机构必须在合作医疗管理委员会认定的国有商业银行设立合作医疗专用账户，专户储存，专款专用。这些资金管理使用规定，有利于防止和克服一些地区出现的合作医疗基金多头管理、收支失度、挤占挪用、跑冒滴漏等现象，从而保证合作医疗资金的安全性和完整性，保证参加合作医疗的农民的权益。

（二）建立新型农村合作医疗制度的积极因素

当前建立新型农村合作医疗制度的积极因素有：

1. 农村经济发展水平日益提高

改革开放以来，我国农村发生了翻天覆地的变化。农村经济发展水平和农民收入水平与传统农村合作医疗时期相比都有了质的飞跃。农村居民家庭人均纯收入由 1978 年的 133.6 元增加到了 2004 年的 2936 元，是 1978 年的 22 倍。[①] 农村经济实力和农民收入的提高有利于增强新型农村合作医疗制度的物质基础和保障能力，促进其顺利发展。

2. 党中央的高度重视

建立新型农村合作医疗制度最大的优势和推动力就是党和政府的高度重视和支持。目前，"三农"问题已经成为党和国家面临的一个亟待解决的重要问题。农民收入增长的缓慢，农村经济发展的滞后已经成为制约整个国民经济发展的"瓶颈"，并可能影响到整个社会的稳定。在这种情况下，缺乏医疗保障制度导致的农民健康水平和劳动力素质下降、农民因病致贫等问题理所当然地引起了中央的重视。健康是农民最大的财富，而保证农民的健康则是提高农民素质、增加农民收入、加快贫困人口脱贫步伐的必由之路。因此，《意见》明确指出"建立新型农村合作医疗制度是新时期农村卫生工作的重要内容，是实践'三个代表'重要思想的具体体现，对于提高农民健康水平，促进农村经济发展，维护社会稳定具有重大意义"。这一全新评价，突破了过去对农村合作医疗制度的狭隘理解，打破就农村医疗保障推行合作医疗的窠臼，

---

① 国家统计局统计数据，www. ststs. gov. cn。

从实践"三个代表"重要思想、促进农村经济发展、维护社会稳定的大局出发，赋予新型农村合作医疗制度新的时代内涵，从而把合作医疗的作用和地位提到一个新高度。它廓清了人们思想和认识上的迷雾，解决了困扰人们多年的关于农村合作医疗的地位和作用难题，使人们充分意识到建立新型合作医疗制度的重要性和必要性，从而有利于更好地发挥人们的积极性和主观能动性，促进制度的顺利运行。

3. 中央加强农村卫生工作的契机

中央加强农村卫生工作的决定有利于培育健全、有序的农村医疗卫生供方体系。《决定》指出，要"贯彻江泽民同志'三个代表'重要思想，坚持以农村为重点的卫生工作方针，深化农村卫生体制改革，加大农村卫生投入"，"卫生投入增长幅度不低于同期财政经常性支出的增长幅度"；"到2010年，在全国农村基本建立起适应社会主义市场经济体制要求和农村经济社会发展水平的农村卫生服务体系"。这一规定将使农村卫生投入偏低的趋势得到扭转，有助于解决农村医疗卫生机构总量不足和效率低下的问题，培育与新型农村合作医疗制度配套的完善的医疗供给体系。

4. 有效的筹资和管理制度

有效的筹资机制和管理体系为新型农村合作医疗制度的顺利运行提供了条件。以往农村合作医疗制度跌宕起伏的重要原因就在于农民收入不稳定，制度筹资状况不确定。而新型农村合作医疗制度的三方筹资机制具有内在稳定性。因为就广大中西部农村而言，中央和地方政府出资大约占制度总出资额的2/3，这部分资金是非常稳定的，而农民个人出资数额小，占农民收入的比重也低，同样应该能够足额支付。东部农村经济发展水平高，筹资应该更有保证。新制度的管理体系也更加健全，管理制度更加规范，从而为新型农村合作医疗制度提供了组织保障。这一切都将有助于推动新型农村合作医疗的可持续发展。

10 完善农村医疗保障
制度的设想

农村医疗保障制度体系的建立必须考虑当前农村的基本情况，因地制宜，发挥优势。首先，我国近70%的人口是农民，农民数量多，医疗保障任务重。而我国农村经济发展水平低，这就决定了我们只能坚持"低水平，广覆盖"的医疗保障原则。其次，我们拥有传统农村合作医疗的宝贵经验，但形势已经发生改变。因此，我们必须结合当前新特点，选择性借鉴这些经验，而不能一概照搬。最后，我国地域广阔，各地农村经济发展水平差异巨大。相应地，农村的医疗保障制度也要坚持灵活性原则，采取不同的形式，以适应各地区不同的特点。不能以某些地方的成功试点来肯定农村合作医疗制度在全国的适用性，对于东部发达沿海的农村合作医疗的成功方法不能简单地移植到欠发达地区。

综合以上分析，我们认为新时期农村医疗保障制度应采取新型农村合作医疗制度和医疗救助制度相结合的形式。一方面，要建立健全农村医疗救助制度，对所有贫困农民提供最基本的医疗保障；另一方面，在广大农村地区广泛建立新型农村合作医疗制度，利用多方负担机制保障大多数农民的基本医疗需求。两项制度缺一不可，共同组成完整的农村医疗保障体系，对农民提供双重医疗保障。在新型合作医疗制度内部，同样要按照与经济发展水平和各方负担能力相适应的原则，构建制度体系。根据东部、中部和西部经济发展水平的差异，在三个地区建立不同模式的合作医疗制度。东部经济发展水平较高地区合作医疗资金筹集能力强，可以建立"大病统筹＋福利型"制度，既"保大"又"保小"。中部地区经济发展水平有限，合作医疗资金筹集能力较低，宜采取大病统筹的形式，集中有限资金着重解决对农民威胁最大的大病医疗风险问题。而西部地区资金筹集能力最低，收入的有限导致"大病"的临界点更低，面临大病风险的人更多。有限的资金倘若都用于大病的话可能只能惠及极少数人，多数人面临的疾病风险仍然得不到保障。因此建议合作医疗以满足居民基本的预防保健需求为主，少数人面临的大病医疗风险主要依靠医疗救助制度解决。最后，要积极发挥商业医疗保险的补充保障作用。在经济条件较好的农村积极推广商业医疗保险制度，利用其个性化的产品设计保障农民多样化、多层次的医疗需求。此外，在农村合作医疗制度内部，也可以利用商业保险的力量，实行灵活的兴办形式，利用商业保险先进的技术和管理经验促进新型农村合作医疗制度的发展。

10.1 完善农村新型合作医疗制度的设想

10.1.1 新型农村合作医疗制度试点现状考察

按照 2002 年《中共中央、国务院关于进一步加强农村卫生工作的决定》（以下简称《决定》）和 2003 年《关于发展和完善农村合作医疗的若干意见》（以下简称《意见》）的要求，全国新型农村合作医疗制度试点工作已经全面展开。在中央和地方各级政府及人民群众的共同努力下，新型农村合作医疗试点取得了初步成功。并且国务院决定从 2006 年开始，提高财政补助标准，中央财政对中西部参合农民的补助在原有人均 10 元的基础上再增加 10 元，地方财政也要相应增加 10 元，农民个人缴费标准保持不变。据卫生部新型农村合作医疗研究中心资料显示[①]，截止到 2006 年 9 月 30 日，全国开展新型农村合作医疗试点的

---

① 卫生部新型农村合作医疗研究中心：《2006 年第三季度全国新型农村合作医疗运行情况》，新型农村合作医疗工作信息（第 7 期，总第 26 期），http://www. ccms. org. cn。

县（市、区）达到1433个，占全国总县（市、区）的50.07%，覆盖农业人口5.04亿，占全国农业人口的56.87%；参加合作医疗的人口4.06亿，占全国农业人口的45.77%，参合率为80.49%。从筹资情况看，截止到2006年9月30日，全国新型农村合作医疗本年度已筹资164.32亿元。其中，中央财政补助第三季度已进入县级基金账户21.60亿元（部分地区中央财政拨付的补助资金尚未拨付到县级基金账户），占本年度已筹资额的13.14%；地方财政补助到位81.47亿元，占本年度已筹资额的49.58%；农民个人缴费56.19亿元，占本年度已筹资额的34.20%，其中，由民政部门代贫困人口缴纳参合费用1.05亿元，占农民个人缴费总额的1.87%。从基金支出情况看，2006年第三季度，全国新型农村合作医疗基金支出总额为39.81亿元。其中，用于住院补偿32.81亿元，占基金支出总额的82.42%；以统筹基金形式进行门诊补偿的总金额为3.18亿元，占基金支出总额的7.98%；以家庭账户形式进行门诊补偿的总金额为3.27亿元，占基金支出总额的8.22%；其他补偿0.38亿元，占基金支出总额的0.96%。从受益情况来看，2006年第三季度全国受益（含住院、门诊、体检及其他）5578.57万人次。其中，住院补偿449.10万人次，门诊补偿4712.19万人次，其他补偿（慢病及住院分娩等）41.10万人次。参合农民就诊率和住院率均明显提高，就医经济负担有所减轻，农民因病致贫、因病返贫问题有所缓解。国务院决定逐步扩大试点覆盖面，争取2008年将这一制度在全国基本推行，确保2010年实现基本覆盖农村居民的总体目标。

但与此同时，试点工作中也暴露出了很多问题。

（一）"套资冲动"与"钓鱼工程"

为了能得到中央政府的补助资金，很多地方政府对于新型农村合作医疗试点的申请都非常积极。然而，试点地区很快发现，补助款项并不是那么容易就可以得到的。中央政府的补助资金是以农民缴费和地方政府的补助资金到位为前提的。要想得到中央政府大笔的补助款项，必须保证农民的大量参与。然而，由于种种原因，即使在各省政府都对试点县市农户参合率下行政性的"死命令"的情况下，很多试点地区农民实际上参合的效果并不理想，农民缴纳的新型农村合作医疗保险费有限。为完成农民参合率任务，基层执行部门出现了大量的垫资行为，使新型农村合作医疗政策在执行中大打折扣。例如，试点地区多数乡镇将任务指标分摊到了乡镇干部和卫生院，许多乡镇因不能完成规定的指标，采取了未完成指标的部分由乡镇干部与定点医院垫资上缴的做法。尤为严重的是，一些县市在垫付资金时没有具体指定是为哪一个农户垫付的，这样一旦发生医疗费用时，合作医疗开支就存在很大的随意性，农民能否得到医疗费用报销就取决于乡镇政府和卫生院或认可或否认为其垫资的一句话。这样很容易产生不正之风。"垫资"的影响远不止于此。资金是不会白白垫付的。垫资的人肯定会想方设法把钱再收回来。这些垫资者在套到中央政府的补助资金后，"极有可能把垫资抽回，而不落实到农民身上"。他们甚至还要赚取一定的"利润"，结果导致套资行为发生。一些地方已经出现了垫资人员利用假药费单据套取合作医疗资金的行为。

更有甚者，有的基层试点地区竟然公开采取不正当手段套取中央政府的资金。如湖南省桂阳县政府曾于 2003 年 7 月 30 日使用大额借贷资金转入该县合作医疗基金账户作为农民个人筹资上报，以套取上级财政资金。据湖南省卫生厅核实，到 2003 年 9 月 20 日止，在桂阳县各乡镇上缴县合作医疗基金账户的资金中，有 29 个乡镇共垫资 2629930 元；截至 2003 年 10 月 22 日，仍有 28 个乡镇垫资 1968340 元，核减垫资后参加合作医疗的农民实际人数应为 168615 人，比桂阳县政府 2003 年 9 月 20 日上报的人数少 98417 人。①

（二）"保大"的困惑

根据保险原则和农民的实际医疗保险需求，新型农村合作医疗制度实行以大病为主的原则。然而，在实际执行中，这一原则也出现了一些问题。

第一，大病为主导致试点第一年补偿受益农民范围很窄。农民是很讲求实惠的。由此引出一个很突出的问题，在第一年缴费后没有得到大病医疗费用报销的农民还会继续参加制度吗？调查结果显示，很难。

第二，提法容易使人产生错觉：大病为主就是"治疗为主"，资金

---

① 范利祥：《"套资冲动"与"钓鱼工程"——新型农村合作医疗暗流》，载《21 世纪经济报道》2004 年 3 月 22 日。

向医疗倾斜，预防保健在新型农村合作医疗制度中没有地位，加之预防保健资金一直短缺，操作总是向资金的优势方倾斜，从而可能偏离农村卫生工作的总方向。在实际操作中，大病为主过分强化卫生机构地位，容易误导资源配置方向，形成资金向公办机构转移支付，甚至保护落后。新型农村合作医疗的补助政策将卫生机构的注意力引向以医疗为中心，导致卫生机构为创收而进行医疗竞争，忽视改善服务和预防保健。加之新型农村合作医疗制度的费用报销只限于公共卫生系统，公共卫生机构服务差、价格高也可凭政策得到市场份额，那么以往在市场竞争中处于劣势的卫生机构凭借新政策也可起死回生。

第三，以大病为主的界限不好掌握。各地试点在把握政策时犯难：多大比例的资金用于大病符合"为主"？据调查，一般认为需要在80%以上，不过，也有将人均30元全用于大病的极端观点。然而，调查显示，90%以上的农民坚持将自己的缴费用于预防保健和常见病多发病，政府的补贴用于大病。因此，坚持将农民的缴费全用于大病，会因违背大多数农民的意愿而得不到农民的拥护。

（三）医疗质量与价格问题

许多新型农村合作医疗试点地区医疗秩序混乱，部分个体医疗户为图便宜进次药、甚至假药以假充好，导致医疗质量差，药品收费混乱。而乡镇卫生院医疗设施缺乏，设备简陋，同时，医务人员的医务水平不高，许多疑难病无法医治。另一方面，由于卫生院的药品是按国家规定进货销售，绝大部分医生又属于自收自支的事业单位人员，其收费标准比个体医疗户要高。县级医院收费标准更高，加上报销比例的偏低，导致农民报销的金额可能还抵不上医疗机构之间的价差。由此限制了农民大病得到高质量的医治。凡此种种都容易导致农民对新型农村合作医疗制度的不满意。另外，农村地域的广阔、医疗机构数量的繁多导致定点医疗机构的确定与监管很困难。乡村医务人员开"人情方"、"假处方"的现象时有发生，这加大了农村合作医疗收支平衡的风险，加重了有限资金的管理成本。

（四）贫困农民筹资难

在一些贫困地区，由于贫困面大，贫困程度深，农民收入低，可支配现金少，农民筹资困难。尤其是贫困农民，虽然安排了贫困医疗救助资金，但远远不能解决贫困人群参加合作医疗的问题。如属国家级贫困县之一的云南省墨江县，为了让贫困农民也能享受新型农村合作医疗带来的好处，采取了让挂钩扶贫单位的干部职工捐款的方式为贫困农民缴了费，但这毕竟不是长久之计。①

10.1.2 完善新型农村合作医疗制度的相关政策建议

鉴于新型农村合作医疗理论准备的不足和实践中出现的相关问题，我们应当采取相关措施完善这一制度：

（一）重新界定新型农村合作医疗制度的性质

1979 年卫生部、农业部、财政部等颁布的《农村合作医疗章程（试行草案）》中将传统农村合作医疗定位于"人民公社社员依靠集体力量，在自愿互助的基础上建立起来的一种社会主义性质的医疗制度，是社员群众的集体福利事业"。事实上，在领袖号召、舆论宣传、政治运动等形式的作用下，传统合作医疗制度客观上成为一种强制性的社会保险制度，这也是制度走向辉煌的原因之一。而制度最终走向衰落、解体也正是由于政策的放任自流使传统合作医疗失去了社会保险的地位，成为纯粹意义上的农民间的医疗互助制度，失去了政府力量的强大支持，走上了自生自灭的道路。重建农村合作医疗制度时期的 1997 年，中共中央、国务院在《关于卫生改革与发展的决定》中提出"举办合作医疗，要在政府的组织和领导下，坚持民办公助和自愿参加的原则"。按照这一原则，在《关于发展和完善农村合作医疗的若干意见》中，合作医疗的属性被表述为"农民通过互助共济，共同抵御疾病风险的制度"。"互助"隐含着两层意思：其一，因为是互助，所以只能是自愿，农民可参加，也可不参加；其二是政府可介入，也可不介入，因为只是农民之间的互助，制度的主体是农民，而非政府。在"互助"的政策定位和自愿参加原则下，农民作为制度的主体并没有能够使制度顺利重建，农村合作医疗低迷的状态一直持续到新型农村合作医疗制度建立前夕的 2002 年。

---

① 云南省统计局：《云南省新型农村合作医疗试点工作情况及存在的问题》，国家统计局网站，2004 – 05 – 19。

与上述规定相比，新型农村合作医疗制度有了很大进步。2003 年《意见》中将新型农村合作医疗制度定义为"政府组织、引导、支持，农民自愿参加，个人、集体和政府多方筹资，以大病统筹为主的农民医疗互助共济制度"。它明确了政府组织、引导、支持和出资的责任，比以前是一个巨大的进步。然而，在最关键的制度性质问题上，它并没有走出过去的窠臼，依然将制度定位于"互助共济制度"而非"社会保险制度"。而这两种制度间存在巨大差异。第一，实施主体不同，前者的实施主体是农民，政府只是给予适当支持，办成办不成归结于农民的意愿；而后者的实施主体是政府，办好办不好体现着政府的职能。第二，资金性质不同。政府在"互助共济制度"下的投入，只是一种具有较大随意性的资助，可多可少，可有可无；而作为"医疗保障制度"，政府的投入则属于规范性很强的再分配，是社会福利制度的体现，是一种义不容辞的法定职责。把新型农村合作医疗制度依旧定位于"互助共济制度"而没有上升为"医疗保障制度"，原因无非是使政府的责任最小化。[①] 然而，政府责任和风险缩小的同时，农民承担的责任和风险随之增大。而过去农村合作医疗制度的实践早已证明，农民是无力承担这种责任、应对这种风险的。虽然由居民之间的互助形成的共济也具有一定的社会保障功能，但这种社会保障功能是建立在乡规民约基础上的，有些甚至只是约定俗成，带有很大的自发性与不确定性，因此互助所能产生的效果是很脆弱的。在小国寡民、自给自足的自然经济时期，人群之间的互助是抵御风险的一种主要形式，但随着经济发展和社会进步，居民之间的互助共济在社会保障制度中的地位和作用逐步减弱。尤其是随着农村经济的发展和体制的变革，这种制度已经难以适应农民的实际需要。若继续墨守成规，其结果很可能导致新型合作医疗重蹈覆辙，最终半途而废。

鉴于此，必须将合作医疗的性质由"互助共济制度"改为社会保险制度。明确政府在制度中的主体地位和相关职责。考虑到经济发展水平较低和政府财政能力较弱的现实，可以坚持"循序渐进"原则，实

---

① 徐杰：《农村合作医疗应由互助共济向社会统筹转变》，载《卫生经济研究》2004 年第 3 期，第 27 页。

行保障范围由小到大，保障标准由低到高的发展策略。

（二）实行"适度强制"原则

从前文的分析可以看出，只有实行"适度强制"原则，才能从根本上杜绝"逆向选择"行为，消除各级政府与农民之间的"博弈"困境，满足"大数法则"的要求，达到市场均衡和合作医疗制度的全面覆盖。然而农村合作医疗制度是一项庞大的系统工程，涉及方方面面的利益，受到多种因素的制约，很难一蹴而就，需要全面贯彻强制性原则。尤其在一些农民对旧合作医疗失去信心、对政府缺乏足够信任的情况下，强制原则只能策略性、渐进性实施。例如，对经济发展水平达到规定标准应该强制实行农村合作医疗制度的地区，可以采取向参保农户免费提供儿童免疫接种、妇女孕产期、产后保健等服务，对未参保农户适当收取费用等形式，鼓励农户参保。通过试点地区的农村合作医疗实践，让农民真正体会到参保的实惠，在农民理解的基础上达到强制参保的目标。

（三）积极探索不同的保障形式

新型农村合作医疗试点可以根据各地经济发展水平和实际情况的差异，采取不同的具体保障形式，在实践中解决保大或保小的难题，然后在广大农村地区推广。其中，一些试点地区采取的家庭账户与大病统筹相结合、保大又保小的形式符合我国农村的实际情况，值得推广。第一，家庭整体入保、家庭账户的形式可以有效避免"逆向选择"现象的发生；第二，它利用了家庭作为基本经济单位的作用，与"家庭承包经营为基础，统分结合的双层经营体制"相适应；第三，它利用了中国农村的家庭观念，采用家庭间互助共济的形式容易受到农民的拥护；第四，家庭账户的形式与农民消费观念和心理承受能力相适应，能够提高医疗卫生服务的利用水平，户户都能够受益，农民不感到吃亏；第五，大病统筹能够利用风险分担机制切实减轻农民的大病医疗风险，减少因病致贫等现象的发生；第六，与农村地区之间、农户之间不同的经济发展水平相适应，统账间不同的结合比例、统筹的起付线、封顶线以及不同补偿比例，可以满足不同地区不同保障水平的需要；第七，以县级为单位统筹，有利于打破城乡二元结构，为将来城乡建立统一的医疗保险制度打下基础。统账结合的具体形式，可以在实践中逐步探索确定。根据试点地区的经验，农民个人缴费的大部分应该进入家庭账户，供家庭门诊或小病费用支付；而农民剩余的缴费和各级政府、其他组织补贴部分全部进入社会统筹，用于应对农民的大病医疗风险。家庭账户资金归农户所有，可以继承，但不可提前支取。通过这种方式既兼顾了制度的受益面，又保障了农户的大病医疗需求。不过，对于经济发展水平有限、资金筹集能力低的地区，家庭账户可能会分解统筹资金，降低统筹资金抗大病风险的能力。因此，大病统筹之外是否设家庭账户应该根据各地区具体情况而定，原则上要首先保证大病统筹的实现。

（四）采用多样化运行方式

在实行政府机构管理、运营的同时，应该积极探索多样化运行方式。通过各种运营形式的实践和比较，最终有利于找出最优的运行方式。发达农村地区对农村医疗保险采取的灵活的运行形式值得新型农村合作医疗制度学习和借鉴。他们将医疗保险基金的筹集与管理分离，交由专业的保险机构来运营。如江苏江阴、厦门由商业保险公司来负责运作，而广东顺德则成立专业的保险公司统一对城镇企业与农业人口医疗保险基金进行运作。这些运作方式体现了专业分工思想，可以充分利用政府的筹资优势和保险公司的管理优势，有利于设计科学的筹资与补偿标准，并提高制度的运行效率，降低制度的管理成本。新型农村合作医疗制度也可以在试点地区探索建立征管分离、管理与监督机构分设的制度。由保险公司负责制度的管理和基金的运营，政府机构或医疗机构负责资金的收缴，政府部门人员和农民、医务人员等相关利益主体共同负责制度的监督。从而利用专业分工和相互制衡原理促进制度的有效运转。保险公司需要的管理成本和适度利润可以通过政府贴补形式避免由制度负担。为此，需要一个强势的政府在资金筹集、征收等方面对制度提供强大支持，同时政府还要对制度各相关主体之间的利益进行协调。当然，较高的人均收入水平和较强的财政能力更是实施这一方式所必不可少的。据了解，河南省新乡市新型合作医疗试点中已经做出了相关尝试，引入新乡国寿负责基金管理和补助给付。[1]

---

[1] 杨团：《利用保险公司和保险机制进行城乡困难群体医疗保障的探索》，http:// www. usc. cuhk. edu. hk/wk. asp，2005 年 7 月 5 日～11 日。

（五）　加强制度的技术测算

第一，各省、自治区、直辖市要组织有关专家，制订统一的基线调查方案，对试点县（市）的经济发展水平、医疗卫生机构服务现状、农民疾病发生状况、就医用药及费用情况、农民对参加新型农村合作医疗的意愿等进行摸底调查。掌握各疾病发病率、平均就诊费用、平均住院费用等基础数据。第二，各试点县（市）要坚持以收定支、量入为出、保障适度等原则，根据基线调查数据和筹资总额，合理确定补偿标准。要对合作医疗制度可能对农民医疗服务需求产生的刺激作用加以充分考虑，科学合理地确定大额或住院医药费用补助的起付线、封顶线和补助比例，并根据实际及时调整，既要防止补助比例过高而透支，又不能因支付比例太低使基金沉淀过多，影响农民受益。在基本条件相似、筹资水平相同的条件下，同一省（自治区、直辖市）内试点县（市）的起付线、封顶线和补助比例差距不宜过大。第三，设计级差型报销比例制度，对县、乡、村不同等级医疗机构实行不同的报销比例。原则上医疗机构等级越高，报销比例越低。以促进病人在县、乡、村不同等级医疗机构之间分流，实现"小病不出村，大病不出乡"的目标。

（六）　以群众参与促制度监管

1. 筹资监管

针对各种"套资"、"钓鱼"等违规现象，中央提出要"严禁硬性规定农民参加合作医疗的指标、向乡村干部搞任务包干摊派、强迫乡（镇）卫生院和乡村医生代缴以及强迫农民贷款缴纳经费等简单粗暴、强迫命令的错误做法。各地区要加强督查，发现这些问题，必须及时严肃查处，坚决予以纠正"。严格的制裁措施固然可以控制此类现象，但并不能从根本上消除其产生的根源。要根治这一现象，必须借助于农民的参与加强制度的监管。首先，要通过深入、细致的宣传工作，使农民认识到参加制度遵循个人自愿原则，而参加制度后享受中央和地方政府的补贴是党和国家赋予的权利，是任何人无法剥夺的。侵害制度就是侵害其自身权利，要坚决反对。其次，在各县（市）政府组织建立的合作医疗监督委员会中要吸纳农民代表，使农民得以对制度的管理、运行状况和相关问题有充分的了解，对制度建设和问题的解决有发言权，给农民保护自己权利的工具。第三,将经办机构对合作医疗账务的公开作为农村政务公开的一部分,定期将合作医疗资金收缴、中央及地方政府补贴状况、报销、基金节余等情况向广大群众公布,接受其监督。农民对制度的相关意见和建议可以通过农民代表迅速传递到合作医疗监督委员会。情况严重的,农民还可以通过专门的举报电话直接向省级合作医疗协调领导小组反映,使不正之风处于人民群众的严密监督之下。最后,对合作医疗报销实行严格审核。加强对报销工作管理人员的培训,提高他们的业务能力,增强他们识别假医疗费用单据的能力,并实行定期比例抽查和不定期抽查制度,对漏审的不合格单据除追回报销资金外还要追究报销管理人员的责任,使"套资"行为难以得逞。

在这一严密的监管体系下,倘若出现不合规的"垫资"、"钓鱼"行为,农民很快可以通过合作医疗账务公开得知被垫资的人员信息,被垫资农民随之可以要求享受相关的医疗保障。若该要求被满足,则客观上实现了保障农民医疗需求的目标。另一方面,倘若垫资机构在成功"钓鱼"后抽资,必将导致制度出现收不抵支,被垫资农民被拒绝提供相关保障或其他参保农民享受不到足额报销。在自身利益被侵害的情况下,农民势必很快将这一情况向统筹地区监督部门或省级协调机构反映,"钓鱼"、"抽资"的行为很快就会暴露。在严密的审核制度下"套资"者也很难得逞。而"垫资"与"套资"无非是通过欺哄农民瞒骗上级谋取个人私利或部门私利。既然难以欺上瞒下,得不到额外的利益,此类行为自然就消失了。

2. 道德风险控制

在社会统筹与家庭账户相结合的制度结构下,大病医疗费用是最有可能产生道德风险并且对制度收支平衡的影响最大。就道德风险的控制而言,对大病医疗费用比分散的小额医疗费用的控制也更有效率。因此,新型农村合作医疗中道德风险的控制重在大病医疗费用。研究表明,县医院是大病治疗的重点,按照疾病种类分类的每种大病在县及县以上治疗过的比例几乎为100%,其中在县以上医疗机构治疗过的比例平均在20%以上。[①] 因此,要重点对县医院进行控制,由合作医疗管理

---

① 海闻等:《"大病"风险对农户影响深远》,载《社会保障制度》2002年第4期。

机构派遣专门的管理人员对发生在县级医疗机构的医疗费用进行审核，遏制"医患合谋"、"诱导需求"等道德风险行为的发生，使"大处方"、"人情方"无法蒙混过关。由于县医院数量不多，只需派遣很少的管理人员即可达到事半功倍的审核效果。

（七）加强医疗供方建设

前文已经对此作了论述，现在只对改革焦点——乡镇卫生院的发展问题做一探讨。2002年《决定》明确指出，乡（镇）卫生院以公共卫生服务为主，综合提供预防、保健和基本医疗等服务，受县级卫生行政部门委托承担公共卫生管理职能，一般不得向医院模式发展。在乡（镇）行政区划调整后，原则上每个乡（镇）应有一所卫生院，调整后的卫生院由政府举办。其余的乡镇卫生院可以进行资源重组或改制。然而，有些地区的农村卫生改革却走向了另一个极端，出现了过度市场化问题，将乡镇卫生院大量实施"企业化转制改革"，有的甚至一卖了之。这些卫生院在实行企业化改制以后，自然将盈利视为主要目标，其本身具有的公益目标则大都被放弃。出现这一矛盾一方面是地方卫生部门对乡镇卫生院的事业性质、职能以及政府和市场各自功能特点认识不清，尤其是对市场的缺陷认识不足，认为市场可以解决一切。然而，事实却并非他们想象的那么好。理论和实践早已表明，医疗卫生服务是一个市场严重失灵的领域，放弃必要的政府职能、过度市场化将会危及医疗卫生服务的公平性，影响人群健康状况的提高，并反过来影响卫生服务的效率。在医疗卫生机构私有化严重的美国，人均世界第一的医疗费用支出水平并没有换来很好的人群健康水平；而医疗机构公有制为主的英国却凭借较低的医疗费用支出水平换来了很好的人群健康水平。原因就在于在市场经济追逐利润目标的推动下，医疗机构"诱导需求"等道德风险行为必然发生，医疗费用支出增加不可避免，低收入人群看不起病问题凸显；而医疗机构公有则是抑制医疗机构道德风险行为的最好药方。过度市场化更现实的原因则来自于对减轻财政负担的要求，既然政府无力举办，卫生院出现生存危机，不如交给市场。然而，虽然缺钱是制约卫生院发展的一大问题，但有了钱并不意味着乡镇卫生院可以得到很好的发展，更不意味着农民健康水平可以随之提高。如果选取了错误的发展方向，单纯追求经济利益，自身的公共卫生服务和卫生管理职能被抛到脑后，最好的结果可能只是卫生院利润的增加与传染病、常见病发病率上升，农民健康状况下降现象并存，严重的甚至可能是卫生院利用率低下、面临生存危机与农民看不起病现象同时发生。是否进行市场化改革应该取决于医疗机构的性质和职能，而不是仅仅基于医疗机构现在没有钱、市场化改革后可以挣到钱的考虑，更不能简单的为财政甩包袱。部分地区传染病、地方病重新抬头的现象已经给予我们警示：当前放弃必要的卫生投资的结果是将来不得不付出更大的代价。只要设计一个良好的财政分担机制，使中央转移支付与地方财政有机结合起来，每个乡镇建立一个公立卫生院的目标一定可以实现。

（八）大力发展农村公共卫生服务

公共卫生服务主要包括疾病预防、妇幼保健、健康教育等内容。它属于纯公共产品，是一项最有效率的卫生服务。农村公共卫生服务对于防止各类传染病的流行，降低妇女、儿童等医学敏感人群的发病率，预防各种常见疾病的发生，提高农民的健康水平，减少新型农村合作医疗的费用支出起着重要作用。因此，要大力发展农村公共卫生服务，促进农村合作医疗制度的顺利运行。鉴于其公共产品的性质，农村公共卫生服务应该由公办医疗机构来提供或由政府购买。一方面，政府可以将公共卫生服务的提供与农村合作医疗制度建设结合起来，在开展农村合作医疗的地区实行参保农民免费享受公共卫生服务，非参保农民适当付费的方式，推动合作医疗的开展和公共卫生服务的享受。另一方面，可以从合作医疗基金中拨付专款，用于开展公共卫生服务。医疗机构承担公共卫生服务就可以得到此专门补贴。从而提高医疗机构开展预防保健、健康教育等公共卫生服务的积极性，促进合作医疗预防为主方针的贯彻执行。当然，强化预防为主方针最根本的方法是将合作医疗费用支付方式由后付制改为预付制，预先给医疗机构一定数额的资金，要求村级医疗卫生机构保证全村人基本的小病医疗需求，县、乡医疗机构保证一定范围内农民一定的大病医疗服务需求，节余留用，超支不补。使医疗机构的收入直接取决于农民的无病率，农民越健康、发病率越低，大病越少，医疗机构收入越多。由此从根本上调动医疗机构实行预防为主的方针、开展公共卫生服务的积极性。在无条件开展合作医疗的低收入农村地区，国家应该免费提供公共卫生服务，使收入的低下不会成为影响其享受服务的障碍。以保证其最基本的健康水平，为今后开展合作医疗奠定基础。

（九）加强法规制度建设

目前，开展新型农村合作医疗的决定是以通知和意见的形式印发实施，没有规定法律责任，缺乏国家强制力、统一性和严肃性。作为为广大农民提供基本医疗保障的重要措施，新型农村合作医疗制度需要借助于国家立法的形式加以确认和推广，以得到有效的贯彻执行，产生最大的社会效益、持久的作用。而且，合作医疗的配套工程农村卫生体系建设和公共卫生服务的开展，同样需要适当的法律法规提供规范。因此，要加强法律法规制度建设。第一，要制定《农村合作医疗制度条例》，对新型农村合作医疗制度的基本用药目录、基本医疗服务范围、定点医疗机构管理办法、住院及转诊办法等内容加以规定，做到有法可依。其次，要完善农村卫生事业的相关法律法规。如出台《农村初级卫生保健法》，修订《乡镇卫生院基本标准》、《村卫生室基本标准》，制订《农村公共卫生管理条例》、《农村卫生事业补助管理办法》、《农村卫生监督管理办法》、《农村中医药管理办法》等卫生法律、法规、规章，结合已出台的《乡村医生从业管理条例》，共同对农村卫生事业的发展加以规范，促进与新型农村合作医疗配套的合格的农村卫生服务体系的建立。

（十）制订新型农村合作医疗评价指标体系

新型合作医疗制度的发展是一个循序渐进的过程，我们需要在实践中随时对制度进行科学评价，在此基础上总结经验教训，推动制度的进一步完善。因此，建立一套科学的评价指标体系至关重要。合作医疗评价指标体系首先必须满足综合性的要求，能够对制度筹资、运行、支付等各个环节，政府、农民、医疗机构、合作医疗管理机构等各个主体，经济效益、社会效益等各个方面进行评价。其次，它还应该满足实用性原则，在定性分析的同时，采用一定的定量指标。这些指标要力求简明，易于收集、整理，便于在实践中具体应用。最后，遵循国际惯例原则。指标体系必须符合国际规则，与国际接轨，以便与国外相关制度进行比较。

10.2 完善农村医疗救助制度的思考

10.2.1 建立农村医疗救助制度的必要性

社会医疗救助制度是政府和社会向一部分生活处于低收入甚至贫困状态的社会弱势群体提供最基本的医疗支持，以缓解其因病而无经济能力进行医治造成的困难，防止因病致贫、因病返贫，增强自我保障和生存能力。它是多层次医疗保障体系中的最后一道保护屏障，是贫病交加人口最后的一道安全网。改善贫困人群的健康状况是政府义不容辞的责任，对贫困人群实施医疗救助也是政府的职责之一。而对收入低下的农村贫困人口实施医疗救助更是医疗救助的关键问题。从世界范围来看，很多国家对农村贫困人群实行了减、免费医疗制度。例如，韩国 10% 的贫困农民由政府提供医疗费用救济；在墨西哥，由政府开办的医疗机构或政府与保险协会所属医院签订合同为贫困农民提供免费服务，经费均来自国家税收；越南尽管自 1989 年以来就对以往的免费医疗制度进行了改革，但仍由政府出资对贫困农民实施低水平的免费服务[①]。

在中国农村，目前仍然存在 2820 万未达到温饱线的人口和 5000 多万刚脱贫、易返贫的低收入贫困人口。在医疗费用飞速上涨的形势下，农民由于收入水平低下而看不起病、因病致贫、因病返贫的问题已经日益突出。因此，有必要尽快建立农村医疗救助制度。理论界对此进行了多方面探讨。

第一，从医疗救助的功能来看，它是切断病贫循环链的治本之策，有利于维护社会的公正与稳定。第二，从政府职责来看，医疗救助是人

---

① 夏宗明：《发展中国家农村医疗保健制度简述》，载《国外医学卫生经济分册》1997 年第 4 期，第 145~148 页。

权保障的重要内容。保障人民群众的基本物质生活权利，同保障人民群众的基本医疗权利，共同构成了人民群众的基本生存权利。它的确立及通过医疗救助的实施和实现，表明我国人权保障内涵的深化，为发展中国家做出了典范。第三，从社会保障制度构架来看，实施医疗救助是完善我国社会救助制度乃至社会保障制度的迫切要求。医疗救助的产生和发展适应我国国情，不仅拓宽了社会救济的领域，而且还弥补了社会医疗保险的功能缺失，从而完善和丰富了我国社会保障体系[1]。第四，医疗救助符合公平原则。医疗救助计划能直接提高贫困人口对医疗健康服务的可及性，从而使他们能够获得必需的和具有一定质量保证的健康服务，有利于健康服务可及性和利用方面的公平性，有利于健康服务筹资中经费负担的公平性，并最终将有利于健康公平。第五，医疗救助符合效率原则。对贫困人群的健康投资具有较高的边际效用，对贫困人群的医疗救助更能体现成本效率原则。[2]

10.2.2 建立独立的农村医疗救助制度的必要性

建立独立的农村医疗救助体系的必要性得到了中央的认同。2002年，《中共中央、国务院关于进一步加强农村卫生工作的决定》中指出，到 2010 年，在全国农村基本建立起适应社会主义市场经济体制要求和农村经济社会发展要求的农村卫生服务体系和农村合作医疗制度。其中包括建立以大病统筹为主的新型合作医疗制度和医疗救助制度。由此可以看出，在中央的制度设计中农村医疗保障体系主要体现在新型合作医疗制度上，而农村医疗救助并非与合作医疗制度并列的独立的制度体系，而是从属于合作医疗制度。这种制度设计在很大程度上是在传统合作医疗制度的影响下确定的。传统合作医疗制度在集体经济支持下以全面保障的方式对所有农村居民提供了医疗保障，从而使单列医疗救助制度显得没有必要。然而，在当前形势已发生巨大变化的背景下，我们的策略也必须发生相应的改变。

---

① 时正新：《中国的医疗救助及其发展对策》，国研网，2002 - 08 - 12。
② 田丽春、张开宁等：《贫困人群医疗救助的若干关键问题》，载《市场与人口分析》2002 年第 1 期，第 61 页。

（一）农村医疗救助制度与合作医疗制度存在巨大差异，不能相互替代

首先，从概念来看，农村医疗救助制度是在政府主导下，利用社会多方力量广泛参与的一项面向农村弱势群体的医疗救助行为。它通过对一部分生活处于低收入甚至贫困状态的农村弱势群体提供最基本的医疗支持，以缓解其因病而无经济能力进行医治造成的困难，防止农民因病致贫、因病返贫，增强其自我保障和生存的能力，最终达到促进农村社会稳定和经济发展的目的；而新型农村合作医疗制度则是政府组织、引导、支持、农民自愿参加，个人、集体和政府多方筹资，以大病统筹为主的农民医疗互助共济制度。其次，两个制度的主体不同。农村医疗救助制度是政府建立的社会保障制度，其主体是政府，政府要承担建立制度、提供资金、监督、管理等一系列责任，并要承担制度的相关风险；而新型农村合作医疗制度是农民间的医疗互助共济制度，农民是制度的主体，要缴纳保险费，并承担制度的风险，政府的责任仅仅是"组织、引导、支持"，并不承担制度的相关风险。从权利义务关系来看，提供救助制度是政府对农民应当承担的责任和义务，享受救助是农民的权利，二者的权利义务并不对等。而合作医疗制度中农民享受保障的权利是以缴纳保费的义务为前提的，二者的权利与义务是对等的。再次，从保障标准来看，医疗救助只能是"雪中送炭"，救助标准相对较低，以维持其基本生存能力为目的；而合作医疗致力于保持与促进农民的健康水平，保障标准相对更高。最后，从保障方式和程序来看，医疗救助要遵循社会救助的一般原则，在进行家庭经济状况调查后向贫困人口提供免费医疗服务；而合作医疗则没有家庭经济状况调查的程序，农民只要缴纳了保险费，在发生规定范围内的医疗费用时都可以得到制度提供的一定比例的报销。

（二）新的形势要求建立农村医疗救助制度

当前，我国的社会经济环境与传统农村合作医疗制度时期已经发生了巨大变化，新型农村合作医疗制度的内涵与传统制度更是有着巨大差异，这些因素决定了模仿传统农村合作医疗制度设计、放弃独立的农村医疗救助制度不具备可行性。首先，新型农村合作医疗是自愿参保的，那些无力负担保险费的低收入农村贫困人口享受

不到制度的保障。而且，即便在部分地区政府提供资金使这些贫困农民加入了新型合作医疗，贫困农民的医疗需求仍然得不到真正的保障。因为小病医疗费用不属于合作医疗保障范围，大病医疗费用农民先要自付一定数额，达到起付线以后还要自付一定比例。对贫困农民而言，可能小病都无力医治，更不用说自付大病医疗费用至起付线。结果贫困农民仍然是看不起病，医疗需求也得不到保障。而传统农村合作医疗制度则根本不存在这种现象。集体经济组织代表农民承担出资的责任，集体内所有农民生病时都可以得到近乎免费的医疗服务。可以说传统农村合作医疗制度已经涵盖了医疗救助制度的功能，所有人的医疗需求都得到了保障，因而不需要再建立独立的医疗救助制度了。而新型农村合作医疗制度保障范围的有限和保障功能的非全面决定了独立的农村医疗救助制度不可或缺。其次，新型农村合作医疗实践决定了必须建立独立的医疗救助制度。试点中，一些贫困地区贫困农民参加合作医疗的费用没有可靠保证，只有暂时依靠财政或社会捐助来解决。这显然并非很好的解决办法。农村合作医疗作为农村的一项基本保障制度要长期坚持，而贫困地区地方财政的捉襟见肘和社会捐助的不稳定性将直接影响制度的资金来源，危及制度的长期稳定发展。

（三）社会保障制度的发展规律要求建立独立的农村医疗救助制度

从社会保障制度的发展规律来看，制度是随着经济基础的发展而逐步发展完善的。在最初经济发展水平低，经济基础薄弱时，社会救助成为国家社会保障制度的主体部分，保障公民最基本的生存需求成为社会保障制度的主要目标；当经济发展水平有了一定提高，经济基础进一步稳固后，社会保险成为国家社会保障制度的主体，保障公民基本的生活需求也成为社会保障制度的主要目标；待国民经济发展水平很高，物资资料很丰富时，社会福利就成为一国社会保障制度的主体，保障社会成员更高水平的生活并逐步改善、提高其生活标准就成为社会保障制度的目标。当前我国中、西部一些地方仍处于绝对贫困阶段，没有足够的经济基础支持农村合作医疗制度的建立和运行，没有能力对所有人口提供基本的医疗保障。对这些地区而言，勉强建立农村合作医疗制度只能保障部分人口，大量贫困人口可能仍然得不到医疗保障。而建立医疗救助制度，可以以有限资源保障所有人口最基本的医疗需求。因而可能是有限资源约束条件下最经济有效的保障方式。

10.2.3 建立独立的农村医疗救助制度的难点

（一）救助资金筹集难

农村医疗救助的规模、水平和有效性，取决于救助资金能否得到保障。然而，转型时期的中国农村，医疗救助资金筹集问题非常突出。一方面，农村存在大量需要接受医疗救助的人。农村特困户大多是无法靠"造血"性扶贫而脱贫的老孤病残者，农村落后的医疗卫生条件，使不少贫困人口处于病贫交加状态。而且，中国农村缺乏有效的医疗保险制度对农民的疾病需求实施保障，使医疗救助成为唯一的医疗保障方式，加重了对最后一道防线的压力。这些都使我国农村医疗救助的对象日趋庞大。在医疗技术进步和医疗费价格上涨的情况下，所需的医疗救助费用增大。另一方面，巨大的医疗费用难以筹集。理论上讲，对贫困人群实施医疗救助是政府的职责，由国家财政承担对贫困人群实施医疗救助的支出也是医疗救助制度的必然要求。然而，这笔资金无论对于中央财政还是地方财政，都是很大一笔负担。尤其是中西部地区的地方财政，大多是"吃饭财政"，公务员和教师工资都勉强承担，更不用说大额的医疗救助资金。

（二）救助对象选定难

如何选出最需要帮助的人群，是农村医疗救助制度中的一个关键性问题。一般地，人们采用客观经济指标作为衡量标准，如人均收入。然而，农民拿的不是固定工资，其人均收入水平是非常难以调查、确定、比较、衡量的。此外，人们常用人均粮食产量作为替代性衡量指标。然而，某年人均粮食产量只能代表该年某些方面收入的水平，且较易受自然灾害的影响。而且，纯粹利用经济指标做出的选择，仅从救助者的角度出发，往往没有考虑被救助者的观点和意见，不能准确反映他们最迫切的需求，不利于救助资金发挥最大的效果。因此，如何准确地界定和选择贫困对象成为农村医疗救助的一个难点。

（三）救助内容确定难

人群对服务的需要是多层次、全方位的，但资源却永远是有限的，特别是在贫困地区，有限资源与人群的需要之间存在着巨大的差异，救助行为不可能同时满足所有的需要。所以，只能先满足那些最基本的、最重要的需要。另一方面，并不是所有的医疗保健服务都具有同等的效果。有的服务成本低，效果好；有的服务成本高，效果也好；而有的服务成本高，效果却不佳。所以，从有效利用资源的角度出发，也应优先满足那些对成本低、效果好的服务的需要。这就要求在众多的需要当中，筛选出应该优先满足的需要，作为医疗救助的内容。然而，优先需要并非一个纯客观的概念，它具有一定的主观性，不同的人、采用不同的标准和不同的方法所确定的优先需要的结果会有所不同。传统上一直以医学的标准为依据，由卫生部门管理者决定资源的分配和服务提供。决策者对救助内容的确定理所当然地反映了他们认定的优先需要。然而，救助服务涉及提供与利用两个方面。由提供一方所确定的优先需要并不一定能代表利用一方的意见。所以，在确定优先的需要时是仅仅由提供者一方决定，还是应该考虑利用者的意见，抑或是综合考虑双方的意见，是一个值得重视的问题。国际上已经开始实践综合考虑提供者与利用者的意见来确定优先需要。然而，中国农村由于农民文化水平和参与意识等各方面条件的限制，这种实践还难以真正得到实施。

（四）救助标准规定难

对贫困人口的医疗救助应该到什么程度和什么水平，是一直以来存在很大争议的问题。基于经济学考虑的有限的救助能力与基于伦理学考虑的宽厚的道德规范之间存在巨大的差距。从道德意义上讲，患病的人只有严重程度之分，而没有贫困与非贫困人口之分。贫困人口与其他非贫困人口是平等的，他们有权和他人一样得到基于所患疾病的严重程度所需得到的必要的医疗服务，而不应该因为个人的贫困而丧失它。国家和社会有义务保障贫困公民享有必需的医疗服务。然而，从经济学意义上讲，资源是稀缺的、有限的，有限的资源应该配置到最需要的地方去。贫困人群所能得到的医疗救助资源只能以救助所能产生的经济和社会效益大小为标准确定，并以此资源约束为前提，依据资源多少、财力大小而不是病人的医疗需求作为救助标准。包括医疗救助在内的中国农村社会保障制度建立与否的争论在很大程度上是由于这种思考角度的不同引起的。即政府的道义责任与政府的财政负担能力，哪个更应该着重考虑。

10.2.4　建立独立的农村医疗救助制度的设想

（一）农村医疗救助制度的基本原则

农村医疗救助制度应该坚持"多渠道，低水平，广覆盖，基本服务，因地制宜，灵活发展"的思路，根据制度筹资能力的可能性，灵活确定筹资对象，克服困难，走上健康发展的轨道。

1. 多渠道筹资

农村的医疗救助应该从多方面筹资，调动全社会方方面面的力量。资金来源的主渠道是财政性资金，辅之以社会捐助资金。其中财政性资金应当根据各地方财政实力的不同，实现中央财政与地方财政不同比例的结合。财政负担能力强的东部地区，应该以地方财政负担为主；对于财政负担能力较弱的中、西部农村地区，中央财政要加强转移支付的力度。此外，还可以利用其他的筹资方式，如民政部门发行福利彩票收入的一部分可用于农村医疗救助。同时，要大力宣传、积极倡导社会各界对农村医疗救助事业进行捐赠，捐赠资金给予免征个人所得税的优惠。鉴于救助制度建立初期民间捐赠行为的不发达和捐赠资金来源的不稳定性，要确保较高比例的财政筹资，待今后其他渠道筹集的资金较丰富时可以考虑降低财政筹资的比例。

2. 灵活地选定对象

根据国家文件精神，农村医疗救助主要应包括以下几类对象：（1）农村五保户和享受各类特殊救济对象；（2）享受农村居民最低生活保障的农户家庭成员。在此基础上，地方政府可以根据本地救助能力的具体情况将救助范围扩大到；（3）患大病重病，经各种互助帮困措施后，个人自负医疗费仍有困难的农村居民。为保证对象确定的公正性，县政府要对救助对象的选定建立公开的选定程序、民主监督制度及定期审核制度，以确保最需救助的人员得到必需的医疗救助。救助对象的选定首先要考虑救助资金的数量。如果筹资水平高，救助对象数量就可以多一些，比例大一些；反之亦然。各地可以根据实际情况灵活确定。实践中可由村委会对本村需得到医疗救助的贫困农民进行调查摸底，按照贫困程度和救助必要性排队，根据可救助贫困人口数量提出拟救助的人员名单，提交群众民主评议，综合考虑客观经济情况与村民的主观意见后确定，然后报乡、县政府审核批准。

3. 基本的防治服务

综合考虑农民医疗需要的重要性和相关成本、效果，建议将救助内容确定为如下基本的防治服务：第一，传染病、地方病防治。传染病、地方病是威胁农民身体健康的重要杀手，具有很大的破坏性后果。而传染性、地方病预防是非常有成本效益的医疗服务项目，它可以以很小的投入避免疾病流行造成的巨大损失，取得很好的经济和社会效益。因此，传染病、地方病预防应该列为首要的医疗救助服务内容。考虑到其公共物品的性质和巨大的社会效益，预防资金应该全部由救助方承担。第二，妇幼保健。产褥期疾病是威胁农民身体健康的又一重要疾病。它影响大，持续时间长，可能危及患病农民一生，引起巨大的医疗费用支出。而妇幼保健可以有效地控制避免产褥期疾病的发生，具有巨大的社会效益，并且成本低廉。作为一项基本的卫生服务项目，同样应该由农村医疗救助机构免费向救助对象提供。第三，常见病住院和门诊服务。普通常见疾病威胁农村贫困人口健康，但其发生与农村个体的行为有很大关系。疾病防治具有一定的社会效益，但更直接、更主要地体现为被医治人口的个人效益，对其进行的医疗救助只是准公共产品。而且，防治成本相对较高。因此，应该实行救助对象与救助机构共同承担费用的方式，即救助金只是医疗费用的一部分。

4. 可能性标准

鉴于经济发展水平有限和需要救助的农村人口数量庞大的国情，必须将农村医疗救助定位于一种救危性救助而非康复性救助。它只能提供最基本的医疗服务，以低水平保证较大数量的贫困人口被纳入救助范围，实现救助效果的最大化。实践中，救助制度应采用可能性标准，即依据财政支付情况来设定政府医疗救助的标准。它与根据病人医疗需要确定的应该救助到什么程度这个客观要求之间存在一定的差距。这一差距反映了一个地区医疗救助水平和能力，它会随着经济的发展、救助能力的提高而逐步缩小。否则，不考虑政府财政状况片面"按需"分配医疗救助资源的结果只能是救助制度的破产和引发不公平，即后到的救助对象由于救助资金的有限而得不到应有的补助。由于农村各地的经济社会发展水平，特别是财政收入状况的差异，东部与中部、西部农村的医疗救助标准可能存在很大差距，不可能制定一个全国、全省统一的医疗救助标准。各地应该结合中央财政补贴和本地区财政支付能力的大小确定适当的医疗救助标准。经济条件相似的地区应尽量提供相似的救助标准，经济条件不同的地区医疗救助标准的差异应能够体现经济水平的差异，以实现横向公平和纵向公平。

（二）必要的完善措施

1. 科学的测算

医疗救助的技术测算是医疗救助制度方案设计与实施的核心环节，是决定制度运行成败的重要因素，是确定救助水平的重要依据。县级民政部门作为制度的管理方应该组织相关技术人员，综合考虑制度筹资总量与救助目标人群数量、救助服务内容、当地贫困人口平均发病率、平均医疗费用、门诊与住院需求弹性系数、医疗服务价格等因素，对制度进行严格的测算，并首先组织小范围试点，在总结试点经验、完善制度技术设计的基础上再逐步推广，以保证制度运行的稳定与有效。

2. 规范的程序

医疗救助制度是整个医疗保障制度的最后一道防线。为确保救助制度的公平有效，建立规范的救助程序至关重要。其中，最为关键的是救助对象的确定程序。救助制度区别于其他保障项目的一个重要特点是它必须经过经济状况调查的程序。医疗救助同样如此，获得救助必须经过严格的本人申请和管理机关审查的程序。符合救助范围的农民看病时先自付医疗费，之后可持相关的医疗诊断证明、收入证明、接受相关救助情况证明等相关材料向村委会提出申请。村委会初步确定并张榜公示无异议后，上报乡、县级管理机构批准。之后，再由乡级救助管理机构向其发放救助金。

3. 严密的管理

农村医疗救助的管理同新型农村合作医疗的管理有很多相通之处。因此，各级民政部门可以借鉴新型合作医疗的管理方法对制度进行管理。比如，会同财政部门制定医疗救助基金管理办法，在银行设立救助基金财政专户，实行收支两条线管理；会同卫生机构制定定点医疗机构、诊疗项目目录、药品目录，确定制度的具体支付范围、支付标准和额度，要求定点医疗机构做好被救助对象的医疗和救助档案；加强对医疗机构和被救助者双方行为的管理和约束，控制供方"诱导需求"、"供需合谋"等道德风险行为的发生，使救助资金发挥最大作用。民政部等三部委发布的《关于实施农村医疗救助的意见》中将救助制度定点医疗机构的范围确定为新型农村合作医疗的定点医疗机构或当地乡镇卫生院和县级医院。我们认为应该根据救助的具体内容将村级医疗机构纳入定点医疗机构的范围。因为倘若救助的内容包括常见小病、门诊医疗费用，救助对象每次都必须到乡镇卫生院就诊的话势必增加其路费等就诊成本，给就诊对象带来不便，尤其是那些老、残、幼等救助对象。此外，民政部门要领导乡村基层组织严格做好医疗救助对象的审核确定及医疗单据的审核报销工作，确保救助制度各环节协调有序运行。

4. 有效的监督

农村医疗救助制度要建立包括财政、审计部门监督，卫生管理机构监督，社会公众监督等在内的多层次监督体系。财政部门应随时监督救助资金是否被合理使用，审计部门应当定期对救助资金拨付和使用状况进行审计，对于违反规定挤占挪用救助资金的现象予以披露，建议政府追回不合理使用的救助资金，并对相关责任人进行查处。卫生管理机构要加强对提供医疗救助服务的医疗卫生机构的监督，规范行医行为，督促其提高服务质量和效率。此外，还需要通过医疗救助公示制度，将救助对象、救助数额、救助资金筹集、使用和节余等情况向社会公布，接受社会公众监督。

5. 紧密的衔接

在建立医疗救助制度过程中一定要注意与新型农村合作医疗制度的衔接问题。新型农村合作医疗制度与医疗救助制度是农村医疗保障制度的两个重要组成部分。二者具有不同的保障目标、保障人群、保障主体、管理主体、资金来源和保障作用，不可相互替代，因此应该建立两个不同的制度，而不能将医疗救助杂糅在新型农村合作医疗制度中。暂不具备条件同时建立两种制度的地区要以建立医疗救助制度为主，先满足农民最基本的医疗服务需求，以后随经济水平的提高再逐步建立农村合作医疗制度。另一方面，二者存在紧密的互补关系。新型农村合作医疗制度的建立有利于减轻医疗救助制度的压力；而医疗救助制度则可以弥补新型合作医疗制度对贫困人口保障不足的缺陷，二者连动组成双层保障网，使农民的医疗需求更有保障。在建立两种制度的农村地区，两个制度间要在保障对象、保障内容、保障金额和比例的确定等问题上避免交叉，相互补充；在定点医疗机构的确定和监管等问题上相互合作。只建立医疗救助制度的农村地区要在对最基本医疗服务提供救助的基础上，逐步考虑发展对大病医疗服务的救助，创造条件建立新型合作医疗制度。

（三）相关配套的政策体系

与新型农村合作医疗制度一样，农村医疗救助制度的发展同样需要加强舆论宣传、发展农村医疗卫生事业、完善农村公共卫生服务、健全法律法规等相关政策的配套支持。前文已做相关论述，在此不再赘述。

第四篇

农村社会福利

11　农村社会福利概述

11.1　社会福利概述

11.1.1　社会福利的含义

（一）社会福利的概念

社会福利是一个内涵丰富、外延广泛的概念，有着广义和狭义两种概念。《大美百科全书》中对社会福利的表述是：社会福利最常指分门别类的制度与服务，其主要目的在于维护和提高人们身体的、社会的、智力的或感情的福祉；同时亦指大学的、政府的或私人的方案，这些方案涉及社会服务、社会工作和人群服务等领域以达到助人的专业目标。① 显而易见，这个概念表述了广义社会福利的范畴，并明确表述了社会福利的本质、目的、实现方式和提供者。即，社会福利作为一种制度设置，其目的在于：一是帮助有特殊困难的社会成员维持其基本的物质和精神文化生活，二是提高全体社会成员的生活水平和质量；其实现方式既可以是提供物品、资金等实物性保障，也可以由专业人士提供服务性保障；其提供者具有多元性，可以是政府、慈善机构或社团、社区甚至是私人。

在欧美国家，社会福利是一个范围很广的概念，泛指国家和社会为

_____

① 转引自陈红霞：《社会福利思想》，社会科学文献出版社 2002 年版，第 2 页。

改善和提高全体社会成员的物质和精神生活而采取的一系列政策措施，通过提供福利设施和相关服务，保证全体社会成员获得更高的生活水平和生活质量。① 从这个意义上讲，广义社会福利包括政府举办的文化、教育和医疗卫生事业、城市住房事业、各种服务事业以及各项福利性财政补贴。概括地说，广义社会福利包括了社会救助、社会保险及全民福利。

狭义的社会福利概念，仅指国家出资或给予税收优惠照顾而兴办的、以低费或免费形式向一部分需要特殊照顾的社会成员提供物质帮助或服务的制度，通常包括老人、儿童、残疾人等特殊群体的福利津贴或福利设施。② 即狭义社会福利的举办主体是国家，是为了满足特殊人群的特殊需要而服务的。

我国香港地区对社会福利同时采用广义和狭义的解释，在不同场合分别使用。1979 年香港政府白皮书对社会福利如此表述：广义而言，可以包括旨在为社会人士改善卫生、教育、就业住房、康乐和文娱设施的一切有益工作；但就狭义而言，社会福利服务基本上分为两类，其一是一般称为社会保障的现金援助计划，其二是专为亟须援助的某等类别人士而设的直接福利服务。③ 成立于 1947 年的"社会福利署"目前是香港政府雇员最多的部门之一，负责全港的社会福利工作，其主要业务包括两类：一类是家庭及儿童服务、安老服务、青少年服务、残疾人服务等，另一类是社会保障业务，包括为老年人、残疾人发放福利金，为贫困者提供救助，负责接受和审核贫困者的申请，发放贫困救助金。

（二）中国社会福利的概念

社会福利一词在当代中国不是作为理性概念逐渐形成的，而是应政府行政实践需要而建立起来的。④ 在 1955 年第三次全国民政工作会议之后，原内务部首次设立了专门的社会福利业务和相应的管理机构。建国初期的社会福利在本质上与社会救济没有什么差别，名称上也统称为救

---

① 陈红霞：《社会福利思想》，社会科学文献出版社 2002 年版，第 3 页。
② 陈红霞：《社会福利思想》，社会科学文献出版社 2002 年版，第 3 页。
③ 蒋月：《社会保障法概论》，法律出版社 1999 年版，第 243 页。
④ 孙炳耀、常宗虎：《中国社会福利概论》，中国社会科学出版社 2002 年版，第 7 页。

济福利事业，它的主要任务是解决社会上大量流离失所、无依无靠、饥寒交迫的各类人员的收容安置问题，主要的工作是救济、教育和劳动改造，因而这类福利机构多数被称为生产教养院。后来生产教养院的收容对象明确为无依无靠、无法维持生活的孤老残幼，机构名称也逐步演变成为养老院、儿童福利院、精神病人疗养院等，主要工作内容是救济和教育。1978 年，国家成立独立部门管理民政业务，社会福利成为其中主要业务之一。这时的社会福利与社会救济分离，社会福利机构的性质转向以福利服务为主。1984 年，在民政部门召开的漳州会议上提出了社会福利事业发展的"三个转变"思想，社会福利开始由国家包办型向国家、集体、个人一起办的体制转变，由救济型向福利型转变，由供养型向供养康复型转变，我国社会福利事业开始走向社会化。随后，1987 年提出了社区服务概念，2000 年指出要构建居家供养、社区福利服务和社会福利机构相结合的社会福利服务体系，2001 年进一步把社会福利机构的宗旨确定为"保障服务对象的基本权益，帮助服务对象适应社会，促进服务对象自身发展"等，我国社会福利事业走上了规范化、规模化、市场化和社会化发展的轨道。

我国社会福利实践的这一过程也是我国社会福利概念科学化的历程，我国社会福利应行政实践需要而建立，经过几十年的探索和实践，到现在已经初步形成了较全面和科学的理论体系，它指导着我国社会福利事业的顺利发展。

我国的社会福利隶属于社会保障大体系，属于狭义的社会福利概念。权威的社会福利黄皮书认为："社会福利是国家和社会为增进与完善社会成员尤其是困难者的社会生活而实施的一种社会制度，旨在通过提供资金和服务，保证社会成员一定的生活水平并尽可能提高他们的生活质量。"[①] 在我国，主要由民政部门负责社会福利事业，民政部门对社会福利主要业务的界定反映在由民政部财务和机关事务司编写的《中国民政统计年鉴》中，它也具体反映了政府所界定的社会福利主要业务的范围，概括起来，这些业务可分为两类：一类是各种社会福利服务机

---

① 时正新：《中国社会福利与社会进步报告（2000）》，社会科学文献出版社 2000 年版，第 137 页。

构，即院舍服务，包括敬老院、老人院、老人护理院、儿童福利院、综合性福利院等，其中还包括"五保户"福利，即为孤老、孤儿等无劳动能力、无赡养人、无生活来源的困难群体提供食、衣、住、医、葬等福利；另一类是通过社会福利企业安排残疾人就业。

前民政部部长多吉才让曾对目前使用的"社会福利"概念进行了系统的分类和概括，认为对"社会福利"一词有五种不同的理解：一是"社会政策"研究中的社会福利概念，大致与社会资源同义，包括一切有形无形的收入、财产、安全、地位、权力等，而所谓社会政策是"将我们在社会福利的生产、分配与消费中的社会的、政治的、思想的和制度的内容，放入到一个我们所期望达到的具有活力的道德与政治结合的标准框架中进行的探索"。这种对社会福利的界定是各种理解中意义最为宽泛的。二是针对市场经济带来的不公正采取的一切维护社会公平的制度和措施，大致与我们目前使用的"社会保障"一词或者西方福利国家所使用的"社会福利"一词同义。三是一切形式的由政府、社会、单位和他人等提供的高于基本生活水平的经济、政策和服务保障，在词义上与社会救助、社会保险相对应，指享受型而非生存型的社会利益。四是由政府和社会提供的一切低于或高于基本生活水平的经济收入、政策扶持和服务保障等。以我国目前的政策为例，除了指通过民政部门提供的针对老年人、残疾人、孤儿、优抚对象的收入保障、政策优惠、福利服务外，也包括建设、教育、卫生、司法部门提供的住房、教育、医疗、司法方面的救助，以及工会、妇联、共青团等社会团体采取的保护弱势群体的各种措施和服务等。五是民政部门代表国家针对弱势老年人、残疾人、孤儿和优抚对象提供的收入和服务保障，保障标准主要是基本生活。近年来随着社会福利社会化的推进，也提供高出基本生活水平以上的个人付费的服务保障。这种社会福利定义在含义上是最为狭隘的，因此也称它为民政社会福利。①

在本书中倾向于使用上述社会福利概念中的第四种概念，即由政府和社会提供的一切低于或高于基本生活水平的经济收入、政策扶持和服务保障等。

---

① 多吉才让为《中国社会福利丛书》作的总序。

11.1.2 社会福利的制度模式

社会福利制度模式是指社会福利的对象、保障标准、政策的制度化水平等相关因素的内在规定性。按此定义，国际上将社会福利制度模式分为两类：补救模式和机制模式。

（一）补救模式

补救模式又称为剩余福利模式，是指只有家庭、市场、慈善机构等正常的社会供给渠道不畅，供给机制发生障碍时，由国家出面补偿，提供最后的帮助。剩余福利政策产生于英国。当时英国正处在从农业社会向工业社会转型的初期，工业化的进程使农民不断地变成自由劳动者，形成社会剩余劳动力，并迫使他们向传统居住地以外的地区流动。为了防止他们沦为"乞丐"，刚刚形成民族国家的英国开始动用国家机器，对大量出现的社会问题采取"补救"措施。"补救"措施的要点是将贫困者区分为无助的贫困者、非自愿失业造成的贫困者和游手好闲的贫困者三种，然后针对这三类贫困者的特点采取相应的解决措施。政府将那些由于年老、残疾和丧失父母而被迫生活在贫困中的人定义为"无助的"、"有资格"的贫困者，认定他们有资格享受国家的救助。而认为其他的贫困者可以在市场上找到他们的劳动价值，因而没有资格享受国家的救助，并以惩罚和劳动改造的方式对待身体健康的流浪者，以强迫就业和苦役来对待失业者。

在补救模式下，政府处在市场、社会、个人之后，是公民社会保障的最后责任人，所提供的保障水平只是维护基本生活，并尽可能地减少直接参与社会福利服务。

（二）机制模式

机制模式又称为制度福利模式，它将社会福利的支付制度化，是一种再分配的模式，目的在于预防贫困，保障公民适当的生活水准，促进人的发展，它是现代工业社会整个经济运行机制中不可分割的一部分。机制模式以需求为原则，以普及性的福利和服务为特征，国家是这些福利的主要提供者，享受福利是公民的基本权利，目的是通过资源再分配维护社会公平。

另外，从社会福利服务提供的角度看，社会福利可分为全民性（或普遍性）福利与选择性福利。全民性福利是指社会福利资源在分配过程中，社会成员不论贫富皆有资格享受。选择性福利是指通过社会福利机构把社会福利资源分配给真正需要的特殊困难者。

世界各国在实践中，一般会同时选择几种模式，既有全民性的制度福利，如北欧的"福利国家"，也有全民性剩余福利，如我国发生特大自然灾害时的紧急救助；既有选择性的剩余福利，如英国早期实行的《济贫法》，也有选择性的制度福利，如工伤保险等各种保险制度等。

考虑到我国国情的实际状况，我国政府目前应选择补救性的福利模式，即充分承担起对最困难的社会群体进行救助和提供福利服务的责任，兼顾收入安全和社会公平的政策目标，采用能利用最低的经济成本来保障社会安定的福利政策，从而确保实现社会经济的和谐发展。

11.1.3　政府与社会福利的发展

（一）社会福利的特征分析

哈维·S. 罗森（Harvey S. Rosen）在《财政学》中对纯公共产品是这样定义的：纯公共产品一旦被提供，消费该物品的另一个人的额外资源成本为零，即消费是非竞争性的；要阻止任何人消费这种物品，要么代价非常大，要么就是不可能的，即消费是非排他的。[①] 按照公共产品具有消费非竞争性和非排他性的特征来衡量，社会福利也是一种公共产品。进一步分析，社会福利有以下的特点：

1. 保障对象具有全民性

社会福利保障没有特定的对象，凡属于国家法定范围内的公民都有权享受福利待遇。社会福利提供的保障项目对于每一个公民来说，都是一致的，不受职业、年龄、性别的限制。如政府开办的学校、医院、福利企业，社区修建的各种福利设施等，人人都可以享受。

2. 权利和义务具有不对等性

享受社会福利的受益人不需要为此而付费，也不需要为此而承担任何义务，社会福利所需的经费来源于国家拨款、社区自筹、社会捐赠等。也就是说社会福利享受的权利和义务是脱节的，具有不对等性。

---

① 哈维·S. 罗森：《财政学》（第六版），中国人民大学出版社 2003 年版，第 54 页。

3. 保障方式侧重服务性

在保障方式上，社会福利也会提供一定数量的货币，但更多的是提供福利设施和服务。譬如特殊社会福利主要是提供院舍服务满足老年人、失去依靠的儿童、残疾人等特殊人群的吃、穿、住等基本生活需求；又譬如社区福利，通过提供一系列如老人活动中心等福利设施及上门包户等福利服务满足社区居民享受和发展的需要。

4. 保障待遇具有刚性

社会福利水平虽然受制于一定的生产力发展水平和各国的财政状况，但是社会福利的待遇标准一旦确定，由于受到人们"保利护权"的心理影响，很难再降下来。因而社会福利待遇具有很强的刚性，对经济水平缺少弹性。

（二）政府在社会福利发展中的职责

社会福利作为一种公共产品，由于公共产品的非排他性和非竞争性使得社会福利产品的提供需要政府干预或提供。但一种物品的公共提供并不一定意味着也由公共部门生产，也可以由私人部门生产。有的时候私人部门生产的效率更高。

斯蒂格利茨（Joseph E. Stiglitz）在其著作《经济学》中提出了"政府如何才能够最有效地完成社会的目标"的基本途径。他认为："政府有四种选择。它可以直接做某件事；它可以提供激励让私人部门去做某件事；它可以强令私人部门去做某件事；或者它将前三种办法进行某种组合。"[1] 对于中国这样一个人口众多的发展中国家，由于各地经济和社会发展水平不平衡，政府财力相对有限，要办好世界上最大的福利事业，必须要坚持有所为、有所不为。因此政府在社会福利事业的发展中，要把"管"和"办"两方面的职能区分开来。

在社会主义市场经济条件下，随着政府逐步退出经济建设的竞争性领域，政府管理社会事务的职能将大大增强。但这并不意味着政府要包揽一切社会事务的建设，关键是适应经济体制的转变，转变政府的职能。针对我国政府在社会福利管理职能上的"错位"和"缺位"问题，在政府职能转变的过程中，需要重新界定我国政府应承担的社会福利职

---

[1]　斯蒂格利茨：《经济学》（第二版）上册，中国人民大学出版社 2000 年版，第 144 页。

责，既要彻底打破政府具体包办社会福利事业的格局，又要增强政府从全局上管理社会福利事业的职能，尤其是要增强政府在农村社会福利事业中的职责，改变城乡二元的社会福利结构。近年来，我国提出了社会福利社会化的发展战略，这项政策将有助于转变我国政府在社会福利事业中的职责。具体而言，可以将能充分实现社会化的福利服务和项目转由社会化经营和举办，而由政府下大力气举办难以实现社会化的福利服务和项目。同时，要注意，在提供社会福利这样的公共产品的过程中也存在"政府失灵"的问题，因为社会福利待遇具有较大刚性，为了保证公平，政府只能把社会福利水平定位在平均水平上，超出这一水平之上的特殊的或过高的需求，仅仅依靠政府提供是难以满足的。

11.2 中国社会福利事业的发展演变

我国现行的福利制度是自20世纪50年代开始在计划经济体制下形成和发展起来的，是以城镇职工福利为核心的一套相互分割、封闭运行的福利制度。按照社会福利服务的对象，我国社会福利主要由三个部分组成：一是以普通人群为服务对象的城镇职工集体福利，包括生活服务、文化娱乐和福利补贴，其提供者和管理者是企事业单位和机关，一部分资金来源于财政；二是以城镇无经济收入和无生活照料的老年人、残疾人和孤儿等特殊群体为服务对象的特殊社会福利，包括生活供养、疾病康复和文化教育等，由各级政府提供资助和管理；三是面向农村孤寡老人、孤儿等特殊人群的农村社会福利，也即"五保户"福利，主要由集体筹资、管理，政府给予少量补贴。长期以来，上述无论哪种形式内容的社会福利制度，其基本特征都是纯福利公益性的，由国家和企事业单位、农村集体组织统包统管，不进行成本核算，不讲求效率，所有制形式为单一的公有制。这种社会福利制度模式与当时的经济社会发展水平相适应，在低收入水平下保证群众的基本生活和满足必要的福利需求中发挥了重要作用。

特殊社会福利是我国社会福利制度中最基本的组成部分，指的是国家和社会为丧失劳动能力、无经济收入、无法定抚养人的孤老残幼和家庭无力照顾的老年人、残疾儿童、精神病患者等社会特殊群体提供的物质帮助和福利服务，维护其生活、教育、医疗和康复等方面的基本权利，主要包括孤残儿童福利事业、残疾人福利事业和老年人福利事业。近年来我国这类福利机构一直呈稳步发展的态势。截止到 1999 年底，城市中的国有社会福利事业单位（包括社会福利院、儿童福利院、精神病福利院和各类康复中心等）已发展到 1677 所，比上年增长 22.9%，总共收养城市"三无"对象和自费代养人员 11.9 万人；有集体办的城镇敬老院、农村敬老院共 3.6 万多所，共收养 63.1 万多名城乡"五保"老人和少量自费代养老人，乡镇敬老院的覆盖率已达到 70%。在农村乡镇集体举办的福利机构中，自费收养人员超过了 10%。据不完全统计，近 5 年包括孤儿收养在内的全国社会福利事业单位总支出在 50 亿元人民币以上。近两年，国家拨款和集体集资年均增长 50% 以上。①

11.2.1 城市社会福利事业的发展演变

我国城市社会福利制度由三部分组成，即企事业单位提供的职工集体福利、民政部门主管的特殊福利、街道或居委会举办的社区社会福利服务。②

随着我国社会经济的迅速发展和社会文明的进步，全国出现了多种多样的社会化发展社会福利服务的形式：

1. 社会福利事业单位的服务对象扩大化、社会化

目前的社会福利机构已普遍由供养传统的"三无"老人转为向全社会开放，即收养社会老人。目前国有福利事业单位自费收养人数已达到 40% 以上。

2. 民间社会力量举办的社会福利单位不断涌现

据不完全统计，1999 年全国除国家和集体举办的福利机构之外，其他多种社会力量举办的社会福利服务机构达 1075 家，床位数 3.3 万

---

① 时正新：《中国社会福利与社会进步报告（2000）》，社会科学文献出版社 2000 年版，第 138 页。

② 时正新：《中国社会福利与社会进步报告（1998）》，社会科学文献出版社 1998 年版，第 3 页。

张，实际收养人员 2 万多人。①

3. 利用社区现有资源积极开展社区居家养老，如把社区内闲置托儿所、幼儿园、企业等置换为社区养老、为老服务机构

社区居家养老是一个比较新的概念，它是一种以居家养老为基础，以社区为依托，充分利用社区服务网络资源与现代化的信息手段，为老年人提供质量标准化与多功能的社区助老服务，实现居家养老与社区服务有效结合的现代化养老模式。近几年来，民政部部署了由福利彩票资金资助、在全国统一实施的"星光计划"。该计划在城市的主要任务就是，以社区居委会为重点，新建和改扩建一大批社区老年人福利服务设施和活动场所，逐步形成社区居委会有站点、街道有服务中心的社区老年人福利服务设施网络。目前在各大城市都纷纷启动了"星光计划"。同时不少城市以社区为依托，开展了各种形式的社区互助活动。如1998 年，青岛市市南区社区服务志愿者人员，以"邻里包户扶助"或"呼叫志愿服务"为主要形式，为老年人提供公益性的社区志愿者服务。还有不少社区建立劳务储蓄中心，即社区居委会组织社区内的低龄老人以劳动时间储蓄的方式向高龄老人提供计时义务服务，获得在高龄期享受低龄老人提供的等时义务服务的回报。② 这种"劳务储蓄机制"既为健康老人今后的生活提供一定的保障，也为现在的高龄及行动不便的老人提供了服务，解决了他们的日常生活上的困难。

4. 资金来源多元化

兴办社会福利事业的资金从单纯靠政府投入逐步向多元化发展，国家、集体、社团、外资、个人等共同出资，共同兴建。

11.2.2　农村社会福利事业的发展演变

我国农村社会福利事业起源于农业合作化运动时期。1956 年全国人大通过的《高级农业生产合作社示范章程》规定："农业生产合作社对于缺乏劳动力或完全丧失劳动力、生活没有依靠的老、弱、孤、寡、

---

① 时正新：《中国社会福利与社会进步报告（2000）》，社会科学文献出版社 2000 年版，第 148 页。

② 窦玉沛：《重构中国社会保障体系的探索》，中国社会科学出版社 2001 年版，第 445 页。

残疾的社员，在生产上和生活上给以适当的安排和照顾，保证他们的吃穿和柴火的供应，保证年幼的受到教育和年老的死后安葬，使他们生养死葬都有依靠。"1958 年，中共中央发布《关于人民公社若干问题的决议》，进一步提出"要办好敬老院，为那些无子女依靠的老年人（五保户）提供一个较好的生活场所"。1960 年，全国人大通过《一九五六年到一九七六年全国农业发展纲要》，再次重申对于缺乏劳动力、生活没有依靠的鳏寡孤独的社员，做到保吃、保穿、保烧（燃料）、保教（儿童和少年）、保葬，使他们的生养死葬都有指靠。1979 年，《中共中央关于加快农业发展若干问题的决议》中又明确指出：随着集体经济的发展，要逐步办好集体福利事业，使老弱、孤寡、残疾社员、残疾军人和烈军属的生活得到更好的保障。这一制度于 1994 年在国务院颁布《农村五保供养工作条例》后走上了法制化和规范化的轨道，为处在特殊困境中的农村居民的合法权益提供了法律保障。

从上述政策法规来看，农村社会福利是以孤老残幼为对象，以敬老院、福利院等福利事业单位为基地，提供无偿供养和服务的福利保障。具体而言，保障对象是：无劳动能力、无经济收入和无法定义务抚养人的老年人、未成年人以及生活无人照顾的老复员退伍军人等社会成员。保障的内容有：保吃、保穿、保住、保医、保葬，对未成年人还要保教，通称为"五保"制度，其保障对象称为"五保户"。保障的方式有集中供养和分散供养两种：集中供养是在每一个乡（镇）建一所敬老院，集中供养"五保户"；分散供养是把"五保户"就地安排在村里供养，并指定专人为其提供生活服务。保障经费来源：根据以支定收原则，在全乡（镇）范围内统一筹集，政府财政给予少量补助。保障的标准：不低于当地居民的平均生活水平。

11.2.3 新时期发展农村社会福利事业的意义

（一）发展农村社会福利事业是全面建设小康社会的必然要求

《中共中央关于制定国民经济和社会发展第十个五年计划的建议》明确指出，完善的社会保障制度是社会主义市场经济体制的重要支柱，关系改革、发展、稳定的全局。作为社会保障体系重要组成部分的社会福利制度建设，也将在完善社会保障体系的过程中面临新的发展机遇和新的任务，在"十五"期间要加快改革的步伐，以适应社会主义市场经济体制的要求，更好地满足广大群众和特殊群体的基本福利需求，充分发挥促进经济发展和维护社会稳定的作用。

党的十六大明确提出全面建设小康社会的宏伟目标，并且把"统筹城乡经济社会发展，解决三农问题"作为"全面建设小康社会的重大任务"加以明确。江泽民同志曾指出，没有农村的稳定和全面进步，就不可能有整个社会的稳定和全面进步；没有农民的小康，就不可能有全国人民的小康；没有农业的现代化就不可能有整个国民经济的现代化。全面小康是一个高标准的包括经济、政治、文化以及生活环境等全面发展的小康，并且确定到2020年，国民生产总值要比2000年翻两番，人均GDP达到3000美元，达到中等收入国家水平。届时，地区、城乡、各阶层的差距将缩小，农村劳动力比重将从目前的50%降到30%，城镇化水平由现在的37.7%提高到60%以上。前面说过，社会福利是国家和社会为增进与完善社会成员尤其是困难者的社会生活而实施的一种社会制度，旨在通过提供资金和服务，保证社会成员一定的生活水平并尽可能提高他们的生活质量。农村社会福利是我国社会福利制度的重要组成部分，农村社会福利服务对象是农村人口中的弱势群体，更是我国人口中的最弱势群体，在我国总人口中占有较大比例，这部分人由于自身能力的限制，不能完全依靠自己生活，需要国家和社会加以帮助，如果他们的生活水平不能提高，他们必需的特别需求不能满足，就不能说我们建立了全面的小康社会。因此全面建立小康社会要求建立和健全农村的社会福利事业。

（二）发展农村社会福利事业具有广阔空间

随着我国农村经济和社会的发展，人民生活水平的提高，农村社会福利事业具有广阔的发展空间和前景。

1. 农村人口老龄化速度加快，老年人对社会福利的需求将迅速膨胀。据统计，我国现有老龄人口1.26亿，占总人口的10%以上，已步入老龄化国家的行列；2025年，我国老年人口将达到2.8亿，占总人口的18.4%；到2050年，将达到4亿左右，占总人口的四分之一以上。[①] 而农

---

① 时正新：《中国社会福利与社会进步报告（2000）》，社会科学文献出版社2000年版，第147页。

村老年人在全国老年人口中的比重高达77%左右，显然农村老年人口将迅速增加，需要政府抚养的"五保"老人也会增加，由此将带来对社会福利机构和服务的需求膨胀。

2. 随着农村工业化、城镇化进程加快，农村小城镇快速增加，农民的生活水平随着经济的发展也不断提高，农村对社会福利的要求将提高，不仅需要条件更好的社会福利机构和服务，而且小城镇的形成将使得农村社区联系更加紧密，对社区福利的需求也将增加。

3. 随着农村劳动力向城市的转移，农村家庭出现小型化和"空巢化"，越来越多的老年人留在农村居住，身边失去子女的照顾，传统的家庭赡养和生活照料功能受到削弱，现有的以"五保户"福利为主的社会福利事业将受到严重挑战，农村社会福利事业将迫切需要扩展服务对象，将无人照顾的老年人纳入其中。并且可以预见，随着经济的不断发展，农村社会将老年人送入当地敬老院养老的现象会越来越多，因此现有的敬老院等社会福利机构需要有长远规划，来满足日益增长的社会福利服务和设施需求。

（三）农村社会福利的范围

改革开放以来，我国农村社会福利主要是"五保户"福利。从全球来看，社会福利是随着人类历史的发展而不断增加其内涵的。随着我国社会主义市场经济体制的建立和不断完善，农村经济体制改革的不断深入，农民收入水平和生活水平将不断提高，集体经济实力将日益增强，农村社会福利的内涵也需要不断地扩大和丰富，农村社会福利事业将面临着巨大的需求和发展空间。

目前要在农村建立广泛的社会福利制度是不现实的，在实际操作当中，一要注意到地区、人群的差距，强调因地制宜地探索多种发展社会福利的途径，要充分考虑农村人口的承受能力；二要集中财力突出重点，首先要把着眼点放在解决最贫困人口和"五保户"在养老、医疗方面的问题。我国农村社会福利的范围可考虑从目前单纯的"五保户"福利逐步扩展到针对农村弱势群体的社会福利，最后扩展到满足所有农村人口需求的社会福利制度。现阶段主要是考虑农村"五保"老人、孤残儿童、残疾人、妇女的社会福利需求，特别要将农村的义务教育、预防保健尤其是妇幼保健等关系到农村人口文化素质和身心健康的相关服务纳入到社会福利的范畴。

11.3 农村社会福利事业
发展的总体思路

11.3.1 农村社会福利事业发展的基本原则

农村社会福利事业的发展应该遵循以下一些基本原则：

（一）公平性原则

社会福利的目标是追求社会进步和社会公平，其手段就是通过再分配和提供服务，满足市场和家庭无法提供的需要，它不应该只提供给其中的一部分人。公平性原则强调的是机会公平，即所有公民享受社会福利的机会是均等的，但不是绝对意义上的平均。所有有社会福利需求的公民可以以无偿、低费或有偿的形式获得公平享受社会福利的机会。

（二）以人为本原则

保障广大劳动者的基本权益和基本生活，一直是我国政府工作的根本宗旨和出发点。2004 年中共中央明确提出"坚持以人为本，树立全面、协调、可持续的发展观"，以人为本原则成为我国政府根据新世纪新形势新任务的要求提出的一个重要执政理念，是我国经济社会发展长远的指导方针，也是实际工作中必须落实的重要原则。以人为本，就是一切从人民群众的需要出发，促进人的全面发展，实现人民群众的根本利益。建立农村社会福利事业要以人为本，就是要把农村居民的社会福利需求放在首位，切实从农村居民的利益出发，建立与农村社会经济相适应的社会福利事业。以人为本，同时也意味着，针对不同的群体要提供不同的服务，因为老年人、儿童、残疾人、妇女等各类人群对社会福利都有自己独特的需求，社会福利应对不同的群体制订不同的政策，建立相应的福利设施，提供专门的服务。

（三）与经济发展水平相适应原则

如前所述，社会福利待遇具有刚性，对经济水平缺少弹性，社会福利项目和水平一经设定，就具有刚性和相对稳定性。我国仍然处于社会主义初级阶段，还是一个人口众多、经济不发达的发展中国家，特别是地区之间、城乡之间社会经济发展水平存在较大差异。因而在考虑农村社会福利项目设置和社会福利给付水平、建立社会福利服务体系的时候，必须要与基本国情，与国家、各地区的经济发展水平相适应，而不能超越发展阶段，把社会福利理想化，对其进行盲目的扩张。因为社会福利的刚性本质会引起人们对社会福利制度的过分依赖，造成国家财政的巨大开支，从而会降低社会经济效率，阻碍我国经济的发展。我国要吸取国际上一些国家"从摇篮到坟墓"的高福利制度给国家经济造成沉重负担甚至制约经济发展的教训，目前可先将社会福利的水平确定在解决人民群众的基本福利需求和维护社会稳定的层面上，随着我国社会经济的不断发展再逐步提高社会福利的水平。

（四）社会化原则

发展农村社会福利事业是政府重要的职责之一，必须充分发挥政府的主导作用，加强各级政府相应的调控管理能力。同时农村社会福利的提供也要引入社会化的机制。首先，社会福利的责任主体要社会化。要改变过去农村社会福利由集体经济独立负担的局面，使社会各界都能参与提供农村社会福利，即要重视政府、社会团体、自治组织、个人、家庭在社会福利中的作用。其次，服务对象要社会化，即要从传统的"五保"对象向广大农村居民扩展。再次，筹资渠道要多元化或者社会化。除了政府财政拨款外，还可以通过社会捐助、慈善救济、福利彩票等方式筹集资金。最后，福利设施要社会化，要逐步对所有人群开放。

（五）适度市场化原则

尽管社会福利的特殊性质决定了它不可能完全走市场化的道路，但是社会福利不等于社会救济，可以进行适度市场化。国际社会福利制度改革的经历和经验表明：适度市场化的运行机制是社会福利制度改革的方向。市场化和盈利化并不是对立的，在一定的尺度和制约下，可以相得益彰，它不仅可以刺激社会福利质和量的发展，还可以调节公平原则下事实上的不平等。市场机制的引入不仅可以促进社会福利的多样化提供，满足不同人群的不同需求，而且能增强社会福利组织和团体的服务效率，增进社会福利的内在活力，发挥最佳的经济效益和社会效益。

总之，我国农村社会福利政策应该是其经济、政治和文化状况的反映，应该以国家经济和政治为基础，使我国农村社会福利制度、模式符合我国农村现阶段的实际情况，促进我国农村经济发展和社会进步。

11.3.2　政府在农村社会福利事业中的职责

我国长期存在着城乡二元经济结构，在农村社会福利事业领域也不例外，因此政府在农村社会福利事业中的职责尤其值得研究。概括地说，政府在农村社会福利事业发展中应履行三大职责：政策扶持职责、资金支持职责、社会动员职责。

（一）政策扶持职责

在实际操作中，我国政府在城市社会福利的发展中一直承担主要责任，而对农村社会福利的发展却一直支持不够，处于辅助地位，政府在农村社会事务、社会福利工作中的"缺位"现象普遍存在。农村社会福利在经历人民公社时期的辉煌之后，在改革开放的新时期一直处于缓慢发展阶段，以个人自助和家庭保障为主，且呈现出明显的地区差异性。政府在农村社会福利事业发展中的首要职责就是要加强农村社会福利事业的立法，切实维护农村社会福利对象的合法权益。各级政府要因地制宜地制定相应的实施细则，从政策上扶持农村社会福利事业的发展。具体而言，要把农村社会福利制度建设纳入各地国民经济和社会发展的总体规划；把社会福利设施建设纳入各地农村建设的规划；对社会力量兴办的社会福利事业，从规划、用地、税收等方面给予政策优惠；采取切实有效的政策如减免捐赠资金的个人所得税，加大宣传力度，鼓励社会力量和个人捐赠、赞助和参与社会福利事业，充分调动和运用各种社会福利资源。

（二）资金支持职责

在建立健全社会福利制度的进程中，财政支持的重要性不言而喻。从理论上讲，社会福利属于广义的财政分配范畴，是政府财政分配的重要组成部分。各级财政支持是社会福利事业发展的有力保障。从世界上所有福利国家的情况来看，无一不是通过财政资金来建立各种福利服务计划，就是最崇尚个人责任和经济自由主义的美国也建立了由财政支持的针对贫困老年人、残疾人和儿童的各种福利津贴计划。

我国城市社会福利的主要资金来源是国家财政资金，而财政资金来源于全体纳税人包括农民。在建国以后相当长的时间里，国家通过工农业产品"剪刀差"抽走了农民大量资金，用于发展工业和城市建设，农民为此长期做出了巨大奉献。在新中国成立以后，国家为了解决优先发展重工业目标与资金短缺的矛盾，在 1954～1978 年的 28 年间通过"剪刀差"从农业取得了大约 5100 亿元用于工业发展。[①] 同时，我国曾经是世界上少数几个向农民征收农业税的国家，也是少数几个未给农民直接农业补贴的国家之一。据统计分析，1991 年到 2001 年，除了乡统筹、村提留和各种社会负担外，国家征收农业各种税费总额由 90.65 亿元增至 481.7 亿元，增长 5.31 倍，农村人均 60.54 元，占农民人均纯收入的 2.56%；经有关学者统计，城乡居民收入比是 2.24:1，而税费负担却是倒过来 1:3.66。如果加上 5% 的统筹，农民总体负担每人多达178.84 元，是城镇居民负担的 4.8 倍。[②] 因而改革开放以后，农民收入虽然增长很快，但相对城市而言，增长仍然缓慢，农民负担有增无减，农村有不少地区仍然贫困和落后，农村集体经济根本无力解决农村的社会福利问题。这种在我国长期存在的二元福利结构，需要由政府主导进行扭转，加快工业反哺农业、城市反哺农村的进程，使为新中国的建立和发展做出过巨大贡献的老一辈农民，也就是现在的社会福利受益者早日得到应有的补偿。同时，政府将城乡社会福利事业统筹规划，承担起对农村社会福利事业发展的投资、管理责任，无疑会真正减轻农民的负担，不但有利于农民更好地投入再生产，而且对于发展农村经济和稳定农村社会乃至全国大局都有好处。

我国已经开始建立国家公共财政体系框架，在这一财政体系下，政府将逐步减少营利性、经营性领域投资，把经营性事业单位推向市场，财力主要用于社会公共需求和社会保障。可以预见，农村社会福利事业

---

① 《农业投入》总课题组：《农业保护：现状、依据和政策建议》，载《中国社会科学》1996 年第 1 期，第 64 页。

② 袁俊芳：《全面小康关键在农村重点在西部》，载《理论研究》2003 年第 2 期，第 8 页。

的发展将会获得更多的财政资金支持。政府要增大对农村敬老院等社会福利机构及其基础设施的投资力度，使农村敬老院能达到基本的建筑规范。同时建立专门的针对农村社会福利对象的财政专项转移支付制度，使社会福利对象能用这笔政府资助自主选择所需要的服务机构和服务项目，解决好基本生活和福利需求。

（三）社会动员职责

在社会福利领域强调政府责任的同时，不能排斥市场和其他方面的作用。现在国际上十分强调发挥"第三部门"的作用，即由民间公益组织弥补政府在提供公共物品时存在的"失灵"问题，形成政府、企业（营利组织）、非营利组织共同发挥作用的状态。政府在动员社会力量参与社会福利事业方面具有天然的优势。目前我国的公益组织尚处于起步阶段，多数仍然隶属于政府，仅仅是经营方式做了改变，还没能发挥出应有的积极作用。随着社会福利制度改革的不断深化，我国要在制度安排上通过相关政策措施为"第三部门"的发展壮大提供更加广阔的空间。政府可按照"小政府、大社会"的发展方向，把过去由政府职能部门直接管理的社会福利慈善业务，只要是民间社会福利团体能够管理的，均转给民间社会福利团体管理。要热情鼓励和积极支持民间创办的社会福利团体。凡自愿组织成立社会福利团体的，只要符合我国宪法及有关法律、法规的规定和有利于提高人民的生活质量，有利于社会稳定，有利于经济发展，国家和社会都应该积极支持。民间社会福利团体能够通过各种形式发动社会各界人士捐款、捐物，在社会福利事业发展中发挥着越来越重要的作用，能为社会最困难的一部分群体排忧解难、扶助解困。

11.3.3 农村社会福利事业的社会化

我国社会福利事业的社会化开始于1979年11月召开的全国城市社会救济福利工作会议，以后不断发展。1983年的第八次全国民政会议、1984年的漳州会议均有提及，1986年首次明确提出"社会福利社会办"概念，1987年社会福利有奖募捐启动，1991年内地与香港举办的社会福利研讨会首次阐释了"社会福利社会化"的概念。2000年，在全国社会福利社会化工作会议上对社会福利社会化内涵进行了系统解说，目前社会福利社会化从理论上已经形成了比较完善的体系，在实践中正在逐步探索和完善。2000年2月13日，经国务院批准，国务院办公厅转发了民政部、国家计委等11部门提交的《关于加快实现社会福利社会化意见》（国发办［2000］19号）。在该《意见》中阐述了社会福利社会化的基本含义：立足于我国社会主义初级阶段的基本国情，以邓小平理论和党的十五大精神为指导，在供养方式上坚持以居家为基础、以社区为依托、以社会福利机构为补充的发展方向，探索出一条国家倡导资助、社会各方面力量积极兴办社会福利事业的新路子，建立与社会主义市场经济体制和社会发展相适应的社会福利事业管理体制和运行机制，促进社会福利事业健康有序地发展。具体而言，社会福利社会化包括：投资主体多元化、服务对象公众化、服务方式多样化、运行机制市场化、服务队伍专业化和志愿者相结合。

1. 投资主体多元化

即改变过去投资主体单一的状况，开辟国家、集体、社会组织和个人多元化的投资渠道，以多种所有制形式发展农村社会福利事业。

2. 服务对象公众化

即改变过去农村社会福利机构仅仅面对"五保户"、孤儿等传统服务对象的观念和做法，采取有偿、低偿和无偿相结合的方式，向农村老年人、残疾人、孤儿以及有需求的居民提供福利服务。

3. 服务方式多样化

即充分利用家庭、社区福利服务网络和社会福利机构等载体，因地制宜地开展集中、分散、上门包户等多种形式的福利服务，形成社会福利服务的完整体系，满足不同人群不同层次的需求。

4. 运行机制市场化

即按照产业化思路和市场规律发展社会福利事业，建立市场化的运行机制，在注重社会效益的同时注重经济效益。

5. 服务队伍专业化和志愿者相结合

即通过专业教育和职业培训，逐步建立起一支政治强、业务精、作风正的福利服务专业化队伍；通过倡议、发动、引导志愿者服务活动和建立"劳务储蓄"制度等，不断壮大志愿者队伍，使志愿者服务制度化、经常化，建立起专业人员和志愿者相结合的福利服务队伍。

12 农村老年人和残疾人社会福利事业

12.1 农村老年人和残疾人社会福利事业现状

12.1.1 农村老年人社会福利事业现状

近几年来，我国农村"五保"供养工作取得了较大发展，并逐渐形成机构保障网络和"五保户"服务网络相结合的福利服务体系，较好地保护了"五保"老人的基本生活和合法权益。1998年底，全国有乡镇敬老院3.8万个，床位数84.8万张，收养五保老人62万余人，全国已有70%的乡镇建立了敬老院。2000年集体供养五保户208.1万人，比上年增长6.5%，集体供养金20.5亿元，比上年增长1.5%。[①]

概括起来，当前我国的农村老年人社会福利事业主要呈现如下的特征：

（一）农村社会福利以"五保户"福利为主

我国农村社会福利对象主要是"五保户"，尤其是无依无靠的老年人。而"五保户"福利的特征是以分散供养为主，集中供养为辅。如据湖南省民政厅统计资料显示，全省农村有"五保户"25.9万户，占

---

① 时正新：《中国社会福利与社会进步报告（2001）》，社会科学文献出版社2001年版，第32页。

农村总人口的 0.5%。而全省 1511 所农村敬老院供养的"五保户"仅为 1.8 万人,占"五保户"总数的 16.4%。① 广西壮族自治区现有农村"五保户"30 多万人,其中分散供养的"五保户"有 29 万人,占总数的 97%。② 2002 年,武汉市农村"五保户"集中供养率为 25.5%。可见从全国范围来看,农村"五保户"大部分是分散供养的。

(二) 国家和集体加大对农村社会福利机构的投资力度

近年来,国家和集体适应农村人口老龄化发展的要求,不断增加对农村养老机构以及设施的建设投入,有计划、有目的的建成了一大批农村养老服务的样板机构和示范窗口单位,影响和带动了整个农村福利事业的发展和提高。据统计,仅 1998 年国家对农村养老服务事业的资助拨款达 1 亿多元,农村集体统筹投入 9.8 亿元。目前,全国已经建成国家级模范敬老院 100 多所,省、自治区、直辖市的一级敬老院上千所。③由此带动了整个农村养老机构建设和养老服务工作及农村社区家庭养老包护服务、家政服务的开展。如湖南省积极调整思路、科学规划,进行重点扶持,壮大敬老院规模。从 1998 年开始合理选定敬老院地址,当年全省新建、改建、扩建敬老院 400 所,其中高标准的示范型窗口敬老院 136 所(每个市、县 1 所),大多选在生产基地较大、交通便利、环境幽雅的地方,而且在规划上一次到位,食堂、卫生间等附属设施一一俱全,敬老院功能也日益齐全,由原来传统的救济供养型逐步向康乐综合型转化。

(三) 农村社会福利机构的服务和功能开始扩展

随着农村集体经济的发展,国家和集体投资的加大,我国农村不仅改建和新建了一大批敬老院、光荣院、老人公寓等社会福利养老机构,而且增加了社会福利服务设施,如老年人活动中心、活动站、茶社等,为农村老年人提供了满足其基本生活需要和精神需要的各类服务项目。同时社会福利机构的服务对象开始公众化,不仅对"五保"

---

① 吴湘韩:《税费改革别忘了五保户》,中青在线,2003 年 4 月 28 日。

② 蒋桂斌:《广西今年将新建两千个"五保村"惠及 3 万群众》,新华网广西频道,2004 年 6 月 21 日。

③ 阎青春:《农村老年人社会福利事业审视与展望》,载《民政论坛》1999 年第 5 期,第 6 页。

老人提供"五保"服务，还逐步扩展到社会老人，提供了诸如寄养代养、托老服务、家庭护理以及其他一些临时性的养老服务。不少地方的乡镇敬老院同时担负起分散供养"五保"老人的生活保障服务管理中心的职能，定期发放生活费，定期检查监督各村的供养和护理工作。

12.1.2 农村残疾人社会福利事业现状

残疾人社会福利是国家或社会在法律和政策范围内，围绕发展福利事业，向全社会各类残疾人普遍提供资金帮助和优价服务的一种社会性制度。[①] 主要表现为国家和各种社会团体为残疾人举办的多种福利设施、提供的社会服务，目的是改善残疾人的生活状态，提高他们的生活质量，帮助他们参与社会生活的各个领域，与健全人一道前进。因此残疾人社会福利涉及残疾人家庭生活和社会生活的方方面面，概括起来，其范畴大体上包括医疗卫生与康复、教育、劳动就业、文化社会、环境等方面。

我国政府一直非常重视残疾人社会福利事业的发展。早在 20 世纪 50 年代，国家就成立了中国盲人福利会和中国聋哑人福利会，在 20 世纪 60 年代，两会合并为中国盲人聋哑人协会。随后该协会在全国各地蓬勃发展，逐步建立了 395 个盲人聋哑人协会以及 700 多个基层组织，使残疾人教育、文化、体育、就业等福利事业得到较快发展。改革开放以后，我国残疾人福利事业进一步全面快速发展，1988 年，国家成立中国残疾人联合会，1990 年 12 月颁布了《中华人民共和国残疾人保障法》，残疾人的权利和权益获得了法律上的保障和组织上的支持，残疾人福利事业也进一步得到全社会的支持和关注。

目前，我国有 6000 万残疾人，占全国人口的 5%，涉及到 20% 的家庭和 2 亿多人口。农村残疾人约有 4800 万，占残疾人总数的 80%，从事农、林、牧、渔、水利业的残疾人大约有 2790.72 万人。针对目前仍有相当一部分残疾人生活在贫困线以下的状况，我国坚持"平等、参与、共享"的原则，将残疾人扶贫开发计划纳入国家扶贫纲要中，采取

---

① 马洪路：《中国残疾人社会福利》，中国社会出版社 2002 年版，第 24 页。

了一系列措施解决残疾人的贫困问题，贫困残疾人的数量已经由 1992 年的 2000 万降至 2003 年底的 1065 万。

康复治疗是帮助残疾人恢复或补偿功能、提高生存质量、增强社会参与能力的重要途径。目前我国农村残疾人的康复治疗工作取得了很大成绩。截至 2000 年，全国农村约有 220 万例白内障患者得到了手术治疗，年手术量由原来的 10 万例提高到 45 万例，实现了白内障盲人数的负增长。从 1995 年起全国已消灭脊髓灰质炎，到 2000 年，以往的 100 多万例小儿麻痹症患者基本得到矫治，约 23 万农村下肢肢残者已有部分人装上了长江普及型假肢。全国农村有近 10 万名智力残疾儿童，其中部分儿童经过训练不同程度地提高了生活自理、认知以及社会适应能力。[①] 为了预防智力残疾，近些年来，对全国农村有关孕妇婴儿等特需人群采取了服用碘油丸措施。农村中的其他综合性残疾人，根据当地经济状况，基本上能得到一些适当的救助。

农村人口发生残疾的原因有很多，但主要是以下几方面：

1. 地方病

地方病是局限于某些地区、具有区域性特点的一类疾病。如辽宁省有 7 种主要的地方病，当前反弹最严重的就是地氟病。地氟病，就是饮水型地方性氟中毒，分布在辽宁省 13 个市。近年来，由于部分防氟水设施得不到及时、有效维护，致使辽宁省有 480 处防氟工程停止供水，65 万人重新饮用高氟水。[②] 受害人群轻者出现"氟斑牙"，重者出现"氟骨症"，表现为牙齿脱落、骨质疏松、关节肿痛，病情特别严重的还会瘫痪。地方病高发地区多为自然条件恶劣、经济欠发达、地方财政拮据的农村，再加上现行的财政支持机制存在弊端，重"治"轻"防"，预防投入严重不足，使农村的地方病再次抬头，严重影响了农村人口的身体健康，产生新的残疾人口。

2. 遗传病

遗传病的起因不仅在于近亲结婚，还包括母亲在孕期的服药不慎或受到意外事故伤害等。遗传病造成的残疾不仅会使儿童智力低下，

---

① 阎青春：《社会福利与弱势群体》，中国社会科学出版社 2002 年版，第 273～274 页。
② 《辽宁向地方病瘟神再次宣战》，新华网辽宁频道，2003 年 10 月 31 日。

还可能造成盲聋哑、肌体畸形等残疾。在部分农村地区由于传统观念的束缚，迷信亲上加亲的传统习俗，近亲结婚仍然存在，致使后代出现智力低下、盲、聋、哑、肢体残疾、先天性疾病等各种可怕的遗传病特征。此外，由于农村地区妇女的卫生保健教育没有普及，卫生保健水平也很低下，致使不少新生儿带有先天性缺陷。如在大别山区、秦巴山区、长白山区和陕北、陇东、辽西等许多贫困地区，智力低下的人群相对集中，这里地方病和遗传性疾病相互为虐，是当地人致残的主要原因。

3. 职业病

职业病是伴随着我国农村乡镇企业发展、农村人口向非农产业转移而出现的新型的农村人口致残原因，也成为目前农村人口致残的主要原因。其一是乡镇企业职工的职业病。我国乡镇企业的劳动工作条件总体来说较差。据中国疾病预防控制中心的资料显示：83%的乡镇企业存在不同程度的职业危害，34%的乡镇企业的劳动者从事有尘、有毒等有害作业，乡镇企业职工的职业病和可疑职业病患病率高达15.78%。[1] 其二是外出务工人员（俗称农民工）的职业病。随着大量农村剩余劳动力向城市的转移，越来越多的作业环境中有害因素浓度高、强度大、职业性疾病检出率高的工种如建筑工、矿工等被农民工接手，农民工处在易患职业病或受伤致残的危险状况。在这些行业中，农民工已经占到了相当高的比例，如仅建筑行业农民工大约占到80%。与此同时，涉及农民工的安全生产事故也频繁发生，据有关部门统计，建筑施工中的伤亡事故90%发生在农民工身上。

在现行的农民工制度下，农村把健康的青壮年劳力输送到城市，而城市把劳动后伤残病弱者退到农村，把抚育子女、赡养老人等社会负担都抛给农村。这使农村的残疾人数量不断增加，因病致贫、因病返贫的现象在农村也层出不穷，极大地制约了农村经济的发展。据深圳的一项调查显示[2]，仅深圳7家医院统计，1998年平均每天有31

---

① 数据来源于《中小企业简报》2005年第63期，中小企业网。
② 陆学艺：《农民工问题要从根本上治理》，载《特区理论与实践》2003年第7期，第34～35页。

人因工伤致残，平均每4天有1人因工伤死亡。该年份1万多伤残的农民工，多数在出院后不久就退回到农村。1994年深圳劳动部门对5920家从事有毒有害作业工厂调查发现，无任何防护设施的有3108家，占52.7%，防护设施不合格的2577家，占43.7%。在个人防护用品方面，99.7%的农民工是在无防护用品，或防护用品不合格的条件下劳动的。长期在这种条件下劳动，必然会中毒受害。1998年深圳卫生防疫部门检查，在9582家企业中发现，有毒有害企业4301家，作业工人11.6万人。当年中毒人数371人，死亡23人。这些在有毒害企业中劳动的农民工多数是慢性中毒，日积月累，以致丧失劳动能力，只好返回农村。有关调查表明，有相当一部分女工，35岁左右就因劳累过度、中毒等原因而体衰力竭，回农村养息。可见，当前的农民工制度导致了大量农村残疾人的产生，也产生了对农村残疾人社会福利的大量需求。

4. 突发性灾害与环境灾害

突发性灾害是指规模较大、有一定分布空间、在不同地域范围内短时间造成人员伤亡的重大灾害。如地震、飓风、洪水、沙尘暴、山体滑坡、暴风雪、雷电、干旱等自然灾害以及流行病、大规模人口中毒、火灾等社会灾害均会造成大量人员伤残。

5. 其他疾病引致残疾

许多疾病治疗不当或不及时也会使人致残。如新生儿因难产而导致窒息，出生后因脑缺氧、缺钙、供血不足、继发性癫痫而导致大脑性瘫痪；眼病治疗不当或延误而导致失明；婴幼儿因病发烧，使用药物不当而导致耳聋，等等。我国农村地区医疗卫生事业不完善、不发达，农村人口的收入水平不高，不少人看不起病，因而小病拖、大病扛等情况屡见不鲜，常常因为贻误最佳治疗期而出现伤残、甚至死亡。

6. 各种意外事件引致残疾

如交通事故，它也是近几年来导致残疾人快速增加的一个重要原因。此外，军人在服役期间、运动员在训练过程中均可能由于遭遇各种意外事件而致残。

12.2 农村老年人和残疾人社会福利
事业发展面临的问题

12.2.1 农村老年人社会福利事业发展面临的问题

我国农村现有的社会福利事业严重滞后于社会和经济发展水平，并且长期以来由于缺乏统一的规划，结构混乱，社会福利机构匮乏，问题明显。具体表现在以下几方面。

（一）农村老年人社会福利覆盖面狭窄，供需矛盾尖锐

农村老年人社会福利设施供给远远满足不了需求。据 1999 年民政部调查测算，截至 1999 年 6 月，全国农村有 1.164 亿 60 岁以上老年人，超过农村人口的 10%。其中农村"三无"和"五保"老人为 274.88 万人，约占农村全部老年人的 3%。在全部农村老年人中，愿意到福利机构养老的达 460.22 万人，占老年人口的 4.21%。[①] 而全国近 4 万家农村敬老院仅有 64 万张床位，只能满足 24% 的"五保"老人的养老需求，仅能满足农村老年人口总量的 0.54%。可见，农村现有的社会福利事业只能保障部分福利对象的需要。

（二）农村老年人社会福利地区发展不平衡

1. 经济社会发展不平衡决定农村老年人福利事业发展的不平衡

社会福利事业的发展与经济社会发展状况密切相关，我国各地经济社会发展的不平衡决定了各地之间农村社会福利事业发展的不平衡。

首先，从社会福利机构数量来看，地区间发展不平衡。截至 2001 年底，全国农村乡镇数量为 40903 个，乡镇敬老院只有 3.8 万个，[②] 全

---

① 阎青春：《农村老年人社会福利事业审视与展望》，载《民政论坛》1999 年第 5 期，第 6 页。

② 转引自周志凯：《论我国农村老年人社会福利事业》，载《社会主义研究》2005 年第 3 期，第 77 页。

国有不少乡村应办而未办敬老院等社会福利机构，这主要集中在经济欠发达和贫困地区。据1998年的统计资料表明，山东省每万人口拥有社会福利机构床位数为12.1张，而青海省只有2.6张。①

其次，从社会福利机构的服务项目来看，地区差异较大。在发达地区，不仅有敬老院、光荣院、老人公寓等养老服务机构，乡镇和集体经济还建立了社区老年人活动中心、茶社、活动站等，满足了养老、康复、医疗保健和精神生活等各个方面的需要。而在欠发达的地区，仅靠条件简陋、设施不全的敬老院来解决部分"五保户"的基本生存问题。

再次，从供养标准（或生活水平）来看，地区差距较大。在经济发达地区人均年供养标准可达几千元，在贫困地区年人均一百多元，甚至只有几十元。绝大多数的"五保户"采取分散供养的形式，他们的生活水平相当低下，有的只供给粮食不给现金，以保障供养对象不挨饿不受冻为目的。此外还存在相当多的应保未保的"五保"人员。例如不少乡镇因20%附加税难以支付"五保户"生活费，对于某些符合评定"五保户"条件的"三无"对象，当地乡村不愿评定。如安徽定远县调查显示，该县共有"五保"对象4200人，已保2813人，应保未保1207人，应保未保率达30.02%。②

最后，地区之间在社会福利机构的人员素质和管理水平、服务质量等方面存在较大差距。欠发达地区的不少敬老院的服务管理工作存在观念守旧、管理不到位、督察不力的问题。如有的敬老院观念落后，院办经济思路不畅，发展缓慢；有的敬老院缺乏相应的工作人员，老人生活需要自理；有的敬老院管理不力，院容院貌差，没有营造出适合老年人生活的环境。

2. 案例分析：两个不同经济发展水平的农村地区的社会福利发展状况比较

本章将根据社会调查中了解的两个处于不同经济发展水平的农村地

---

① 转引自周志凯：《论我国农村老年人社会福利事业》，载《社会主义研究》2005年第3期，第77页。

② 阎青春：《社会福利与弱势群体》，中国社会科学出版社2002年版，第276页。

区的社会福利发展状况作一个简单比较。①

案例 1：江苏省昆山市。昆山市是毗邻上海的一个县级市，经济较为发达。反映在农村社会福利事业上，"五保"供养标准相当高。全市有 20 个敬老院，"五保户" 505 人，集中供养 418 人，其余 87 人分散供养。集中供养老人的生活水准是每人每年 3000 元左右，分散供养老人则是 2000 元左右。以昆山市某镇为例，经村组合并后现有 14 个村，建有 21 个老人活动室或老人之家，并在镇上建有一个敬老院和一个老年干部活动中心，内设棋牌室、电视室、阅览室、台球室、健身室等。镇敬老院占地面积 14.5 亩，供养"五保户" 31 人，接收来自上海、南京的自费代养老人 27 人。院内共有 14 名工作人员，包括医生及护理人员 4 人、勤杂人员 8 人、管理人员 2 人。敬老院运转以及"五保"老人供养的经费来源，除了镇政府财政拨款外，还有敬老院自身的庭院经济，自费代养人员的缴费，以及部分捐款。该镇敬老院的经营项目有内衣厂、养猪场、鱼塘、蔬菜地、果园等。2002 年镇政府拨款 32 万，庭院经济达 28 万元，另有捐款 2 万元。

案例 2：江西省漳树市。2002 年全市有"五保户" 1937 人，其中集中供养 241 人，分散供养 1485 人，其他供养方式 211 人，应供养而未供养的有 231 人，占全市"五保户"人数的 12%。全市有 16 个乡镇建有 16 所敬老院，均由乡镇自建，市里给予扶助。在过去几年里，已有 9 所敬老院经过改、扩建，尚还有 7 所需要改扩建。院办经济主要是鱼塘、果园、蔬菜等，年可达 12 万余元，平均到每个敬老院不到 8000 元，扣除成本每年的利润不到 5000 元。"五保"供养标准在税费改革前后不变或略有增长，集中供养人员平均为每人每年 1200 元左右，即每人每月 100 元左右。敬老院工作人员加上管理人员人数也很少，一般只有 3～4 人，"五保户"一般是自己照顾自己。分散供养的人员生活标准更低。除少数乡镇足额到位外，其余多数是以田代保（免交农业税），田由亲戚代种，平时偶尔救济一点，有的村甚至只供给粮食，其余自行解决。

由此可见，不论是应保已保率、供养水平、供养条件、服务设施，

① 本项目课题组成员于 2003 年 7 月份到四川、江苏、山东、湖北、湖南、江西、河南、上海、浙江等地部分农村进行了社会调研。

还是工作人员、庭院经济、财政支持力度等等，经济发达地区的农村老年人社会福利发展都要优于经济欠发达地区。

（三）农村老年人社会福利事业缺乏统一而有效的组织管理

目前，主要由民政部门负责农村老年人社会福利工作。具体到下面的乡镇，对老年人的社会福利保障工作重视程度不一，有的乡镇由一名分管领导和一名民政助理员负责和管理，有的乡镇根本没有民政助理员，因此在落实工作时常面临较大的难度，有的甚至连辖区内有多少"五保"老人都没有摸清，更不用说给"五保"老人发钱发物保障其生活了，缺乏对老年人社会福利事业的有效管理。

总之，目前我国农村老年人社会福利事业仍处于低水平的发展阶段，准确地讲，我国现阶段的农村老年人社会福利仍然保留着救济型的性质。

12.2.2 农村残疾人社会福利事业发展面临的问题

从理论上说，残疾人尤其是农村残疾人作为社会上最困难的弱势群体，对其进行社会保障，理应是整个社会福利和社会保险体系中不可或缺甚至还应当优先给予考虑和落实的一部分。1990 年 12 月 28 日通过并于 1991 年 5 月正式实施的《中华人民共和国残疾人保障法》，首次对残疾人在社会保障、社会福利、劳动就业、生活、教育、康复和文化生活做出了全面的法律规定，各级地方政府也制定了相应的具体实施办法。但在农村地区，实际情况并非如此。

（一）《残疾人保障法》远远没有发挥应有的作用

有的农村地区制定的实施细则并不符合当地的实际情况，有的地区根本不执行《残疾人保障法》，有的地区在贯彻《残疾人保障法》时并没有落实相应的优惠政策和具体措施。于是出现有些地区仍征收农村残疾人的农业税、残疾人家庭照样负担分配的耕地及各种摊派款项等现象，使残疾人及其家庭生活雪上加霜。从总体上说，我国缺乏专门的法规和规章、实施细则保障农村残疾人各方面的合法权益，并缺乏对《残疾人保障法》的执法监察力度，农村残疾人福利事业还没有纳入到农村社会福利事业当中。

（二）农村残疾人生活困难，缺乏经济保障

我国农村残疾人基本上由家庭血缘关系网保障，从经济生活到日常照料，90%以上的残疾人都是靠自己或家庭成员和亲戚的帮助，且只能维持低水准的生活状态。据1997年中国残疾人联合会的调查①，全国有残疾人贫困户1058.97万户，贫困残疾人1372.11万人，占全国残疾人总数的五分之一以上，而其中1205.78万人生活在农村，并且云南、广西、湖北、贵州、河南五省贫困残疾人口占省区内总人口的比例最高。为了帮助贫困地区的残疾人尽快脱贫致富，1992年中国残疾人联合会和中国农业银行共同制定并实施了"康复扶贫贷款计划"。不可否认，10年来，通过这种贴息贷款和地方政府的匹配资金，许多贫困地区的残疾人摆脱了贫困、解决了温饱，在一定程度上缓解了残疾人的贫困状况。但在实际操作中，作为自负盈亏的商业银行，中国农业银行在选择贷款对象时往往会适当考虑贷款者的偿还能力，因而不少残疾人根本申请不到扶贫贷款，扶贫贷款甚至常常被有经济实力的健全人占用。

（三）农村残疾人普遍缺乏积极的康复治疗

一方面是农村残疾人及其家庭生活比较贫困，解决温饱尚存在问题，更没有经济能力来进行康复治疗。不少残疾人本来通过简单的治疗就可以摆脱残疾的困扰，但由于没有钱治疗，残疾状况不断恶化，如有的白内障患者迅速转化为盲人，低度听力残疾者转为耳聋者，甚至聋哑人。另一方面，农村没有专门的残疾人治疗康复医院或科室，需要到县级及县级以上的医院做治疗康复，部分农村地区交通极不方便、残疾人出行也不方便，这些都限制着农村残疾人进城就医。

（四）农村残疾人大部分处于隐性失业状态

残疾人由于某方面的生理缺陷，在就业方面处于绝对弱势地位。在农村地区，残疾人就业方式单一，缺乏灵活性，大多数是从事农业劳动。而从事农活往往需要付出较大的体力，并且还需要具备科学种养殖的技术，残疾人往往因体力或智力或文盲的原因，力不从心。这样多数的残疾人只能做一些力所能及的农活，主要依靠家庭成员的劳动收入获得生活保障，有的甚至完全依靠家庭或亲戚的劳动收入获得生活保障。此外，农村缺乏促进残疾人个体就业的优惠政策，反而会征收各种税

---

① 中国残联组联部：《全国残疾人贫困户调查报告》，载《中国残疾人》1998年第8期，第10页。

费，导致残疾人个体就业的成本很高，严重制约着残疾人利用其聪明才智来养活自己及其家人的积极性。在县域经济发达的地区，可以依靠福利企业来集中安置部分农村残疾人劳动力，但在县域经济不发达的地区，不少福利企业的竞争能力很弱，面临停产、转产、破产的困境，更不用说安置农村残疾人劳动力了。农村残疾人就业困难进一步导致了残疾人及其家庭生活的贫困。

（五）针对农村残疾人的特殊教育和职业技术培训匮乏

特殊教育主要是针对农村残疾少年儿童的，职业技术培训则针对成年的残疾人。在农村，尤其在中西部农村，在贫困地区，特殊教育基础薄弱，特教学校办学条件简陋，教师待遇和教育质量偏低，不少残疾少年儿童因家庭经济困难而不能入学，不少青少年残疾人因残失学，成为文盲。据统计，在我国5000多万残疾人中，文盲有3427万，占残疾人总数的66.37%。① 同时我国残疾人教育资源分布不均衡，表现在：第一，一些人口30万以上、残疾儿童数量较多的县特别是中西部地区尚未建立特教学校；第二，特殊高中阶段教育，特别是特殊普通高中教育资源短缺，成为残疾人教育事业发展的瓶颈；第三，残疾人高等教育院校大都集中在东部地区，中西部地区基本是空白，第四，农村职业教育体系不健全，面向残疾人的职业教育资源尤其稀缺。农村残疾人当中有很多文盲，没有一技之长，又缺乏科学的种植、养殖、家庭手工业的技术，因此许多农村残疾人的生存能力很弱。

12.3 我国农村社会福利事业
发展迟滞的原因分析

概括起来，我国农村社会福利事业发展迟滞的原因主要在于以下几个方面：

---

① 阎青春：《社会福利与弱势群体》，中国社会科学出版社2002年版，第187页。

12.3.1 政府对农村社会福利事业的发展重视不足，城乡社会福利政策显失公平

长期以来，我国存在着严重的二元经济结构，对城乡实行两套政策。反映在社会福利领域，城市实行的是企业福利、民政福利，农村实行的是集体福利性质的"五保户"福利。在企业属于国有的情况下，职工福利实际上是政府福利。20世纪90年代以后，随着社会主义市场经济体制的建立，单位人逐渐向社区人转变，企业福利开始向社区福利转变。为解决国家和集体包办社会福利资金不足、福利机构少等问题，民政部提出社会福利社会化的对策，形成了一个以国家、集体举办的福利机构为骨干，社会力量举办的福利机构为新的增长点，多渠道、多形式发展社会福利事业的局面，福利机构的数量迅速增长。据统计，仅在2000年，全国新增国有社会福利机构334个，新增收养人员11558人，分别比1999年增长了24%和9.7%；社会力量举办的社会福利机构发展更为迅猛，机构总数和收养人员数由1999年底的1007家、1.6万人发展到了2000年底的1623家、4.7万人，分别增长了61%和193%。[①]但这些新增的社会福利机构和收养人员大部分都是针对城市的自费代养人员，农村"五保户"要求入住敬老院享受相应的"五保"待遇的问题根本没有解决，绝大部分的"五保户"仍然是分散供养的。此外，目前，城市"三无"对象全部由财政支付生活费用，而农村的"五保"对象则完全由农民负担供养。同样的对象只是所处地域不同而享受不同的待遇，同样的政府职责，一部分由政府财政承担，另一部分则由农民承担，显然有失公平。

12.3.2 农村集体经济大多亏空，负担不起发展农村社会福利事业的资金需求

我国农村"五保"供养制度长期以来实行由集体经济组织统包统养的形式，随着农村实行家庭联产责任制，村集体的经济能力日益弱

---

① 时正新：《中国社会福利与社会进步报告（2001）》，社会科学文献出版社2001年版，第123页。

化，部分出现"空壳化"。根据有关资料显示：近年来，黑龙江省全省1万多个村中，有70%以上的村是"空壳村"。更为严重的是，全国乡镇和村级绝大多数都负有大量债务，如有关资料显示，黑龙江省截至2000年底，全省村级债务107亿元，"九五"期间年均递增24.5%，村均负债75万元。① 另据湖北省有关部门的统计，1999年底，全省村级负债总额186.26亿元，2001年底达192.5亿元，到2002年底高达200.85亿元，有93.7%的村负债，其中资不抵债的村达到18.5%。② 虽然导致乡镇和村负债的原因很多，但它引起的一个直接后果是，乡镇和村在还款的压力下，削减对"五保户"的经费支出，尤其是分散供养的"五保户"的供养支出。

12.2.3 "五保户"供养标准的提高与减轻农民负担矛盾较为突出

长期以来供养"五保户"的资金来源于乡统筹、村提留。近年来，国家为稳定农村社会，发展农村经济，增加农民收入，实施减税增收的改革，取消了乡统筹、村提留等收费，农业税减免也从试点到全面实施，农民负担显著减少。但是相应的"五保"供养经费还没有明确其新的来源途径，因此实际工作中要么仍由农民负担，要么"五保"供养资金来源受到严重影响，甚至处于资金来源缺位状态。以农村税费改革试点之一的安徽省的实践情况为例，反映出税费改革后的"五保户"生活堪忧。如安徽省铜陵市永丰乡有12个村，144个村民组，"五保户"67人，其中集体供养25人，分散供养42人，此外还有应保未保人员36人。在税费改革后，全乡农业正税为64万元，农业税附加为64万的20%即12.8万元，各村集体经济收入5万元，实际可支配收入为17.8万元。该乡每村平均4.5名村干部，按年2500元的补贴标准计算，共需13.5万元，村民组组长144个，按年350元的补贴标准计算，共需5万元，两项合计18.5万元；村办公费以每村每年10000元计算，共需12万元；乡镇敬老院集中供养的老人按每人每年1300元的标准计

---

① 阎青春：《社会福利与弱势群体》，中国社会科学出版社2002年版，第277页。

② 周中平、李正刚：《村级债务的治理对策》，载《中国财经报》2001年10月18日。

算，共需 3.25 万元，分散供养的老人按 1170 元计算，共需 5 万元，合计 8.25 万元。上述费用总和为 38.75 万元，同可支配收入相比，缺口 20.95 万元，可支配收入甚至连支付村干部的补贴都不够。① 另据山东省 2003 年初统计，山东全省"五保"供养资金由税费改革前的 4.36 亿元一下跌落到 2.14 亿元，集中供养人数也由原来的 8.85 万人减少到 5.77 万人。由于供养资金的"失血"，出现大批"五保"老人应保未保的尴尬局面。② 以上情况说明，农村集体经济供养"五保户"都困难，至于残疾人、病人，其他弱势群体的福利待遇就更不用说了。

12.4 完善农村老年人和残疾人社会福利事业的政策选择

12.4.1 农村老年人社会福利事业的完善

首先说明一点，在这里探讨的完善农村老年人社会福利事业的政策建议也适用于完善农村残疾人福利事业和儿童福利事业，在后文将专门从康复医疗和就业保障方面探讨农村残疾人福利事业的完善，从教育福利和康复医疗方面探讨农村儿童福利事业的完善。

（一）统一城乡社会福利事业管理

随着我国农村经济的快速发展，农村城镇化进程的加速，在制定农村社会福利政策和规划农村社会福利事业时，要将城镇和农村结合起来统一规划，构建合理的城乡一体化的社会福利事业。在我国未来的城市化道路上，年轻的农村人口将大量向城市转移，农村人口越来越少，但同时，农村老年人口越来越多，农村人口老龄化问题将远比城市严重，

---

① 《来自民政部社会福利和社会事务司的专项调查：安徽省农村税费改革后五保户生活堪忧》，载《中国民政》2000 年 10 期，第 7~8 页。

② 《山东省将全面推行农村五保户四级财政供养》，新华网山东频道，2004 年 8 月 31 日。

农村老年人口和残疾人口赡养率或负担率将日益沉重。我国城市化道路目前呈现出多样化特点：有的形成郊区城市化的迹象，大城市向外围的辐射和扩散，使得周围的郊区获得较快发展，并促进了超大城市的形成；有的则走的是小城镇化的道路，小城镇是中国特色城市化道路的重要途径之一。总之，推进城镇化，有重点地发展小城镇，坚持大中小城市和小城镇协调发展，是中国特色城市化道路的现实选择。因此我国农村社会福利事业的发展应该与城镇社会福利事业的发展形成统一格局，统一城乡社会福利事业管理。

社会福利事业的发展往往涉及多个部门。国务院办公厅国办发〔2000〕19号文件，提出了关于加快实现社会福利社会化的意见，民政部、国家计委、教育部、财政部、卫生部等国家11个部门都有社会福利方面的任务。但文件到了基层，除民政部门积极进行贯彻外，其他有关部门几乎没有什么作为。现在由于各部门之间缺乏必要的协调而使简单的工作也变得很复杂，因此有必要成立社会福利协调性的领导组织——社会福利委员会，进行统一组织领导，将多部门组织起来统一行动。该组织从中央到地方实行垂直领导。成立该组织不需要增设机构，只需要从中央到地方，由各级政府的分管领导挂职担任社会福利委员会主任，而由民政部门负责人任副主任，主持日常工作，其他相关部门分别派负责人任委员，定期和不定期召开委员会议，研究解决社会福利工作中的问题。社会福利委员会下设办公室，挂靠在民政部门，开展正常工作，要根据各地的实际情况确定工作人员，尤其是在没有民政工作人员的乡镇要安排合适的人员开展基层工作。

在我国农村社会福利事业发展的过程中，要密切结合当地农村的城市化道路，合理安排本地区的社会福利事业布局。如大城市内的社会福利机构容量有限时，可安排部分福利对象入住在城郊有闲置空间的敬老院，同时可鼓励、引导社会自费代养的老人到农村敬老院养老。这样可以促进农村敬老院的发展，因为部分农村敬老院距离大城市很近，而且有闲置的床位，吸引城市老人入住，可以通过规模效益，增加收入，而且还能吸引社会力量的投资，改善敬老院的基础建设和提高院民的生活。如吉林省根据本省农村敬老院数量多、基础好的特点，把敬老院建设成为乡镇综合性社会福利服务中心，使城乡结合部的敬老院同时承担起收养城市自费老人的任务，增强了集体福利机构的生存与发展能力，在一定程度上满足了社会对不同层次的福利服务的需求，有力地促进了农村社会福利事业的发展。

（二）建立和完善农村社会福利相关法规

目前我国已制定了《老年法》、《国务院五保供养工作条例》以及民政部的《农村敬老院管理暂行办法》等相关法规，需要加大《老年法》和《国务院五保供养工作条例》及《农村敬老院管理暂行办法》的宣传贯彻力度，并作为农村精神文明建设和推行计划生育工作的重要措施抓落实，大力营造敬老扶孤、爱老助残的社会氛围，逐步改变社会上"重小轻老"和歧视孤残的思想观念和现象，增强各级政府对"五保"供养工作的责任感，强化主管部门的管理督察手段。

同时因地制宜的建立和完善"五保"供养工作地方性规章制度，并加大宣传和执法力度。制定农村"五保"供养工作管理规章，规范"五保"供养行为，明确"五保"供养标准以及经费来源，是各级政府及部门应承担的责任。

（三）建立综合性的农村社会福利机构

农村老年人的基本需求包括基本生活需求和基本医疗保健需求以及基本的精神需求，建立综合型的社会福利机构无疑能较好地满足老年人多层次的需求。因此在有条件的农村地区可以兴办集孤、寡、残、幼为一体，供养、娱乐、康复为一体的综合性的社会福利院，集中为孤寡老人、孤残儿童、残疾人等社会福利保障对象服务。兴办综合性社会福利院往往需要较大投入，经济条件比较好的地方可根据经济实力进行超前、高起点的规划设计。如江苏省扬州市邗江区的敬老院建设，本着"一次性规划制图，分期分步实施"的原则，坚持"一优、三通、五有"，即选址要环境优美，在基础设施上通电、通水、通公路，在生活设施上有电视、洗衣机、有院办经济与菜地、有统一的生活用具。并且，坚持用地在 20 亩以上，确保敬老院在相当长的时间里不落伍，为敬老院今后的改造、扩建留足了空间，为其发展院办经济提供了条件。①

---

① 阎青春：《社会福利与弱势群体》，中国社会科学出版社 2002 年版，第 281～282 页。

对于无法建立综合性社会福利机构的地方，则要充分利用现有的医疗卫生机构，为老年人提供基本的医疗服务。可在民政部门的业务指导下，在当地财政或社会捐助的适当支持下，由各级医疗卫生机构免费或低费为社会福利保障对象提供医疗卫生保健服务。有些医疗卫生机构如红十字医院、扶贫医院、康复医院等，本身具有救助的性质，应经常性地开展救助性医疗卫生保健服务，尤其是要主动下乡为农村老年人送去健康。

（四）完善农村社会福利事业的筹资渠道

农村社会福利事业的资金投入要打破集体经济一家负担的格局，开辟多元化的筹资渠道。

1. 建立和完善财政专项转移支付制度

如前所述，政府在农村社会福利事业发展中要承担相应的职责，同时社会福利本身属于国民收入的二次分配，是调节社会分配不公的重要手段之一。因此，政府要建立面向农村社会福利事业的财政专项转移支付制度，中央政府和地方政府均要承担部分责任。由于我国幅员辽阔，各地经济发展水平迥异，中央政府和地方政府在各地农村社会福利事业中的负担比例也需根据各地经济发展水平和财政收入状况进行不同的分配。总的说来，经济发展水平高，财政收入状况好的地方，地方政府要承担大部分的责任；经济发展水平低，财政收入状况差，甚至入不敷出的地方，中央政府要加大财政转移支付的力度，最终实现各地农村社会福利事业发展水平与当地经济发展水平相适应。

在实施中央财政转移支付时，各地要认真调查核实本地"五保户"的人数，根据本地的实际生活水平，确定每人每年需要的最低生活标准，以此为基础，中央财政按人头将转移支付的资金拨往各地财政部门设立的"五保户专项生活资金账户"，分散供养的人员要发放到人，集中供养的人员可以发放到所在的敬老院，确保所有的"五保户"能领到这笔专项资金。

2. 坚持自力更生，积极发展院办经济

发展农村社会福利事业，提高农村社会福利服务对象的生活水平，需要坚持自力更生，积极发展院办经济。大部分农村敬老院都拥有山、水、田、地、园等丰富的自然资源，因此发展院办经济提高院民的生活水平是可行的。乡镇在集中供养"五保"老人时，把年纪轻、行动方便的人组织起来，结合当地实际情况，可以进行一些力所能及的手工制作如具有浓郁地方特色的旅游纪念品、手工艺品等，也可以开展一些小型的种植养殖活动，不仅可以改善"五保"老人的生活水平，还能为老年人的业余生活带来乐趣。如海南省琼山市东山敬老院，为发展院办经济，建院时就征地 6 亩，形成"一种、二养、三加工、四办店"等立体经济实体，院办经济年纯收入 3 万多元以上，院民生活得到极大提高。[①]

3. 积极开展社会有奖募捐

社会有奖募捐即发行福利彩票。1987 年，民政部成立了中国社会福利有奖募捐委员会，在全国范围内发行社会福利有奖募捐彩票。近几年，福利彩票改革营销方式，朝市场化和产业化方向迈进，社会福利有奖募捐彩票销售额逐年提高，1999 年达到近 91 亿元，筹集社会福利资金 20 亿元，比 1998 年提高 34.4%，整个"九五"期间，共发行销售 360 多亿元，筹集福利资金 110 多亿元，有力地推动了我国社会福利事业的发展。[②] 福利彩票资金按照规定主要用于各种院舍服务、社区服务、福利企业以及一些康复和残疾人特种教育等项目。1987~1995 年累计资助 5 万多个项目，资金 26.4 亿元，其中用于城乡福利院的资助约占 50%。[③] 福利彩票资金的主要作用是投资于社会福利基本建设和设施更新改造，而国家福利资金主要用于福利机构的日常经费，其中主要用在民政对象的日常生活上，缺乏对福利院的设施进行更新改造，更没能力建设新机构。福利彩票资金正好弥补了这个不足。

近年来，民政部部署了由福利彩票资金资助、在全国统一实施的"星光计划"。该计划的主要任务是，在城市，以社区居委会为重点，新建和改扩建一大批社区老年人福利服务设施和活动场所，逐步形成社区居委会有站点、街道有服务中心的社区老年人福利服务设施网络；在农村，以乡镇敬老院为重点，新建和改扩建一批乡镇老年人福利服务设施和活动

---

① 阎青春：《社会福利与弱势群体》，中国社会科学出版社 2002 年版，第 283~284 页。

② 时正新：《中国社会福利与社会进步报告（2001）》，社会科学文献出版社 2001 年版，第 55 页。

③ 陈群林：《福利彩票》，中国社会出版社 1996 年版，第 149，166 页。

场地，逐步形成乡镇有敬老院、县（市）有服务中心的老年人福利服务设施网络；同时，有控制地建设少量示范性、综合性的老年人社会福利机构。"星光计划"于2001年首先从大中城市开始实施，再逐步向其他城市和农村扩展，现在已经进入"星光计划"的第三阶段，即在各主要的乡镇实施"星光计划"。各地纷纷利用福利彩票募集的资金用于农村社会福利的建设，如广西壮族自治区，仅2003年广西福利彩票中心就直接投入420万元资助"五保村"建设，广西民政厅还利用发行彩票募集到的福利资金5000万元，资助全区1000个"五保村"工程建设。①

福利彩票资金所起的作用远远超过其投资额。通过投资资助的方式，它带动了地方政府对社会福利的投资。例如，到1995年底，中募委和地方募委共投资2.78亿元，带动地方政府和乡镇资金10亿多元，完成了17658个乡镇敬老院的建设。②

社会福利彩票有奖募捐是一条比较好、具有直接社会效益的社会福利资金筹集渠道，我国福利彩票今后的任务是要增加社会福利有奖募捐资金投向农村社会福利的比例，仅仅依靠"星光计划"资助的农村社会福利事业还只是农村社会福利事业中的一部分，或者只可以称为是示范、样板。要真正改善农村特别是贫困地区的社会福利水平，需要持续不断地向农村输送资金。福利彩票资金不仅要用在"锦上添花"事业上，更要用在"雪中送炭"事业上，而且有这个能力。

4. 积极吸取国内外社会团体、民间组织及个人的投入

20世纪80年代以来，我国的民间基金组织伴随着社会团体的成长以及民间资源的扩大而发展起来，截至1997年全国共有登记注册的基金会组织1058家。其中社会福利类307个，占15.4%，是各类基金组织中数量最多的组织。③ 全国性的基金组织有中华慈善总会、中国收养中心、中国扶贫基金会、中国福利会、中国红十字会、中国青少年发展基金会、中国残疾人福利基金会等，还有不少地方性的基金组织，如上海市建国社会公益基金会、上海慈善总会等。

① 《广西用福彩筹资兴建"五保村"》，人民网，2001年11月11日。
② 陈群林：《福利彩票》，北京：中国社会出版社，1996年版，第154~158页。
③ 杨团：《社会福利社会化：上海与香港社会福利体系比较》，华夏出版社2001年版，第50页。

基金会和慈善组织，属于社会非赢利机构，尽管各有特点，但是它们的主要功能和运行机制是基本相同的，主要功能是将国内社会中个人以及赢利部门中财富的一部分，以及国外有可能引入国内的资金，转化为国内社会福利和其他公益事业发展的资源。运行机制是直接向社会筹集资金，然后直接对社会福利、公益事业和其他的社会服务提供资助，一般不直接开展社会福利服务。

我国社会福利基金组织虽然发展时间还不长，但已经开始发挥作用，并发挥着越来越重要的作用。成立于 1994 年的中华慈善总会，是全国性的基金组织，各省市都有相应的独立的慈善总会组织，它的业务范围相当宽泛，资助面也比较宽，包括"安老助孤"、"扶贫济困"、"赈灾救济"等等。截至 2002 年底，中华慈善总会累计募集的钱款达到 12 亿元，同年成立的上海慈善总会累计募集资金也达到 3.4 亿元。[①] 我国慈善组织通过与国外民间组织和企业的交流，学到了在组织管理、资金运作、法律支持等方面的经验，也获得了来自国际资金和项目上的支持。仅以中华慈善总会与美国 CA 公司合作在我国开展的"微笑列车"项目为例，该项目自 1999 年正式启动以来已救治了我国 30 个省、市、自治区的 48900 多名唇腭裂患者，共支出手术费 1.23 亿元人民币。[②]

我国慈善事业目前虽有较大发展，但基础仍很薄弱。与一些经济发达国家的慈善业相比，仍处于起步阶段；与我国高速增长的经济发展速度相比，也处于明显滞后状态。这主要表现在以下方面：

（1）我国慈善机构的数量太少。目前我国慈善公益组织仅有 100 多个，而美国 1998 年豁免税收减免的慈善公益机构就有 120 万个，而且我国大多数慈善机构属官办，难以真正发挥民间慈善组织的威力。[③]

（2）我国慈善机构动员慈善资源的能力尚不足。1998 年美国慈善机构掌握的资金总额为 6214 亿美元，相当于美国国民生产总值的 9%，而我国的同一指标不到 0.1%。[④]

（3）我国没有专门规范慈善组织实体内容的法规条款或行政文件，

① 刘东平：《慈善，在中华大地撒播阳光》，今日中国网。
② 《中华慈善总会会长：我国慈善事业取得五大进展》，新华网，2003 年 11 月 9 日。
③ 《中华慈善总会会长批评中国慈善事业"十分落后"》，中国新闻网，2002 年 12 月 10 日。
④ 《中华慈善总会会长批评中国慈善事业"十分落后"》，中国新闻网，2002 年 12 月 10 日。

使得慈善组织制度、财务制度以及机构的活动领域如募捐善款、救助项目开发等方面都缺乏相应的法规依据。

（4）我国公民的慈善意识、捐赠意识比较薄弱。中华慈善总会成立8年来，共筹集善款近12亿元，其中50%来自国外，10%多点来自港澳台，而我国内地捐款只占30%左右。[①] 这与我国经济发展水平、传统文化观念、宏观经济政策如税收政策等方面的因素有关。

面对以上问题，我国政府要采取多种措施来鼓励和规范慈善组织的发展。一方面要制定相应的规范慈善组织的组织结构、财务制度和运行体系的法规和政策，指导慈善组织的良好运行。另一方面要采取税收优惠或减免的激励措施鼓励社会力量举办各种慈善组织和参与慈善捐款。同时要加大宣传，增强社会的慈善意识，鼓励社会各机构、组织、公司、个人捐赠。如每年的老人节，可在全社会范围内，通过发动青少年上街募捐、商店开展义卖、文艺团体义演等形式进行募捐活动，所得收入用于各种社会福利机构。

继续发挥慈善组织在筹集社会福利资金方面的巨大优势的同时，要增加慈善资金向农村社会福利事业的投入。农村地区一方面可以积极主动与各类慈善组织联系，以便及时获得资金。另一方面，民间部门比较活跃的，应鼓励社会举办各类慈善组织，面向国内外筹集资金。民间部门比较薄弱的，民政部门可以设立相应的部门对外筹集资金。

5. 敬老院集中供养和亲属或近邻代养共同发展

敬老院集中供养是农村"五保户"福利事业发展的方向，单纯依靠集体力量办敬老院是不够的，敬老院的建设必须走社会化的道路，即改变投资主体单一、服务对象单一、管理方式单一、落后的状况。首先，敬老院建设要推行投资主体的多元化，鼓励乡镇、企业、个人举办敬老院，实行乡镇办、村办、私人办敬老院的格局。而县级财政、乡镇财政按保障对象人数向敬老院划拨生活费用。目前有的县市，针对"五保"供养对象比较分散的状况，采取了举办县级敬老院的办法，将全县的"五保"对象集中起来供养，这种方法极大的提高了敬老院的规模效益，而且"五保"对象的生活也越来越好。因此各地农村要因地制

---

① 《中华慈善总会会长批评中国慈善事业"十分落后"》，中国新闻网，2002年12月10日。

宜的采取合适的敬老院举办、投资形式。其次，所有的敬老院要逐步面向社会开放，接纳社会老人（包括城市老人和农村老人）入住养老，实行合理收费。第三，经营方式要实行市场化运作，内部管理要推行管理人员聘任制，服务人员合同制，严格各项制度，规范运作。同时敬老院可以开展适合老年人的副业生产，不仅使老人们老有所养、老有所乐，还要老有所为。这样不但可以增加院内收入，提高对象生活水平，还可以减轻部分供养经费的压力。

在现阶段，要规范亲属或近邻代养的制度。在尊重本人意愿、征得亲属同意的前提下，由乡镇敬老院与供养人签订供养协议或合同，固定其亲属供养服务，明确供养方、服务人、被供养人的权利、责任，乡镇按乡镇敬老院集中供养对象标准发给粮钱，敬老院管理人员或乡镇民政干部定期发放"五保"对象的钱粮，同时检查监督供养方服务情况。

12.4.2　农村残疾人社会福利事业的完善

（一）完善、细化和落实农村《残疾人保障法》

从本质上说，《残疾人保障法》是一部保障残疾人权益的大法，它对残疾人在社会保障、社会福利、劳动就业、生活、教育、康复和文化生活方面做出了全面的法律规定。它规定了残疾人在政治、经济、文化、社会和家庭生活等各方面享有同其他公民平等的权利，残疾人的公民权利和人格尊严受法律保护，禁止歧视、侮辱和侵害残疾人；规定了国家采取辅助方法扶持措施，对残疾人给予特别扶助，减轻或者消除残疾影响和外界障碍，保障残疾人权利的实现；规定了各级人民政府应当将残疾人事业纳入国民经济和社会发展计划，经费列入财政预算，统筹规划，加强领导，综合协调，采取措施，使残疾人事业与经济、社会协调发展；等等。但它只是一个保障残疾人权益的总的原则和指导方针，提出了一些战略性的决策和政策，并没有做出具体规定。保障农村残疾人的权益需要由各地政府制定的具体实施细则来完成。因此，完善和细化《残疾人保障法》，使之切实可行，并坚决贯彻落实是解决当前农村残疾人社会福利事业发展中存在问题的重要保障和法律支撑。《残疾人保障法》主要是围绕残疾人的就业权利保障展开的，因为就业是残疾人平等参与社会生活的主要标志，因此在制定各地农村《残疾人保障法》

实施细则时，要结合当地农村经济的实际，制定鼓励和扶持残疾人就业的具体、详细、可实际操作的各项优惠措施。

有了切实可行的农村《残疾人保障法》实施细则，关键还要加大《残疾人保障法》实施细则的落实力度，因此需要加大对《残疾人保障法》的执法监察力度，做到事后有监督机制，切实保护好农村残疾人的福利权益。

（二）完善县级残疾人联合会的功能

中国残疾人联合会作为为全国残疾人谋福利的社会团体，应在农村残疾人社会福利事业发展中发挥中介和监督的作用。残疾人联合会的各县级机构应进一步完善结构，明确目标，实现团结区域内残疾人、与社会各方面沟通、组织各种社会活动、社会资金筹集与分配、监督《残疾人保障法》的实施等功能，切实维护农村残疾人的权益。

1. 团结区域内的残疾人

残疾人联合会应与政府有关部门合作，了解区域内所有残疾人的生活、身体、技能状况，建立残疾人档案，以便根据他们的特点和需求做出相应的帮助。如安排患白内障的残疾人接受复明手术，安排有一定技能的残疾人集中就业或外出打工。

2. 与社会各方面沟通

残疾人联合会要将本区域内的残疾人状况向外公布，让社会了解，并与社会各界包括政府、企业、居民、医疗机构等进行沟通，促使他们积极出钱、出力、出谋划策、供给辅助器具、提供工作岗位等帮助残疾人。残疾人联合会尤其要与政府有关部门及企业共商解决残疾人困难的对策，并且要争取县城及以上医疗机构的积极支持，使其义务或低费地为农村残疾人进行康复治疗。

3. 组织各种社会活动

残疾人联合会一方面可以将部分残疾人组织起来参加各种文化、体育、社会活动，扩大残疾人的见识，发挥他们的特长，在各种文化、体育、社会活动中获得自信自尊，进而培养整个群体的自信自尊。另一方面，残疾人联合会可以将社会各界邀请在一起探讨农村残疾人贫困问题的解决之道，广泛动员社会力量，激发社会各界关心、爱护残疾人，从而落到实处，有计划地开展"帮、包、带、扶"活动，以多种形式帮助残疾人脱贫致富。残疾人联合会不应只局限在本区域内，贫困地区的残疾人联合会更应该到发达地区争取社会的帮助。

4. 社会资金筹集与分配

残疾人联合会要成为一个为残疾人服务的筹款机构，广泛利用各种社会活动和经常性的宣传，接受社会各界的经常性捐助或一次性捐助。如香港长江实业（集团）董事局主席李嘉诚先生，为救助中国的残疾人先后捐款达 2 亿多港币，为残疾人的福利事业做出了极大的贡献。各地的残疾人联合会应该争取有关官方组织和社会上的专家名流为本地的残疾人福利事业做贡献。同时残疾人联合会要根据农村残疾人的需要进行合适的分配，首先满足最贫困者的需要，进而满足各方面的需要，实现相对公平。

5. 监督《残疾人保障法》的实施

残疾人联合会作为一个社会团体，能从公平客观的角度衡量《残疾人保障法》实施力度，并且它比单个或某群残疾人更具组织优势，更能促使执行部门认真执行各项条例。同时，残疾人联合会可通过各种渠道向社会各界反映《残疾人保障法》的实施情况，能起到有力的监督作用。

（三）完善农村残疾人的康复医疗体系

农村残疾人福利事业的发展主要是增强残疾人自助或自救的能力，因此要完善农村残疾人的康复医疗体系。残疾人的康复与医疗是残疾人早日脱残，回归社会的必经之路。在政策法规方面，《残疾人保障法》明确规定："国家和社会采取康复措施，帮助残疾人恢复或者补偿功能，增强其参与社会生活的能力。"我国许多地区的政府和医疗卫生部门相继制定了对残疾人就医实行优惠的政策。如福建省政府规定，残疾人凭《残疾人证》就医，乡（镇）以上医院（卫生院）可免收挂号费和注射费，并实行挂号、交费、化验、取药四优先。持当地残疾人联合会证明的贫困残疾人就医，县级及县级以上的医院可给予减免 35% 的床位费、护理费和 25% 手术费的优惠待遇。但多数的农村残疾人就医仍面临困难。

如前所述，农村残疾人的康复医疗之路步履维艰在于内外在两方面原因，内在原因是无钱医治，外在原因是医治不便。针对这两个困难，需要做两方面的工作：

1. 建立新型农村合作医疗制度，将残疾人包括在其中

目前不少新型农村合作医疗制度采取"三一"制原则，即各级地方政府（省、市或县）、农民个人分别每人每年出 10 元建立农村大病统筹基金。残疾人的康复医疗往往需要花费较大一笔资金，单靠残疾人个人及其家庭负担是很困难的。鉴于农村残疾人是农村最弱势的群体，农村因病致残、因残致贫的现象屡屡发生，政府有必要建立负担残疾人康复医疗部分费用的机制，帮助残疾人尽早脱贫，回归社会。从经济上救济贫困残疾人是应该的，但这只是向残疾人输血，不能从根本上解决农村残疾人生活困难的问题。建立残疾人康复医疗的财政负担机制，才是真正改善残疾人生活状况的根本举措。这也是建立农村造血机制的一部分。将农村残疾人纳入新型农村合作医疗制度，并且由省、市或县财政承担应该由残疾人个人承担的那部分资金，其中，市或县财政状况好的，可由市或县财政负担，市或县财政状况不好的，由省财政负担，可以解决残疾人无钱参保的困境，并获得及时的康复医疗。

2. 建立和完善农村残疾人的康复医疗体系

针对某些农村地区的大部分残疾人是由遗传病和地方病致残的状况，要加强当地（主要指县城和乡镇卫生院或医院）地方病的预防与治疗，使得残疾人能在当地卫生院获得足够的康复医疗。目前有部分乡镇卫生院因卫生事业经费不足而忽视了地方病的防治，地方病出现重新抬头的趋势。据有关统计，"九五"期间，贫困农村地区各级政府对卫生事业的投入占财政预算支出比例仅与 20 世纪 70 年代持平，而其中93% 用于人头费开支，用于业务建设的比例不足 7%，连正常的公用经费也得不到保证。因此，首先应建立全国卫生事业投入的倾斜机制，加大对贫困地区的卫生经费投入，建立该地区各乡镇卫生院地方病的预防与康复医疗的网络，确保当地残疾人获得及时的康复医疗，早日脱残。同时要确保每个县市有专门的残疾人康复训练中心，定期安排全县或市的残疾人进行康复训练。其二，建立城市支援农村的机制，这需要政府有关部门组织，医疗机构参与配合。如鼓励城里的康复医疗队定期到农村为残疾人进行免费或低费的康复和医疗。或者，对需要到城市大医院进行康复医疗的，可以定期安排残疾人去城里就医。这种双向交流机制将有力的帮助农村残疾人实现早日就医，摆脱残疾的困扰。

（四）积极扶持农村残疾人就业

《中华人民共和国残疾人保障法》规定："国家保障残疾人劳动的权利。各级人民政府应当对残疾人劳动就业统筹规划，为残疾人创造劳动就业条件。"扶持残疾人劳动就业是残疾人平等参与社会生活的主要标志，是改善残疾人生活状况的重要保障。

农村残疾人就业的方式可分为：从事农业生产劳动、从事个体经营、乡镇政府或企业集中安排就业、外出打工从事服务业，等等。各级政府要针对农村残疾人就业特点，结合当地实际，制定优惠政策和扶持办法，为残疾人就业创造条件。如上海市规定农村残疾人可以通过下列途径就业：举办福利企业集中安排；由县（区）人民政府规定一定比例，在乡、镇、村办企业中分散安排；组织和扶持其从事种植业、养殖业和其他适合残疾人从业的生产劳动。乡、镇、村办企业安排残疾人就业达不到规定比例的，应当缴纳残疾人就业保障金。缴纳标准和使用办法，由所在地县（区）人民政府规定。对于从事各类生产劳动的农村残疾人，有关部门应当在生产服务、技术指导、农用物资供应、农副产品收购和资金供给等方面给予帮助。

1. 从事农村生产劳动的残疾人

对于从事各类农业生产劳动的农村残疾人，有关部门应当在生产服务、技术指导、农用物资供应、农副产品收购和信贷等方面，给予帮助。各级残疾人联合会要积极督促有关部门落实优惠政策和扶持措施，通过农村社会化服务体系，为农村残疾人参加种植业、养殖业和家庭手工业等多种形式的生产劳动，提供产前、产中、产后综合配套服务。要加大对贫困残疾人的扶贫力度，进一步简化残疾人贷款程序，完善残疾人贷款机制，及时为残疾人提供资金支持。

2. 从事个体经营的残疾人

部分残疾人由于生理缺陷，只能从事较轻的体力劳动，有关部门可以鼓励残疾人从事个体经营。农村残疾人可以组织起来或单个在各自的村组或乡镇居民居住区从事小本经营的小商店、小杂货店、小饭店、小理发店、按摩保健室等，既能满足居民的日常需要，也能让残疾人获得一定的收入和社会参与感。各级政府有关部门和残疾人联合会可帮助他们选择经营项目、并安排技术培训，在申办营业执照时应当优先核发营业执照，简化相关的办理手续，并实行税收减免政策，在生产、经营、技术、资金、物资、场地等方面给予扶持。

3. 集中安排就业的残疾人

地方政府和有关部门可根据本地区的实际情况，集中安排部分残疾人就业。如农业基础好的地方可建立生产基地，集中安排一部分有技术的残疾人从事生产。乡镇企业发展较好的地方，可安排部分有技术的残疾人进企业。残疾人比较多的地方，可以将适合残疾人生产的产品转由福利企业生产，并逐步确定某些产品由残疾人福利企业专产。在各地实施小城镇发展规划时，应充分考虑农村残疾人的就业，积极创造部门吸纳农村残疾人就业。

4. 外出打工的残疾人

有一定技能的残疾人愿意外出打工，地方政府有关部门和残疾人联合会应积极帮助他们联系工作单位，为他们的出行提供方便。如掌握按摩技巧的盲人可以从事盲人按摩等保健工作，地方政府有关部门和残联要积极联系饭店、浴室、保健康乐机构、美容美发场所等有按摩业务的服务行业和社会医疗机构的按摩、推拿科室，帮助本地盲人就业。

（五）建立农村残疾人特殊教育与职业教育体系

《中华人民共和国宪法》第四十五条明确规定："国家和社会帮助盲、聋、哑和其他有残疾的公民的劳动、生活和教育。"有关农村残疾人的特殊教育体系将在下一章农村妇女儿童社会福利事业中详细论述，本部分主要分析农村残疾人职业教育体系。

提高农村残疾人素质，增强他们谋生能力，关键是发展农村职业教育体系。地方各级政府有关部门，要重视残疾人职业培训工作，将残疾人的职业培训纳入整体职业教育和培训计划，加强领导，大力支持，努力提高培训质量。可以采取多渠道、多层次、多种形式针对不同的农村残疾人需求开展职业教育与培训。

1. 从事农业生产的残疾人

主要形式是，农村残疾人职业培训以乡（镇）为单位，依托当地各种形式的实用技术培训和科技扶贫活动，随班培训或单独设班培训。农村残疾人职业教育与培训要与生产和扶贫结合，大力开展中短期种养殖业实用技术培训。同时以县为单位，可以依托县、乡镇教育与职业技术培训网络，采取电视讲话、广播等多种形式对残疾人进行培训。

2. 从事技能型非农业的残疾人

政府可根据市场需要和残疾人的具体情况单独开设残疾人职业教育培训班，或者，将残疾人纳入到政府各有关部门举办的各类职业培训计划中随班培训。为残疾人提供职业教育培训的机构应具备特殊的培训手段和条件，以便残疾人顺利接受职业培训。政府举办的职业培训机构对农村残疾人，应免费或低费提供培训。同时职业教育培训机构应积极为农村残疾人的就业提供方便，如帮助联系接收单位等。

13 农村妇女儿童社会福利事业

13.1 农村妇女儿童社会福利事业的现状

13.1.1 农村儿童社会福利事业的现状

（一）儿童社会福利事业的现状

联合国在 1950 年儿童权利会议上确定，"凡以促进儿童身心健全发展与正常生活为目的的各种努力"均可称为儿童福利事业，它的对象是全社会的儿童，这是儿童福利事业的广义定义。

从广义儿童福利事业定义看，我国儿童福利事业发展迅速。我国政府于 1990 年 8 月 29 日正式签署了联合国《儿童权利公约》，公约于 1992 年 4 月 1 日正式对我国生效。1992 年，我国参照世界儿童问题首脑会议提出的全球目标和《儿童权利公约》，从我国国情出发，发布了《九十年代中国儿童发展规划纲要》。这是我国第一部以儿童为主体、促进儿童发展的国家行动计划。截止到 2000 年，我国基本实现了《九十年代中国儿童发展规划纲要》提出的主要目标，我国儿童生存权、发展权、受保护权和参与权取得历史性的进步。第一，儿童死亡率降低，健康水平提高。表现在：2000 年，全国妇幼保健机构达到 3180 所，建立了县、乡、村三级医疗保健网络；婴儿死亡率、5 岁以下儿童死亡率分别从 20 世纪 90 年代初的 50.2‰和 61‰下降到 2000 年的 32.2‰和 39.7‰，孕产妇死亡率从 1989 年的 94.7/10 万下降到 2000 年的 53.0/10 万；儿童计划免疫接种率以县为单位达到 90%以上，消灭了脊髓灰质炎；5 岁以下儿童低体重患病率从 1990 年的 21%下降到 2000 年的 10%；基本普及了食盐加碘；农村改水受益人口覆盖率和卫生厕所普及率 2000 年分别达到 92.38%和 44.84%。第二，我国儿童的教育事业也有了长足进步：小学适龄儿童净入学率由 1990 年的 96.3%提高到 2000 年的 99.1%，男女童入学差异由 1990 年的 2.91 个百分点下降到 2000 年的 0.07 个百分点；小学 5 年巩固率由 1990 年的 71.4%提高到 2000 年的 94.5%，占全国人口 85%的地区普及了九年义务教育，青壮年文盲率 2000 年下降到 5%以下。[①]《中国儿童发展纲要（2001~2010 年）》进一步明确了儿童在健康、教育、法律保护和环境四个领域的发展目标，并将工作重点放在了农村，特别是西部贫困地区和少数民族地区，重点解决贫困地区儿童在健康、教育、生存环境等方面存在的问题，提升西部贫困地区儿童的整体素质。

现阶段，我国儿童福利事业主要使用的是狭义概念，即将在政府的倡导和支持下，由各级民政部门为孤儿、残疾儿童和弃婴举办的福利机构以及为他们提供的各种服务统称为儿童社会福利事业。它的对象主要是因天灾和不可预测事故失去双亲的孤儿，以及因身患难以完全康复的智残、肢残等重残或因严重疾病而被父母遗弃的儿童，下面统称为孤残儿童。我国对孤残儿童的监护养育办法是：一部分由国家和集体举办的社会福利事业单位集中监护养育，直至他们长大成人，对监护养育的痴呆和重残孤儿实行终身供养；一部分分散在社区群众家中寄养，福利院对其实行监护；还有一部分由国内公民根据法律规定收养，少部分被外国公民依法收养。城市儿童福利机构照顾是我国狭义儿童福利事业的主要形式。截止到 2002 年底，由国家投资兴办的儿童福利机构达到 178 家，床位数 32000 张，加上社会福利院内设的儿童部有 400 多家，直接为孤残儿童提供福利服务的儿童福利机构有近 600 家，供养了 54000 余名孤儿、弃婴，直接从事儿童福利的工

---

① 数据来源于中国儿童信息中心，http://www.cinfo.com.cn/。

作人员包括医生、护士、护理员和社会工作者等有 16 万人①，并为社区中的残疾儿童及其家庭提供了生活照料、康复训练和专业培训等方面的服务，形成了能够基本满足孤残儿童发展需要的照料体系和服务模式。

（二）农村儿童社会福利事业现状

在我国农村，以县为单位，大多数没有专门的儿童福利院。在建有农村敬老院的地方，一部分孤残儿童能受到农村"五保户"福利的保护，生活在敬老院里，获得一定的生活照顾。大多数的孤残儿童散居在广大农村，生活照顾方式多样：有的由年迈的长辈如祖父母、外祖父母抚养；有的是由年幼的兄弟姐妹相伴；有的由亲戚或朋友代养；还有的被人领养；有的甚至成为流浪儿童；等等。在贫困地区，孤残儿童的亲戚常常也是生活比较贫困的，增加一个人会增加很大的负担，如果代养的是残疾儿童则负担更加沉重，往往会使整个家庭的生活水平下降，陷入更加贫困的境地。承担孤残儿童的生活照顾尚且存在困难，更不用说承担他们的教育开支，因此这些孤残儿童的受教育水平往往很低。总体来说没有专门的机构来保护和监护农村孤残儿童。

在我国农村不仅孤残儿童的生活和受教育状况令人担忧，在不少农村贫困地区或贫困家庭，尤其是广大的西部农村，农村一般儿童的生活和受教育状况同样问题重重。因此，我们认为农村儿童福利事业不应仅仅局限在孤残儿童的照顾问题上，还应该从整体上运用广义社会福利的视角考虑农村儿童的社会福利问题。

我国城市、农村少年儿童的生活、受教育状况存在较大差异，体现在以下几方面：

1. 城市、农村少年儿童家庭收入差距较大

2001 年全国城镇居民人均可支配收入为 6860 元人民币，农村居民人均收入为 2366 元；2002 年全国城镇居民人均可支配收入 7703 元；农村居民人均收入 2476 元；城乡收入表面差距是 3:1，考虑到城市居民享有的诸如住房、养老保险等福利以及农村居民收入中部分是生产资金，

---

① 成海军：《中国当代的儿童福利》，载《社会福利》2004 年第 1 期，第 8 页。

城乡实际可支配收入差距可达 5:1，甚至 6:1。2002 年居民家庭恩格尔系数（即居民家庭食品消费支出占家庭消费总支出的比重），城镇为 37.7%，农村为 46.2%。在农村，有 81.56% 的少年儿童家庭年平均现金收入在一万元以下，在城市则为 29.19%。[①] 可以看出，我国城市和农村少年儿童成长的家庭经济环境有着巨大差距。

2. 城市、农村家庭对少年儿童的日常花费存在明显差异

家庭平均每月用于孩子的日常花费，农村家庭明显低于城市。农村家庭集中在 30~99 元，而城市家庭集中在 100~199 元。76.16% 的农村家庭每月用于孩子的花费低于 100 元，而城市中相应花费高于 100 元的家庭则达到 64.62%，甚至有 20.41% 的城市家庭用于孩子的月花费超过 300 元。[②]

3. 城市、农村家庭对少年儿童的教育支出存在明显差异

家庭平均每月用于孩子的教育支出，城市家庭明显高于农村。70.06% 的城市家庭孩子每月的教育花费高于 30 元，其中 41.39% 的家庭超过了 100 元；而 57.37% 的农村家庭每月用于孩子的教育花费低于 30 元，甚至有 20.10% 的家庭基本上无花费。[③]

4. 城市、农村的学前教育存在明显差异

在城市中，3~6 岁的学龄前儿童中有 83.70% 已入学（入园），而农村中，只有 45.12%；城市中，3 岁以下入托（入园）儿童的比例达到 11.39%，而在农村，仅为 1.57%。[④] 这种差异与农村的早期教育环境和设施较为薄弱，早期教育的宣传力度不够，父母对早期教育重视不够有很大关系。

由此可见，我国城乡少年儿童的生活和受教育条件差异较大，农村儿童的生活和受教育状况远远低于城市儿童的生活和受教育状况，有必

---

① 童欣：《中国少年儿童素质状况抽样调查情况报告（5）》，经典中国网，2003 年 10 月 14 日。

② 童欣：《中国少年儿童素质状况抽样调查情况报告（5）》，经典中国网，2003 年 10 月 14 日。

③ 童欣：《中国少年儿童素质状况抽样调查情况报告（5）》，经典中国网，2003 年 10 月 14 日。

④ 童欣：《中国少年儿童素质状况抽样调查情况报告（5）——少年儿童生活的社会环境》，载《中国妇女报》2001 年 12 月 26 日。

要改善农村儿童的生活、受教育状况。

推进社会主义现代化建设，实现经济和社会的全面进步，必须把提高国民素质、开发人力资源作为战略任务。儿童是一个国家的未来支柱，儿童生活和受教育状况直接关系到一国国民的素质状况，特别是在我国，农村儿童在全国儿童中占绝大多数，农村儿童生活和受教育状况将直接影响着我国社会经济未来的发展。同时，儿童期是人的生理、心理发展的关键时期，为儿童成长提供必要的条件，给予儿童必需的保护、照顾和良好的教育，将为儿童一生的发展奠定重要基础。

我国农村经济落后，农民长期相对贫困，社会福利水平低，其根本原因在于农村教育滞后，人员素质低，劳动生产率低下。国外专家对贫困进行研究分析得出结论：最大的根源是教育问题。美国学者通过研究发现，每多上一年学，生产率就会提高 2.8%。我国乡村经济发展的历史也证明，农户收入水平与文化水平成正相关关系。相关调查表明，农村地区的教育回报是，在校时间每增加一年，收入可以增长 3.5% ~ 5.5%。我国农村要发展社会福利事业，关键是要发展经济，要发展经济就必须提高劳动生产率，要提高劳动生产率就必须发展教育，因此，我国农村儿童福利事业的首要目标是发展教育福利。

13.1.2 农村妇女社会福利事业现状

（一）妇女社会福利事业现状

随着社会文明进步的发展，妇女发展作为全球经济和社会发展的重要组成部分，受到国际社会的普遍重视。新中国成立以来，我国的妇女事业也获得了较快发展。我国的基本大法《宪法》，以及《婚姻法》、《选举法》、《继承法》、《民法》、《刑法》等十余部基本法，国务院及所属部委颁布的 40 余种行政法规与条例，地方政府制定的 80 余种地方性法规，都明确规定了保护妇女权益的条款，赋予妇女享有与男子平等的政治权利、文化教育权利、劳动权利、财产权利、人身权利、婚姻家庭权利。1992 年颁布实施的《中华人民共和国妇女权益保障法》，为进一步提高妇女的社会地位，保障妇女的基本权益，提供了有力的法律武器。

由于女性的生理特征和女性的母亲职能，以及女性在实际社会经济、政治生活中仍然处于的弱势地位，从保护女性和儿童的权益出发，妇女福利事业是我国社会福利事业的一个重要组成部分。

（二）农村妇女社会福利事业现状

农村妇女亟须改善的是她们的健康和受教育的状况。吉利斯（Malcolm Gillis）等经济学家在《发展经济学》当中明确提到良好的教育、医疗保健和营养有利于提高人力资本，从而为经济发展做出贡献。关于教育与经济发展的关系很早就受到较多的关注，而医疗保健和营养与经济发展的关系是近几年来才受到关注的。"医疗保健服务如同教育一样，可以提高目前和未来人力资源的质量。""与教育支出不同的是，教育支出只是为了提高人力资源的质量，而医疗保健支出不仅能做到这一点，还能通过延长人们的预期工作年限，来增加未来人力资源的数量。"[1] 妇女尤其是农村妇女要获得社会经济、政治生活中真正的平等地位，需要具备良好的健康状况和科学文化素质。

基于以上原因，农村妇女社会福利事业主要包括健康福利和教育福利。妇女健康福利尤其是生育健康最为重要，因为它关系到两代人的健康。只有健康的母亲，才有健康的孩子；只有健康的孩子，才有健康的民族。一般地，妇女健康和儿童健康是紧密相关的，在这里将两者合并考虑，探讨妇幼保健福利的相关问题。

1. 农村妇幼保健事业

我国妇女的健康尤其是生育健康受到国家的保护。解放以前没有专门的妇幼保健院，因孕产期病或其他妇女病丧失生命的妇女不计其数。新中国十分重视并积极发展妇幼保健事业。各级政府都设有妇幼卫生管理职能部门，并且城乡逐级建立了妇幼保健院所。我国内地妇女儿童占全国总人口的 2/3。其中：育龄妇女 3.2 亿人，每年出生 2400 万新生儿，全国共有妇幼保健机构 3168 家，从事妇幼保健专业人员 50 万人。[2] 目前，城市 98% 和农村 70% 的孕产妇能获得产前检查，全国新法接

---

① 吉利斯、波金斯、罗默、斯诺德格拉斯，《发展经济学》（第四版），中国人民大学出版社 1998 年版，第 267 页。

② 《提高妇女儿童健康状况　推动中国妇幼保健事业可持续发展》，中国疾病预防控制中心妇幼保健中心网站。

生率达 84.1%。① 与建国初期相比，孕产妇死亡率由 1500/10 万下降到 2002 年的 42.3/10 万；婴儿死亡率已由 200‰ 下降到 2002 年的 29.2‰。② 一些威胁妇女健康的常见病、多发病得到了有效防治，每年接受预防性普查的妇女近 4000 万人。目前，我国妇女的平均预期寿命已由旧中国的 36.7 岁提高到 72 岁，与我国男性相比高出 3 岁，比联合国提出的 2000 年世界妇女平均预期寿命 65 岁的目标高出 7 岁。③

针对农村贫困地区孕产妇和新生儿死亡率仍较高的状况，由卫生部、国务院妇女儿童工作委员会和财政部共同组织实施了"降低孕产妇死亡率和消除新生儿破伤风项目"（以下简称"降消"项目），这是我国政府迄今在妇幼卫生保健领域投入最多、规模最大的项目，旨在逐步解决危害广大妇女和儿童健康的突出问题。该项目第一周期于 2000 年启动，到目前为止，共有 17 个省、自治区、直辖市（包括新疆生产建设兵团）的 440 个县实施了"降消"项目，到 2001 年使我国 378 个贫困县的孕产妇死亡率平均下降 28.79%，新生儿破伤风发病率下降 55%，在 12 个省份都降低到千分之一以下，553 名孕产妇摆脱了死亡的威胁，有效提高了我国西部地区妇女儿童的健康水平。④

由全国妇联、国务院妇女儿童工作委员会办公室主办，中国妇女发展基金会承办的大型公益项目——"母亲健康快车"以流动医疗车的形式，为西部贫困妇女"送健康观念、送健康知识、送健康服务"，以降低贫困地区妇女妇科病发病率和孕产妇死亡率，全面提高西部贫困地区妇女健康水平。该项目依托当地医疗机构，对贫困地区妇女实施救治和保健服务，通过举办各种形式的讲座和培训，向贫困妇女传播卫生保健知识，发放科普知识手册，以直观的形式使贫困母亲接受

---

① 《中国妇女的状况之六：婚姻家庭领域中的平等地位》，人民网，2000 年 12 月 29 日。

② 《提高妇女儿童健康状况　推动中国妇幼保健事业可持续发展》，中国疾病预防控制中心妇幼保健中心网站。

③ 《中国妇女的状况之六：婚姻家庭领域中的平等地位》，人民网，2000 年 12 月 29 日。

④ 《我国实施妇幼保健"降消"项目　1.5 亿人口受益》，新华网，2004 年 4 月 2 日。

科学的卫生保健知识，消除疾病隐患，被贫困地区的妇女亲切地称为"母亲车"、"健康车"。截止到2003年底，首批募集的203辆"母亲健康快车"在陕西、贵州两省已开展宣传咨询义诊活动800多车次，为近23万妇女进行了健康咨询，为7.5万名妇女进行义诊或治疗，免费发放价值近10万元的药品，有近55万名农村妇女接受了妇幼保健知识的宣传。①

针对少数民族地区卫生和医护条件差、妇女患病率高的状况，国家特别重视发展少数民族地区的妇女保健事业，大力普及新法接生、妇幼保健、多发病防治和生活卫生常识，积极开展对民族地区妇幼保健医护人员和接生员的培训工作。各级政府还经常组织医学专家、医务人员到农牧区和少数民族聚居区进行巡回医疗。为保障少数民族妇女的健康，国家对西藏等地区的妇女普遍实行免费医疗。

2. 农村妇女教育福利

20世纪80年代末，我国每年约有200万适龄儿童失学，其中约三分之二是女童。女孩是未来的母亲，她们的入学率低，流失率高，会造成妇女文盲率高、母亲素质差，伴随而来的是贫困愚昧、人口盲目增长，从而陷入了"女童就学难——母亲素质差——贫困愚昧——多胎多育——女童就学更难"的怪圈。1990年，中国儿童少年基金会决定设立"女童升学助学金"专项基金。1992年，这项旨在救助贫困地区失学女童重返校园的大型公益项目正式定名为"春蕾计划"。在近14年的时间里累计筹集资金5亿多元，"春蕾计划"已经遍布全国各地，共救助135万余人次失学女童重返校园，还开办了2万多个"春蕾女童班"，兴建200余所"春蕾学校"。②

20世纪90年代以来，我国政府实施科教兴国的发展战略，妇女接受各级各类教育的比例不断扩大，妇女整体文化素质得到改善。与1990年相比，在18至64岁的女性中，2000年文盲比例已从30.1%下降到11.1%。2000年，女性平均上学年数为6.1年，比1990年提高了

---

① 《"母亲健康快车"使80万贫困妇女走上健康之路》，新华网，2004年4月22日。
② 《"春蕾计划"14年救助130多万女童返校园》，中国教育和科研计算机网，2003年8月19日。

1.4 年，与男性的差距由 1.9 年缩小到 1.5 年。2000 年女童小学入学率达到 99.1%，即使在经济发展较为滞后的西北地区，女童小学入学率也已达 95% 以上。普通高校在校女生比例由 1995 年的 35.4% 提高到 2000 年的 41.0%。① 与男性受教育水平相比，近年来，15 岁以上女性人均受教育年限的增幅大于男性，从 1995 年到 1999 年 4 年间，女性人均受教育年限提高了 0.52%，而男性仅提高 0.3%，女性文盲率下降幅度也大于男性，男女受教育水平的差异进一步缩小。②

13.2 农村妇女儿童社会福利事业发展面临的问题

13.2.1 农村儿童社会福利事业发展面临的问题

鉴于农村孤残儿童作为一个特殊群体具有独特的福利需求，我们首先分析广义农村儿童福利事业面临的问题，再具体分析孤残儿童福利事业面临的相关问题。

（一）农村儿童社会福利事业面临的问题

从广义儿童福利定义来看，我国农村儿童福利事业面临以下问题。

1. 部分农村儿童生活贫困现象仍然突出

农村儿童家庭贫困的原因是多方面的。

（1）"多胎"家庭中的儿童。在不少贫困地区养儿防老的观念仍然根深蒂固，较多家庭常常有三个及以上的孩子，如 1997 年全国出生人口 2038 万人中，3 胎以上的多孩出生人口为 104 万。③ 有些家庭的孩子数量甚至更多。由于孩子多，家庭负担重，不少家庭陷入了"越穷越生——越生越穷"恶性循环，儿童的生活状况极其低下。

---

① 数据来源于《性别平等与发展》，中国网，2002 年 12 月。
② 数据来源于《中国妇女与受教育权利》，http://lady.tom.com，2004 年 3 月 3 日。
③ 阎青春：《社会福利与弱势群体》，中国社会科学出版社 2002 年版，第 272 页。

（2）残疾家庭中的儿童。在农村，残疾常常是和贫困联系在一起的。出生在残疾家庭中的儿童，在一定的程度上也遭受残疾遗传的困扰，而健全的儿童往往较早地承担起照顾家庭的责任。

（3）贫困家庭中的儿童。据有关统计资料表明：目前农村还有3000万左右的贫困人口。2000年全国人均纯收入500元以下的农户有2.6%，人均纯收入500～1000元的有11.5%，人均纯收入1000～1500元的有17.9%，人均纯收入1500～2000元的有17.9%。还有极少数农户居住危房或根本无房可住。①

（4）贫困地区的儿童。一些贫困地区集"老、少、边、穷"于一体，自然资源匮乏，农业基础较差，缺乏工业支撑，缺少相应的道路、桥梁、大中型水利设施等基础设施，整个地区经济不发达，缺乏自我发展机制。同时还缺乏与生活相关的水、电、路等小型基础设施，与外界隔绝，文化、教育、卫生事业落后，因愚致贫、因病返贫现象比较突出，少数贫困人口陷入"贫穷—愚昧—贫穷"的恶性循环。

2. 农村儿童的受教育状况有待提高

在我国，农村义务教育由县乡财政负担，在以农业为主要产业的县，其财政收入大部分由农民负担。近年来，我国农民收入增长缓慢，县乡两级财政状况恶化，普遍处于负债运行状态，导致对农村义务教育的投入难以保障。在农村地区义务教育经费短缺的情况下，要维持学校的运转，提高教育收费是各地普遍实行的措施。面对不断提高的学费和各种花销，不少农村儿童因而辍学。据统计，目前全国有400多个县尚未普及九年义务教育，中西部农村义务教育阶段约有2400多万贫困家庭的学生需要通过资助才能完成学业。

农村教育的低产出也是导致当前农村儿童辍学的主要原因之一。许多初中毕业的农村少年，面临着"升学无望、挣钱无术、就业无路"的状况，这样一种教育低产出导致许多家庭愿意儿童失学在家。失学在家的少年儿童可以帮助家长干农活、做家务，减轻家长负担，有的还外出打工，当小保姆、打小工，赚钱补贴家用。

---

① 晏雄：《农村贫困地区脱贫致富的路径分析》，载《云南财贸学院学报》2003年第4期，第92页。

3. 农村儿童的疾病预防保健条件需要提高

这一点将在下面关于农村妇幼保健福利存在的问题中阐述。

4. 农村残疾儿童的受教育问题

2001 年中华人民共和国卫生部、公安部、中国残疾人联合会、国家统计局、联合国儿童基金会共同对我国 0～6 岁残疾儿童进行抽样调查[①]，调查显示，我国 3～6 岁的残疾儿童接受学前教育的比率只有 43.92% 左右，其中城市是 61.48%，农村是 26.41%，远低于正常儿童，正常儿童接受学前教育的比率在 70% 左右。同时，调查发现，为残疾儿童提供学前教育的特殊机构严重匮乏，普通学前教育机构缺少接纳残疾儿童的师资力量和相应设施。我国农村 3～6 岁残疾儿童学前教育状况亟待改善。研究表明，早期的诊断和筛查、早期的刺激和其他干预措施，能对预防和减轻残疾程度产生明显的影响，因此残疾儿童的学前教育是相当重要的。恰当的学前教育将帮助残疾儿童适应正常的教育，从而有利于减轻特殊教育的压力。

就 1987 年我国所进行的残疾人抽样调查结果来看，我国约有 5164 万残疾人，其中 0～14 岁的残疾儿童 817 万，处在学龄期的残疾儿童有 625.26 万，入学的仅有 55 万，未上学的残疾儿童中除去因残疾程度严重目前尚无法接受教育的残疾儿童外，能够接受教育但没能给其提供上学条件的残疾儿童还有 200 多万，其中农村所占的比例在 80% 以上。[②] 截止到 2001 年底，全国未入学适龄残疾儿童少年有 35 万多人，中西部 18 个省、市、区就有 29 万人，占总数的 80% 以上，因家庭贫困而无法入学是主要原因。[③] 同时，农村的特殊教育资源匮乏，不少农村地区并没有建立相应的特教学校，建立了特教学校的地区，其特殊教育的基础仍很薄弱，办学条件简陋，师资力量有限，教育质量偏低。

5. 进城务工人员子女的受教育问题

随着农村剩余劳动力转移，大量农民工子女随父母流入城市。据

---

① 数据来源于《2001 年中国 0～6 岁残疾儿童抽样调查主要结果》，中国残疾人联合会网站，2003 年 12 月 22 日。

② 柳树森：《在普通师范加开特殊教育课程的必然性与可行性探究》，中国特殊需要在线。

③ 《中西部"扶残助学"项目正式启动》，中国教育和科研计算机网。

2000 年第五次全国人口普查结果显示，我国流动人口规模已超过 1 亿人，其中 18 周岁以下流动儿童占全部流动人口的 19.37%。近 2000 万流动儿童成为社会的一个特殊群体。国务院妇女儿童工作委员会办公室、中国儿童中心与联合国儿童基金会日前公布的中国流动儿童状况抽样调查结果显示，我国流动儿童的失学率达 9.3%。在 9 个被调查城市中近 20% 的流动儿童无法进入当地公立学校学习，6 周岁流动儿童未入学的比例高达 46.9%，已入学流动儿童中有不少因家庭贫困难以维持学业。[①]

（二）农村孤残儿童福利事业面临的问题

农村孤残儿童福利事业在经济发展水平不同的地区有着不同的发展，目前在我国东部经济发达的农村地区，孤残儿童能受到较好的保护，而在中西部农村地区，尤其是贫困农村地区，孤残儿童福利事业面临较多和难以靠自身力量解决的问题。具体可概括为以下几方面：

1. 孤残儿童大多生活贫困，与亲人相依为命

这一点在西部农村地区表现尤为突出。目前在我国部分农村地区出现了新的孤儿群体——"艾滋孤儿"或者是"艾滋病孤儿"。这部分孤儿的出现是由于贫困的家长受生活压力的逼迫而去卖血最终感染艾滋病不幸去世或失去劳动能力而引起的，他们失去家长的庇护，生活更加窘迫。

2. 孤残儿童当中的残疾儿童缺乏必要的康复医疗

残疾儿童的病因主要源于遗传病、地方病、因当地妇幼保健不足缺乏及时科学的治疗而致残。儿童期是治疗残疾的关键时期，如果在儿童期不进行积极的康复医疗，则残疾儿童的疾病很可能会顽固化，长大后再想治疗将很难。分散居住的残疾儿童往往因寄养家庭困难而没钱医治，集中居住在农村敬老院的残疾儿童也常常因敬老院经费的短缺或乡镇卫生院缺少相应的医疗设备而不能接受康复医疗。

3. 孤残儿童的受教育状况普遍不佳

孤残儿童常常因为寄养家庭的经济负担较重，而未能就学。其中，残疾儿童由于其生理或智力上的缺陷，往往对教育条件有特殊的要求，

---

① 《希望工程资助进城农民工子女读书》，新华网，2004 年 1 月 13 日。

即需要残疾人特殊教育满足他们的要求。目前不少农村地区并没有建立相应的特教学校，建立了特教学校的地区，其特殊教育的基础仍很薄弱，办学条件简陋，师资力量有限，教育质量偏低。而且相对于残疾儿童的寄养家庭而言，也难以承担该教育支出。因而残疾儿童常常留在家中，接受寄养家庭的简单教育。生活在敬老院当中的残疾儿童也只能接受护理员简单的教育。

13.2.2 农村妇女社会福利事业发展面临的问题

（一）农村妇幼保健福利

我国农村地区尤其是西部地区，由于自然和历史原因，当地经济社会发展水平较低，群众的生存环境，特别是医疗卫生条件亟待改善。贫困妇女自我保护意识淡薄、保健知识缺乏，妇科疾病成为影响农村妇女健康的一大疾患，孕产妇和新生儿的死亡率也高于我国沿海发达地区。据有关统计数据显示[①]：贫困地区约36%的妇女把患妇科病未就诊的主要原因归于经济困难，这一比例要远远高于男性因经济困难未就诊率的23%；贫困地区5岁以下儿童的体检完成率不到60%，远远低于其他地区的90%以上；西北农村地区不同程度贫血的5岁以下儿童中52%没有采取任何的措施等等。

尽管近年来我国孕产妇死亡率和婴儿死亡率都在大幅下降，但仍存在着城乡之间、地区之间的差别。2003年，边远地区和沿海地区孕产妇死亡率相差5.8倍，婴儿死亡率相差4.4倍；农村地区婴儿死亡率比城市地区高2.5倍以上，孕产妇死亡率高2倍以上。[②]

我国农村妇幼保健事业发展中存在的问题主要表现在以下几方面：

1. 长期忽视农村妇幼保健事业

这一方面是由妇女、儿童的弱势地位决定的，尤其是贫困地区，经济方面的原因使得妇女和儿童得不到及时的医疗保健。另一方面是各级政府缺乏对农村妇幼保健事业重要性的宣传，农村妇女卫生保健知识相当贫乏。在农村贫困地区，妇幼保健设施薄弱，孕产妇住院分娩率偏

---

① 阎青春：《社会福利与弱势群体》，中国社会科学出版社2002年版，第293页。
② 《中国儿童发展状况国家报告（2003~2004）》，中国网，2005年5月30日。

低，孕产妇死亡率和婴儿死亡率较高。2000 年死亡的孕产妇中，仍有 40.7% 的孕产妇是在家分娩的，其中一部分是在转诊过程中导致延误治疗造成的。

据 2001 年中国 0～6 岁残疾儿童抽样调查的结果显示①：0～6 岁残疾儿童存在五类残疾，其中智力残疾比例最高，占 54.21%；肢体残疾次之，占 24.69%；其他依次为，听力残疾占 9.00%，视力残疾占 6.20%，精神残疾占 5.91%。在已知致残原因中，智力残疾的主要致残原因依次是：产时窒息、早产、宫内窒息、社会文化落后、伴发精神病；肢体残疾的主要致残原因依次是：脑瘫、其他原因、先天性骨关节病、小儿截肢和周围神经损伤；听力残疾的主要致残原因依次是：后天耳毒药物、孕期感染/耳毒药物、高烧疾病、产时产伤窒息和其他原因；视力残疾的主要致残原因依次是：弱视、视网膜视神经病变、先天性白内障、其他原因和先天性青光眼；精神残疾的主要致残原因依次是：孤独症、不典型孤独症、脑器质性疾病和癫痫。从这份调查结果可以发现，占残疾儿童一半以上的智力残疾的主要致残原因是妇幼保健不足。可以说，农村残疾儿童的出现很大程度上是由农村妇幼保健不足、对妇幼保健不重视导致的。

2. 农村妇幼保健事业经费匮乏

据有关统计，"九五"期间，贫困农村地区各级政府对卫生事业的投入占财政预算支出比例仅与 20 世纪 70 年代持平，而其中 93% 用于人头费开支，用于业务建设的比例不足 7%，连正常的公用经费也得不到保证。这使得在医疗保健网络中起枢纽和网底作用的乡卫生院和村卫生室缺乏相应的保障，困难重重。不少贫困地区卫生事业应具备的房屋、设备等基本条件大多停留在 20 世纪 70～80 年代。作为农村卫生事业中的一部分，由于各级政府关注不够，农村妇幼保健事业的经费更是匮乏。

3. 农村妇幼保健事业人才阙如

由于农村妇幼保健经费匮乏，基层妇幼保健人员的报酬常常无处落实，导致人员流失每年高达 20%，农村地区妇幼保健工作的延续性普遍较差。② 从 2000 年全国孕产妇死因分析情况看，全国孕产妇死亡的第

---

① 《我国每年新增 0～6 岁残疾儿童近 20 万》，载《中国青年报》2003 年 12 月 23 日。

② 阎青春：《社会福利与弱势群体》，中国社会科学出版社 2002 年版，第 293 页。

一诱因仍然是产科出血，占孕产妇死亡的一半以上。值得研究的是，在监测的死亡病例中，可避免和创造条件可以避免的死亡高达 85.8% ~ 90.2%，不可避免的死亡仅为 8.8% ~ 12.4%。有关专家在分析原因时指出，可避免的死亡中存在的主要问题以知识技能为主。① 农村各级妇幼保健部门均不同程度地存在知识技能缺乏问题，而村级卫生人员的问题尤其突出，他们大多是村级接生员，没有经过良好的培训。

4. 农村妇女、儿童的营养状况亟须改善

虽然我国人群的营养状况在总体上已有明显改善，但农村妇女和儿童的营养状况仍亟须改善。目前我国农村 5 岁以下儿童仍然有 1/5 身高不足，1/8 体重偏低。贫困农村儿童低体重率反而增加了 2.7%，生长迟缓率仍达 30%。贫困农村与一般农村的儿童身高、体重相差大。西部地区儿童低体重率和生长迟缓率都是东部的两倍，1998 ~ 2000 年，东部儿童生长迟缓率下降 2.7%，而西部则基本未变，其低体重率反而上升了 2.6%。② 低出生体重和生长发育迟缓将造成未来劳动者智力和体格发育的终生缺憾，严重影响劳动生产能力。同时值得注意的是，目前农村市场秩序有待规范，食品安全问题突出。如曾经被广泛报道的"劣质奶粉"事件，反映了我国农村市场上存在的食品安全隐患，也反映了农村在加强儿童营养当中存在的误区。

5. 流动人口的妇幼保健问题严重

一项全国性的调查表明③，流动儿童疫苗接种率相对较低，麻疹疫苗为 50.8% ~ 70.8%，卡介苗为 57.4% ~ 79.9%，脊髓灰质炎疫苗为 50.5% ~ 74.2%，百白破三联疫苗为 48.7% ~ 76.9%，明显低于当地常住儿童。流动人口中发生计划免疫相应传染病发病率呈逐年上升趋势。部分流动家庭经济条件和卫生状况较差，缺乏有关的预防接种知识，部分家长对计划免疫意义认识不足，缺乏主动性。

流动人口中农村女性的卫生保健状况相当差。由于流动中的农村妇女在城市中的居住环境和经济条件普遍较差，而且常常从事脏、累、重

① 魏萍：《数据背后的隐忧——从 2000 年妇幼卫生年报想到的》，载《中国妇女报》2002 年 2 月 11 日。
② 《公众营养面临挑战 改善营养任重道远》，三九健康网。
③ 《流动儿童成为预防接种盲区》，中华女性网，2004 年 5 月 10 日。

的工作，使得她们较早的经受各种病痛的折磨。流动人口中的年轻的农村女性，文化程度较低，没有接受过相关的卫生保健教育，生殖健康面临着较大的风险。

（二）农村妇女教育福利

由于受到自然、社会、经济发展的制约，陈旧思想观念的束缚，重男轻女传统观念的影响，在现实生活中，妇女受教育机会还存在不平等，尤其在农村和贫困地区，妇女的受教育程度仍明显低于男性，女性文盲占文盲总数的 2/3 以上，农村女性的文盲率为 13.6%，比男性高 9.6 个百分点。

1. 农村女性接受各级正规教育的比例仍然偏低

为了展示 5 年间在校女生的动态增长速度，均以小学女生为 100%，将 1995 年和 2000 年的各类教育在校女生作一比较，可以看出随着教育程度的提高，这 100% 的女生中可以继续接受教育者比例的变化为：初中由 34% 提高到 46.8%，高中程度由 4.6% 提高到 8.1%，大学程度由 1.6% 提高到 3.7%。因此，虽然近年来我国女性接受各级教育的比例在增长，但是从总数上看，2000 年接受高中及以上学历教育的女性不到应接受教育女性的 12%，不到一半的女性仅接受初级中学教育。[1] 可见，接受各级教育的女性数量还是太少了。这其中的原因有很多，最主要的是经济上的困难。

2. 农村女性缺乏接受非正规教育的机会

非正规教育是指除了在学校接受教育的各级正规教育之外的所有受教育形式，也可以被视为在学校以外进行的有组织的学习项目，参加者常常是成年人。与正规教育相比，非正规教育项目的课程往往时间更短、目标更明确、与应用知识的联系也更紧密些，如各种技能培训、职业培训等。对农村妇女来说，最重要的非正规教育是习文识字的扫盲班、种养殖技术的培训班、各种手工工艺的培训班以及其他各种职业培训。但是目前针对农村妇女尤其是贫困地区农村妇女的各种非正规教育严重缺失，使部分农村妇女缺乏接受各种非正规教育的机会。

---

① 数据来源于《中国妇女儿童发展基本状况》，中国儿童信息中心。

13.3 农村妇女儿童社会福利事业的完善

13.3.1 完善农村儿童社会福利事业

（一）完善农村孤残儿童社会福利事业

1. 生活照顾

孤残儿童的生活照顾是农村孤残儿童福利事业首要的目标，也是当前孤残儿童面临的最大生存问题。孤残儿童作为社会上最弱势的群体，民政部门作为儿童社会福利的主管部门，地方各级民政部门应该承担起对所辖区域内孤残儿童的保护和监护职责。根据本地区的经济发展水平和孤残儿童的生活状况合理确定他们的生活照顾形式。一般以县或市（县级市）为单位，根据本县孤残儿童的数量、生活状况、实际需求等因素来确定是实行院舍集中照顾，还是家庭寄养，还是两者兼而有之。同时家庭领养作为孤残儿童照顾的补充形式之一，应积极鼓励。

（1）院舍集中照顾

即将本县或市的所有孤残儿童集中在儿童福利院里生活。儿童福利院集中照顾孤残儿童一直是我国城市儿童福利的主要形式，它具有较好的规模效益。民政部于 2001 年 2 月 13 日颁布，2001 年 3 月 1 日起实行了《儿童福利机构基本规范》，各省级民政部门应该以该《规范》为蓝本，根据本地的实际情况制定本地区农村儿童福利机构的基本规范，指导本地农村儿童福利机构的发展。孤儿中的残疾儿童尤其需要儿童福利院里的专业护理人员照顾，因而发展农村儿童福利院是相当长时期内照顾农村孤残儿童尤其是残疾儿童的一种主要形式。

（2）家庭寄养

家庭寄养是现在城市孤残儿童抚养的一种新形式，并受到越来越多的关注。民政部于 2003 年 10 月 29 日颁布了《家庭寄养管理暂行办法》，并于 2004 年 1 月 1 日正式生效。它标志着我国政府认可孤残儿童的家庭寄养形式，并以法律法规的形式给予指导和约束。对一直由亲属或朋友抚养的孤残儿童，如果该家庭有条件并且愿意继续抚养孤残儿童，应该允许孤残儿童继续生活在寄养家庭里。民政部门可根据该家庭的实际经济状况，给予适当补贴。对于无亲属抚养的孤残儿童，可根据《家庭寄养管理暂行办法》的有关规定，鼓励社会上有爱心人士领养至 18 岁独立生活。民政部门负责对寄养家庭进行资格认定，并与寄养家庭签订寄养合同，对寄养家庭的抚养行为进行监督。民政部始终具有孤残儿童的监护权，使寄养儿童获得足够的照顾。

（3）家庭领养

这一形式是解决孤残儿童生活照顾、康复医疗、教育等一系列问题的最佳方法。因为领养在法律上将构成收养关系，受到法律的保护，是使孤残儿童真正回归家庭的一种形式。各地民政部门及儿童福利院应积极与各社会团体联系，促进更多的孤残儿童能以领养的方式获得家庭的保障。

20 世纪 90 年代起，我国开展了海外领养，美国、英国、瑞士、德国、法国等十几个国家纷纷在我国领养孤残儿童。如美国，2001 年收养了 2 万名外国儿童，其中约 5000 名来自我国。自从我国在 1992 年开始简化外国父母收养中国儿童的程序之后，美国收养的中国儿童数量从 1992 年的 240 人激增了近 20 倍。不少国际组织帮助海外家庭领养我国孤儿，如创办于 1992 年的 "CCAI"（美国国际中华儿童中心），专门从事帮助海外家庭在我国大陆领养孤、残、弃婴的工作，现在是全美最大的对华领养及福利儿童的慈善机构之一，已在美国有 180 多个联网机构。到 2001 年底，CCAI 在中国收养中心的支持与帮助下，成功地安排了 210 多个团队来我国抱养，已为来自于我国的 2000 多名孤残儿童在美国找到了温暖的家。我国农村的儿童福利院也要加强与这些国际组织的联系，让更多的家庭关心农村孤残儿童。

2. 康复医疗

康复医疗对孤儿中的残疾儿童尤为重要。

（1）建立孤残儿童医疗补助制度

各级政府应该根据孤残儿童的残疾状况确定相应的医疗补助金，以帮助孤残儿童尽快实施康复医疗。各级政府可根据实际财政收入状况确定各级的责任，市或县财政较差的，由省财政多承担一些，市或县经济状况发达的，各市或县财政就多承担一些。中央政府也应该对贫困的西部省份进行适当的补助，以便该项措施能落实。

（2）农村儿童福利院与医疗机构联手实施残疾儿童的康复医疗

残疾儿童因生理或智力的缺陷往往找不到合适的寄养家庭而主要集中生活在农村儿童福利院，因此儿童福利院是对孤残儿童进行康复医疗的主要机构，但儿童福利院一般没有专门的医疗器械，因而需要与相关医疗机构联手，共同对孤残儿童实施康复医疗。从1995年起，民政部与卫生部在全国实施了残疾孤儿康复工程，大型医院对施行手术的孤儿免费住院，半费收取手术费和治疗费。城市福利院的残疾儿童，都不同程度地参加了形式多样的康复训练。一些经过康复训练的残疾儿童已恢复或基本恢复了身体功能。我国农村孤残儿童也应该享受这种优惠。相关的康复医疗费用开支可通过孤残儿童的医疗补助金支付，不足的部分可通过各种渠道解决，如医疗机构的免费或低费给予治疗，接受社会捐助等。

同时儿童福利院要积极引导孤残儿童进行康复训练，这是逐步使孤残儿童摆脱或克服残疾困扰的重要途径之一。

（3）争取社会援助

建立孤残儿童的医疗补助制度，只能在一定程度上、一定范围内解决康复医疗的资金问题。对于孤残儿童的康复医疗还需要争取社会援助，让社会上有爱心的人都贡献一份力量，才会让孤残儿童受到较好的康复医疗。

目前，不少海外机构和友人为我国的孤残儿童提供了不少援助。如旅美华人洪海洋，在美国发起成立了"美国中国儿童医疗基金会"，免费为我国孤残儿童及其他弱势群体服务，已免费为近百名儿童进行治疗。[①] 美国丹佛儿童医院的米歇尔医生，通过CCAI先后三次来到我国，给16名孤儿做了心脏手术。"百合花"是三年前CCAI在我国创建的第一个慈善中心。现在，CCAI在我国的重庆、长沙也创办了像这样的中心。CCAI与汕头、抚顺、朝阳等城市的儿童福利院都有合作。"百合花"主要为福利院培训保育员工，捐赠药物、资金、设备，为残疾儿童提供手术所需的医务人员和技术。三年来，"百合花"已在孩子身上投

---

① 阎青春：《社会福利与弱势群体》，中国社会科学出版社2002年版，第285页。

入了 400 多万元人民币。

我国国内的社会组织也在积极行动。如爱德基金会，至今共资助了 35 所儿童福利院、受益人数达 5000 人，项目内容包括助学、"祖母计划"、为残疾儿童进行手术、孤儿寄养、提供儿童生活用品和康复设备以及医务、特教人员培训等。具体而言，包括：为聋儿提供康复服务并配备助听器，成立爱德聋儿听力语言康复中心，引进国际先进的"双语教学法"，推动聋儿教育的发展；资助弱智儿童教育，为苏北和山东小儿麻痹症患者提供了包括手术、康复、支具、教育等一体化的服务项目；为西部边远贫困地区培训乡村医生，至今已有 17000 多名，并在许多无医无药村建起了"爱德诊所"；组织以资深老专家为核心力量的巡回医疗队，常年深入到华东六省的老区、山区进行巡回医疗；在艾滋病多发地区，常年开展艾滋病预防控制的教育和关怀工作；等等。爱德基金会的运作方式为我国社会团体组织树立了极好的典型，我国的各种社会组织要采取多种形式来帮助农村孤残儿童。

农村各级政府也要进一步改进工作，加大宣传力度，充分发动各有关官方组织、社会组织和社会上的专家名流，全方位地争取和引进国内和国际性援助，提高我国农村孤残儿童的康复医疗水平。

3. 义务教育

在全国范围内已有部分地方解决了孤儿义务教育问题，如西安开通绿色通道，实施孤儿的学杂费、住宿费、代办费全免制度；无锡出台关于学生减免有偿教育收费的通知规定，孤儿学杂宿费由学校全免。但这还只是在少数的城市实行。

我国农村孤残儿童的义务教育，应该加大中央财政的支持力度，加上地方财政的配套资金，为农村孤残儿童建立起教育"绿色通道"。即各级教育部门和各级各类学校在中央和地方财政的帮助下建立帮困助学机制，制定孤儿助学办法，实行九年义务教育阶段的学费、杂费、住宿费全免，确保他们享受应得的义务教育。

（二）完善广义农村儿童社会福利事业

完善我国农村儿童福利事业的关键是完善农村义务教育和儿童预防保健。儿童预防保健将在下面完善农村妇女福利事业的妇幼保健中探讨。

1. 完善农村儿童权益保障体系

近年来，我国加强了对儿童权利的重视和保护，先后出台了一系列如《中华人民共和国未成年人保护法》、《义务教育法》、《残疾人保护法》、《中华人民共和国收养法》、《儿童权利公约》及《关于加快儿童福利事业发展的通知》等法规政策文件。但是，总体上看，在农村，我国有关儿童权益保护的政策法规建设还不够完善，没有形成体系，在实际工作中缺乏可操作性，政策法规的落实不到位。

目前，在农村儿童的权益保护方面，尤其值得关注的是农村儿童的平等受教育权。农村各级政府要完善并落实教育法律法规和政策，巩固和发展我国农村九年制义务教育成果。这是保障农村人口素质提高的关键。同时要继续实施"国家贫困地区义务教育工程"、"西部教育开发工程"、"希望工程"和"春蕾计划"等助学工程，保障贫困地区、少数民族地区儿童就学权利。切实保障女童受教育的权利，消除阻碍女童入学的障碍。切实保障残疾儿童、孤儿和流动人口中儿童受教育的权利：使残疾儿童与其他儿童同步接受义务教育；贯彻落实孤儿就学的有关优惠政策；完善流动人口中儿童就学制度；根据国家推进城镇化的要求，做好教育规划，满足农村适龄儿童向城镇转移后的就学需要。

另一方面，要建立健全政策执行的监督机制。认真履行《儿童权利公约》，监督《中华人民共和国未成年人保护法》、《中华人民共和国预防未成年人犯罪法》、《中华人民共和国收养法》等法律法规的执行力度。

2. 完善农村儿童教育福利

世界上的发达国家无一不把教育福利放在首位，他们都实施全民义务普通教育，免费并实行强制。我国农村儿童教育福利的目标是：落实教育优先发展战略，把提高儿童整体素质作为人才战略的基础工程。保证教育与国民经济和社会发展相适应，并适度超前发展。合理配置教育资源，缩小地区差距，为所有儿童提供平等的受教育机会和条件，确保教育特别是义务教育的公平、公正。巩固和发展我国农村九年制义务教育成果，增加对农村基础教育的投入，解决农村基础教育的实际问题，对全体义务教育对象实行免费强制教育，争取早日实现九年制义务教育的目标。

（1）学前教育

学前教育能开发儿童巨大的学习潜能，是整个教育事业发展的重要组成部分，也是提高国民素质，促进经济、社会持续健康发展的需要。我国是人口大国，0 岁～6 岁的婴幼儿多达 1.3 亿，是世界同龄儿童数量的五分之一。其中，每年有大约 2100 万～2500 万幼儿将进入小学学习，而80% 左右儿童生活在农村。由于我国社会经济发展存在不均衡，因此发展农村学前教育要因地制宜采取多种形式，形成多渠道的投资体制。

从形式来看，对于居住比较集中的乡镇，可以农村中小学布局结构调整和基础教育管理体制改革为契机，建立乡中心幼儿园和村幼儿园，调动乡镇政府和村居民委员会的积极性，利用闲置校舍举办幼儿园、学前班，保证农村儿童对学前教育的需求。对于居住比较分散的乡镇或者偏远地区可以采取季节制、活动站（点）、巡回辅导站、大篷车、游戏小组等多种形式，开展散居儿童的学前教育。同时，以城市带动农村，通过开展城市幼儿园与农村幼儿园手拉手、送教下乡等活动，提高农村幼儿园的教育质量。

从投资渠道来看，单纯依靠国家投资是不可能的，要鼓励社会力量办园。首先，对社会力量办园包括私人办园，要实行一视同仁的政策。不管是企业、事业还是社会团体、公民个人举办幼儿园，在登记注册、分类定级、教师培训、职称评定等方面要与政府办园一视同仁。其次，要制定合理的收费政策。幼儿学前教育作为非义务教育，应根据教育成本制定合理的收费政策，确定收费标准，使办园者可以健康运营。

（2）义务教育

农村义务教育的困难在于缺乏政府的财政支持，尤其是中央、省政府的支持。我国对农村义务教育实行的是在国务院领导下，由地方政府负责、分级管理、以县为主的体制，实际上是一种"以县为主"的农村义务教育经费管理办法。但是，由于农村义务教育"欠债太多"，积重难返，加上各地经济发展极不平衡，很多县财政过于困难，所以"以县为主"的农村教育经费管理体制，无法保证农村义务教育条件的真正改善。2003 年《国务院关于进一步加强农村教育工作的决定》提出中央财政将对贫困县义务教育加大转移支付的措施，特别是要把对教育的新增投入主要用于农村义务教育。但是要普及农村义务教育需要建立规范的义务教育财政转移支付制度，明确各级政府的职责。

建立规范的义务教育财政转移支付制度，需要在修改《义务教育法》，或制定《义务教育投入法》的基础上，明确中央、省、地（市）、县各级政府对义务教育的财政承担责任和比例，使义务教育经费投入规范化、制度化、法律化，确保义务教育经费投入有稳定来源。同时，要强调由中央和地方政府负责，分类承担，分级管理，以县为主的，使农村义务教育的责任更明确。其中"分类承担"，是指要根据我国经济、社会和文化发展不平衡的基本国情，对现有的592个国家级贫困县，由中央财政全部承担；对欠发达的地区（包括省级贫困县）主要由省财政承担（中央也应适当予以补助）；对发达的地区，可由市县财政承担。

同时要建立农村贫困学生的教育援助机制，资助家庭经济困难的学生就学，切实保障农村适龄少年儿童接受义务教育的权利。我国是个发展中的人口大国，承担着世界上最大规模的教育，仅义务教育阶段人数就有近2亿，大约相当于整个欧洲和北美洲接受义务教育人口的总数。因此建立贫困学生教育援助机制可采取政府主导、社会参与的方式，即在以政府为主承担资助贫困学生责任的同时，还必须动员社会力量捐资助学，这不仅能不断扩大对贫困学生的救助面，还有利于唤起全社会的爱心，形成一个扶贫济困、互相帮助的良好社会氛围。

政府主导是指我国各级政府要把帮助贫困家庭少年儿童就学纳入各类扶贫计划，采取各种措施帮助这些少年儿童重返校园。目前我国政府在这方面做了很大努力，1995~2000年教育部和财政部组织实施了"国家贫困地区义务教育工程"，其中由中央拨款39亿，加上地方政府配套资金，总共约达100亿。另外从中央专款中拿出1.3亿元，建立国家助学金，扶持贫困家庭少年儿童入学。今后中央财政要继续设立中小学助学金，重点扶持中西部农村地区家庭经济困难学生就学，逐步扩大免费发放教科书的范围。各级政府要设立专项资金，逐步帮助学校免除家庭经济困难学生杂费，对家庭经济困难的寄宿学生提供必要的生活补助。

社会参与是指普及义务教育是全民受益的一件大事，要发动全体社会成员包括机关、团体、企事业单位和公民捐资助学，积极参与支持全民教育事业，帮助少数有困难的成员。目前由中国青少年发展基金会发起的"希望工程"共筹集捐款17.8亿元人民币，援建"希望小学"7459所，使贫困地区200.9万名失学少年儿童重返校园，为乡村小学捐建希望书库10000个，培训和表彰6000余名乡村小学教师。全国妇联和中国儿童少年基金会组织还开展了专门扶持贫困女童入学的"春蕾计划"，已筹资 2 亿元人民币，帮助了 75 万人次女童重返校园。[①]"希望工程"和"春蕾计划"要继续发挥其应有的作用，帮助农村贫困儿童接受基础教育。

进城农民工子女的义务教育，应该纳入各地义务教育的范畴。只要父母在城市有相对稳定的工作或者是住所或在该城市居住达一年以上的时间，该子女就应该能够享受当地义务教育的福利。进城农民工子女应该享受当地儿童享受的待遇，甚至减免部分费用，由各级政府统一安排进入公立学校或民办学校。应该鼓励社会举办民办学校，通过制定相应的规章制度和实施标准来规范民办学校的行为，使就学儿童获得必要的保护；同时可通过相应的税收优惠或减免来鼓励社会办学。

（3）特殊教育

从特殊教育供给一方来说，要逐步在农村建立和完善特殊教育体系，为农村残疾儿童提供受教育机会。残疾儿童的教育能帮助残疾儿童学会自立自强，学会谋生的手段，有助于减少文盲，从而使大部分残疾儿童能成为自食其力的参与社会生活和工作的与健全人平等的劳动者。

以单纯办特殊教育学校的方式来解决广大农村残疾儿童入学问题是远远不能适应农村特殊教育发展需要的。农村特殊教育体系不仅在于建立相应的特殊学校，更重要的是实行特殊儿童的随班就读制度。因为我国农村地区的残疾儿童居住很分散，农村地区经济不够发达，办学物质条件短期内不可能大规模得到根本改善，不可能建立起很多的特殊学校，而应该鼓励残疾儿童接受正常的教育，随班就读。

"随班就读"专指在普通学校的普通班实施特殊教育的形式。目前需要解决的问题主要是两个，一是提供适合残疾儿童的教学设施，学校环境的设计和教材的设计都应该考虑残疾儿童的需求；二是提供适合残疾儿童的师资力量。尤其是师资力量的解决比较关键，对在职教师进行短期岗位培训仅仅是个应急措施，更重要的是要增加普通师范学校的特殊教育课程，培养既懂得特殊教育基础理论知识，又掌握基本技能的特殊

---

① 孙云晓：《当代中国少年儿童发展状况——中国少年儿童的成长环境》，中国人口信息网。

教育专业教师，这样才能从根本上解决特殊儿童随班就读的师资问题。

从特殊教育需求一方来说，要将残疾儿童就学纳入义务教育的范畴，在享受正常儿童义务教育权利的同时，建立残疾儿童教育援助机制。

残疾儿童教育援助机制的资金来源也需要财政投入和社会捐助等多种渠道相结合。早在1998年，教育部、民政部和中国残联就开展了资助残疾儿童少年接受义务教育的试点工作。近年来，中国残联先后开展了"中西部地区盲童入学项目"和"扶残助学"项目，其中由教育部和中国残联共同组织实施的旨在救助中西部失学残疾儿童少年义务教育的"扶残助学"项目的主要内容是：从2002年到2006年，资助内蒙古、安徽、湖北、云南、贵州、重庆、甘肃、宁夏、新疆等16个省、自治区、直辖市的5000名贫困残疾儿童少年接受义务教育，以缩短中西部同东部地区残疾儿童少年义务教育的差距。各级残联也开展了形式多样的助学活动，如北京建立了较为完善的扶助残疾大学生制度和较为健全的工作机制，浙江的"相伴16年爱心助学活动"，辽宁的"爱心助残工程——教育培训希望工程"等。

对残疾儿童的教育援助是一项长期工作，需要开展经常性的捐助。2003年国务院办公厅转发了教育部、中国残联等15个部门《关于开展经常性助学活动的意见》，要求地方各级政府抓紧安排助学专项资金，目前已经有北京、天津、辽宁、山东、江苏、广东、四川等省份和大连、成都、宁波、浙江台州等大中城市率先或即将开始对残疾儿童实行"两免一补"或逐步扩大免费范围。一些地方还拓展了资助范围，使部分在读的高中、中专和大学的贫困残疾学生得到救助，完成学业。在我国贫困农村地区，各级地方政府的财力有限，应该鼓励社会力量捐资助学。如由中国青少年发展基金会、全国妇联组织的"希望工程"和"春蕾计划"，集社会之力量来救助贫困残疾儿童和贫困残疾女童，这样的资金筹集方式需要进一步扩充，以满足更多贫困学生的需要。同时社会福利彩票募集的资金也是一项及时的补充。最近，中央财政决定从彩票公益金中拿出7500万元，用于支持残疾人教育事业的发展，其中6000万元用来资助贫困残疾儿童少年接受义务教育。今后需要继续保持一定的资金倾斜力度，以形成经常性的资金来源。

13.3.2　农村妇女社会福利事业的完善

（一）完善农村妇幼保健事业

构建完善的农村妇幼保健事业，需要从农村妇女、儿童的卫生保健、预防和营养几方面着手：

1. 各级政府要加强农村妇幼保健服务体系的建设

首先从法规政策制定上，要加快卫生立法，完善和落实以公共卫生和妇幼健康为主要内容的法律法规和政策，保护妇幼的健康权利。在各级政府的卫生改革与发展规划中体现妇幼健康的主要目标。贯彻落实《中华人民共和国母婴保健法》，加强母亲和婴儿的卫生保健。其次从资金投入上，要建立面向农村妇幼保健服务体系的资金投入机制，尤其是要加大贫困地区妇幼保健的投入，提高贫困地区人口的身体素质。同时在优化卫生资源配置中，合理安排妇幼卫生保健服务经费和科研经费。

2. 加强农村卫生组织建设，完善妇幼保健卫生服务网

妇女卫生保健以预防为主，做好预防保健的综合服务，提高妇科常见病的普查普治率，重点筛查和治疗严重危害农村妇女健康的疾病，预防和减少农村妇女妇科病的发生。对农村妇幼卫生人员进行卫生保健专业知识培训，强化基本知识和基本技能，提高卫生保健技术水平和服务质量。加强农村基层卫生院的产科建设，加强孕产妇系统保健、幼儿系统保健、婚前及婚姻保健、计划生育技术服务、优生系列保健等妇幼卫生保健福利工作。对妇幼保健经费，要做到专款专用，随着农村经济状况好转，逐步增加投入，不断提高妇幼保健的福利水平。全面开展妇女生殖保健服务，加强对孕产妇产前、产时和产后的保健服务。在农村要继续实施"母亲安全"项目，开展高危孕产妇的筛查，创造住院分娩条件，使农村孕产妇住院分娩率、高危孕产妇住院分娩率提高，对于住院分娩确有困难的边远地区，应加强乡村接生人员的接生技术和消毒意识，保障安全生育。

3. 增强农村妇女获得及时医疗保健的能力

首先，要增加农村妇女卫生保健知识。通过宣传教育，在全社会树立正确的妇女健康观念，普及健康知识。以生殖健康教育为中心，普及生殖保健、优生优育、避孕节育知识，使农村妇女能正确了解自身的健康状况，从而及时就医或及时预防。其次，可通过合作医疗等多种形式的健康保障制度，解决农村妇女看病难的经济困难问题，提高农村妇女享受卫生保健的水平和抵御疾病风险的能力。针对特困妇女和儿童，还可以多渠道设立贫困家庭的疾病救助基金，帮助她们获得必要的医疗救助。

4. 加强农村儿童的卫生预防保健

要继续巩固和发展儿童计划免疫福利成果，免费为儿童提供有关生物制品接种，并加强冷链系统建设，增强常规免疫的有效性，逐步增加接种疫苗种类，以预防和控制相应的传染病。积极防治儿童多发病和常见病，做好儿童眼、口腔和听力保健等工作。同时要改善儿童生存的自然环境，提高农村缺水地区洪水受益率和农村改水受益率、自来水普及率，提高农村卫生厕所普及率，使农村儿童生活在一个清洁卫生的自然环境中，减少各种因环境污染而造成的地方病、传染病等疾病。

5. 改善农村儿童的营养

农村儿童营养的改善要从婴儿开始。要倡导科学喂养和良好的饮食习惯，大力支持母乳喂养。要对农村母亲进行儿童营养知识的培训，走出儿童营养改善的误区，如在有些农村地区拿鸡蛋换方便面给儿童吃，这实际上是一种相当错误的改善营养的做法。对中小学生提倡饮用奶，分步实施国家"学生饮用奶计划"，推行"国家大豆行动计划"。对贫困地区或贫困家庭的儿童还应该实行由国家支持的饮用奶计划，让每一个儿童都能喝上牛奶或者豆奶。这一点在国外是普遍的做法。如日本早年就实行饮用奶计划，现在已经产生了最直接的效果，日本人的身高较以往有了很大的提高。牛奶和豆奶的营养价值相当，在选择饮用哪种奶时，可结合当地的实际情况确定，如盛产牛奶的地方应该推行饮用牛奶，而盛产大豆的地方，则应该推行饮用豆奶，不能一概而论。因为饮用奶计划的推行还有利于推进相关种养殖业和加工业的发展，对当地的经济发展有很大帮助；反过来也有利于政府扩大财源，从而增强提供免费的饮用奶计划的能力。

6. 维护流动人口中女性和儿童的卫生保健权益

首先，要将流动人口中孕产妇保健纳入流入地孕产妇保健范围，享受相应的免费或低费的保健服务。因为这关系到两代人的健康。其次，流入地政府应关心本地的流动儿童，积极采取措施，将流动儿童的预防保健纳入当地儿童的预防保健中，享受当地儿童的免费预防保健，并且要加大宣传力度，让流动家庭及时了解各项接种预防的信息。同时与各级卫生机构联手定期安排流动儿童的免费体检。最后，要加强妇女健康卫生知识的宣传力度，尤其是预防艾滋病的宣传教育工作，利用各种传播途径，普及艾滋病防治及自我防范知识，提高艾滋病知识知晓率。

(二) 完善农村妇女教育福利

要改善农村妇女的生活现状，关键是提高农村妇女的受教育水平。

1. 稳步提高农村女性接受各级正规教育的水平

贯彻落实《中华人民共和国义务教育法》等相关法律法规，重点解决西部贫困地区和少数民族地区女童、残疾女童、流动人口中女童的义务教育问题。帮助失、辍学女童完成九年义务教育。动员全社会的力量加大实施"春蕾计划"的力度，使更多的农村女孩能接受基础教育。在初中教育阶段，将基础教育与"绿色证书"教育有机结合，使女学生获得更全面的知识和劳动技能。全面落实各项资助经济困难学生的政策，帮助贫困女大学生完成学业。

2. 加强农村女性的非正规教育

首先，加强农村妇女扫盲工作。扫盲教育是一项长期性、社会性、群众性的教育事业，要以政府为主导，同时需要社会各方面密切合作，如各级教育部门、妇联、共青团、村委会、中小学等，加大宣传力度，多渠道落实扫盲经费，不断地巩固和落实农村扫盲工作。其次，因地制宜地发展各种职业教育、成人教育、技术培训。重点发展县（市）、乡（镇）和农村的中等职业教育，为初中毕业生中的女性提供多种形式的继续学习机会。通过"科技扶贫"、"科技下乡"等项目，努力创造条件，使农村妇女劳动者能普遍受到实用生产技术培训和文化知识教育。通过对口扶贫支教、启动远程教育扶贫项目等措施，提高边远贫困地区妇女受教育的水平。同时鼓励和支持社会力量办学，为妇女接受教育创造条件和机会。

第五篇

农民工就业与
社会保障

14　农民工就业与社会保障

　　"农民工"是中国社会经济转型时期的特殊名词，是指具有农村户口，有少量的土地，但主要在城市从事非农产业，依靠打工收入维持家庭生活的农村外出务工人员。界定其概念的内涵和外延，一是要以户籍为基本依据，二是要以城市为空间地域界限。

　　研究农民工就业与社会保障问题，需要区分"农村剩余劳动力流动"与"农村剩余劳动力转移"两者的含义。农村剩余劳动力流动是指农村劳动力根据劳动力市场变化，在职业、产业和地区之间的运动，其本质是劳动者以追求更高收入为目的的选择行为；农村剩余劳动力转移①是指在经济发展过程中，农业劳动力变成非农业劳动力，农村居民变为城市居民的过程。如无特殊说明，本书提到的"农民工"是指在"农村剩余劳动力流动"意义上的跨地区流动的外出务工农民。

14.1　农民工的流动就业与平等就业

14.1.1　农民工流动就业格局的阶段划分

　　农民工是中国城市化、工业化和经济发展过程中农村剩余劳动力非

---

　　①　也有一些学者使用农村剩余劳动力迁移的概念，农村剩余劳动力转移与农村剩余劳动力迁移在内涵上是一致的。

农就业和非农转移的过渡形态。农民工流动就业发展格局可以划分为从"自由迁移"到"严格控制"、从"离土不离乡"到"离土又离乡"、从"消极应对"到"积极引导"三个阶段。

（一）从"自由迁移"到"严格控制"阶段

《中华人民共和国人口登记条例》于1958年1月生效，但当时并未得到有效实施，农村劳动力可以自由流动到城市就业。1958年6月，中共中央决定：今后劳动力招收调节工作由各省、直辖市、自治区党委负责管理，随后省、直辖市、自治区又将招工审批权限层层下放，全社会很快出现了一股招工浪潮，地方大批农村人口经招工涌进城市而转为城市居民。据统计，1958年（实际上只是后半年）全国就有1104万农村劳动力成为城市职工，城市人口比上年净增2066万人。[①] 然而在那个"大跃进"时代，当举国上下忙于"大炼钢铁"、"赶英超美"的时候，无人耕种收割的农业出现危机，粮食短缺，其原因部分被认为是农村人口大量流入城市。1959年2月，中共中央出台了《关于制止农村劳动力流动的指示》，不允许农村劳动力流向城市。在20世纪60年代初期，中央政府基于城市人口过度膨胀的形势，不得不动员2000余万城市职工回到农村务农。自此直至改革开放以后的20世纪80年代初期，城乡之间就业壁垒森严，严格的户籍制度和商品粮政策迫使人们在什么地方出生，就在什么地方就业。

（二）从"离土不离乡"到"离土又离乡"阶段

1984年3月，国务院发布《中共中央、国务院转发农牧渔业部和部党组〈关于开创社队企业新局面的报告的通知〉》，确立了乡镇企业在国民经济中的重要地位，并且在政策、资金、税收等方面给予大力支持，乡镇企业进入了快速发展阶段，同时也成为吸纳农民工就业的载体。从1984年到1988年，乡镇企业的从业人员从5028万人增加到9545.5万人，增长89.9%，总产值从1245.4亿元增加到4428亿元，增长2.6倍，年均增长37.3%。[②] 1990年4月，国务院发布了《关于做

---

① 俞德鹏：《城乡社会：从隔离走向开放》，山东人民出版社2002年版，第29页。
② 援引自新华社：《中国人口与发展的历史与现状》，http://www.cpirc.org.cn/popstatus.htm.

好劳动就业工作的通知》，文件要求对农村富余劳动力要引导他们"离土不离乡"，使农村富余劳动力就地消化和转移，防止出现大量农村劳动力盲目进城找活干的局面。

20世纪90年代初，我国东部地区大力发展从事"三来一补"的加工贸易并以劳动密集型产业为主，吸纳了大量的内地劳动力。其动因一是务农的比较收益低下，农民外出务工意愿很强；二是农民自发外出打工已形成民间的跨区域流动就业网；三是沿海开放地区加工贸易持续升温拉动了这种"离土又离乡"的"民工潮"。

1993年11月，中共中央《关于建立社会主义市场经济体制若干问题的决定》发布，鼓励农村剩余劳动力逐步向非农产业转移，引导农民工跨地区有序流动。1994年11月，劳动部出台了《关于农村劳动力跨省流动就业的暂行规定》，首次对流动就业证卡制度进行了规范。农民工外出打工之前需要到本人户口所在地的劳动就业服务机构进行登记并领取外出人员就业登记卡，到用人单位后，凭外出登记卡领取当地劳动部门签发的外来人员就业证，并且"证卡合一"方能生效。

（三）从"消极应对"到"积极引导"阶段

2000年以前相关部门对农民工外出流动就业持消极态度。1989年3月，国务院办公厅发出了《关于严格控制民工外出的紧急通知》，要求各地人民政府采取有效措施，严格控制当地农民工外出，严格控制农民工盲目外流。1995年7月，中共中央和国务院办公厅发布的《关于加强流动人口管理工作的意见》，要求促进农村剩余劳动力就近就地转移，提高流动的组织化、有序化程度，实行统一的流动人口就业证和暂住证制度。从这一阶段的相关政策文件中，可以解读出国家为了避免"民工潮"给城市带来的各种社会问题而对农民工的流动采取的种种限制。

从2000年开始，国家关于农村剩余劳动力流动就业的政策发生了积极的变化，2000年7月，劳动保障部、国家计委、农业部、科技部、水利部、建设部、国务院发展研究中心等七部门联合发出《关于开展农村劳动力开发就业试点工作的通知》，要求改革城乡分割体制，取消对农民进城就业的不合理限制，引导农民工合理有序流动。各地方政府相继出台的政策也进行了相应的调整，农村剩余劳动的转移和流动进入了一个新的发展阶段。

14.1.2　农民工流动就业的现状分析

（一）农民工流动就业的群体发展态势

中国农民工流动就业规模历年呈平稳增长态势。《中国劳动统计年鉴》的资料显示，2000 年我国农村劳动力净转移到非农产业人数达到当年农村总劳动力比重的 7.7%。非农就业劳动力占社会总劳动力的比重达到 50%，2003 年这一比重为 50.9%。[①] 目前，中国外出农民工数量约为 1.2 亿人。如果加上在本地乡镇企业就业的农村劳动力，农民工总数约 2 亿人。[②] 国家统计局抽样调查数据显示，2004 年全国农民工中 16~30 岁的占 61%，31~40 岁的占 23%，41 岁以上的占 16%；农民工平均年龄为 28.6 岁；具有初中文化程度的占 66%，接受过各种技能培训的占近 24%。[③]

从各年份的发展态势看，农村劳动力从事非农产业的人数自 1996 年来[④]呈现逐渐上升的走向。如图 14−1 所示，可以 1999 年、2001 年为界把平滑曲线中 1996~2004 年这九年划分为上升速度不同的三个时期。1999~2001 年阶段农民工增长速度比其他两阶段都要快。以绝对数量来看农村从事非农产业的人数 1996 年为 12707 万人，2000 年为 15165 万人，2002 年 16536 万人，2004 年为 19099 万人，平均每年以 710 万人的速度在增长。

（二）农民工流动就业的流量和流向

农民工流向以区域为标志分为四类：乡外县内流动就业、县外省内流动就业、省际流动就业、境外就业和国外就业[⑤]，本书主要针对

---

① 国家统计局农村社会经济调查总队：《2001 年农民收入调查与研究》，中国统计出版社 2004 年版。

② 援引自中国农民工问题研究总报告起草组：《中国农民工问题研究报告》，载《改革》2006 年第 5 期。

③ 援引自中国农民工问题研究总报告起草组：《中国农民工问题研究报告》，载《改革》2006 年第 5 期。

④ 由于篇幅所限，本书未把 1983 年至 1995 年农民工占全社会劳动力比重数据显示出来。但是，1983 年至 1995 年农业劳动力从事非农产业的数量整体上也是逐年上升的。

⑤ 农民工的境外、国外就业主要是以派遣就业为主，其中境外包括香港特别行政区、澳门特别行政区和台湾省内。由于该两类就业人数所占比重小，在以下的各种分析中将不再引入农民工境外和国外就业数据。

前三种类型，分别对东、中、西部地区①农民工的区域性的流量流向进行分析。

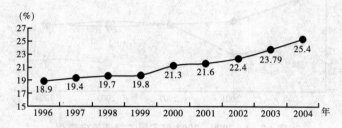

图 14－1　农业非农产业劳动力占社会从业人员比重

资料来源：根据《中国统计年鉴》（2001～2005 年）整理，中国统计出版社。

　　如图 14－2 所示，2000～2002 年农民工流动就业的流向不论是乡外县内范围、县外省内范围还是省际范围，流动就业人数比重变化都较大。其中，2002 年是变动差异最大的年份。从图 14－2 所示三条曲线的高低位置看，2001 年以前乡外县内范围内流动就业人数比重比县外省内流动范围内就业和省际流动就业人数比重高出 10% 左右，其重要原因之一是 20 世纪 90 年代乡镇企业大规模发展吸引了大量农村剩余劳动力在本地就业；2002 年以后农民工在县外省内范围就业比重有所上升，省际流动就业人数比重略有下降，其重要原因之一是农民工跨省流动就业的成本较之在省内就业来说较大，农民工外出务工决策时更多地考虑了流动成本；2000～2002 年，农民工在乡外县内流动就业人口比重下降幅度较大，之后上升平缓；农民工县外省内流动就业和省际流动就业在 2000～2004 年间变化起伏较大，且两者接近成互补趋势，即与 2000 年相比，2001 年农民工外出在县外省内流动就业减少时，其大部分减少量都在省际流动就业数据中得到补充；2001 年到 2002 年，农民工跨省流动就业人数增加，县外省内范围流动就业人数减少。

---

① 东、中、西三个地区的划分如下：
东部：北京、天津、河北、辽宁、上海、江苏、浙江、福建、山东、广东、广西、海南；
中部：山西、内蒙古、吉林、黑龙江、安徽、江西、河南、湖北、湖南；
西部：重庆、四川、贵州、云南、西藏、陕西、甘肃、青海、宁夏、新疆。

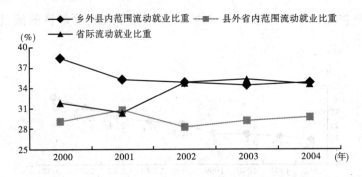

图14-2 2000~2004年农民工就业流向变化

资料来源：根据《中国统计年鉴》（2001~2005年）整理，中国统计出版社。

农民工跨省流动就业中，以流向东部发达地区为主。东部地区经济发展较快，城市的聚集效应大，就业容量大，相对收入高，吸引农民工流入东部发达地区的数量也相对较多。农村常住户中，前往东部地区务工的农民工达6000余万人，占全部外出务工农民工的比重为70%，2004年在东部地区务工的农民工比2003年增加448万人，增长7.4%。其中农民工跨省流动到北京、天津、上海、江苏、广东、浙江、福建七省市的数量占了82%。①

图14-3反映了2000年与2004年东、中、西部地区农民工外出在省际流动就业人数比重。东部地区农民工的非农就业往往在本省范围内，中部、西部地区农民由于本地区经济发展速度较慢，非农就业机会较少，大部分是省际流动的非农就业。图14-2显示了2002年以后我国农民工非农就业流动的县外省内范围流动就业人数变化和省际流动就业人数变化呈互补趋势，这种互补趋势主要由中部地区农民工的流动就业数据补充；而图14-3显示了中部地区农民工跨省流动就业的比重较之东部、西部地区比重都高，都从不同侧面说明我国农村剩余劳动力转移就业矛盾主要集中在中、西部地区，这些地区一直存在较尖锐的农民就业不充分，收入增长缓慢问题。

农民工在城里求职的途径主要有以下几种：（1）通过县（乡）政府统一组织的劳务输出；（2）由城里的亲朋好友牵线搭桥在用人单位谋职；（3）农民流动的连锁效应，即一个人进城务工所带来的诱人的

---

① 引自《中国农业统计年鉴》（2004年、2005年），中国统计出版社。

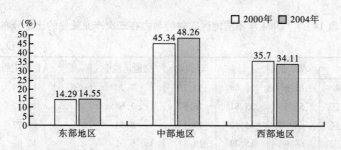

图 14 - 3   东、中、西地区农民工省际流动就业人数比重

资料来源：根据《中国统计年鉴》（2001 年、2005 年）整理，
中国统计出版社。

"流动效益"会刺激一群人随之而去，并且往往经由先行流动人员介绍
在同一单位谋取岗位；（4）在各级各类职业介绍所登记求职或在劳动
力市场，尤其是在初级劳动力上，如雇工市场、保姆市场上自找活干；
（5）自谋职业，包括两部分人：一是走街串巷的流动商贩和修理工匠，
二是开店设铺的个体经营者；（6）由各类包工头组织进城揽活。大规
模的农民工向城市流动是工（商）农之间比较利益级差的推力与城市
就业需求拉力共同作用的结果。

（三）农民工流动就业行业分布和居住特点

农民工流动就业的行业主要取决于各类行业对非技术性劳动力是否
有较大的需求量①。如表 14 - 1 所示，进城农民从事非农产业主要集中
在工业、建筑业和餐饮商业等行业。农民工在工业领域的就业主要是在
制造业，尤其是劳动密集加工型企业。中国海员建设工会全国委员会提
供的调查数据显示，我国建筑业农民工队伍约 4000 万人，占全国农民
工总数的 30% 以上，占建筑业一线人员的 90% 以上②。从历年农民工调
查数据看，劳务型和经营型农民工占有一定的比重并且呈逐年提高趋势。
经营型农民工从事集市贸易、开餐馆、倒卖商品等的人数比重最大。

---

① 我们不能排除农民工在非农产业中从事一些较高端的技术型的行业。但不论从农民工
的整体素质还是从历年对农民工以及非农职业的调查数据，都表明农民工主要在非技术行业中
获得就业机会。

② 雷敏：《调查显示：建筑业一线人员九成以上是农民工》，http://news.sohu.com/
20041110/n22298763.shtml。

表 14 – 1　2004 年不同地区农村劳动力在三次产业就业的比重分布

单位：%

地　区	农　业	工　业	建筑业	交通运输业	商业、饮食为主的服务业
全　国	61.6	28.48	17.70	7.7	14.18
东部地区	53.3	35.81	16.62	7.68	13.82
中部地区	65.80	25.12	19.11	8.54	15.72
西部地区	68.90	15.79	18.11	6.61	12.49

注：（1）从事农业劳动力比重是指务农人口占乡村劳动力的比重；

（2）工业、建筑业、交通运输业、商业饮食为主的服务业比重是农民工从事各行业人数占各地区非农劳动力人口的比重；

（3）表中人口数据不包括香港、澳门特别行政区以及台湾省数据，亦未包括中国人民解放军现役军人。如未特别强调说明，下文引用数据如同。

资料来源：根据《中国劳动统计年鉴（2005）》整理，中国统计出版社。

农民工流动基本上属于自流性质。农民工进入城市地区就业后居住分布状况依其就业地点和所在城市居住状况而异，呈现出以居住近郊为主，城市中心区次之，远郊较少的分布，各分布区域趋于集中居住趋势。市中心区人口密度大，租房成本高，农民工的集聚重心向城乡结合部转移。城乡结合地带房屋租金和生活成本较市中心低，居民的文化心理层次也和进城农民较为吻合。尤其是那些捡拾回收废旧物资、制作手工艺品和经营加工型产业的农民工，不仅要住宿和加工制作，还要存放车辆、工具和生产原材料。城乡交界处因为有搭建简易用房的余地而成为农民工进城就业的首选地方。

（四）农民工流动就业的劳动环境和权益状况

长期以来，农民工合法权益未得到应有保护，农民工与用人单位劳资关系普遍比较紧张。具体表现在：（1）用人单位与农民工建立劳动关系不依法签订劳动合同；合同到期后既不续签又不解除，形成事实上的劳动关系；劳动合同条款内容不规范，责权利不对等。只约束劳动者的行为，而没有体现企业应对劳动者承担的责任。还有的企业与雇工签订违法或无效合同。不少雇工不识字或不理解合同内容就盲目签约。有的甚至只有一个口头协议，一旦出现纠纷，受害的往往是雇工，因为这种不合规范的合同不受法律保护。（2）雇主违反国家工时制度规定，随意延长工作时间以获取更大的剩余价值。（3）工资发放混乱。随意拖欠、克扣雇工工资的情况时有发生，不按规定为雇工缴纳社会保险费的状况更为普遍。(4) 劳动安全和劳动卫生条件差。有些企业厂房陈旧、简陋，通风、采暖、照明、防尘、防毒、防暑的各项设备不是不足就是缺乏。有的"三资"企业在洽谈项目时，省略防护设备的投资部分，有的甚至将国外严禁使用的工业和化学物质转嫁到我国；一部分从事易燃、易爆、易烫等工种的雇工，以及在艰苦、繁重、危险、有毒、有害条件和环境中劳动的雇工，缺少最起码的劳动保护措施和补偿额外劳动消耗的补贴。(5) 侵犯雇工人身权利，有些企业肆意剥夺雇工的人身自由，利用可以随意解雇工人的有利地位，污辱打骂雇工。(6) 劳务中介活动比较混乱，不仅乱收中介费，甚至坑蒙拐骗，对女工进行性骚扰。当以上种种情况发生时雇工即便得知自己权益受损害，但是有的出于没有签订平等、规范的劳动合同或没有身份证明等原因，往往无处诉说；有的想打官司，却不知依据哪条法律，到哪个部门去告状；有的是请不起律师，拿不出诉讼费，或没有时间、精力奉陪打官司……。雇工们或忍气吞声，或消极反抗，或一走了之。有的觉得雇主欺人太甚，则采用窃走雇主财物或毁坏设备的方式进行报复，结果形成"案中案"，使矛盾更加尖锐复杂。

14.1.3 农民工流动就业的成因与外部效应

(一) 农民工流动就业的成因

在农村，极为有限的耕地和庞大的农村人口结合在一起，只能形成极为细小的经营规模和极为分散的经营方式。林牧副渔业的发展余地虽然较大，但是出于受资金、技术等瓶颈因素的影响，在短期内也很难容纳大量的农业劳动力。这种对土地资源的平面垦殖方式，更使得务农收入只能维持在最低限度。因为一个只耕种几亩地的农民是不可能获得与其他部门劳动者大体相当收入的。倘若再加上对农民的各种摊派和农用生产资料涨价等因素，种田务农基本无利可图。

与农村状况相应比照的是，改革开放以来城市工业以每年大约10%的速度扩张，第三产业增长更为迅速，拓展了就业空间，提供了大量的就业机会。并且随着城市就业制度的松动和人才流动的发展，使得有特长、有技术、有资本的"城里人"纷纷"跳槽"，涌向更有利的地区和行业，根据其原占据岗位的条件好坏，经过梯级替补之后，亦会留下岗位"空缺"。诚然，城市人口自然增长产生了源源不断的新成长劳动力，国营企事业单位也是冗员充斥，他们本来可以去填补这些岗位空缺，但是相当数量的城镇固定工具有一定的"贵族"意识，往往不屑于去干他们看不上眼的工作。在城里，不仅仅修鞋、当保姆、做环卫清洁的大多都是农民工，就是在企业人满为患之际，二、三线非生产人员与一线生产工人也是此冗彼缺。

虽然城市的劳动部门出于安置就业的需要而要求企业使用本市劳动力，但是企业却更乐于使用外地农村劳动力，主要原因是外地农村劳动力平均用工成本远低于本市劳动力，并且易于管理。用工成本差异显著的主要来源于我国就业制度与福利制度、保障制度的三位一体、高度重合特性。一个人一旦取得国家正式职工的身份，伴随这种身份的是稳定的工资收入和一系列单位内部生活福利及各类津贴，进而还可享受到生老病死伤残等方面的社会保障。这些外来的农村劳动力拿着比固定工少一截的工资，不享受保险福利，却干着多几倍的活，并且试用不行可以立即清退，说得上是招之即来，辞之即去，这无疑是国营企事业单位乐于使用外来农村劳动力，并且越清退越多的重要原因。至于"三资"企业和私营企业以及个体户，在其生产成本中首当其冲地是要降低劳务成本。因此在他们的用工构成中除了必不可少的少量"白领"管理人员和技术人员外，几乎全部是外来农村劳动力顶岗干活。

（二）农民工流动就业外部效应

农民工在城市谋职求业促进了城市经济的繁荣。首先，他们填充了城市就业空间。凡是城镇居民不愿意或不屑于从事的劳动和服务均由他们来替补，有效地解决了城市中各类苦、脏、累、险、毒工种劳动力不足的矛盾，成为部分行业不可缺少的一线劳动工人乃至技术骨干。其次，农民工在城市社会的"空地"上开发了新的经营项目和就业门路。大量的城市饮食、服务业或个体商业，是"城里人"原来就不重视甚至鄙视的行业，是以农民工为主体的外来劳动力使这些行业兴旺发达起来，外来劳动力的成功启发了"城里人"，这些向来被人瞧不起的行业热乎起来，竞争使这些行业在较高资金和技术起点上得以发育。由此，农民工对城市第三产业发展来说，可谓功不可没。此外，农民工按照市场需求自动地选择干什么和在什么地方干。修车、修鞋、修伞、补锅、配钥匙、弹棉花等各种修理业五花八门；湘风川味、南北小吃丰富多彩；缝纫、理发、做家俱、收废品、家庭服务等随处可见。总之，一切城乡互补性的经济领域都被以农民工为主体的外来劳动力开发和占领起来。

走出黄土地的农民来到市场经济的海洋中，接受了现代商品经济和工业革命的洗礼，他们开阔了视野、学到了技术，增长了才干，有了最基本的市场意识、开放意识、竞争意识和平等观念。这些外出打工的农村劳动力从繁荣的城市回到乡村时，他们的阅历和现身说法，也富有说服力地在乡村灌输着新的观念和推行着新的行为方式，这些经济观念和伦理观念的更新，无疑是更深层次的社会进步。

而社会整体从城乡劳动力对流和城乡劳动力统一市场的融合中得到的另一好处是，将农村多年来被压抑的、然而又是一触即发的就业压力释放出来。农民工涌向城市就业提供了一种拉开脑体劳动价值的差距，以及建立适合城乡劳动力市场统一和劳动力流动的，覆盖面较广的社会保障制度的契机。

在农民工向城市流动就业为城市带来利好的同时，农民工流动就业也挑战着城市政府的管理方式。外来农民工对改善城市居住环境、美化市容做出过巨大贡献，但是他们集中居住的临时工棚附近，往往是垃圾遍地、蚊蝇滋生、臭水横流，是城市中脏乱差的死角，成为各种疾病滋生的传播源。农民工在城乡之间往返流动也容易使各种传染性疾病在城乡之间传播，给卫生防疫工作增加难度。过量的流动人口消耗和占用了城市中的水、土地等有限资源，加剧了废水、废气、废渣、噪声等的污染，使本来已趋饱和的城市不堪重荷，交通、供水、供电、供气、通讯诸环节频频拉响了警报，而城市政府对此往往准备不足，导致城市运行系统发生不同程度的紊乱。

农民工进城务工在就业和用工领域会形成"恶性替代效应"。由于企业大量使用外来劳动力，原有的固定工大部分脱离生产第一线。许多行业中的苦、脏、累、险、毒等岗位基本上被外来劳动力所顶替，而一些替代后的岗位又不断地被新来的外地工所接班。这种不断的替代，往往进一步加剧了"有人没事干、有事没人干"的矛盾，将正常的社会分工转化为非正常的社会分工，替代的结果进一步增大了非生产人员的比重，隐性地养着一部分"白领"工人，加剧了隐性失业程度，有悖于优化劳动组合的原则。这些农村流动人口的出现，无形中迎合和造就了城市青年、城市原国有企业下岗工人高标准难择业的心理，城市劳动力择业时往往对工作条件、劳动强度、收入水平、社会地位，甚至离家远近都有较高要求。

14.1.4 "民工潮"下的"民工荒"

（一）"民工荒"现象

2004 年 7 月 15 日，《南方周末》报道《中国国情重大变化：遭遇20 年来首次"民工荒"》：2004 年春节后福建省晋江市工业企业开工率只有 80% ~ 85%，其中陶瓷行业的开工率不足 50%，工人短缺是一个重要因素；珠江三角洲加工制造类企业的工人缺口高达 200 万人。

2004 年 9 月 8 日，《经济参考报》发表劳动和社会保障部课题组经过实地调查得出的《关于民工短缺的调查报告》，报告指出：企业缺工主要发生在珠三角、闽东南、浙东南等加工制造业聚集地区，重点地区估计缺工 10% 左右，估计有近 200 万人的缺口。

2005 年 2 月 3 日，TOM 网转载《新京报》题为《统计部门首次调查"民工荒"：广东缺工超百万》的新闻，由广东省统计局撰写的《珠江三角洲地区企业用工调查报告》称，2005 年广东民工短缺数量预计超过 100万人，且仍有上升的趋势。珠三角一些劳动密集型企业较难及时招到足够的工资要求较低的民工，这将在一定程度上影响当地经济的发展。

2006 年 2 月 17 日，《人民日报》刊登《今年节后民工还"荒"吗？》：根据广东省最新劳动力市场供求状况分析，近期内广东省劳动力市场依然供不应求，用人需求集中在制造业、批发零售业和住宿餐饮业，女工和技能人才紧缺，尤其是技能人才缺口达 22.83 万。

2007 年 1 月 10 日，东方财富网转载《第一财经报》文章《民工荒再现——深圳去年第四季求人倍率创新高》，文章指出：深圳自 2004 年以来，年关前后都出现过较大程度的"民工荒"，用工缺口一直在 30 万左右。而根据发布的数据，深圳此次"民工荒"严重程度不亚于往年。

"民工荒"、"技工荒"的字眼不断在各类报刊新闻中出现，其指在农民工规模流动的大背景下，近几年在一些地区和某些行业企业雇佣具有特殊条件的农民工人数不足的现象。中国农村剩余劳动力几乎无限供给的劳动力市场，如何出现了供给短缺的现象？其背后的根源值得深思。

（二）"民工荒"特征表现

本书将农民工的短缺状况从区域、行业、企业类型、性别、年龄特征等七个方面进行概括和描述，"民工荒"的特征描述见表14－2。

表14－2 "民工荒"的特征描述①

特征类别	特征描述
区域性特征	"民工荒"主要出现在经济较发达的沿海地区，而并非全国普遍现象。主要出现在珠三角、闽东南、浙东南等加工制造业集聚地区。珠三角地区缺工最严重，由于长三角地区的企业具有劳动力价格较高、劳动强度较小、劳动保障较完善，在吸引农民工方面较珠三角地区有优势，缺工并不严重 至于四川、湖南、江西、安徽等劳动力输出大省本地招不够农民工的情况，是因为这些地区有效农民工大量异地转移的结果，问题并不严重
行业性特征	招用农民工比较难的工种主要集中在制衣、制鞋、电子、玩具、家具制造、餐饮服务等行业；技工主要缺少高级工以上的模具、数控机床、汽车涂装、电子测试等行业技术人才
企业性特征	一般大型企业，由于职工福利和保障较好，基本不存在农民工短缺；比较大型的民营企业和美、欧、日、韩资企业，由于信誉较好也不缺工 部分港资和台资企业、劳动密集型企业和中小型企业，出现了招工不足现象。工资待遇低、不能按时发放和克扣工资、扣押身份证、人身歧视、延长劳动时间、劳动强度大、工作环境差、不重视农民工人力资本的劳动密集型企业缺工最突出
性别性特征	女工需求大，男工相对过剩。劳动力市场上性别供求错位严重，造成女性"民工荒"。福建晋江对100家纺织服装类企业的调查发现，有80%的企业明确表示只招用年轻女工，这与当地劳动力市场上求职女工只占35%的比例形成了明显反差② 由于电子、服装及许多服务性行业得到迅速发展，用工需求量激增，这些行业较适合女性就业，且女性细心、有耐心以及易于管理，从而造成了用工单位对女性的偏爱。女工是发达地区密集型加工制造业最需要的劳动力，占到这些企业用工量的80%～90%，是农民工性别短缺的主体
年龄性特征	年龄需求失衡，农民工供求在年龄上不一致。许多企业为了自身利益，在招收农民工时对年龄有严格限制，一般规定在18～25岁。珠三角地区年龄在18～25岁之间的劳动力占八成，25～35岁之间只占一成多

---

① 特征分类和描述参考了司增绰、徐康宁：《"民工荒"问题研究综述》，载《生态经济》2006年第8期。

② 劳动和社会保障部课题组：《关于民工短缺的调查报告》，载《经济参考报》2004年9月8日。

特征 类别	特 征 描 述
技术性 特 征	工种缺口较大的一是制造业所需要的熟练工人,如电焊工、车工、钳工、铣工等;二是劳动密集型企业的操作工,如缝纫工、印染工等;三是第三产业所需要的服务员、营销员等
	企业只想招熟练工、技术工,造成农民工供求错位严重,招新手容易,招技工难,招高级工更难
季节性 特 征	春节前后一些劳动密集型企业用工需求量猛增,农产品加工旺季劳动力季节性短缺

(三)"民工荒"成因分析

1. "民工荒"与"技工荒"

近年来,我国农村剩余劳动力外出打工人数年均 1.2 亿左右。改革开放 20 余年来,在农村劳动力接近无限供给状态下,众多劳动密集型企业走的是低工资成本的盈利模式,并形成"路径依赖",即使可以通过更新设备、改造生产流程等方式进行产业发展,企业主也宁愿维持低工资待遇,经过简单的生产流程培训便直接投入生产。企业主不愿意更新技术、培养企业的熟练工人,只能到市场上寻找拥有技能特长的农民工。另一情况是在一些高新技术产业和采用先进技术改造传统产业的企业,农民工的总体素质并不适应技术升级和结构调整的技术要求。技术岗位缺口无法由农民工填补。

在劳动力总量供给矛盾中,分析劳动力需求量大于供给量情况可以用求人倍率指标反映。求人倍率是劳动力市场需求人数与求职人数之比,它表明了劳动力市场中每个岗位需求所对应的求职人数。如求人倍率为 0.8,表示 100 个求职者竞争 80 个岗位,"僧多饭少";若求人倍率为 1.32,表示 100 个求职者竞争 132 个岗位,与岗位匹配的劳动力供给不足。我国劳动力按技术等级分组的求人倍率见表 14-3,从供求比较看,各技术等级的求人倍率均大于 1,劳动力需求大于供给。无技术或职称要求的求人倍率均小于 1。如表 14-3 所示,同样可得出"民工荒"的实质是"技工荒"的判断。

表 14 – 3　按技术等级分组的求人倍率

技术等级		观测时间点上的求人倍率				
		2006 年第四季度	2006 年第一季度	2005 年度	2004 年度	2003 年第四季度
取得职业资格类	初级技能师	1.34	1.45	1.52	1.45	1.41
	中级技能师	1.55	1.6	1.57	1.44	1.35
	高级技能师	1.81	1.83	2.10	1.70	1.59
	技师	2.2	2.21	1.85	1.78	1.67
	高级技师	2.38	1.93	2.08	1.83	2.0
专业技术职务类	技术员	1.36	1.39	1.31	1.29	1.42
	工程师	1.63	1.81	1.51	1.42	1.44
	高级工程师	1.99	2.33	2.06	1.17	1.72

　　资料来源：根据中国劳动力市场信息网监测中心提供的历年（季度）城市劳动力市场职业供求信息整理。

2. 农民工流动就业中成本—收益的比较变化

　　目前，30～50 岁的第一代农民工依年龄高低正在逐步退出流动就业行列，18～30 岁的第二代农民工已经成为农民工流动就业的主力军。第二代农民工在年龄、文化程度、家庭结构、性格特点、价值观念、向外流动的动因上与其上一代有很大差异。并且农民工群体结构也不是同质的，表现为农民工的人力资本禀赋存在差异，农民工的劳动力价格也要求与之对应，高投资，高收益。但是，农民工的工资水平在农村劳动力接近无限供给条件下，自 20 世纪 90 年代中期至"民工荒"出现之前，几乎没有较大的增长。在物价上涨的情况下，农民工的实际购买力是趋于下降的，而向城市流动的成本（包括交通成本、生活成本、子女抚养及教育支出等的）增加，农民工进城务工的净收益下降，缺乏向外流动的经济诱因。

　　与此同时，农村经济社会改革和发展取得显著成效，工业反哺农业阶段对农业生产进行直接补贴，农业税取消，使得从事农业生产的比较收益有所提高，农民工外出务工的机会成本上升了。在进城务工自身净收益可能为负的情况下，农民工外出流动的意愿降低。特别是在农业收获季节，农民工回流农村帮忙收割农产品更造成了季节性的"农民荒"。

3. 农民工流动的选择性增加

（1）农民工就业区域结构多元化。一是近几年来"长三角经济圈"、"环渤海经济圈"等区域经济的发展扩大了农民工流动就业的范围，农民工流动不局限于珠三角、闽东南等地区。二是西部开发、中部崛起、东北老工业基地振兴战略的实施，尤其是劳动密集型产业从东部沿海向中西部地区转移，均使得农民工就业机会和选择性增加。农民工跨区域流动务工与本乡本土从事非农产业的预期收益相差无几，减少了诱导农民工跨区域流动就业的"拉力"。"东南西北中，打工到广东"，在农民工中曾经流传的顺口溜现在已经变成了"东南西北中，处处可打工"。

（2）农民工"用脚投票"选择用工地区和用工企业。农民工流动就业并不是无理性的。劳动力市场信息网络建设，用工信息乃至农民工关于不同地区、不同企业承包用工待遇差异在"口口相传"中的认知，使农民工流动就业选择性不断增加。他们并不是盲目的去抢工作，逐渐理性的"用脚投票"，去寻找其他没有歧视待遇的地区和工作，于是出现了那些工作环境差、工资待遇低、经常拖欠工资的企业最缺工。

14.2　农民工面临的社会风险与社会保障

14.2.1　农民工面临的社会风险

农民工面临的社会风险首当其冲的是工伤风险。农民工的工伤风险分为职业性伤害事故和职业病两类。职业伤害事故对农民工的伤害是即时的，也是最惨烈的形式；职业病伤害则是对农民工生命的隐蔽性透支，潜伏在若干年后才可能显现出来，并且还可能发生后遗症。我国每年与工伤直接相关的事故死亡人数超过 1.5 万人，主要集中在矿山开采、建筑施工、危险化学品生产等高危企业。这些职业伤害事故中死亡的人员中很大部分是农民工，如建筑施工生产安全事故受害的 90% 是农民工。[①] 2004 年 5 月国家卫生部公布了全国乡镇企业、农村个体工商户职业病危害专项整治工作情况。专项整治共检查用人单位 218356 户，不合格的 30749 户，占检测总数的 57.50%。其中，未申报职业病危害项目 62069 家，占检查总数的 28.43%；卫生管理制度不健全 54314 家，占检查总数的 24.87%；未开展健康检查 52851 家，占检查总数的 24.20%；未配备个人防护用品 38504 家，占检查总数的 17.63%；未开展卫生培训 45756 家，占检查总数的 20.95%，[②] 这些数据显示我国农民工的工伤风险防范能力弱，企业对职工安全生产保护观念不强。农民工外出务工处于劳动关系中的弱势一方，相当部分企业主不与农民工签订劳动合同，以期在工伤事故后推卸责任。部分签订的劳动合同经常有附加的"生死免责"条款。在就业岗位上，劳动条件较为恶劣，生产场所通风照明条件差、安全设备简陋甚至未安装，等等。由于职业病具有缓发性特征，企业主对慢性中毒职业病，往往采取"民工岗位互换"做法推卸、转嫁其所要承担的赔偿责任，甚至采用"试用期"或短期合同的做法，在农民工发现自己患职业病了，因劳动场所和工作岗位经常更换，农民工无法提供明确的证据证明所患职业病的时间和地点，也就无法追究某个企业主的工伤责任。

　　疾病是人生难以预料的风险，个人抵抗疾病风险的能力是有限的。在疾病侵扰时，以青壮年为主的农民工，仗着年轻、体质好硬挺过来或找一些江湖游医诊治，但这往往导致了病情延误甚至危及性命。农民工大多数集中在"苦、脏、累、险、毒"的岗位上，工作环境和工作条件的恶劣，严重危及到农民工自身的身体健康。农民工在城市居住地一

---

　　① 国家安全生产监督管理总局网，http://www.chinasafety.gov.cn/。
　　② 刘辉、周惠文：《我国农民工工伤风险与对策》，载《经济管理》2006 年第 1 期，第 60～61 页。

般是城市卫生、环卫部门管理的真空地带。生活垃圾随意堆放，生活饮用水未经过消毒处理等等时刻都在农民工的身心健康上绑定了"定时炸弹"。一旦农民工受到大病的侵袭，不但会丧失收入来源，而且还要卖房子、卖牛筹集大笔资金来医治疾病。失去了养家人的农村家庭也往往因此而"因病返贫"或"因病致贫"。

与疾病风险比较而言，老年风险是确定的并且有规律的，养老风险不仅一定会发生并且基本可预知在什么时间发生。由于身份和职业的原因，农民工的养老风险比其他群体需要更多的关注。一是农民工从事的主要是繁重的体力劳动，随着年龄的增长，他们的劳动能力越来越弱，将逐渐退出劳动领域而失去为自己创造财富的能力；二是由于从事的主要是城市中脏、乱、差的工作，在常年超负荷的劳作下，等到年老时身体素质下降，健康状况更容易出现问题；三是农民工的土地转包给他人，没有从事农业的传统耕地，若在城市陷入困境回到农村可能没有稳定的生活保障；四是农民工外出务工的目的一般是为了谋生和养家，很少为自己的养老问题打算，也不可能为养老攒下多少积蓄。

农民工的失业风险来源于农民工就业的不稳定。农民工从事的工作岗位可替代性高，农民工的就业岗位获得变数较大，一定时期内职业更换次数多，收入来源不稳定。城市中常可以看到农民工蹲在车站、码头、道路交叉口，面前放一块小牌，写上能干的活计，以寻求雇主。雇主们来到这些地方选择合适的农民工，未被雇主聘用的农民工也就处在失业状态。

14.2.2 建立农民工社会保障制度的影响因素

（一）经济因素

社会保障是社会经济发展的产物，社会经济的发展必然会对社会保障项目产生新的要求。我国有约七成的农村人口，其中近15%是往返于城市工作地点和农村之间的钟摆式流动的农民工。在农村，单纯以土地产出为收入来源的希冀被常年一半以上时间在外务工的现实所破灭。农民工无暇兼顾农村土地的耕作，即使把土地转包于他人，微薄的租金收入也无力支撑该群体的社会保障账户的个人部分的筹集。在城市，进城务工的风险时时存在，非农经济收入也不稳定。文化水平不高，劳动技能低，主要从事劳动密集型行业或诸如餐饮类的服务业，农民工就业易受到市场环境的冲击。虽然流动就业面临的风险性产生了把农民工纳入社会保障网的必要，但是，农民工就业与收入的不稳定和低支付能力，使之在权责利对等的社会保障原则下有可能失去参保的"资格"。

（二）土地因素

国家没有给予农民工（或农民）与城市职工相同的社会保障待遇，原因在于国家认为给予了农民土地承包权，土地作为生产要素之一，利用其的产出能力以及土地流转承包价值能够给予农民生存保障。并且我国农民几千年来一直都是靠土地作为最基本的生存和养老方式。但是在目前条件下，土地是不具备社会保障功能的，土地产出的"负收益"以及土地流转的困难决定土地保障不具有风险机制，更没有互助互济功能。青壮年农民工向城市流动，使其对土地的依附性降低，进而也使得大批进城农民工成为游离于农村救助制度和城市保障制度之间的"游民"，得不到任何保障。

（三）观念因素

农村的乡土文化重视血缘、亲缘关系，农民依靠亲友的相互扶助承担社会风险。而不会过分信赖现代保障制度的风险分散承担功能，导致其社会"贴现率"高，注重眼前的利益得失。例如，在健康情况下不愿意投资卫生保健项目。年轻的农民工也意识不到或无法顾及从工资收入中筹集养老保险基金保障年老后的基本生活。

再如，农民工缺乏安全卫生防护知识，不了解从事的有害作业情况，不懂得采取个体防护措施和使用劳动防护用品，而对恶劣的就业环境缺乏向企业主争取改善的主动性和维权意识。

（四）制度因素

社会保障作为一种国民收入的再分配形式需要制度化、法制化。我国现行针对农民工社会保障的制度尚有不足：（1）国家立法少，地方立法多；法规少，多是地方行政性规章或是其他规范性文件，层次低、效力弱，稳定性差。（2）地方立法之间相互冲突、各地的险种设置、缴费主体、缴费比例、享受方式以及享受标准都不尽一致，因而纵向不贯通、横向不协调。农民工参保后因就业地点、工作关系经常变动，参保后又断保，缴费人数不稳定，这样无法满足农民工在各地流动又能实现社会保障关系接续的需求。（3）各地农民工社会保障制度实行效果并不理想，突出的问题是"参保率低、退保率高、无法转移"。一是因为农民工觉得缴费年限不可能达到制度规定的享受条件，因而不愿承担缴费的义务同时也放弃受益的权利；二是基数高、费率高，农民工缴不起；三是企业为了降低用工成本不愿意缴纳或不愿意足额缴纳农民工的社会保险费。

14.2.3 农民工社会保障制度的模式比较

目前，各地建立农民工社会保障工作主要集中在养老保险、医疗保险、工伤保险、失业保险等几个主要的社会保险项目上。下面以农民工社会保障的归口问题为切入点，分析现有的几种操作方式的适应性。

（一）农民工社会保障纳入现行城镇社会保障体系

这种方式以北京、广州、深圳、厦门等城市为典型。1997 年厦门市推出《外来从业人员住院医疗保险暂时管理办法》，规定住院医疗保险费由用人单位按上年度全市社会平均工资总额的 4% 为外来从业人员缴纳，个人不缴纳。2001 年深圳出台了《深圳经济特区企业员工社会养老保险条例》，外来人员要累计缴满 15 年的社会养老保险费并达到退休年龄，就可以像本地户口的员工一样享受按月领取养老金的退休待遇。北京市颁布的《北京市农民工养老保险暂行办法》要求用人单位必须为农民工办理同城镇职工相同缴费率的养老保险。2001 年起，广州、广西等其他省市相继出台有关农民工社会保障的法规条例和政策，这些条例政策从不同方面明确当地农民工的相关社会保障项目与当地城镇职工待遇一致，共同在现行城镇社会保障制度中运行。

将农民工纳入现行城镇社会保障制度的模式，对农民工与城镇职工一视同仁地执行相同的社会保障政策，在消除了对农民工的就业歧视和权益享受差别的同时，也坚持了权利与义务对等原则，按照统一的标准参保、缴费以及享受相应社会保障待遇。这种模式从对基金财务的影响看，有利于增加社会保障基金收入，减缓基金支付压力和做实个人账户的压力。但将农民工整体纳入城镇社会保障制度，在实践中产生了一些问题：一是没有充分考虑到农民工的流动性强等特征，二是社会保险的缴费基数和缴费比例超越了多数农民工的实际承受能力，加之缴费基数高，企业用工成本无形增加，影响企业吸纳农民工就业的数量。此外，农民工还可能损失大部分社会保障权益。如农民工一旦发生医疗和工伤事故，因难以支付城市高额的医疗费用，返乡治疗而无法享受城镇社会保障的相关待遇。

（二）建立农民工的社会保障制度

这种方式以上海、成都、大连等城市为典型。2002 年，上海市政府出台《上海市外来从业人员综合保险暂行办法》，用人单位全额缴费，外来农民工则享受工伤保险、住院医疗待遇及老年补贴三项待遇。工伤待遇在鉴定后一次性支付，医疗待遇出院后一次性支付，老年养老补贴在男性到达 60 周岁，女性到达 50 周岁后一次性支付。2003 年，成都市出台《非城镇户籍从业人员综合社会保险暂行办法》，要求用人单位按照非城镇户籍从业人员实际收入的 14.5%，非城镇户籍从业人员按照本人实际收入的 5.5% 缴纳综合社会保险费。综合社会保险包括农民工的工伤、医疗、养老、失业等保险项目。

这种单独对农民工建立专门的社会保障制度的办法易于适应农民工流动性强的特点，解决进城农民工最迫切需要解决的工伤保险和住院医疗保障问题。制度"门槛"低（费率低），低水平、广覆盖，政策设计可操作性强。但从国家社会保障体系完整性来说，此种综合保险制度最突出的问题是把社会保障"条块分割"，多套社会保障制度同时运行，制度之间无法实现对接，在很大程度上限制了当前合理引导劳动力自由流动的发展趋势。从社会保障公平性和系统性来说，一个地方同时有适用城区居民的城镇社会保障（"城保"），适用郊区的小城镇社会保障（"镇保"），适用外来务工人员农民工的综合社会保障（"综保"），适用失地农民、"农转非"市民的土地被征用农民社会保障（"土保"），还有适用在乡农民的农村保障（"农保"）等五项社会保障制度，其制度设计庞杂，标准难以衔接，管理运行成本高，从长远看，存在制度衔接、统一问题。

（三）农民工纳入到农村社会保障体系

有学者认为要从根本上解决农民工的社会保障问题，应把农民工纳入到目前加快建立的农村社会保障制度中，并最终向城乡一体化的社会保障制度过渡。

这种模式考虑到了农民工的参保能力与农村居民经济承受能力，有利于以农民工群体作为示范推动农村社会保障制度的建立。但是面对规模庞大的农民工的社会保障紧迫性诉求，农村社会保障的各项具体制度安排尚且处于"铺地基"的起步阶段。加之农民工外出流动就业，在管理上如何与"农保"衔接也存在问题，例如，一旦农民工在外受疾病侵害，不可能回到社会保险关系所在地的农村就医问诊、凭证报销的可行性值得考虑。

上述各种模式在地方具体实践中呈现出四个特点：综合保险与专项保险并存，市民待遇与差别待遇并存、社会保险与商业保险并存，整体保障与特殊群体保障并存。这些模式虽然各有利弊，但都是各地根据当地农民工社会保险需求做出的有益探索。

14.3　统筹农民工平等就业与社会保障

14.3.1　城乡劳动力平等就业与统筹就业

促进农民工合理流动，消除就业障碍关键在于统筹城乡就业，打破城镇劳动力和农村劳动力、本地劳动力和外地劳动力不平等就业的做法，让劳动力在城乡间、区域之间自由流动，实现劳动力市场的公平竞争。

（一）平等的就业准入机制

完善的劳动力市场承认一切劳动者的平等选择权，天然地反对身份界限。无论农民工能在多大程度上占领城市就业空间，他们都应当取得"入场券"和公平竞争权。也就是要保证城乡劳动者进入劳动力市场的机会均等。这一目标任重而道远，但它无疑是按市场经济内在要求解决农民工合理流动就业问题的唯一途径。一是要深化户籍制度改革。逐步放宽户口的限制，剥离附在户籍制上的倾斜政策，解除农民工的身份枷锁。这是统筹城乡就业，维护农民工与城市职工平等就业准入的前提。

我国户籍制度的改革,不仅仅是户籍管理本身,依附在户籍上对农村居民各种权利和福利制度的歧视性才是改革的重点。中国长期实行的城乡分割管理制度使农民进城就业后仍摘不掉农民身份的"帽子",融不进城市生活,合法权益被侵害。打破户籍限制,逐渐建立国际通行的登记户口制,可以让农民工享受无身份约束的城市公共就业服务。具体做法可以考虑取消城镇居民享有的各种优惠待遇,降低城市户口的"含金量",使农民自由迁徙,不受限制地进入城市劳动力市场就业。二是降低农村剩余劳动力进城就业的门槛,彻底取消农村劳动力进城就业的限制性政策。清理各种针对农民工的歧视性规定,改善农民工的就业环境,使农民工与城市职工同工同酬、同工同时、同工同权。三是通过法制对企业用工行为加以规范,确保劳动者在岗位面前平等竞争。2007年3月的"两会"上,《就业促进法》(草案)已经提请立法机关审议,目前正处在征求社会各方意见阶段,建议加大该项法律的反就业歧视内容。①

(二) 平等的就业服务机制

农民工缺乏寻找工作的正常信息渠道,进城农民一般是通过地缘或亲缘关系传递就业信息或直接获得就业岗位。这种方式效率不高、成本不低。因此应建立并强化全国统一的劳动力市场信息系统的功能,通过该平台及时发布企业用工需求、农民工技能储备、地区就业岗位预测、国家政策规定等信息。与之配套,建立权威的统一劳动力供需信息搜寻与组织系统及其管理制度,抓好劳动力供需信息搜寻的网络建设,通过对全国城乡广泛的劳动力资源调查与需求预测,及时掌握供求状况,使就业信息传播、咨询、引导的有效性提高。

地方的就业促进计划不应把城乡劳动力分成"三六九等",城乡劳动力就业都要纳入到国民经济和社会发展的实施规划中来。在项目建设、资金投入等安排上一视同仁,根据城乡劳动力技能层级、梯度特

---

① 在现行反就业歧视立法方面,我国最权威的是《中华人民共和国劳动法》。其第三条规定:"劳动者享有平等就业和选择职业的权利";第十二条规定:"劳动者就业,不因民族、种族、性别、宗教信仰不同而受歧视"。作为劳动就业的基本法仅列出民族、种族、性别、宗教信仰歧视四种,将农民工遭受的种种就业歧视排除在法律的就业歧视之外,造成我国反就业歧视立法范围较窄。

点，合理安排不同用工岗位。比如地方基础设施建设工程可以倾斜由招用农民工的建筑企业承建。这些吸纳农民工稳定就业的企业可以在税收、资金扶持方面享受国家对安置下岗工人的企业一样的优惠政策。建立健全公共就业服务网络，为农民工流动就业提供服务。城市公共职业介绍要向农民工开放，免费提供政策咨询、就业信息、职业指导和职业介绍等服务。完善农民工培训补贴办法，对参加培训的农民工给予适当的培训费补贴。

另外，正如前文分析，农民工与城市工人之间不存在严重的工作机会替代关系，更多的是一种补缺关系。因此城乡不平等的就业政策相对是以大量农民工就业机会的丧失换取城市工人就业量的少量增加为代价，导致社会净福利的损失。应逐步取消竞争性行业的制度性的就业保护。

（三）平等的就业培训机制

当前农民工文化素质偏低、中高级技工人才短缺，政府需要统筹资源，加强对农民工的技能培训，改变农民工在简单的体力型就业岗位上竞争激烈的局面。具体而言，一是依托现有培训质量较高、有特色的职业中学、成人技术培训学校、技工学校，建立农民职业技术培训系统，并改善办学条件，实现招生、培训、就业输送有机衔接。二是增强农民工就业适应能力，建立农民工就业综合服务基地，我国职能部门开展的农民工培训项目要与市场培训机构有机衔接，如农业部门的"阳光工程"、劳动保障部门的"技能提高计划"、扶贫办的"雨露计划"、妇联的"巾帼家政工程"等，需要对这些培训资源进行整合和协调。三是根据就业信息服务系统提供的用工信息和市场需要适时调整专业设置和培训方向，加强职业技术培训学校的师资队伍建设，将招生、培训、就业输送结合，实现订单职业技术培训服务，提高培训后的就业能力。

（四）平等的权益保障机制

企业平等对待进城农民工与城镇就业人员是建立城乡平等权益保障机制的微观基础。用工单位对城市居民和农民在签订劳动合同时，应该用相同的合同文本、相同的合同条文，用人单位雇用工人要实行同一待遇标准，按照"按劳分配，同工同酬"原则确保农民工按时足额领取劳动报酬，如建立工资支付保障机制，维护农民工平等劳动报酬权。在确立劳动关系前，防范企业拖欠农民工工资，评价用工单位诚信等级，促进用人单位与农民工的和谐劳动关系。在欠薪重点行业——建筑业实行欠薪应急资金制度，应对突发性、群体性欠薪事件，对恶意拖欠农民工工资的企业依法查处、整顿、制裁。一是确保农村劳动力的工作环境要符合国家安全生产、职业卫生和环境保护规定，彻底改变农民工劳动工作条件恶劣、安全得不到保障的状况。二是严格招工手续，落实用工政策。农民工与用工单位解除劳动力关系应按规定进行经济补偿，依法规范从业环境，保障进城农民工的各项合法权益。三是建立对劳动力市场的监测机制，对劳动力市场进行动态监控。在农民工集中地域或企业建立定期的、经常性的劳动保护检查和监察制度，对劳动力市场的人员结构、工资支付、合同履行、权益保护等方面进行调查，及时发现并纠正违反劳动法律法规、侵犯农民工合法权益的行为。

14.3.2 统筹城乡社会保障制度

建立农民工的社会保障应结合农民工特点、财政能力以及用人单位的承受程度，分阶段、分类指导，稳步实施。在制度设计上，一是要考虑农民工工资收入较低、参保能力有限等因素。从低标准，低费率、低水平的原则出发，逐步将农民工纳入社会保障安全网中。二是要考虑社会保险权益随农民工流动而转移接续，从长期看能够有效地实现城乡社会保障制度的衔接与整合，最终建立起覆盖城乡、面向全体劳动者的统一的社会保障体系。

（一）逐步建立和完善农民工的社会保险制度

农民工对社会保险各险种的需求排序依次为工伤保险、医疗保险和养老保险。失业保险鉴于我国目前的实际情况，可以考虑通过社会救助项目或最低生活保障制度安置农民工失业后的生活问题。

1. 农民工的工伤保险制度

工伤保险制度是农民工最迫切需要的保险项目。现代意义上的工伤保险不仅包括对工伤、残、亡者的经济补偿和物质帮助，还具有促进企业安全生产、降低事故率及职业病发生率的功能，工伤保险是工伤预防、工伤补偿、工伤康复三位一体的保险制度。工伤保险立法中有一个误区：劳动者因工伤获得补偿金越高就越能促进企业重视和加强安全生产管理。实践证明，试图用高额补偿金替代安全生产管理方法仅仅是立法者的美好愿望，其效果并不佳。研究表明，安全保障措施的预防性投入效果与事故整改效果的关系比是1∶5。从"安全经济观"角度看，通过事先安全投入，把事故和职业危害消灭在萌芽状态是最经济、最可行的工伤事故防范途径。因此，农民工工伤保险制度的建立，首先要确立"预防优先，注重康复"的原则。从工伤预防到工伤治疗康复、工伤赔付，继而根据事故原因进行有目的的重点预防，成为一个循环，这才是真正意义上的现代工伤保险制度。

建立农民工的工伤保险制度也是目前最具有操作性的保险项目，2004年1月1日起开始实施的《工伤保险条例》赋予了农民工与城镇职工平等地享有工伤保险待遇的权利。到2006年底，全国农民工参加工伤保险的人数达到了2645万人。预计到2007年底，农民工参加工伤保险人数将达到3600万人。当前推行农民工的工伤保险制度的关键工作是加大把农民工纳入工伤保险项目的强制力度，扩大覆盖面，确保农民工所在的行业，尤其是采掘业、建筑业等高事故风险行业的农民工尽快参保。可考虑在差别费率基础上对企业缴纳的农民工工伤保险费实行浮动费率制。根据企业每年的实际事故发生率及事故严重程度（排除公司不可控的事件因素），对处在不同风险等级的企业扣减或增收保险费。这样，事故预防措施成功与否直接体现为缴费率，对企业积极预防事故是一个直接的经济刺激。还应重视对农民工"一次性伤残补助金"和"一次性工亡补助金"的发放，并在制度运作上统一为"一次性工伤补助待遇"。这样可以避免工伤保险账户接转问题，符合补偿永久性损失原则，减少劳动争议。

2. 农民工的社会医疗保险制度

住院医疗保险是针对农民工流动性强，收入水平较低特点建立的农民工医疗保险的第一层次。住院医疗属于大病医疗保险，可由政府主办，以社会保险形式确立，立法强制企业推行。不设个人账户，实行社会统筹。医疗费用报销"起付线"、"封顶线"可根据城市农民工平均收入水平做出调整。住院条件和标准、手术押金垫付、药品使用规格等都应考虑农民工群体的特殊性。如果农民工因患病无法支付在城市治疗的高额医疗费用，应允许农民工选择医疗保险的第二层次，即合作医疗。该项目设置个人账户，可将大病医疗保险关系与合作医疗制度梯度衔接，或一次性提供住院医疗费用补贴，或设置实际门诊费用和住院费用报销上限，减轻农民工医疗负担。农民工合作医疗制度可以挂靠城市社区医院或城市职工社保定点机构，也可以与试点的新型农村合作医疗制度对接。

3. 农民工的基本养老保险制度

考虑到农民工养老保险是为未来老年生活作的保障安排，跨度时间长，不确定性因素多，复杂程度高。农民工养老保险制度目标是建立一个最终能够针对全体居民的养老保障制度，因此目前需要实施一个过渡性的农民工养老保险办法。当前我国养老保险是"三支柱"体系构架，即包括基本社会保险、企业年金计划和个人储蓄保障。鉴于农民工流动性强，农民工过渡性养老保险应该是以第一层次的基本社会保险为主，第三层次个人储蓄保障为辅的架构。因为农民工职业变化多的特点，第二层次的企业年金计划可暂不考虑。农民工过渡性养老保险办法首先应低水平起步，实行低缴费率，低保障待遇。但为鼓励农民工长期保留养老保险关系，农民工参保和缴费可与城镇灵活就业人员的养老保险制度类似，自由选择缴费档次，在保险关系接续和转移方面也应给予多种选择：或接续转移；或通过本人申请一次性支付个人账户中本人缴费的本息并终止保险关系，再次参保时，重新计算缴费年限。农民工养老保险可由各地劳动保障部门负责管理，建立全国统一的可流转的农民工个人账户信息管理系统。

（二）建立针对农民工的社会救助制度

城市农民工就业的不稳定和生活来源的不确定性容易使农民工陷入生活困境，在建立农民工社会保险同时，应建立农民工社会救助制度。

农民工社会救助制度的形式是建立公益劳动组织，为进城待业农民工提供最低生活保障。失去工作的农民工可以自愿申请公益性劳动组织提供的清洁环境卫生、维持交通秩序、公益服务等工作岗位，为农民工提供满足其最低生活需要的工资或食物等生活用品。待农民工获得更高报酬的工作后，可随时申请结束在公益劳动组织提供的工作。

此外，应为农民工提供法律援助，维护农民工合法权益。如开辟法律援助热线，及时为农民工提供法律咨询，将农民工纳入法律援助对象范围。这样不仅可以维护农民工的合法权益，而且能够减少农民工犯罪发生，维护社会安定。[①]

（三）逐步将农民工纳入统一社会保障网

农民工社会保障是沿着"统一规划，分步推进，及时并轨"的道路发展的。针对农民工社会保障的诉求程度，首先建立农民工需求迫切的工伤保险、医疗保险制度，然后向养老、失业和生育保险项目推进，这样可以减少齐头并进的经济成本和社会阻力。同时，应破除地方各自为政，壁垒森严的局面，减少差异性，增加共同点，确保各地协调发展，在经济发展水平和城市化程度进一步提高的前提下，实现农民工与城镇职工两种社会保障制度的合并。

---

① 刘怀廉：《中国农民工问题》，人民出版社 2005 年版，第 300 页。

参 考 文 献

1. 顾明：《农业生产与自然资源的可持续利用》，载《贵州大学学报》（社会科学版）2004 年第 5 期。

2. 王国敏：《农业自然灾害与农村贫困问题研究》，载《经济学家》2005 年第 3 期。

3. 刘昌平：《城市化：解决中国农村养老问题的关键》，载《中国农村经济》2001 年第 8 期。

4. 穆光宗：《家庭养老面临的挑战以及社会对策问题》，载《中州学刊》1999 年第 1 期。

5. 穆光宗：《中国传统养老方式的变革和展望》，载《中国人民大学学报》2000 年第 5 期。

6. 穆光宗：《我国农村家庭养老问题的理论分析》，载《社会科学》1999 年第 12 期。

7. 周雁翎：《差异悬殊：中国卫生保健事业面临严峻挑战》，载《中国改革》2002 年第 4 期。

8. 中国社会科学院经济研究所收入分配课题组：《我国居民收入分配趋势与对策》，载《人民日报》2002 年 7 月 9 日，第九版。

9. 王绍光、胡鞍钢：《中国：不平衡发展的政治经济学》，中国计划出版社 1999 年 11 月版。

10. 世界银行：《2000/2001 年世界发展报告：与贫困作斗争》，中国财政经济出版社 2001 年版。

11. 赵冬缓、兰徐民：《我国测贫指标体系及其量化研究》，载《中国农村经济》1994 年第 3 期。

12. 林闵钢：《中国农村贫困标准的调适研究》，载《中国农村研究》1994 年第 2 期。

13. 中国社会科学院农村发展研究所：《2000～2001 年：中国农村经济形势分析与预测》，社会科学文献出版社 2001 年版。

14. 李小云、张雪梅、唐丽霞：《当前中国农村的贫困问题》，载《中国农业大学学报》2005 年第 10 期。

15. 联合国开发计划署：《2003 年人类发展报告》，中国财政经济出版社 2003 年版。

16. 国家统计局农调总队：《2002 中国农村贫困监测报告》，中国统计出版社 2002 年版。

17. 程瑶：《我国农村贫困人口的现状分析》，载《软科学》2005 年第 4 期。

18. 张国、林善浪：《中国发展问题报告》，中国社会科学出版社 2001 年版。

19. 程丹峰：《中国反贫困——经济分析与机制设计》，经济科学出版社 2000 年版。

20. 张晓：《水旱灾害与中国农村贫困》，载《中国农村经济》1999 年第 11 期。

21. 赵卫华：《农村贫困的新特点与扶贫战略的调整》，载《吉林广播电视大学学报》2005 年第 1 期。

22. 时政新主编：《中国社会救助体系研究》，中国社会科学出版社 2002 年版。

23. 邓大松：《社会保障重大问题研究》，海天出版社 2000 年版。

24. 邓大松、刘昌平：《中国企业年金制度研究》（修订版），人民出版社 2005 年版。

25. 汪雁、慈幼英著：《中国传统社会救济与城市贫困人口社会救助理念建设》，载《人口学刊》2001 年第 5 期。

26. 多吉才让著：《中国最低生活保障制度研究与实践》，人民出版社 2001 年版。

27. 国务院人口普查办公室、国家统计局人口和社会科技统计司编：《中国 2000 年人口普查资料》，中国统计出版社 2002 年版。

28. 姚远：《对家庭养老概念的再认识》，载《人口研究》2000 年第 5 期。

29. 加里·S. 贝克尔：《家庭经济分析》，华夏出版社 1987 年版。

30. 丁士军：《经济发展与转型对农村家庭养老保障的影响》，载《中南财经大学学报》2000 年第 4 期。

31. 胡鞍钢：《通货紧缩是我国宏观经济顽敌》，载《经济参考报》2002 年 7 月 24 日。

32. 刘贵平：《现行农村养老保险方案的优势与不足》，载《人口与经济》1998 年第 2 期。

33. 刘翠霄：《中国农民的社会保障问题》，载《法学研究》2001 年第 6 期。

34. 彭希哲、宋韬：《农村社会养老保险研究综述》，载《人口学刊》2002 年第 5 期。

35. 徐琦、莱瑞·赖、邓福贞编著：《社区社会学》，中国社会出版社 2004 年版。

36. 福建省农村社保模式及方案研究课题组著：《农村社会养老保险制度创新》，经济管理出版社 2004 年版。

37. 李绍光：《养老金制度与资本市场》，中国发展出版社 1998 年版。

38. 卢海元：《中国农村社会养老保险制度建立条件分析》，载《经济学家》2003 年第 5 期。

39. 杨燕绥、赵建国、韩军平：《建立农村养老保障的战略意义》，载《战略与管理》2004 年第 2 期。

40. 胡琳琳、胡鞍钢：《从不公平到更加公平的卫生发展：中国城乡疾病模式差距分析与建议》，载《管理世界》2003 年第 1 期。

41. 卫生部：《农村合作医疗章程（试行草案）》，1979/12/15，www. drcnet. com. cn。

42. 陈佳贵等，《中国社会保障发展报告（1997~2001）》，社会科学文献出版社 2001 年版。

43. 王延中：《试论国家在农村医疗卫生保障中的作用》，载《战略与管理》2001 年第 3 期。

44. 李和森：《建立与农村经济体制相适应的医疗保障体制》，载《新华文摘》2005 年 17 期。

45. 李卫平、石光、赵琨：《我国农村卫生保健的历史、现状与问题》，载《管理世界》2003 年第 4 期。

46. 朱玲：《政府与农村基本医疗保健保障制度选择》，载《中国社会科学》2000 年第 4 期。

47. 陈红霞：《社会福利思想》，社会科学文献出版社 2002 年版。

48. 蒋月：《社会保障法概论》，法律出版社 1999 年版。

49. 孙炳耀、常宗虎：《中国社会福利概论》，中国社会科学出版社 2002 年版。

50. 时正新：《中国社会福利与社会进步报告（1998）》，社会科学文献出版社 1998 年版。

51. 时正新：《中国社会福利与社会进步报告（2000）》，社会科学文献出版社 2000 年版。

52. 窦玉沛：《重构中国社会保障体系的探索》，中国社会科学出版社 2001 年版。

53. 《农业投入》总课题组：《农业保护：现状、依据和政策建议》，载《中国社会科学》1996 年第 1 期。

54. 袁俊芳：《全面小康关键在农村重点在西部》，载《理论研究》2003 年第 2 期。

55. 马洪路：《中国残疾人社会福利》，中国社会出版社 2002 年版。

56. 陆学艺：《农民工问题要从根本上治理》，载《特区理论与实践》2003 年第 7 期。

57. 阎青春：《农村老年人社会福利事业审视与展望》，载《民政论坛》1999 年第 5 期。

58. 周志凯：《论我国农村老年人社会福利事业》，载《社会主义研究》2005 年第 3 期。

59. 《来自民政部社会福利和社会事务司的专项调查：安徽省农村税费改革后五保户生活堪忧》，载《中国民政》2000 年 10 期。

60. 时正新：《中国社会福利与社会进步报告（2001）》，社会科学文献出版社 2001 年版。

61. 杨团：《社会福利社会化：上海与香港社会福利体系比较》，华夏出版社 2001 年版。

62. 成海军：《中国当代的儿童福利》，载《社会福利》2004 年第 1 期。

63. 阎青春：《社会福利与弱势群体》，中国社会科学出版社 2002 年版。

64. 刘传江：《城乡统筹发展视角下的农民工市民化》，载《长江日报》2006 年 6 月 15 日，13 版。

65. 黄祖辉、钱文荣、毛迎春：《进城农民在城镇生活的稳定性及市民化意愿》，载《中国人口科学》2004 年第 2 期。

66. 郭志刚：《社会统计分析方法》，中国人民大学出版社 2005 年版。

67. 张炜：《城市化、市民化和城市文化》，载《经济与社会发展》2004 年第 11 期。

68. 姜作培：《城市化进程中农民市民化问题》，载《国家行政学院学报》2003 年第 4 期。

69. 宋洪远：《关于农村劳动力流动的政策问题分析》，载《管理世界》2002 年第 5 期。

70. 郑杭生：《社会学概论新修》，中国人民大学出版社 2003 年版。

71. 张忠法、沈和、黄华波：《加快农村劳动力转移与农民市民化进程政策建议》，载《经济研究参考》2003 年第 5 期。

72. 张忠法、沈和、黄华波、方勇、盛为军：《江都市农民市民化现状、问题及政策建议》，载《经济研究参考》2003 年第 5 期。

73. 陆丽芳、杨鹏程：《构建面向进城农民工的社会保障制度》；载《南京社会科学》2003 年增刊。

74. 郑功成等：《农民工社保背后的七大问题》；载《半月谈》2004 年第 7 期。

75. 董理：《我国农村非农产业群体的社会保障制度探析》，载《武汉理工大学学报》2001 年第 5 期。

76. 郑杭生、洪大用：《重视和发展城市农民工的社会保障事业》，载《学术交流》1994 年第 5 期。

77. 杨辉：《论农民工的社会保障问题》，载《天府新论》2003 年第 2 期。

78. 王和、皮立波：《谁来为农民工的明天"买单"》，载《中国金融》2004 年第 4 期。

79. 彭宅文：《建立农民工社会保障的政策效应分析》，载《人口与经济》2003 年第 5 期。

80. 袁志刚：《"流动人口"与社会保障》，载人大复印资料《社会保障制度》2003 年第 9 期。

81. 李迎生：《从分化到整合：二元社会保障体系的起源、改革与前瞻》，载《教学与研究》2002 年第 8 期。

82. 王玉玖：《建立健全城镇农民工社会保障制度的构想》，载《中央财经大学学报》2003 年第 12 期。

83. 魏丽艳：《边缘群体——城市农民工的社会保障探析》，载《江西行政学院学报》2003 年第 3 期。

84. 温锐、游海华：《劳动力的流动与农村社会经济变迁》，中国社会科学出版社 2001 年版。

85. 陈曦：《农业劳动力非农化与经济增长》，黑龙江人民出版社 2005 年版。

86. 李强：《农民工与中国社会分层》，社会科学文献出版社 2004 年版。

87. 黄玉捷：《内生性制度的演进逻辑——理论框架及农民工就业制度研究》，上海社会科学院出版社 2004 年版。

88. 郑功成：《变革中的就业环境与社会保障》，中国劳动社会保障出版社 2003 年版。

89. 李培林：《中国进城农民工的经济社会分析》，社会科学文献出版社 2003 年版。

90. 王延中：《中国的劳动与社会保障问题》，经济管理出版社 2004 年版。

91. 柳可白、王玫、阎春芝：《当代工人：市场化的演变与趋势》，湖南人民出版社 2004 年版。

92. 陈晓华、张红宇：《建立农村劳动力平等就业制度》，中国财政经济出版社 2005 年版。

93. 刘怀廉：《中国农民工问题》，人民出版社 2005 年版。

94. 孙晓明、刘晓昀、刘秀梅：《中国农村劳动力非农就业》，中国农业出版社 2005 年版。

95. 梅金平：《不确定性、风险与中国农村劳动力原际流动》，中国财政经济出版社 2003 年版。

96. 国务院研究室课题组：《中国农民工调研报告》，中国言实出版社 2006 年版。

97. 司增绰、徐康宁：《"民工荒"问题研究综述》，载《生态经济》2006 年第 8 期。

98. 赵曼：《转轨时期反失业的公共政策》，中国财政经济出版社 2004 年版。

99. 赵曼：《大城市流动人口实证分析》，载《中南财经大学学报》1995 年第 5 期。

100. 赵曼：《社会保障》，中国财政经济出版社 2005 年版。

101. 郭圣乾、刘鑫宏：《"民工潮"到"民工荒"凸显农民工权益保障——我国农民工就业歧视问题分析》，载《甘肃农业》2005 年第 4 期。

102. James S. Trieschmann，Sandra G. Gustavson 和 Robert E. Hoyt：《风险管理和保险》（英文版，第 11 版），北京大学出版社 2003 年版。

103. Adriaan ban Zona, Joan Muysken, "Health and endogenous growth", *Journal of Health Economics*, vol. 20, 2001.

104. 中国统计出版社出版的国家统计局历年《中国统计年鉴》。

105. 劳动和社会保障部网站（http://www. molss. gov. cn）。

106. 财政部网站（http://www. mof. gov. cn）。

107. 国家统计局网站（http://www. stats. gov. cn）。

108. 民政部网站（http://www. mca. gov. cn）。

109. 双拥网站（http://www. shuangyong. gov. cn）。

110. 卫生部新型农村合作医疗研究中心网站（http://ccms. org. cn）。

111. 国际卫生组织网站（http://www. who. org）。

112. 国研网（http://www. drcnet. com. cn）。

113. 新华网（http://www. xinhuanet. com）。

114. 中新网（http://www. chinanews. com）。